普通高等教育"十二五"系列教材

土木工程专业

土木工程施工组织与管理

（第二版）

主　　编　张长友
副主编　蔺石柱　黄志玉
编　　写　周兆银　周志军
主　　审　李英民

中国电力出版社
CHINA ELECTRIC POWER PRESS

内 容 提 要

本书为普通高等教育"十二五"系列教材,是根据高等院校"土木工程施工组织与管理课程教学大纲"及本课程的教学基本要求,并参照 GB/T 50502—2009《建筑施工组织设计规范》等国家最新规范及行业标准编写而成的。全书共八章,主要内容包括施工项目组织概论、流水施工的基本原理、网络计划技术、施工组织总设计、单位工程施工组织设计、施工项目进度控制、施工项目现场与生产要素管理、施工项目后期管理等。书中每章末附有工程应用案例、复习思考题和习题。

本书在编写过程中,结合新的管理技术的应用和发展,强调教学改革、创新和市场经济及行业发展的需要,及时吸收现已成熟的管理技术和方法。

本书可作为普通高等院校土木工程、工程管理、工程造价等专业教材,也可作为土建类相关专业教材,还可作为相关工程技术及管理人员的学习参考用书。

图书在版编目(CIP)数据

土木工程施工组织与管理/张长友主编. —2 版. —北京:中国电力出版社,2013.6(2023.7 重印)

普通高等教育"十二五"规划教材

ISBN 978 - 7 - 5123 - 4394 - 8

Ⅰ.①土… Ⅱ.①张… Ⅲ.①土木工程−施工组织−高等学校−教材 Ⅳ.①TU721

中国版本图书馆 CIP 数据核字(2013)第 089558 号

中国电力出版社出版、发行

(北京市东城区北京站西街 19 号 100005 http://www.cepp.sgcc.com.cn)

北京雁林吉兆印刷有限公司印刷

各地新华书店经售

*

2009 年 5 月第一版

2013 年 6 月第二版 2023 年 7 月北京第十五次印刷

787 毫米×1092 毫米 16 开本 17.25 印张 424 千字 1 插页

定价 **49.00 元**

前　言

本书为普通高等教育"十二五"系列教材。《土木工程施工组织与管理》是普通高等教育"十一五"规划教材，于2009年由中国电力出版社出版发行。经过几年的使用实践，该书不仅得到了使用院校师生的高度评价及认可，而且受到了工程各界使用者的广泛好评。第二版将在探索普通高等教育人才培养方面取得成功经验和教学成果的基础上，经过广泛调研、反复修改与论证，对该教材不断完善、创新，确保教材内容充实，体现时代特征，突出实用性、创新性。

为了适应新的管理技术的应用和发展，以满足教学改革、创新和市场经济及行业发展的需要。加上本专业毕业生具有一定实践年限后，要参加国家注册执业资格考试，并对本课程体系和国家注册执业资格考试大纲要求的知识体系进行优化整合。及时吸收现已成熟的管理技术和方法，密切结合国家现行新规范、标准，不断完善补充新的内容，并综合读者的意见，本次修订如下：

（1）《土木工程施工组织与管理（第二版）》将紧紧围绕土木工程（建筑工程专业方向）、工程管理专业的学生培养目标构建教学内容体系，删除已陈旧或将被淘汰的管理技术和内容。

（2）在教材内容构建中保持传统教材基本知识体系完整的基础上，增加了主要施工管理计划的编制，修订完善了施工进度控制的基本原理和方法、施工现场和生产要素管理、工程竣工验收及结算、竣工资料归档管理等。使教材内容具有一定的弹性，方便了教学上的取舍和学生扩大知识面。

（3）在施工组织设计中新增加专项施工方案的编制内容、审批程序，专项施工方案组织专家论证及实施，职业健康安全、环境保护、现场文明施工管理以及绿色施工内容及要求等均作了全面的阐述。

本书由张长友主编，蔺石柱、黄志玉副主编。第一、二、四章由内蒙古科技大学蔺石柱编写；第三章由陕西理工学院周志军编写；第五章由重庆科技学院黄志玉编写；第六、七章由重庆科技学院张长友编写；第八章由重庆科技学院周兆银编写；每章的工程应用案例由重庆科技学院胡莉萍、张长友收集整理。

本书由张长友统稿，重庆大学李英民教授担任主审，提出了不少宝贵意见，特此表示深切的谢意。在编写过程中，参考了许多文献资料和相关施工技术及管理经验，得到了土木工程界专业人士的大力支持和热情帮助。谨此对文献资料的作者和有关经验的创造者表示诚挚的感谢。

由于编写时间比较仓促和水平有限，书中不足之处在所难免，敬请读者批评指正。

编　者

2013 年 4 月

第一版前言

为贯彻落实教育部《关于进一步加强高等学校本科教学工作的若干意见》和《教育部关于以就业为导向深化高等职业教育改革的若干意见》的精神，加强教材建设，确保教材质量，中国电力教育协会组织制订了普通高等教育"十一五"教材规划。该规划强调适应不同层次、不同类型院校，满足学科发展和人才培养的需求，坚持专业基础课教材与教学急需的专业教材并重、新编与修订相结合。本书为新编教材。

"土木工程施工组织与管理"是土木工程专业的一门主要专业课，它主要针对工程施工的复杂性，来研究土木工程建设的统筹安排与系统管理的客观规律的一门科学。其目的是综合运用土木工程施工组织与管理的基本理论和知识，培养学生独立分析和解决土木工程施工组织与管理问题的能力。现代土木工程施工需要投入大量的人工、材料、构配件、机械等资源，并受到工程质量、工期、成本、安全等条件的制约。为使施工过程顺利进行，科学合理地对工程的所有环节进行精心规划、严密地组织与协调，使工程达到工期短、质量好、成本低的预期目标，就必须运用科学的方法统筹施工全过程，推动建筑业企业技术进步和优化土木工程施工管理。

由于"土木工程施工组织与管理"在课程内容上涉及面广，实践性强，发展迅速，需要综合运用土木工程专业的基本理论。本书在编写上"体现时代特征，突出实用性、创新性"的教材编写指导思想，综合土木工程施工组织与管理的特点，将课堂教学内容与实践环节整合，特别注重培养学生的创新思维和实际应用能力的协调发展。为了适应现代化施工组织与管理的需要，在教材内容上保持传统教材基本知识体系的完整，增加施工进度控制的基本原理和科学方法、施工现场和生产要素管理、工程竣工验收、结算、竣工资料归档管理等内容。保证教材内容具有一定的弹性，便于教学上的取舍和学生扩大知识面。

本书力求做到图文并茂、层次分明、条理清楚、结构合理、文字规范、图表清晰，符号、计量单位符合国家标准，密切结合现行施工及验收规范。每章末附有工程应用案例、复习思考题及习题，便于教师更好地组织教学和方便学生自学。

本书由张长友主编，蔺石柱、黄志玉副主编。第一、二、四章由内蒙古科技大学蔺石柱编写；第三章由陕西理工学院周志军编写；第五章由重庆科技学院黄志玉编写；第六、七章由重庆科技学院张长友编写；第八章由重庆科技学院周兆银编写；每章的工程应用案例由重庆科技学院胡莉萍、张长友编写。

全书由张长友统稿，重庆大学博士生导师李英民教授在百忙之中对本书进行了全面的审阅，提出了不少宝贵意见，特此表示深切的谢意。此外，参加本书编写的教师多年来一直从事教学工作，具有丰富的教学和工程实践经验。在编写过程中参考了许多文献资料和有关施工技术及管理经验，得到了土木工程界专业人士的大力支持和热情帮助。谨此对文献资料的作者和有关经验的创造者表示诚挚的感谢。

由于编写时间比较仓促，水平有限，书中不足之处在所难免，敬请读者批评指正。

编　者

目　录

第一章 施工项目组织概论

内容提要

本章内容包括施工组织研究的对象和任务，施工项目产品及其生产特点，基本建设程序和施工程序，施工项目的施工准备工作，编制施工组织设计的作用、分类、内容及重要性。在学习和研究各主要工种工程施工技术的基础上，怎样合理地组织施工呢？本章就坚持施工程序、做好施工准备、重视原始资料检查分析编制施工组织设计、按计划组织现场的施工活动、抓好现场施工总平面图管理以及施工验收等内容予以描述。使学生了解和熟悉施工组织与管理的基本知识。

学习要求

（1）熟悉坚持基本建设程序和施工程序、做好施工准备工作的重要意义，掌握施工程序的主要环节、施工准备工作的主要内容，工程开工必须具备的条件，组织施工时应解决的主要问题，以及交工验收的依据和标准。

（2）了解原始资料调查的内容和方法，掌握如何利用地形、地质、水文、气象资料、以从技术经济条件资料为工程建设服务。

（3）了解施工组织设计的种类、作用和编制原则，掌握施工组织设计的主要内容。

第一节 施工组织研究的对象和任务

工程项目施工是建筑业施工企业的基本任务，工程项目施工的成果就是完成各类最终工程项目产品。怎样将各方面的力量，各种要素（人力、资金、材料、机械、施工方法等）科学地组织起来，使工期短、质量好、成本低、迅速发挥投资效益、提供优良的工程项目产品，这就是土木工程施工组织与管理的根本任务。为了实现这个根本任务，必须坚持基本建设程序和施工项目管理程序，掌握和运用科学技术规律，按照工程项目产品的特点组织施工。认真贯彻国家各项技术经济政策和法规，讲究经济效益，不断提高组织与管理水平，增强施工企业的竞争能力，树立社会信誉，促进施工企业的发展。

一、施工组织研究的对象

随着社会经济的发展和施工技术的进步，现代施工过程已成为一项十分复杂的生产活动。一个大型施工项目，不但需要组织数量众多的各种专业工人和各类施工机械、设备有条不紊地投入到工程施工中，而且还需要组织种类繁多的、数以几十甚至几百万吨的施工材料、制品和构配件的生产、运输、储存和供应工作，组织施工机具的供应、维修和保养工作，组织施工现场临时供水、供电，以及安排施工现场的生产和生活所需要的各种临时建筑物等工作。这些工作的组织与协调，对多快好省地进行工程项目建设具有重要的意义。

施工组织就是针对工程施工的复杂性，来研究施工项目的统筹安排与系统管理客观规律的一门学科，它研究如何组织、计划一项施工项目的全部施工，寻求最合理的组织与方法。具体地说，施工组织管理就是根据施工项目产品生产的技术经济特点，以及国家基本建设方针和各项具体的技术政策，实现项目建设计划和设计的要求，提供各阶段的施工准备工作内容，对人力、资金、材料、机械和施工方法等进行科学合理的安排，协调施工中各施工单位、各工序之间、各项资源之间等的合理关系。在整个施工过程中，按照客观的经济、技术规律，做出合理的、科学的安排，从而取得较高的综合效益。

现代施工组织学科的发展特点是广泛运用数学方法、网络技术和计算机理论基础及电子计算机工具，采用各种有效手段，对施工过程进行工期、成本、质量的控制，达到工期短、成本低、质量好的目的。组织管理者必须充分认识施工过程的特点，在所有环节中精心组织、严格管理，全面协调好施工过程中的各种关系，面对特殊、复杂的生产过程，进行科学的分析，弄清主次矛盾，找出关键线路，有的放矢采取措施，合理组织人财物的投入顺序、数量、比例，进行科学的工序排队，组织平行交叉流水作业，提高对时间、空间、资源的利用，这样才能取得全面的经济效益和社会效益。

施工组织管理的对象是千差万别的，施工过程中内部工作与外部联系是错综复杂的，没有一种固定不变的组织管理方法可运用于一切工程，因此在不同条件下对不同的施工对象需采取不同的管理方法。

二、施工组织研究的任务

施工组织的任务就是系统研究如何在党和国家基本建设方针的指导下，遵循施工组织的客观规律，统筹规划、合理组织、协调控制施工项目产品生产的全过程，以使施工项目达到最优化的目标。具体包括：

（1）全面阐述党和国家制定的基本建设方针及各项具体的技术经济政策。

（2）以工程项目为对象，论述施工组织的一般原理及施工组织设计的内容、方法和编制程序。

（3）介绍现代施工组织的优化理论、管理技术与方法。

（4）研究和探索我国施工过程的系统管理和协调技术。

第二节　施工项目产品生产的技术经济特点

一、施工项目产品的特点

建筑业施工企业是以最终施工项目产品为生产对象的。施工项目产品的生产同一般工业生产相比较，有一些共同的地方，都是将资源投入产品的生产过程。其生产上的阶段性和连续性，组织上的专业化，协作和联合化，和工业产品的生产是完全一致的。但施工项目产品的生产同一般工业生产相比，又具有一系列的技术经济特点。施工项目产品的特点是：产品的固定性、多样性、体积庞大。由此而引出施工项目产品生产的流动性、个体性，生产过程的综合性，受气候条件影响大等技术经济特点。这些特点，对建筑业施工企业生产的组织与管理影响很大。一些施工项目产品的特点由于施工项目产品的使用功能、平面与空间组合、结构与构造形式等的差异性，以及所用材料的物理力学性能的特殊性，决定了施工项目产品的特殊性。其具体特点如下：

1. 施工项目产品在空间上的固定性

施工项目产品均由基础和主体两部分组成。基础承受主体的全部荷载（包括基础的自重），并传给地基。任何施工项目产品都是在选定的地点上施工和使用，与选定地点的土地不可分割，从施工开始至拆除均不能移动。所以，施工项目产品施工和使用地点在空间上是固定的。

2. 施工项目产品的多样性

施工项目产品不但要满足各种使用功能和规划的要求，而且还要体现出地区的民族风俗、建筑艺术，同时也受到地区的自然条件诸因素的限制，这使施工项目产品在规模、结构、构造、形式、基础和装饰等诸方面变化纷繁。因此，施工项目产品的类型多样。

3. 施工项目产品体形庞大性

无论是复杂的施工项目产品，还是简单的施工项目产品，为满足其使用功能的需要，并结合施工材料的物理力学性能，需要大量的物资资源，使其平面与空间体积很大。因而，施工项目产品的体形庞大。

二、施工项目产品生产的特点

由于施工项目产品地点的固定性、类型的多样性和体形庞大性等特点，决定了施工项目产品生产的特点与一般工业产品生产的特点相比较具有自身的特殊性。其具体特点如下：

1. 施工项目产品生产的流动性

施工项目产品地点的固定性决定了产品生产的流动性。一般的工业产品都是在固定的工厂、车间内进行生产，而施工项目产品的生产是在不同地区，或同一现场的不同单位工程，或同一单位工程的不同部位组织工人、机械围绕着同一施工项目产品进行生产。因此，施工项目产品的生产在地区与地区之间、现场之间和单位工程不同部位之间流动。

2. 施工项目产品生产的单件性

施工项目产品地点的固定性和类型的多样性决定了产品生产的单件性。一般的工业产品是在一定的时间里，用统一的工艺流程进行批量生产，而具体的一个施工项目产品应在国家或地区的统一规划内，根据其使用功能，在选定的地点上单独设计和单独施工。即使是选用标准设计、通用构件和配件，由于施工项目产品所在地区的自然、技术、经济条件的不同，也使施工项目产品的结构或构造、建筑材料、施工组织和施工方法等要因地制宜加以修改，从而使各施工项目产品生产具有单件性。

3. 施工项目产品生产的地区性

由于施工项目产品的固定性决定了同一使用功能的施工项目产品因其施工地点的不同必然受到施工地区的自然、技术、经济和社会条件的约束，使其结构、构造、艺术形式、室内设施、材料、施工方案等方面均各异。因此，施工项目产品的生产具有地区性。

4. 施工项目产品生产周期长

施工项目产品的固定性和体形庞大性的特点决定了施工项目产品生产周期长。施工项目产品体形庞大，使得最终施工项目产品的完成必然耗费大量的人力、物力和财力；同时施工项目产品的生产全过程还要受到工艺流程和生产程序的制约，使各专业、各工种间必须按照合理的施工顺序进行配合和衔接；又由于施工项目产品的固定性，使施工活动的空间具有局限性，从而导致施工项目产品生产具有生产周期长、占用流动资金大的特点。

5. 施工项目产品生产的露天作业性

施工项目产品地点的固定性和体形庞大的特点，决定了施工项目产品生产露天作业多。因为体形庞大的施工项目产品不可能在工厂、车间内直接进行施工，即使施工项目产品达到了高度工业化水平的时候，也只能在工厂内生产其各部分的构件或配件，仍然需要在施工现场内进行总装配后才能形成最终产品。因此，施工项目产品的生产具有露天作业多的特点。

6. 施工项目产品生产的高空作业多

由于施工项目产品体形庞大，决定了施工项目产品生产具有高空作业多的特点。特别是随着城市现代化的发展，高层建筑物的施工任务日益增多，使得施工项目产品生产高空作业的特点日益明显。

7. 施工项目产品生产组织协作的综合复杂性

由上述施工项目产品生产的特点可以看出，施工项目产品生产的涉及面广。在施工企业内部，它涉及工程力学、建筑结构、建筑构造、地基基础、水暖电、机械设备、建筑材料和施工技术等学科的专业知识，要在不同时期、不同地点和不同产品上组织多专业、多工种的综合作业。在施工企业的外部，它涉及不同种类的专业施工企业及城市规划、征用土地、勘察设计、消防、"七通一平"、公用事业、环境保护、质量监督、科研试验、交通运输、银行财政、机具设备、物资材料的供应、劳务等社会各部门和各领域的复杂协作配合，从而使施工项目产品生产的组织协作关系综合复杂。

第三节　基本建设程序和施工程序

基本建设是指固定资产的建设，也就是建造、购置和安装固定资产的活动以及与此有关的其他工作，而建设工程施工则是完成基本建设工程任务的一个重要组成部分。

基本建设项目，简称建设项目。凡按一个总体设计的建设工程并组织施工，在完工后具有完整的系统，可以独立地形成生产能力或使用价值的工程，称为一个建设项目。例如，在工业建设中，以一个企业为一个建设项目；在民用建设中，以一个事业单位（如一所学校、一所医院等）为一个建设项目。大型分期建设的工程，如果分为几个总体设计，则就有几个建设项目。凡执行基本建设项目投资的企业或事业单位称为基本建设单位，简称建设单位。

基本建设项目可以从不同的角度进行划分。按建设项目的性质可分新建、扩建、改建、恢复和迁建项目，按建设项目的用途可分为生产性建设项目（包括工业、农田水利、交通运输及邮电、商业和物资供应、地质资源勘探等建设项目）和非生产性建设项目（包括住宅、文教、卫生、公用生活服务事业等建设项目），按建设项目的规模大小可分为大型、中型、小型建设项目，按建设项目的投资主体可分为国家投资、地方政府投资、企业投资、"三资"企业以及各类投资主体联合投资的建设项目。一个建设项目，按其复杂程度，一般可由以下工程内容组成。

（1）单项工程（又称工程项目）。凡是具有独立的设计文件，竣工后可以独立发挥生产能力或效益的工程，称为一个单项工程。一个建设项目，可能是一个单项工程组成，也可能由若干个单项工程组成。例如，工业建设项目中，各个独立的生产车间、实验大楼等；民用建设项目中，学校的教学楼、实验室、图书馆、宿舍楼等，这些都可以称为一个单项工程，其内容包括建筑工程、设备安装工程以及设备、工具、仪器等购置。

（2）单位工程。凡是具有单独设计，可以独立施工，但完工后不能独立发挥生产能力或效益的工程，称为一个单位工程。一个单项工程一般都由若干个单位工程组成。例如，一个车间，一般由土建工程、装饰工程、工业管道工程、设备安装工程、电气照明工程和给排水工程等单位工程组成。

（3）分部工程。组成单位工程的若干个分部称为分部工程。例如，一幢房屋的土建单位工程，按其结构或构造部位，可以划分为基础、主体、屋面、装饰等分部工程；按其工种工程，可以划分为土石方工程、砌筑工程、钢筋混凝土工程、防水工程、装饰工程等；按其质量检验评定要求，可以划分为地基与基础工程、主体工程、地面与楼面工程、门窗工程、装饰工程、屋面工程等。

（4）分项工程（又称施工过程）。组成分部工程的若干个施工过程称为分项工程。土建工程一般按照选用的施工方法、材料、结构构件和配件等的不同来划分。如挖基槽、做垫层、混凝土基础、回填土等。

由此可知，为了有利于国家对基本建设项目计划的统一管理，便于编制建设预算文件和计划文件等，我国将工程建设项目进行科学的分析与分解，在讲述土木工程施工组织时，首先了解国家基本建设有关工程种类的划分是很有必要的。

一、基本建设程序

建设项目的建设程序习惯称作基本建设程序，我国工程项目的基本建设程序是随着人们对建设工作认识的日益深化而逐步建立发展和完善起来的。建设项目按照建设程序进行建设是建设项目的技术经济规律要求的，也是建设项目的复杂性（环境复杂、涉及面广、相关环节多、多行业多部门配合）决定的。

基本建设程序是指建设项目从设想、选择、评估、决策、设计、施工到竣工验收和投入生产整个建设过程中，各项工作必须遵循的先后次序的法则。这个法则是人们在认识客观规律的基础上制订出来的，是建设项目科学决策和顺利进行的重要保证。按照建设项目发展的内在联系和发展过程，建设程序可分成若干阶段，这些发展阶段有严格的先后次序，不能任意颠倒，不能违反它的发展规律。

目前，我国基本建设程序阶段的划分，主要有项目建议书、可行性研究、设计工作、建设准备、建设实施、竣工验收六个阶段。

1. 项目建议书阶段

项目建议书是业主单位向国家提出的要求建设某一建设项目的建议文件，是对建设项目的轮廓设想，是从拟建项目的必要性及大方面的可能性加以考虑的。在客观上，建设项目要符合国民经济长远规划，符合部门、行业和地区规划的要求。

2. 可行性研究阶段

项目建议书经批准后，应紧接着进行可行性研究。可行性研究是对建设项目在技术上和经济上（包括微观效益和宏观效益）是否可行进行科学分析和论证工作，是技术经济的深入论证阶段，为项目决策提供依据。

可行性研究的主要任务是通过多方案比较，提出评价意见，推荐最佳方案。

可行性研究的内容可概括为市场（供需）研究、技术研究和经济效益研究三项。具体说来，工业项目的可行性研究的内容是：项目提出的背景、必要性、经济意义、工作依据与范围，需要预测和拟建规模，资源材料和公用设施情况，建厂条件和厂址方案，环境保护，企业组织定员及培训，实际进度建议，投资估算数和资金筹措，社会效益及经济效益。在可行性研究的基础上，编制可行性研究报告。

可行性研究报告经批准后，项目决策便完成了，可以立项，进入实施阶段。可行性研究报告是初步设计的依据，不得随意修改和变更。如果在建设规模、产品方案、建设地区、主要协作关系等方面有变动以及突破投资控制数时，应经原批准机关同意。

按照现行规定，大中型和限额以上项目可行性研究报告经批准后，项目可根据实际需要组成筹建机构，即组织建设单位。但一般改、扩建项目不单独设筹建机构，仍由原企业负责筹建。

3. 设计工作阶段

一般项目进行两阶段设计，即初步设计和施工图设计。技术上比较复杂而又缺乏设计经验的项目，在初步设计阶段后进行技术设计。

（1）初步设计。是根据可行性研究报告的要求做的具体实施方案，目的是为了阐明在指定的地点、时间和投资控制数额内，拟建项目在技术上的可能性和经济上的合理性，并通过对工程项目做出的基本技术经济规定，编制项目总概算。

初步设计不得随意改变被批准的可行性研究报告所确定的建设规模、产品方案、工程标准、建设地址和总投资等控制指标。如果初步设计提出的总概算超过可行性研究报告总投资的10%以上或其他主要指标需要变更时，应说明原因和计算依据，并报可行性研究报告原审批单位同意。

（2）技术设计。是根据初步设计和更详细的调查研究资料编制的，进一步解决初步设计中的重大技术问题，如工艺流程、建筑结构、设备选型及数量确定等，以使建设项目的设计更具体，更完善，技术经济指标更好。

（3）施工图设计。施工图设计完整地表现建筑物外形、内部空间分割、结构体系、构造情况以及建筑群的组成和周围环境的配合，具有详细的构造尺寸。它还包括各种运输、通信、管道系统、建筑设备的设计。在工艺方面，应具体确定各种设备的型号、规格及各种非标准设备的制造加工图。在施工图设计阶段应编制施工图预算。

4. 建设准备阶段

（1）预备项目。初步设计已经批准的项目，可列为预备项目。国家的预备项目计划，是对列入部门、地方编报的年度建设预备项目计划中的大中型和限额以上项目，经过从建设总规模、生产力总布局、资源优化配置以及外部协作条件等方面进行综合评价后安排和下达的。预备项目在进行建设准备过程中的投资活动，不计算建设工期，统计上单独反映。

（2）建设准备的内容。建设准备的主要工作内容包括征地、拆迁和场地平整；完成施工用水、电、路等工程；组织设备、材料订货；准备必要的施工图纸；组织施工招标投标，择优选定施工单位。

（3）报批开工报告。按规定进行了建设准备并具备开工条件后，建设单位如申请批准新开工要经国家计委统一审核后，编制年度大中型和限额以上建设项目新开工计划，报国务院批准。部门和地方政府无权自行审批大中型和限额以上建设项目的开工报告。年度大中型和限额以上新开工项目需经国务院批准，国家计委下达项目计划。

5. 建设实施阶段

建设项目经批准新开工建设，项目便进入了建设实施阶段。这是项目决策的实施、建成投产发挥投资效益的关键环节。新开工建设的时间，是指建设项目设计文件中规定的任何一项永久性工程，第一次破土开槽、开始施工的日期。不需要开槽的，正式开始打桩日期就是开工日期。铁道、公路、水库等需要进行大量土石方工程的项目，以开始进行土石方工程日期作为正式开工日期。分期建设的项目，分别按各期工程开工的日期计算。施工活动应按设计要求、合同条款、预算投资、施工程序和顺序及施工组织设计，在保证质量、工期、成本计划等目标的前提下进行，达到竣工标准要求，经过验收后移交给建设单位。

在实施阶段还要进行生产准备。生产准备是项目投产前由建设单位进行的一项重要工作。它是衔接建设和生产的桥梁，是建设阶段转入生产经营的必要条件。建设单位应适时组成专门班子或机构做好生产准备工作。生产准备工作的内容根据企业的不同而异，总的来说，一般包括下列内容：

(1) 组织管理机构，制订管理制度和有关规定。

(2) 招收并培训生产人员，组织生产人员参加设备的安装、调试和工程验收。

(3) 签订原料、材料、协作产品、燃料、水、电等供应及运输的协议。

(4) 进行工具、器具、备品、备件等的制造或订货。

(5) 其他必需的生产准备。

6. 竣工验收交付使用阶段

当建设项目按设计文件的规定内容全部施工完成后，便可组织验收。它是建设全过程的最后一道程序，是投资成果转入生产或作用的标志，是建设单位、设计单位和施工单位向国家汇报建设项目的生产能力或效益、质量、成本、收益等全面情况及交付新增固定资产的过程。竣工验收对促进建设项目及时投产，发挥投资效益及总结建设经验，都有重要作用。通过竣工验收，可以检查建设项目实际形成的生产能力或效益，也可避免项目建成后继续消耗建设费用。竣工验收以后，建设项目便可以交付使用，完成建设单位和使用单位的交易过程。

二、施工项目管理程序

施工项目管理程序简称施工程序，是拟建工程项目在整个施工阶段中必须遵循的先后顺序，反映了整个施工阶段必须遵循的客观规律。施工程序可划分为以下阶段：

1. 投标与签订合同阶段

建设单位对建设项目进行设计和建设准备、具备招标条件以后，便可发布招标公告（或邀请函），施工单位见到招标公告或邀请函后，从作出投标决策至中标签约，实质上这是施工项目寿命周期的第一阶段，本阶段的最终管理目标是签订工程承包合同。这一阶段主要进行以下工作：

(1) 施工单位从经营战略的高度作出是否投标争取承包该项目的决策。

(2) 决定投标以后，从多方面（企业自身、相关单位、市场、现场等）掌握大量信息。

(3) 编制既能使企业盈利，又有竞争力，可望中标的投标书。

(4) 如果中标，则与招标方进行谈判，依法签订工程承包合同，使合同符合国家法律、法规和国家计划，符合平等互利的原则。

2. 施工准备阶段

施工单位与招标单位签订工程承包合同，交易关系正式确立以后，便应组建项目经理部。以项目经理部为主体，与企业管理层、建设单位配合，进行施工准备，使工程具备开工和连续施工的基本条件。这一阶段主要进行以下工作：

（1）成立项目经理部，根据工程管理的需要建立机构，配备管理人员。

（2）制订施工项目管理实施规划，以指导施工项目管理活动。

（3）进行施工现场准备，使现场具备施工条件，利于文明施工。

（4）编写开工申请报告，待批准后开工。

3. 施工阶段

施工阶段是一个自开工至竣工的实施过程。在这一过程中，项目经理部既是决策机构，又是责任机构。企业管理层、建设单位、监理单位的作用是支持、监督与协调。这一阶段的目标是完成合同规定的全部施工任务，达到验收、交工的条件。这一阶段主要进行以下工作：

（1）在施工中努力做好动态控制工作，保证质量目标、进度目标、造价目标、安全目标、节约目标的实现。

（2）管好施工现场，实行文明施工。

（3）严格履行施工合同，处理好内外关系，管好合同变更及索赔。

（4）做好记录、协调、检查、分析工作。

4. 验收、交工与结算阶段

这一阶段可称作结束阶段，与建设项目的竣工验收阶段协调同步进行。其目标是对项目成果进行总结、评价，对外结清债权债务，结束交易关系。本阶段主要进行以下工作：

（1）工程收尾。

（2）进行试运转。

（3）接受正式验收。

（4）整理、移交竣工文件，进行工程款结算，总结工作，编制竣工总结报告。

（5）办理工程交付手续。

（6）项目经理部解体。

5. 用后服务阶段

这是施工项目管理的最后阶段，即在竣工验收后，按合同规定的责任期进行用后服务、回访与保修，其目的是保证使用单位正常使用，发挥效益。在该阶段中主要进行以下工作：

（1）为保证工程正常使用而做必要的技术咨询和服务。

（2）进行工程回访，听取使用单位意见，总结经验教训，观察使用中的问题，进行必要的维护、维修和保修。

（3）进行沉陷、抗震等性能观察。

三、施工项目管理程序与基本建设程序的关系

施工项目管理程序与基本建设程序各有自己的开始时间与完成时间，各有自己的全寿命周期和阶段划分，因此它们是各自独立的，然而两者之间仍有密切关系。从投标以后至竣工验收的一段时间，建设项目管理与施工项目管理同步进行，相互交叉、相互依存、相互制约。这就对发包、承包双方都按照各自的管理程序办事以相互促进提出了更高要求。

第四节　施工组织设计概述

一、编制施工组织设计的重要性

施工组织设计是用来指导拟建工程施工全过程中各项活动技术、经济和组织的综合性文件。它的重要性主要表现在以下几个方面。

（一）从施工产品及其生产的特点来看

由施工产品及其生产的特点可知，不同的建筑物或构筑物均有不同的施工方法，就是相同的建筑物或构筑物，其施工方法也不尽相同。即使同一个标准设计的建筑物或构筑物，因为建造的地点不同，其施工方法也不可能完全相同。所以没有完全统一的、固定不变的施工方法可供选择，应该根据不同的拟建工程，编制不同的施工组织设计。这就必须详细研究工程特点、地区环境和施工条件，从施工的全局和技术经济的角度出发，遵循施工工艺的要求，合理地安排施工过程的空间布置和时间排列，科学地组织物资供应和消耗，把施工中的各单位、各部门及各施工阶段之间的关系更好地协调起来，这正是施工组织设计内容所体现。

（二）从建筑施工在工程建设中的地位来看

根据基本建设投资分配可知，在施工阶段中的投资占基本建设总投资的 60％以上，远高于计划和设计阶段投资的总和。因此施工阶段是基本建设程序中耗资最大最多的一个阶段，认真地编制好施工组织设计，为保证施工阶段的顺利进行、实现预期的效果，其意义非常重要。

（三）从施工企业的经营管理程序来看

1. 施工企业的施工计划与施工组织设计的关系

施工企业的施工计划是根据国家或地区基本建设计划的要求，以及企业对建筑市场所进行科学预测和项目中标的结果，结合本企业的具体情况，制定出企业不同时期的施工计划和各项技术经济指标。而施工组织设计是按具体的拟建工程对象的开竣工时间编制的指导施工的文件。对于正在从事施工的施工企业来说，企业的施工计划与施工组织设计是一致的，并且施工组织设计是企业施工计划的基础，两者之间有着极为密切的、不可分割的联系。

2. 施工企业生产的投入产出与施工组织设计的关系

建筑产品的生产和其他工业产品的生产一样，都是按要求投入生产要素，通过一定的生产过程，而后生产出成品。建筑施工企业经营管理目标的实施过程就是从承担工程任务开始到竣工验收交付使用的全部施工过程的计划、组织和控制的投入、产出过程的管理，其基础就是科学的施工组织设计。即按照基本建设计划、设计图纸确定的质量，遵循技术先进、经济合理、资源少耗的原则，拟定周密的施工准备，确定合理的施工程序、科学地投入劳动力、技术、材料、机具和资金等要素，达到进度快、质量好，造价省的目标。可见施工组织设计是统筹安排施工企业生产的投入产出过程的关键。

3. 施工企业的现代化管理与施工组织设计的关系

施工企业的现代化管理主要体现在经营管理素质和经营管理水平两个方面。施工企业的经营管理素质主要是竞争能力、应变能力、盈利能力、技术开发能力和扩大再生产能力等方面的体现；施工企业的经营管理水平是计划与决策、组织与指挥、控制与协调和教育与激励等职能的体现。无论是企业经营管理素质的能力，还是企业经营管理水平的职能，都必须通过施工组织管理机构的职能，通过施工组织设计的编制、贯彻、检查和调整来实现。由此可见，施工企业的经营管理素质和水平的提高、经营管理目标的实现，都离不开施工组织设计的编制到实施的全过程，这充分体现了施工组织设计对施工企业的现代化管理的重要性。

二、施工组织设计的作用

施工组织设计是根据国家或建设单位对拟建工程的要求、设计图纸和编制施工组织设计的基本原则，从拟建工程施工全过程中的人力、物力和空间等三个要素着手，在人力与物力、主体与客体、供应与消耗、生产与储存、专业与协作、使用与维修、空间布置与时间排列等方面进行科学地、合理地部署，为建筑产品生产的节奏性、均衡性和连续性提供最优方案，以最少的资源消耗取得最大的经济效果，使最终建筑产品的生产达到速度快、工期短、精度高、功能好、消耗少、成本低和利润高的目的。

施工组织设计的作用是对拟建工程施工的全过程实行科学管理。通过施工组织设计的编制，可以全面考虑拟建工程的各种具体条件，扬长避短地拟定合理的施工方案，确定施工顺序、施工方法、劳动组织、技术经济和组织措施，合理地统筹安排拟定施工进度计划，保证拟建工程按期投产或交付使用；也为拟建工程的设计方案在经济上的合理性、在技术上的科学性、在实施中的可能性进行论证；还为建设单位编制建设计划、施工企业编制施工计划提供依据。施工企业可以提前掌握人力、材料和机具使用上的先后顺序，全面安排资源的供应与消耗，合理地确定临时设施的数量、规模和用途，以及临时设施、材料和机具在施工场地上的布置方案。

通过施工组织设计的编制，可以预计施工过程中可能发生的各种风险和矛盾，事先做好准备、预防，为施工企业实施施工准备工作计划提供依据；可以把拟建工程的设计与施工、技术与经济、前方与后方和施工企业的全部施工安排与具体工程的施工组织工作更紧密地结合起来；可以把直接参加的施工单位与协作单位、部门与部门、阶段与阶段、过程与过程之间的关系更好地协调起来。根据实践经验，对于一个拟建工程来说，如果施工组织设计编制得合理，能正确反映客观实际，符合建设单位和设计单位的要求，并且在施工过程中认真地贯彻执行，就可以保证拟建工程施工的顺利进行，取得好、快、省和安全的效果，早日发挥基本建设投资的经济效益和社会效益。

三、施工组织设计的分类

施工组织设计按编制时间、编制对象范围的不同，有以下分类情况：

（一）按编制时间不同分类

施工组织设计按编制时间不同可分为投标前编制的施工组织设计（简称标前设计）和签订工程承包合同后开工前编制的施工组织设计（简称标后设计）两种。

（二）按编制对象范围的不同分类

施工组织设计按编制对象范围的不同可分为施工组织总设计，单位工程施工组织设计，分部、分项工程或专项工程施工组织设计三种。

（1）施工组织总设计，是以一个建筑群或一个建设项目为编制对象，用以指导整个建筑群或建设项目施工全过程和各项施工活动的技术、经济和组织的综合性文件。施工组织总设计一般在初步设计或扩大初步设计被批准之后，在总承包企业的总工程师领导下进行编制。

（2）单位工程施工组织设计，是以一个单位工程（如一个建筑物或构筑物）为对象编制，用以指导其施工全过程的各项施工活动的技术、经济和组织的综合性文件。单位工程施工组织设计一般在施工图设计完成后，在拟建工程开工之前，由企业或项目经理部进行编制。

（3）分部、分项工程或专项工程施工组织设计，是以施工难度较大或技术较复杂的分部、分项工程或专项工程为编制对象，用于指导施工活动的综合性文件。它一般是同单位工程施工组织设计的编制同时进行，并由单位工程的技术人员负责编制。

施工组织总设计、单位工程施工组织设计和分部分项工程施工组织设计之间有以下关系：施工组织总设计是对整个建设项目的全局性战略部署，其内容和范围比较概括；单位工程施工组织设计是在施工组织总设计的控制下，以施工总设计和企业施工计划为依据编制的，针对具体的单位工程，将施工组织总设计的内容具体化；分部分项工程施工组织设计是以施工组织总设计、单位工程施工组织设计和企业施工计划为依据编制的，针对具体的分部分项工程，将单位工程施工组织设计进一步具体化，它是专业工程具体的组织施工的设计。

四、施工组织设计的内容

施工组织设计的内容应按施工项目管理规划的要求编制，其中施工组织总设计应符合施工项目管理规划大纲的要求。单位工程施工组织设计应符合施工项目管理实施规划的要求。

（一）标前施工组织设计的内容

GB/T 50502—2009《建筑施工组织设计规范》在施工组织设计的编制与管理上，对投标阶段施工组织设计和实施阶段施工组织设计没有分别规定，但在实际操作中，编制投标阶段施工组织设计，强调的是符合招标文件要求，以中标为目的；编制实施阶段施工组织设计，强调的是可操作性，同时鼓励企业技术创新。由于标前设计的作用是为了投标和进行签约谈判提供依据，因此应包括以下内容：工程概况、施工部署、施工准备与资源配置计划、施工方案、施工进度计划、施工平面布置等；其他有关投标和签约谈判需要的内容。

投标与标后施工组织设计的相同点：针对的项目相同；都是为了完满地完成工程项目；编制的基本原则相同；编制的基本方法相同；编制的基本内容相同。

投标与标后施工组织设计的不同点：

（1）应用的目的不同：投标时施工组织设计是表述的组成部分，目的是为了中标；标后是为了规划施工进程，是战略和战术布置。

（2）编制的时间和条件不同：标书受时间限制，编制施工组织设计时间短；标后编制时间较长。

（3）编制者不同：投标通常由企业经营部门编写；标后通常由工程项目部的技术管理人员编写。

（4）阅读对象不同：投标是评标专家阅读；标后是供工程建设各方阅读。

（5）内容结构有别：投标要按招标文件要求进行；标后无上述限制。

（6）侧重点不同：投标更侧重机械设备、工期保障、质量保证、重要部位的施工方法等；标后属于对内使用，用于指导施工。

（7）责任不同：投标施工组织设计应具有先进性；标后必须具有实施性。

（二）施工组织总设计的内容

（1）项目概况。主要是对项目规模的描述和承包范围等的描述。

（2）项目实施条件分析。项目实施条件主要包括：发包人条件，相关市场条件，自然条件，政治、法律和社会条件，现场条件，招标条件等。

（3）施工项目管理目标。包括：施工合同要求的目标，如合同规定的使用功能要求，合同工期、造价、质量标准，合同或法律规定的环境保护标准和安全标准；企业对施工项目的要求，如成本目标、企业形象，对合同目标的调整要求等。

（4）施工项目组织构架。应包括：对专业性施工任务的组织方案（如怎样进行分包，材料和设备的供应方式等）；项目经理部的入选方案等。

（5）质量目标规划和主要施工方案。包括：招标文件（或发包人）要求的总体质量目标，分解质量目标，保证质量目标实现的技术组织措施；施工方案描述，如施工程序、重点单位工程或重点分部工程施工方案、保证质量目标实现的主要技术组织措施、拟采用的新技术和新工艺、拟选用的主要施工机械设备等。

（6）工期目标规划和施工总进度计划。包括：招标文件的工期要求及工期目标的分解，施工总进度计划主要的里程碑事件，保证工期目标实现的技术组织措施等。

（7）施工预算和成本目标规划。包括：编制施工预算和成本计划的总原则，项目的总成本目标，成本目标分解，保证成本目标实现的技术组织措施等。

（8）施工风险预测和安全目标规划。包括：主要风险因素预测，风险对策措施；总体安全目标责任，施工中的主要不安全因素，保证安全的主要技术组织措施等。

（9）施工总平面图和现场管理规划。包括：施工现场情况和特点，施工现场平面布置的原则；现场管理目标，现场管理原则；施工总平面图及其说明；施工现场管理的主要技术组织措施等。

（10）文明施工及环境保护规划。包括：文明施工和环境保护特点、组织体系、内容及其技术组织措施等。

（三）单位工程施工组织设计的内容

（1）工程概况。包括：工程地点，建设地点及环境特征，施工条件，项目管理特点及总体要求，施工项目的工作目录清单。

（2）施工部署。包括：项目的质量、安全、进度、成本目标，拟投入的最高人数和平均人数，分包计划，劳动力使用计划，材料供应计划，机械设备供应计划，施工程序，施工项目管理总体安排。

（3）施工方案。包括：施工流向和施工顺序，施工段划分，施工方法和施工机械选择，安全施工设计，环境保护内容及方法。

（4）施工进度计划。包括：施工进度计划说明，施工进度计划图（表），施工进度计划管理规划。

（5）资源需求计划。包括：劳动力需求计划，主要材料和周转材料需求计划，机械设备需求计划，预制品订货和需求计划，大型工具、器具需求计划。

（6）施工准备工作计划。包括：施工准备工作组织和时间安排，技术准备和编制质量计划，施工现场准备，作业队伍和管理人员的准备，物资准备，资金准备。

（7）施工平面图。包括：施工平面图说明，施工平面图，施工平面图管理规划。

（8）技术组织措施计划。包括：保证进度目标的措施，保证安全目标的措施，保证成本目标的措施，保证季节施工的措施，保护环境的措施，文明施工的措施。

（9）项目风险管理。包括：风险因素识别一览表，风险可能出现的概率及损失值估计，风险管理重点，风险防范对策，风险管理责任。

（10）项目信息管理。包括：信息流通系统，信息中心的建立规划，项目管理软件的选择与使用规划，信息管理实施规划。

（11）技术经济指标分析。包括：规划指标，规划指标水平高低的分析和评价，实施难点的对策。规划指标包括总工期、质量标准、成本指标、资源消耗指标、其他指标（如机械化水平等）。

（四）分部、分项工程或专项工程施工组织设计的内容

分部、分项工程或专项工程施工组织设计是以施工难度较大或技术较复杂的分部、分项工程或专项工程为编制对象，用于指导施工活动的综合性文件。

（1）分部分项工程概况及其施工特点的分析。

（2）施工方法及施工机械的选择。

（3）分部分项工程施工准备工作计划。

（4）分部分项工程施工进度计划。

（5）劳动力、材料和机具等需要量计划。

（6）质量、安全和节约等技术组织保证措施。

（7）作业区施工平面布置图设计。

五、施工组织设计的编制

（一）施工组织设计的编制原则

施工组织设计要能正确指导施工，体现施工过程的规律性、组织管理的科学性、技术的先进性。在目前市场经济条件下，企业应当积极利用工程特点，组织开发、创新施工技术和施工工艺；为保证持续满足过程能力和质量保证的要求，国家鼓励企业进行质量、环境和职业健康安全管理体系的认证制度，且目前该三个管理体系的认证在我国建筑行业中已较普及，并且建立了企业内部管理体系文件。编制施工组织设计时，不应违背上述管理体系文件的要求。具体而言，要掌握以下原则：

（1）符合施工合同或招标文件中有关工程进度、质量、安全、环境保护、造价等方面的要求。

（2）积极开发、使用新技术和新工艺，推广、应用新材料和新设备。

（3）坚持科学的施工程序和合理的施工顺序，采用流水施工和网络计划等方法，科学配置资源，合理布置现场，采取季节性施工措施，实现均衡施工，达到合理的经济技术指标。

（4）采取技术和管理措施，推广建筑节能和绿色施工。

（5）与质量、环境和职业健康安全三个管理体系有效结合。

（二）施工组织设计的编制和审批

《建筑施工组织设计规范》中对施工组织设计的编制和审批进行了明确规定：

（1）施工组织设计应由项目负责人主持编制，可根据需要分阶段编制和审批。

（2）施工组织总设计应由总承包单位技术负责人审批；单位工程施工组织设计应由施工单位技术负责人或技术负责人授权的技术人员审批；施工方案应由项目技术负责人审批；重点、难点分部（分项）工程和专项工程施工方案应由施工单位技术部门组织相关专家评审，施工单位技术负责人批准。

（3）由专业承包单位施工的分部（分项）工程或专项工程的施工方案，应由专业承包单位技术负责人或技术负责人授权的技术人员审批；有总承包单位时，应由总承包单位项目技术负责人核准备案。

（4）规模较大的分部（分项）工程和专项工程的施工方案，应按单位工程施工组织设计进行编制和审批。

（三）施工组织设计的编制程序

（1）施工组织总设计的编制程序如图 1-1 所示。

（2）单位工程施工组织设计的编制程序如图 1-2 所示。

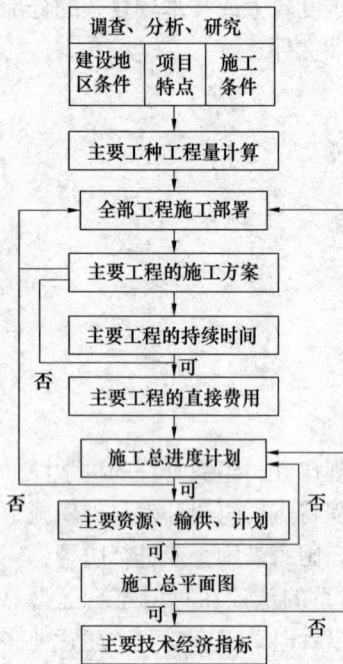

图 1-1　施工组织总设计的编制程序

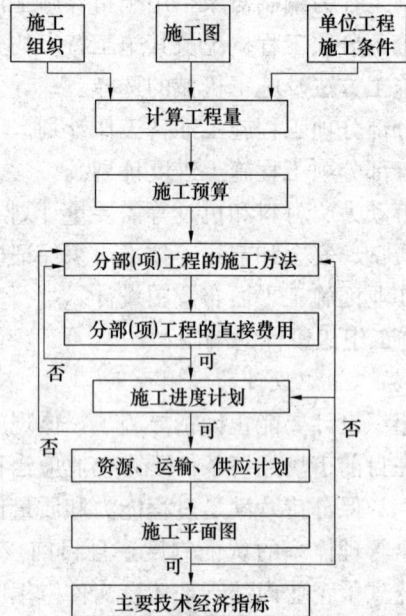

图 1-2　单位工程施工组织设计的编制程序

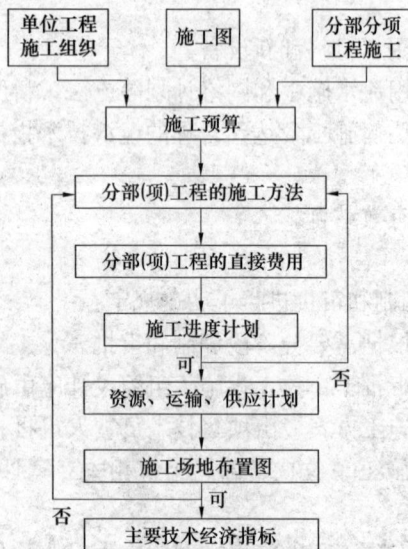

图 1-3　分部分项工程施工组织
设计的编制程序

（3）分部分项工程施工组织设计的编制程序如图 1-3 所示。

如图 1-1、图 1-3 所示可以看出，在编制施工组织设计时，除了要采用正确合理的编制方法外，还需遵循科学的编制程序，同时必须注意有关信息的反馈。施工组织设计编制过程是由粗到细，反复协调进行的，最终达到优化施工组织设计的目的。

六、施工组织设计的贯彻

施工组织设计的编制，只是为实施拟建施工项目的生产过程提供了一个可行的方案，这个方案的经济效果如何，必须通过实践去验证。施工组织设计贯彻的实质，就是把一个静态平衡方案、放到不断变化的施工过程中，考核其效果和检查其优劣的过程，以达到预定的目标。所以施工组织设计贯彻的情况如何，其意义是深远的。为了保证施工组织设计的顺利实施，应做好以下几方面的工作：

1. 传达施工组织设计的内容和要求

经过审批的施工组织设计，在开工前要召开各级的生产、技术会议，逐级进行交底，详细地讲解其内容、要求和施工的关键与保证措施，组织群众广泛讨论，拟定完成任务的技术组织措施，做出相应的决策。同时责成计划部门，制定出切实可行严密的施工计划。责成技术部门，拟定科学合理具体的技术实施细则保证施工组织设计的贯彻执行。

2. 制定各项管理制度

施工组织设计贯彻执行的顺利与否，主要取决于施工企业的管理素质、技术素质及经营管理水平，而体现企业素质和水平的标志，在于企业各项管理制度的健全与否。实践经验证明，只有施工企业有了科学的、健全的管理制度，企业的正常生产秩序才能维持，才能保证工程质量，提高劳动生产率，防止可能出现的漏洞或事故。为此必须建立、健全各项管理制度，保证施工组织设计的顺利实施。

3. 推行技术经济承包制

技术经济承包是用经济的手段和方法，明确承发包双方的责任。它便于加强监督和相互促进，是保证承包目标实现的重要手段。为了更好地贯彻施工组织设计的执行，应该推行技术经济承包制度，开展劳动竞赛，把施工过程中的技术经济责任同职工的物质利益结合起来。

4. 统筹安排及综合平衡

在拟建工程项目的施工过程中，搞好人力、物力、财力的统筹安排，保持合理的施工程序，既能满足拟建工程项目施工的需要，又能带来较好的经济效果。施工过程中的任何平衡都是暂时的和相对的，平衡中必然存在不平衡的因素，要及时分析和研究这些不平衡因素，不断地进行施工条件的反复综合和各专业工种的综合平衡，进一步完善施工组织设计，保证施工的节奏性、均衡性和连续性。

5. 切实做好施工准备工作

施工准备工作是保证均衡和连续施工的重要前提，也是顺利地贯彻施工组织设计的重要保证。拟建工程项目不仅在开工之前要做好一切人力、物力和财力的准备，而且在施工过程中的不同阶段也要做好相应的施工准备工作，这对施工组织设计的贯彻执行是非常重要的。

七、施工组织设计的检查和调整

(一) 施工组织设计的检查

1. 主要指标完成情况的检查

施工组织设计的主要指标的检查，一般采用比较法。即把各项指标的完成情况同计划规定的指标相对比。检查的内容主要包括工程进度、工程质量、材料消耗、机械使用和成本费用等。把主要指标数额检查同其相应的施工内容、施工方法和施工进度的检查结合起来，发现其问题，为进一步分析原因提供依据。

2. 施工总平面图的检查

施工现场必须按施工总平面图要求建造临时设施，敷设管网和运输道路，合理地存放机具，堆放材料；施工现场要符合文明施工的要求；施工现场的局部断电、断水、断路等，必

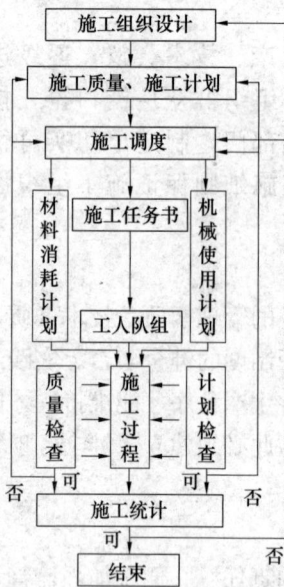

图1-4　施工组织设计的贯彻、
检查、调整程序

须事先得到有关部门批准；施工的每个阶段都要有相应的施工总平面图；施工总平面图的任何改变都必须由有关部门批准。如果发现施工总平面图存在不合理性，要及时制定改进方案，报请有关部门批准，不断地满足施工进展的需要。施工总平面的检查应按建筑主管部门的规定执行。

（二）施工组织设计的调整

根据施工组织设计执行情况的检查，对发现的问题应分析其产生的原因，拟定其改进措施或方案，对施工组织设计的有关部分或指标逐项进行调整，对施工总平面图进行修改，以使施工组织设计在新的基础上实现新的平衡。

实际上，施工组织设计的贯彻、检查和调整是一项经常性的工作，必须随着施工的进展情况，加强反馈并及时地进行调整，要贯穿拟建工程项目施工过程的始终。施工组织设计的贯彻、检查、调整的程序如图1-4所示。

第五节　施工项目的施工准备工作

一、施工准备工作的重要性

工程项目建设是人们创造物质财富的过程，工程项目建设总的程序是按照计划、设计和施工三个大阶段进行，而施工阶段又可分为施工准备、土建施工、设备安装、竣工验收阶段。

施工准备工作的基本任务是为拟建工程的施工建立必要的技术和物质条件，统筹安排施工力量和合理布置施工现场。施工准备工作是施工企业搞好目标管理，推行技术经济承包的重要前提，同时施工准备工作还是土建施工和设备安装顺利进行的根本保证。因此，认真地做好施工准备工作，对于发挥企业优势、合理供应资源、加快施工速度、提高工程质量、降低工程成本、增加企业经济效益、赢得企业社会信誉、实现企业管理科学化等具有重要意义。

二、施工准备工作的分类

1. 按施工准备工作的范围分类

按施工项目施工准备工作范围的不同，一般可分为全场性施工准备、单位工程施工条件准备和分部（分项）工程作业条件准备三种。

全场性施工准备是以一个建筑工地为对象而进行的各项施工准备。施工准备工作的目的、内容都是为全场性施工服务的，不仅要为全场性的施工活动创造有利条件，而且要兼顾单位工程施工条件的准备。

单位工程施工条件准备是以一个建筑物或构筑物为对象的施工条件准备工作。该准备工作的目的、内容都是为单位工程施工服务的，它不仅为该单位工程在开工前做好一切准备，而且要为分部（分项）工程做好施工准备工作。

分部（分项）工程作业条件的准备是以一个分部（分项）工作或冬雨季施工为对象而进

行的作业条件准备。

2. 按拟建工程所处的施工阶段分类

按拟建工程所处的施工阶段不同，一般可分为开工前的施工准备和各施工阶段前的施工准备两种。

开工前的施工准备是在拟建工程正式开工之前所进行的一切施工准备工作。其目的是为拟建工程正式开工创造必要的施工条件。它既可能是全场性的施工准备，又可能是单位工程施工条件的准备。

各施工阶段前的施工准备是在拟建工程开工之后，每个施工阶段正式开工之前所进行的一切施工准备工作。其目的是为各施工阶段正式施工创造必要的施工条件。

综上所述，不仅在拟建工程开工之前要做好施工准备工作，而且随着工程施工的进展，在各施工阶段施工之前也要做好相应施工准备工作。施工准备既要有阶段性，又要有连贯性。

三、施工准备工作的内容

施工项目施工准备工作按其性质及内容通常包括技术准备、物资准备、劳动组织准备、施工现场准备和其他施工准备。

（一）技术准备

技术准备是施工准备的核心。

1. 熟悉、审查设计图纸

（1）审查拟建工程的地点、建筑总平面图同国家、城市或地区规划是否一致，以及建筑物或构筑物的设计功能和使用要求是否符合环卫、防火及美化城市方面的要求。

（2）审查设计图纸是否完整、齐全以及是否符合国家有关工程建设的设计、施工方面的方针和政策。

（3）审查设计图纸与说明书在内容上是否一致，以及设计图纸与其各组成部分之间有无矛盾和错误。

（4）审查建筑总平面图与其他结构图在几何尺寸、坐标、标高、说明等方面是否一致，技术要求是否正确。

（5）审查工业项目的生产工艺流程和技术要求，掌握配套投产的先后顺序和相互关系，以及设备安装图纸与其相配套的土建施工图纸上的坐标、标高是否一致，掌握土建施工质量是否满足设备安装的要求。

（6）审查地基处理与基础设计同拟建工程地点的工程水文、地质等条件是否一致，以及建筑物或构筑物与地下建筑物或构筑物、管线之间的关系。

（7）明确拟建工程的结构型式和特点，复核主要承重结构的强度、刚度和稳定性是否满足要求，审查设计图纸中复杂、施工难度大和技术要求高的分部分项工程或新结构、新材料、新工艺。

（8）明确建设期限、分期分批投产或交付使用的顺序和时间，以及工程所用的主要材料、设备的数量、规格、来源和供货日期。

（9）明确建设、设计和施工等单位之间的协作、配合关系，以及建设单位可以提供的施工条件。

2. 原始资料的调查分析

（1）自然条件的调查分析。建设地区自然条件调查分析的主要内容有：地区水准点和绝对标高等情况；地质构造、土的性质和类别、地基土的承载力、地震级别和烈度等情况；河流流量和水质、最高洪水和枯水期的水位等情况；地下水位的高低变化情况，含水层的厚度、流向、流量和水质等情况；气温、雨、雪、风和雷电等情况；土的冻结深度和冬雨季的期限情况等。

（2）技术经济条件的调查分析。建设地区技术经济条件调查分析的主要内容有：地方建筑施工企业的状况，施工现场的动迁状况，当地可利用的地方材料状况，地方能源和交通运输状况，地方劳动力和技术水平状况，当地生活供应、教育、医疗卫生消防、治安状况等。

3. 编制施工图预算和施工预算

（1）编制施工图预算。施工图预算是技术准备工作的重要组成部分，它是按照施工图计算的工程量，施工组织设计所拟定的施工方案，依据预算定额、取费标准，由施工单位编制的确定建筑安装工程造价的经济文件。它是施工企业进行成本核算、加强经营管理等方面工作的重要依据。

（2）编制施工预算。施工预算是根据施工图预算、施工图纸、施工组织设计、施工定额或企业定额等文件进行编制的经济文件。它是施工企业内部控制各项成本支出、编制作业计划、编制成本计划、考核用工、进行"两算"对比、签发施工任务单、限额领料、基层进行经济核算的依据。

4. 编制施工组织设计

编制施工组织设计是施工准备工作的重要组成部分。施工组织设计是指导施工项目管理全过程的规划性的、全局性的技术、经济和组织的综合性文件，通过施工组织设计的编制，能为施工企业编制施工计划及实施施工准备工作计划提供依据，能保证拟建工程施工的顺利进行。

（二）物资准备

（1）物资准备工作主要包括以下内容：

1）建筑材料的准备。

2）构（配）件和制品的加工准备。

3）建筑安装机具的准备。

4）生产工艺设备的准备。

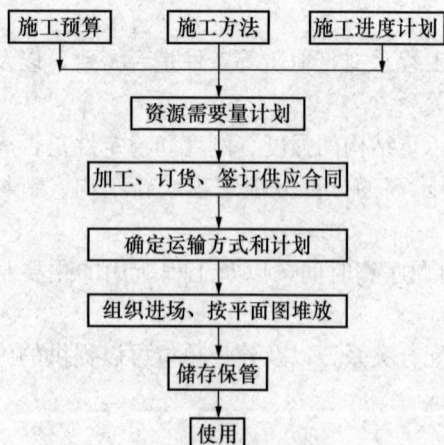

图1-5　物资准备工作程序图

（2）物资准备工作通常按如下程序进行：

1）根据施工预算、分部分项工程施工方法和施工进度的安排，拟定材料、构（配）件及制品、施工机具和工艺设备等物资的需要量计划。

2）根据各种物资需要量计划，组织货源，确定加工、供应地点和供应方式，签订物资供应合同。

3）根据各种物资的需要量计划和合同，拟定运输计划和运输方案。

4）按照施工总平面图的要求，组织物资按计划时间进场，在指定地点按规定方式进行储存和保管。

物资准备工作程序如图1-5所示。

（三）劳动组织准备

（1）建立项目经理部。项目经理部的建立应遵循以下原则：根据工程的规模、结构特点和复杂程度，确定劳动组织的领导机构名额和人选，坚持合理分工与密切协作相结合的原则；把有施工经验、有创新精神、工作效率高的人员选入领导机构；认真执行因事设职，因职选人的原则。

（2）建立精干的施工队组。编制劳动力需要量计划，呈请企业分配劳务作业人员。

（3）组织劳动力进场。项目经理部确定之后，按照开工日期和劳动力需要量计划，组织劳动力进场。同时要进行安全、防火和文明施工等方面的教育，并安排好进场人员的生活。

（4）进行施工组织设计和技术交底。进行施工组织设计和技术交底的目的是把拟建工程的设计内容、施工计划和施工技术要求等，详尽地向管理人员和作业人员讲解清楚。这是落实计划和技术责任制的必要措施。

（5）建立健全各项管理制度。工地的各项管理制度是否建立、健全，直接影响着各项施工活动的顺利进行。为此必须建立、健全工地的各项管理制度。这些管理制度通常包括：施工图纸学习与会审制度、技术责任制度、技术交底制度、工程技术档案管理制度、建筑材料与构（配）件检查验收制度、材料出入库制度、机具使用保养制度、职工考勤和考核制度、安全操作制度、工程质量检查与验收制度、工地及班组经济核算制度等。

（四）施工现场准备

（1）做好施工场地的控制网测量。

（2）搞好"三通一平"。

（3）做好施工现场的补充勘探。

（4）搭设临时设施。

（5）组织施工机具进场、组装和保养。

（6）做好建筑材料、构（配）件和制品储存堆放。

（7）提供建筑材料的试验申请计划。

（8）做好新技术、新材料的试制和试验。

（9）做好冬雨期施工准备。

（五）其他施工准备

（1）资金准备。施工项目的实施需要耗费大量的资金，在施工过程中可能会遇到资金不到位的情况，包括资金的时间不到位和数量不到位，这就要求施工企业认真进行资金准备。资金准备工作具体内容主要有：编制资金收入计划；编制资金支出计划；筹集资金；掌握资金贷款、利息、利润、税收等情况。

（2）做好分包工作。大型土石方工程、结构安装工程以及特殊构筑物工程的施工等，若需实行分包的，则需在施工准备工作中，依据调查中了解的有关情况，选定理想的协作单位。根据欲分包工程的工程量、完成日期、工程质量要求和工程造价等内容，签订分包合同。进行工程分包必须按照有关法规执行。

（3）向主管部门提交开工申请报告。在进行相应施工准备工作的同时，若具备开工条件，应该及时填写开工申请报告，并上报主管部门以获得批准。

四、施工准备工作计划

为了落实各项施工准备工作，加强检查和监督，必须根据各项施工准备工作的内容、时间和人员，编制施工准备工作计划，见表1-1。

表1-1 施 工 准 备 工 作 计 划

序号	施工准备项目	简要内容	负责单位	负责人	起止时间		备注
					月　日	月　日	

综上所述，各项施工准备工作不是分离的、孤立的，而是互为补充，相互配合的。为了提高施工准备工作的质量、加快施工准备工作的速度，必须加强建设单位、设计单位和施工单位之间的协调工作，建立健全施工准备工作的责任制度和检查制度，使施工准备工作有领导、有组织、有计划和分期分批地进行，贯穿施工全过程的始终。

复 习 思 考 题

1. 施工组织的研究对象和任务是什么？
2. 简述施工项目产品及其生产特点。
3. 简述基本建设程序和施工程序。
4. 施工准备工作的重要性是什么？
5. 施工准备工作如何分类？
6. 施工准备工作的主要内容有哪些？
7. 简述技术准备工作的内容及物资准备的程序。
8. 简述编制施工组织设计的重要性。
9. 何谓施工组织设计？它的任务和作用有哪些？
10. 简述施工组织设计的分类。
11. 施工组织设计的内容有哪些？
12. 施工组织设计的编制方法和原则是什么？
13. 简述施工组织总设计、单位工程施工组织设计、分部（项）工程施工组织设计的程序。
14. 如何进行施工组织设计的检查和调整？

第二章　流水施工的基本原理

🎙 内容提要

　　流水施工是一种先进的生产组织方法，是在劳动分工、合作和劳动工具、工业化的基础上产生出来的组织形式。通过本章的学习，使学生了解和懂得建设产品生产流水施工的基本原理、流水施工的主要参数及其确定方法，熟悉和掌握怎样按流水段法、分别流水法组织施工。

🌱 学习要求

　　（1）了解流水施工的概念，掌握流水施工的主要参数的确定。
　　（2）了解流水施工的组织形式，重点掌握分别流水和成倍节拍流水的组织方法。
　　（3）掌握组织建筑群流水施工的方法和步骤。

　　土木工程施工的流水作业法，是在长期的生产实践中不断总结、发展而形成的一种有效的组织施工方式。它的产生是由于土木工程施工与管理技术的不断进步，工种专业不断地分工，以及劳动工具向机械化发展的必然结果。流水作业法的应用，对于改善劳动生产组织，提高劳动生产率，实现文明施工起到了很好的促进作用。生产实践已经证明，在土木工程生产领域中，流水作业法是组织产品生产的理想方法。连续、均衡生产是整个工业生产发展的方向，也是工程建设项目优质、高效施工的必由之路。流水作业的基本特征是使生产过程具有连续性和均衡性。

第一节　流水施工的基本概念

一、组织施工的基本方式

　　在土木工程施工中，由于不同的施工组织方式存在着明显的效果差异，可以采用依次施工、平行施工和流水施工三种组织方式。

　　1. 依次施工组织方式

　　依次施工组织方式是将拟建工程项目的整个建造过程分解成若干个施工过程，按照一定的施工顺序，前一个施工过程完成后，后一个施工过程才开始施工；或前一个工程完成后，后一个工程才开始施工。它是一种最基本的、最原始的施工组织方式。举例如下：

　　【例 2-1】　某住宅区拟建三幢结构相同的建筑物，其编号分别为Ⅰ、Ⅱ、Ⅲ，各建筑物的基础工程均可分解为挖土方、浇混凝土基础和回填土三个施工过程，分别由相应的专业队按施工工艺要求依次完成，每个专业队在每幢建筑物的施工时间均为5周，各专业队的人数分别为10人、16人和8人。三幢建筑物基础工程施工的组织方式如图2-1所示。

　　按照依次施工组织方式建造，其施工进度计划如图2-1"依次施工"栏所示。由图2-1

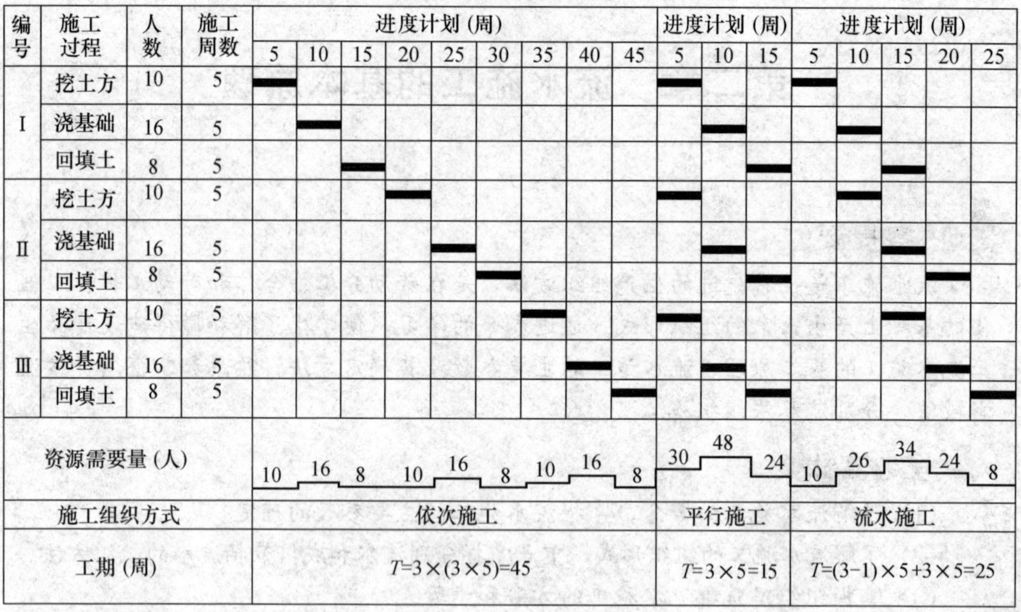

图 2-1　施工组织方式比较图

可以看出，依次施工组织方式具有以下特点：

（1）由于没有充分地利用工作面去争取时间，所以工期长。

（2）工作队不能实现专业化施工，不利于改进工人的操作方法和施工机具，不利于提高工程质量和劳动生产率。

（3）工作队及工人不能连续作业。

（4）单位时间内投入的资源量比较少，有利于资源供应的组织工作。

（5）施工现场的组织、管理比较简单。

2. 平行施工组织方式

在拟建工程任务十分紧迫、工作面允许以及资源保证供应的条件下，可以组织几个相同的工作队，在同一时间、不同的空间上进行施工，这样的施工组织方式称为平行施工组织方式。在［例2-1］中，如果采用平行施工组织方式，其施工进度计划如图2-1中"平行施工"栏所示。由图2-1可以看出，平行施工组织方式具有以下特点：

（1）充分地利用了工作面，争取了时间，可以缩短工期。

（2）工作队不能实现专业化生产，不利于改进工人的操作方法和施工机具，不利于提高工程质量和劳动生产率。

（3）工作队及其工人不能连续作业。

（4）单位时间投入施工的资源量成倍增长，现场临时设施也相应增加。

（5）施工现场组织、管理复杂。

3. 流水施工组织方式

流水施工组织方式是将拟建工程项目的整个建造过程分解成若干个施工过程，也就是划分成若干个工作性质相同的分部、分项工程或工序；同时将拟建工程项目在平面上划分成若干个劳动量大致相等的施工段，在竖向上划分成若干个施工层，按照施工过程分别建立相应的专业工作队；各专业工作队按照一定的施工顺序投入施工，完成第一个施工段上的施工任务后，在专业工作队的人数、使用的机具和材料不变的情况下，依次地、连续地投入到第二、第三……直到最后一个施工段的施工，在规定的时间内，完成同样的施工任务；不同的专业工作队在工作时间上最大限度地、合理地搭接起来；当第一施工层各个施工段上的相应施工任务全部完成后，专业工作队依次地、连续地投入到第二、第三……施工层，保证拟建工程项目的施工全过程在时间上、空间上，有节奏、连续、均衡地进行下去，直至完成全部施工任务。

在［例2-1］中，如果采用流水施工组织方式，其施工进度计划如图2-1中"流水施工"栏所示。由图2-1可以看出，与依次施工、平行施工相比较，流水施工组织方式具有以下特点：

（1）科学地利用了工作面，争取了时间，工期比较合理。

（2）工作队及其工人实现了专业化施工，可使工人的操作技术熟练，更好地保证工程质量，提高劳动生产率。

（3）专业工作队及其工人能够连续作业，相邻的专业工作队之间实现了最大限度的、合理的搭接。

（4）单位时间投入施工的资源量较为均衡，有利于资源供应的组织工作。

（5）为文明施工和进行现场的科学管理创造了有利条件。

由以上特点可以看出，组织流水施工具有极大的优越性，其实质就是充分利用了时间和空间，实现了连续、均衡地生产。

二、流水施工的技术经济效果

流水施工是一种科学有效的工程项目施工组织方法。流水施工在工艺划分、时间排列和空间布置上的统筹安排，必然会给相应的项目经理部带来显著的经济效果，具体可归纳为以下几点：

（1）由于流水施工的连续性，减少了专业工作的间隔时间，达到了缩短工期的目的，可使拟建工程项目尽早竣工，交付使用，发挥投资效益。

（2）便于改善劳动组织，改进操作方法和施工机具，有利于提高劳动生产率。

（3）专业化的生产可提高工人的技术水平，使工程质量相应提高。

（4）工人技术水平和劳动生产率的提高，可以减少用工量和施工暂设建造量，降低工程成本，提高利润水平。

（5）可以保证施工机械和劳动力得到充分、合理的利用。

（6）由于工期短、效率高、用人少、资源消耗均衡，可以减少现场管理费和物资消耗，实现合理储存与供应，有利于提高项目经理部的综合经济效益。

三、流水施工的分类和表达方式

1. 流水施工的分类

（1）按流水施工对象的范围分类。通常可分为：

1）分项工程流水施工。也称为细部流水施工，它是在一个专业工种内部组织起来的流水施工。

2）分部工程流水施工。也称为专业流水施工，它是在一个分部工程内部、各分项工程之间组织起来的流水施工。

3）单位工程流水施工。也称为综合流水施工，它是在一个单位工程内部、各分部工程之间组织起来的流水施工。在项目施工进度计划表上，它是若干组分部工程的进度指示线段，并由此构成一张单位工程施工进度计划。

4）群体工程流水施工。也称为大流水施工，它是在若干单位工程之间组织起来的流水施工。反映在项目施工进度计划上，是一张项目施工总进度计划。

（2）按施工过程分解的深度分类。根据流水施工组织的需要，有时要求将工程对象的施工过程分解得细些，有时则要求分解得粗些，这就形成了施工过程分解深度的差异。

1）彻底分解流水。这种流水方式是指经过分解后的所有施工过程都是属于单一工种完成的施工过程。为完成该施工过程，所组织的专业队都应该是由单一工种的工人（或机械）组成。

2）局部分解流水。在进行施工过程的分解时将一部分施工工作合并在一起，形成多工种协作的综合性施工过程，这就是不彻底分解的施工过程。这种包含多工种协作的施工过程的流水，就是局部分解流水。

（3）按流水的节奏特征分类。在流水施工中，由于流水节拍的规律不同，决定了流水步距、流水施工工期的计算方法等也不同，甚至影响到各个施工过程的专业工作队数目。因此，按照流水节拍的特征将流水施工进行分类，其分类情况如图 2-2 所示。

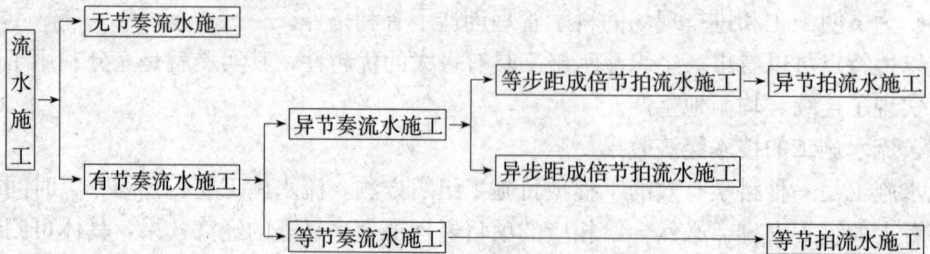

图 2-2　流水施工节奏特征分类图

1）有节奏流水施工。有节奏流水施工是指在组织流水施工时，每个施工过程在各个施工段上的流水节拍都相等的流水施工，它分为等节奏流水施工和异节奏流水施工。其中等节奏流水施工是指在有节奏流水施工中，各施工过程的流水节拍都相等的流水施工，也称为等节拍流水施工或固定节拍流水施工。异节奏流水施工是指在有节奏流水施工中，同一施工过程的流水节拍各自相等而不同施工过程之间的流水节拍不尽相等的流水施工。在组织异节奏流水施工时，又可以采用等步距和异步距两种方式。等步距异节奏流水施工是指在组织异节奏流水施工时，按每个施工过程流水节拍之间的比例关系，成立相应数量的专业工作队而进行的流水施工，也称为异节拍流水施工。异步距异节奏流水施工是指在组织异节奏流水施工时，每个施工过程成立一个专业工作队，由其完成各施工段任务的流水施工。

2）无节奏流水施工。无节奏流水施工是指在组织流水施工时，全部或部分施工过程在各个施工段上的流水节拍不相等的流水施工。这种方式是流水施工中最常见的一种。

2. 流水施工的表达方式

流水施工的表达方式，主要有横道图和网络图等几种表达方式。

（1）水平指示图表。在流水施工水平指示图表的表达方式中，横坐标表示流水施工的持续时间；纵坐标表示开展流水施工的施工过程、专业工作队的名称、编号和数目；呈梯形分布的水平线段表示流水施工的开展情况，像图2-1、图2-4～图2-6等均是用水平指示图表表达的流水施工。

（2）垂直指示图表。在流水施工垂直指示图表的表达方式中，横坐标表示流水施工的持续时间；纵坐标表示开展流水施工所划分的施工段编号；n 条斜线段表示各专业工作队或施工过程开展流水施工的情况，如图2-3所示。图中各参数的含义为：T 为流水施工计划总工期；T_i 为一个专业工作队或施工过程完成其全部施工段的持续时间；n 为专业工作队数或施工过程数；m 为施工段数；K 为流水步距；t_i 为流水节拍，本图中 $t_i=K$；Ⅰ、Ⅱ…表示专业工作队或施工过程的编号。

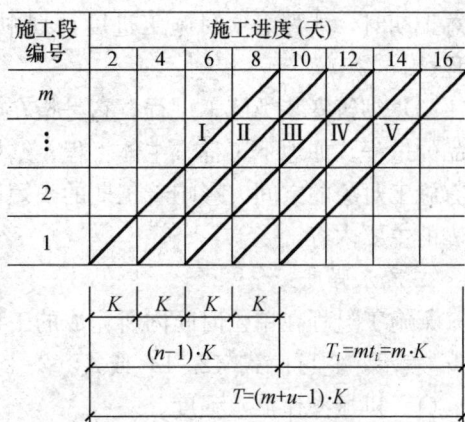

图2-3　垂直指示图表

（3）网络图。有关流水施工网络图的表达方式，详见本书第三章网络计划技术的表示方法相关内容。

第二节　组织流水施工的主要参数

在组织拟建工程项目流水施工时，用以表达流水施工在工艺流程、空间布置和时间排列等方面开展状态的参数，称为流水施工参数。它主要包括工艺参数、空间参数和时间参数三类。

一、工艺参数

在组织流水施工时，用以表达流水施工在施工工艺上开展顺序及其特征的参数称为工艺参数。即在组织流水施工时，将拟建工程项目的整个建造过程分解为施工过程的种类、性质和数目的总称。通常工艺参数包括施工过程和流水强度两种，如图2-4所示。

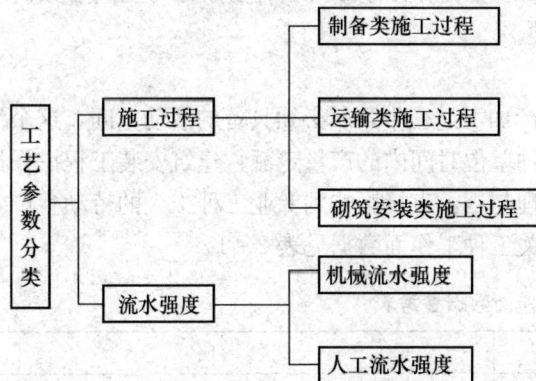

图2-4　工艺参数分类示意图

1. 施工过程

在工程项目施工中，施工过程的范围可大可小，既可以是分部、分项工程，又可以是单位、单项工程。它是流水施工的基本参数之一，根据工艺性质不同，它分为制备类施工过程、运输类施工过程和砌筑安装类施工过程三种。施工过程的数目，一般以 n 表示。

（1）制备类施工过程。如砂浆、混凝土、构配件、制品和门窗框扇等的制备过程。它一般不占有施工对象的空间，不影响项目总工期，因此在项目施工进度表上不表示；只有当其占有施工对象的空间并影响项目总工期时，在项目施工进度表上才列入。

（2）运输类施工过程。它是指将建筑材料、构配件、（半）成品、制品和设备等运到项目工地仓库或现场操作使用地点而形成的施工过程。它一般不占有施工对象的空间，不影响项目总工期，通常也不列入项目施工进度计划表中；只有当其占有施工对象的空间并影响项目总工期时，才列入项目施工进度计划中，如结构安装工程中，采取随运随吊方案的运输过程。

（3）砌筑安装类施工过程。它是指在施工对象的空间上，直接进行加工，最终形成建筑产品的过程。如地下工程、主体工程、结构安装工程、屋面工程和装饰工程等施工过程。它占有施工对象的空间，影响着工期的长短，必须列入项目施工进度表上，而且是项目施工进度表的主要内容。

2. 流水强度

某施工过程在单位时间内所完成的工程量，称为该施工过程的流水强度。流水强度一般以 V_i 表示，它可由式（2-1）或式（2-2）计算求得。

（1）机械操作流水强度。

$$V_i = \sum_{j=1}^{x} R_i S_i \tag{2-1}$$

式中　V_i——某施工过程 i 的机械操作流水强度；

　　　R_i——投入施工过程 i 的某种施工机械台数；

　　　S_i——投入施工过程 i 的某种施工机械产量定额；

　　　x——投入施工过程 i 的施工机械种类数。

（2）人工操作流水强度。

$$V_i = R_i S_i \tag{2-2}$$

式中　V_i——某施工过程 i 的人工操作流水强度；

　　　R_i——投入施工过程 i 的专业工作队工人数；

　　　S_i——投入施工过程 i 的专业工作队平均产量定额。

二、空间参数

在组织流水施工时，用以表达流水施工在空间布置上所处状态的参数称为空间参数。空间参数主要有：工作面、施工段和施工层三种。

1. 工作面

某专业工种的工人在从事建筑产品施工生产加工过程中，所必须具备的活动空间，这个活动空间称为工作面。它的大小，是根据相应工种单位时间内的产量定额、建筑安装工程操作规程和安全规程等要求确定的。工作面确定的合理与否，直接影响到专业工种工人的劳动生产效率。为此，必须认真加以对待，合理确定。有关工种工作面数据见表 2-1。

表 2-1　　　　　　　　　　　　主要工种工作面数据参考表

工作项目	每个技工的工作面		说　　明
砖基础	7.6	m/人	以 $1\frac{1}{2}$ 砖计：2 砖乘以 0.8；3 砖乘以 0.55
砌砖墙	8.5	m/人	以 1 砖计：$1\frac{1}{2}$ 砖乘以 0.71；2 砖乘以 0.57
毛石基础	3	m/人	以 60cm 计

续表

工作项目	每个技工的工作面		说　明
毛石墙	3.3	m/人	以 40cm 计
混凝土柱、墙基础	8	m³/人	机拌、机捣
混凝土设备基础	7	m³/人	机拌、机捣
现浇钢筋混凝土柱	2.45	m³/人	机拌、机捣
现浇钢筋混凝土梁	3.0	m³/人	机拌、机捣
现浇钢筋混凝土墙	5	m³/人	机拌、机捣
现浇钢筋混凝土楼板	5.3	m³/人	机拌、机捣
预制钢筋混凝土柱	3.6	m³/人	机拌、机捣
预制钢筋混凝土梁	3.6	m³/人	机拌、机捣
预制钢筋混凝土屋架	2.7	m³/人	机拌、机捣
预制钢筋混凝土平板、空心板	1.91	m³/人	机拌、机捣
预制钢筋混凝土大型屋面板	2.62	m³/人	机拌、机捣
混凝土地坪和面层	40	m²/人	机拌、机捣
外墙抹灰	16	m²/人	
内墙抹灰	18.5	m²/人	
卷材屋面	18.5	m²/人	
防水水泥砂浆屋面	16	m²/人	
门窗安装	11	m²/人	

2. 施工段

为了有效地组织流水施工，通常把拟建工程项目在平面上划分成若干个劳动量大致相等的施工段落，这些施工段落称为施工段。施工段的数目，通常以 m 表示。

（1）划分施工段的目的和原则。一般情况下，一个施工段内只安排一个施工过程的专业工作队进行施工。在一个施工段上，只有前一个施工过程的工作队提供足够的工作面，后一个施工过程的工作队才能进入该段从事下一个施工过程的施工。划分施工段是组织流水施工的基础，其目的是：可以把一个体形庞大的"单件产品"划分成具有若干个施工段、施工层的"批量产品"，使其满足流水施工的基本要求；在保证工程质量的前提下，为专业工作队确定合理的空间活动范围，使其按流水施工的原理，集中人力和物力，迅速地、依次地、连续地完成各段的任务，为相邻专业工作队尽早地提供工作面，从而达到缩短工期的目的。

施工段的划分，在不同的分部工程中可以采用相同或不同的划分办法。在同一分部工程中最好采用统一的段数。施工段数要适当，过多了，势必要减少工人数而延长工期；过少了，又会造成资源供应过分集中，不利于组织流水施工。因此，为了使施工段划分得更科学、更合理，通常应遵循以下原则：①专业工作队在各个施工段上的劳动量要大致相等，其相差幅度不宜超过 10％～15％；②对多层或高层建筑物，施工段的数目，要满足合理流水施工组织的要求，即 $m \geqslant n$；③为了充分发挥工人、主导机械的效率，每个施工段要有足够的工作面，使其所容纳的劳动力人数或机械台数，能满足合理劳动组织的要求；④为了保证拟建工程项目的结构整体完整性，施工段的分界线应尽可能与结构的自然界线（如沉降缝、伸缩缝等）相一致，如果必须将分界线设在墙体中间时，应将其设在对结构整体性影响小的门窗洞口等部位，以减少留槎，便于修复；⑤对于多层的拟建工程项目，既要划分施工段，又要划分施工层，以保证相应的专业工作队在施工段与施工层之间，组织有节奏、连续、均衡地流水施工。

（2）施工段数（m）与施工过程数（n）的关系。具体可分为三种关系：①$m>n$，详见[例2-2]；②$m=n$，详见[例2-3]；③$m<n$，详见[例2-4]。

【例2-2】 某局部二层的现浇钢筋混凝土结构的建筑物，按照划分施工段的原则，在平面上将它分成四个施工段，即$m=4$；在竖向上划分两个施工层，即结构层与施工层相一致；现浇结构的施工过程为支模板、绑扎钢筋和浇注混凝土，即$n=3$；各个施工过程在各施工段上的持续时间均为3天，即$t_i=3$；则流水施工的开展状况如图2-5所示。

由图2-5看出：当$m>n$时，各专业工作队能够连续作业，但施工段有空闲，

施工层	施工过程名称	施工进度（天）									
		3	6	9	12	15	18	21	24	27	30
I	支模板	①	②	③	④						
	绑扎钢筋		①	②	③	④					
	浇混凝土			①	②	③	④				
II	支模板					①	②	③	④		
	绑扎钢筋						①	②	③	④	
	浇混凝土							①	②	③	④

图2-5 $m>n$时流水施工开展状况

如图2-5中各施工段在第一层浇完混凝土后，均空闲3天，即工作面空闲3天。这种空闲，可用于弥补由于技术间歇、组织管理间歇和备料等要求所必需的时间。

在项目实际施工中，若某些施工过程需要考虑技术间歇等，则可用下式确定每层的最少施工段数为

$$m_{\min}=n+\frac{\sum Z}{K} \tag{2-3}$$

式中　$m_{\min}$——每层需划分的最少施工段数；

　　　　n——施工过程数或专业工作队数；

　　　　$\sum Z$——某些施工过程要求的技术间歇时间的总和；

　　　　K——流水步距。

【例2-3】 在[例2-2]中，如果将该建筑物在平面上划分成三个施工段，即$m=3$，其余不变，则此时的流水施工开展状况如图2-6所示。

由图2-6看出：当$m=n$时，各专业工作队能连续施工，施工段没有空闲。这是理想化的流水施工方案，此时要求项目管理者，提高管理水平，只能进取，不能回旋、后退。

【例2-4】 上例中，如果将其在平面上划分成两个施工段，即$m=2$，其他不变，则流水施工开展的状况如图2-7所示。

由图2-7可见：当$m<n$时，专业工作队不能连续作业，施工段没有空闲；但特殊情况

施工层	施工过程名称	施工进度（天）							
		3	6	9	12	15	18	21	24
I	支模板	①	②	③					
	绑扎钢筋		①	②	③				
	浇混凝土			①	②	③			
II	支模板				①	②	③		
	绑扎钢筋					①	②	③	
	浇混凝土						①	②	③

图2-6 $m=n$时流水施工开展状况

下，施工段也会出现空闲，以致造成大多数专业工作队停工。因一个施工段只供一个专业工作队施工，这样，超过施工段数的专业工作队就无工作面而停工。在图 2-7 中，支模板工作队完成第一层的施工任务后，要停工 3 天才能进行第二层第一段的施工，其他队组同样也要停工 3 天。故工期延长了。这种情况对有数幢同类型的建筑物，可组织各建筑物之间的大流水施工，来弥补上述停工现象；但对单一建筑物的流水施工是不适宜的，应加以杜绝。

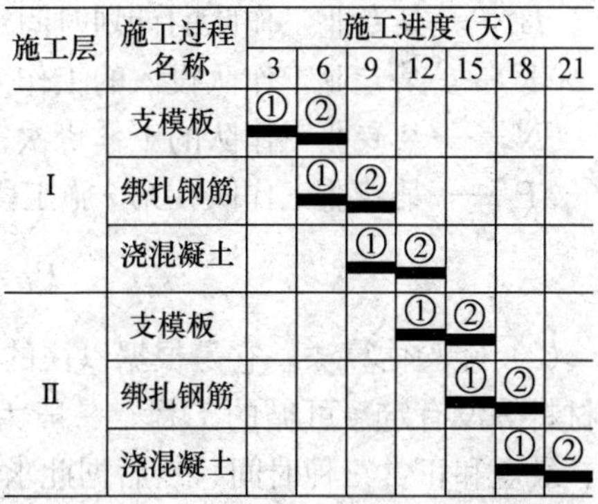

施工层	施工过程名称	施工进度（天）						
		3	6	9	12	15	18	21
I	支模板	①②						
	绑扎钢筋		①②					
	浇混凝土			①②				
II	支模板				①②			
	绑扎钢筋					①②		
	浇混凝土						①②	

图 2-7　$m < n$ 时流水施工开展状况

从上面的三种情况可以看出：施工段数的多少，直接影响工期的长短，而且要想保证专业工作队能够连续施工，必须满足

$$m \geqslant n \tag{2-4}$$

应当指出，当无层间关系或无施工层（如某些单层建筑物、基础工程等）时，则施工段数不受式（2-3）和式（2-4）的限制，可按前面所述划分施工段的原则进行确定。

3. 施工层

在组织流水施工时，为了满足专业工种对操作高度和施工工艺的要求，将拟建工程项目在竖向上划分为若干个操作层，这些操作层称为施工层。施工层一般以 r 表示。

施工层的划分，应按工程项目的具体情况，根据建筑物的高度、楼层来确定。如砌筑工程的施工层高度一般为 1.2m，室内抹灰、木装饰、油漆、玻璃和水电安装等，可按楼层进行施工层划分。

三、时间参数

在组织流水施工时，用以表达流水施工在时间排列上所处状态的参数称为时间参数。它包括：流水节拍、流水步距、平行搭接时间、技术间歇时间、组织管理间歇时间和流水施工工期六种。

1. 流水节拍

在组织流水施工时，每个专业工作队在各个施工段上完成相应的施工任务所需要的工作延续时间，称为流水节拍。通常以 t_i 表示。流水节拍的大小，可以反映出流水施工速度的快慢、节奏感的强弱和资源消耗量的多少。

影响流水节拍数值大小的因素主要有：项目施工时所采取的施工方案，各施工段投入的劳动力人数或施工机械台数，工作班次，以及该施工段工程量的多少。为避免工作队转移时浪费工时，流水节拍在数值上最好是半个班的整倍数。其数值的确定，可按以下方法进行：

（1）定额计算法。这是根据各施工段的工程量、能够投入的资源量（工人数、机械台数和材料量等），按下式计算

$$t_i = \frac{Q_i}{S_i R_i N_i} = \frac{P_i}{R_i N_i} \quad 或 \quad t_i = \frac{Q_i H_i}{R_i N_i} = \frac{P_i}{R_i N_i} \tag{2-5}$$

式中　t_i——某专业工作队在第 i 施工段的流水节拍；

　　　Q_i——某专业工作队在第 i 施工段要完成的工程量；

　　　S_i——某专业工作队的计划产量定额；

　　H_i——某专业工作队的计划时间定额；

　　R_i——某专业工作队投入的工作人数或机械台数；

　　N_i——某专业工作队的工作班次；

　　P_i——某专业工作队在第 i 施工段需要的劳动量或机械台班数量。

$$P_i = \frac{Q_i}{S_i}(或 = Q_iH_i) \qquad (2-6)$$

　　（2）经验估算法。它是根据以往的施工经验进行估算，多适用于采用新工艺、新方法和新材料等没有定额可循的工程。一般为了提高其准确程度，往往先估算出该流水节拍的最长、最短和正常三种时间，然后据此求出期望时间作为某专业工作队在某施工段上的流水节拍。这种方法也称为三种时间估算法，一般按下式计算

$$t = \frac{a + 4c + b}{6} \qquad (2-7)$$

式中　t——某施工过程在某施工段上的流水节拍；

　　a——某施工过程在某施工段上的最短估算时间；

　　b——某施工过程在某施工段上的最长估算时间；

　　c——某施工过程在某施工段上的正常估算时间。

　　（3）工期计算法。对某些施工任务在规定日期内必须完成的工程项目，往往采用倒排进度法。具体步骤如下：①根据工期倒排进度，确定某施工过程的工作延续时间；②确定某施工过程在某施工段上的流水节拍。若同一施工过程的流水节拍不等，则用估算法；若流水节拍相等，则按 $t = T/m$ 进行计算，其中 t 为流水节拍，T 为某施工过程的工作持续时间，m 为某施工过程划分的施工段数。

　　当施工段数确定后，流水节拍大，则工期相应的就长。因此，从理论上讲，总是希望流水节拍越小越好。但实际上由于受工作面的限制，每一施工过程在各施工段上都有最小的流水节拍，其数值可按下式计算

$$t_{min} = \frac{\mu A_{min}}{S} \qquad (2-8)$$

式中　t_{min}——某施工过程在某施工段的最小流水节拍；

　　A_{min}——每个工人所需最小工作面；

　　μ——单位工作面工程量含量；

　　S——产量定额。

　　上式算出的数值，应取整数或半个工日的整倍数，根据工期计算的流水节拍，应大于最小流水节拍。

　　2. 流水步距

　　在组织流水施工时，相邻两个专业工作队在保证施工顺序、满足连续施工、最大限度搭接和保证工程质量要求的条件下，在同一施工段上相继投入施工的最小时间间隔，称为流水步距。流水步距以 $K_{j,j+1}$ 表示。

　　（1）确定流水步距的原则。当施工段确定后，流水步距的大小直接影响着工期的长短。如果施工段不变，流水步距越大，则工期越长；反之，工期就越短。当施工段不变时，流水步距随流水节拍的增大而增大，随流水节拍的缩小而缩小。如果人数不变，增加施工段数，使每段人数达到饱和，而该段施工持续时间总和不变，则流水节拍和流水步距都相应地会缩

小，但工期拖长了。由此可知确定流水步距的原则是：①流水步距要满足相邻两个专业工作队，在施工顺序上的相互制约关系；②流水步距要保证各专业工作队都能连续作业；③流水步距要保证相邻两个专业工作队，在开工时间上最大限度地、合理地搭接；④流水步距的确定要保证工程质量，满足安全生产。

（2）确定流水步距的方法。流水步距的确定方法很多，而简捷实用的方法，主要有图上分析法、分析计算法和潘特考夫斯基法等，本书仅介绍潘特考夫斯基法。

潘特考夫斯基法也称为"最大差法"，简称累加数列法。此法通常在计算等节拍、无节奏的专业流水中，较为简捷、准确。其计算步骤为：①根据专业工作队在各施工段上的流水节拍，求累加数列；②根据施工顺序，对所求相邻的两累加数列，错位相减；③根据错位相减的结果，确定相邻专业工作队之间的流水步距，即相减结果中数值最大者。

用"最大差法"求流水步距的计算过程详见［例2-8］中相应内容。需要注意的是：求累加数列是指求同一施工过程（或同一专业工作队）在各个施工段上的流水节拍进行累加，形成累加数列。

3. 平行搭接时间

在组织流水施工时，有时为了缩短工期，在工作面允许的条件下，如果前一个专业工作队完成部分施工任务后，能够提前为后一个专业工作队提供工作面，使后者提前进入前一个施工段，两者在同一施工段上平行搭接施工，这个搭接的时间称为平行搭接时间，通常以 $C_{j,j+1}$ 表示。

4. 技术间歇时间

在组织流水施工时，除考虑相邻专业工作队之间的流水步距外，有时根据建筑材料或现浇构件等的工艺性质，还要考虑合理的工艺等待间歇时间，这个等待时间称为技术间歇时间。如混凝土浇注后的养护时间、砂浆抹面和油漆面的干燥时间等，技术间歇时间以 $Z_{j,j+1}$ 表示。

5. 组织管理间歇时间

在流水施工中，由于施工技术或施工组织的原因，造成在流水步距以外增加的间歇时间，称为组织管理间歇时间。如墙体砌筑前的墙身位置弹线，施工人员、机械转移，回填土前地下管道检查验收等，组织管理间歇时间以 $G_{j,j+1}$ 表示。

6. 流水施工工期

流水施工工期是指从第一个专业工作队投入流水施工开始，到最后一个专业工作队完成流水施工为止的整个持续时间。由于一项建设工程往往包含有许多流水组，故流水施工工期一般均不是整个工程的总工期。流水施工工期可按下式计算

$$T = \sum K + \sum t_n + \sum Z + \sum G - \sum C \tag{2-9}$$

式中　T——流水施工工期；

$\sum K$——各施工过程（或专业工作队）之间流水步距之和；

$\sum t_n$——最后一个施工过程（或专业工作队）在各施工段上流水节拍之和；

$\sum Z$——技术间歇时间之和；

$\sum G$——组织间歇时间之和；

$\sum C$——平行搭接时间之和。

第三节　组织流水施工的方式

按照专业流水节拍的特征将流水施工分为等节拍专业流水施工、成倍节拍专业流水施工和无节奏专业流水施工，下面将分别介绍。

一、等节拍专业流水

等节拍专业流水是指在组织流水施工时，所有的施工过程在各个施工段上的流水节拍彼此相等，这种流水施工组织方式称为等节拍专业流水，也称为固定节拍专业流水或全等节拍专业流水或同步距专业流水。

1. 基本特点

等节拍专业流水施工是一种最理想的流水施工方式，其特点如下：

(1) 所有施工过程在各个施工段上的流水节拍均相等。

(2) 相邻施工过程的流水步距相等，且等于流水节拍。

(3) 专业工作队数等于施工过程数，即每一个施工过程成立一个专业工作队，由该队完成相应施工过程所有施工段上的任务。

(4) 各个专业工作队在各施工段上能够连续作业，施工段之间没有空闲时间。

2. 组织步骤

具体步骤为：

(1) 确定项目施工起点流向，分解施工过程。

(2) 确定施工顺序，划分施工段。划分施工段时，其数目 m 的确定方法为：①无层间关系或无施工层时，取 $m=n$；②有层间关系或有施工层时，施工段数目 m 分下面两种情况确定：

第一种情况：无技术和组织间歇时，取 $m=n$。

第二种情况：有技术和组织间歇时，为了保证各专业工作队能连续施工，应取 $m>n$。此时每层施工段空闲数为 $m-n$，一个空闲施工段的时间为 t，则每层的空闲时间为

$$(m-n)t = (m-n)K \qquad (2-10)$$

若一个楼层内各施工过程间的技术、组织间歇时间之和为 $\sum Z_1$，楼层间技术、组织间歇时间为 Z_2。如果每层的 $\sum Z_1$ 均相等，Z_2 也相等，而且为了保证连续施工，施工段上除 $\sum Z_1$ 和 Z_2 外无空闲，则

$$(m-n)K = \sum Z_1 + Z_2 \qquad (2-11)$$

所以，每层的施工段数 m 可按下式确定

$$m = n + \frac{\sum Z_1}{K} + \frac{Z_2}{K} \qquad (2-12)$$

如果每层的 $\sum Z_1$ 不完全相等，Z_2 也不完全相等，应取各层中最大的 $\sum Z_1$ 和 Z_2，并按下式确定施工段数

$$m = n + \frac{\max \sum Z_1}{K} + \frac{\max \sum Z_2}{K} \qquad (2-13)$$

(3) 根据固定节拍专业流水要求，按前述流水节拍数值的确定方法计算流水节拍数值。

(4) 确定流水步距，$K=t$。

（5）计算流水施工的工期。流水施工的工期可按式（2-9）计算，也可按下式计算：

不存在施工层时为

$$T=(m+n-1)K+\sum Z_{j,j+1}+\sum G_{j,j+1}-\sum C_{j,j+1} \qquad (2-14)$$

存在施工层时为

$$T=(mr+n-1)K+\sum Z_{j,j+1}+\sum G_{j,j+1}-\sum C_{j,j+1} \qquad (2-15)$$

式中　T——流水施工总工期；

　　　m——施工段数；

　　　n——施工过程数；

　　　r——施工层数；

　　　K——流水步距；

　　　j——施工过程编号，$1\leqslant j\leqslant n$；

$Z_{j,j+1}$——j 与 $j+1$ 两施工过程间的技术间歇时间；

$G_{j,j+1}$——j 与 $j+1$ 两施工过程间的组织间歇时间；

$C_{j,j+1}$——j 与 $j+1$ 两施工过程间的平行搭接时间。

（6）绘制流水施工指示图表。

3. 应用举例

【例2-5】　某分部工程由四个分项工程组成，划分成五个施工段，流水节拍均为 3 天，无技术、组织间歇，试确定流水步距，计算工期，并绘制流水施工进度表。

解　由已知条件 $t_i=t=3$ 知，本分部工程宜组织等节拍专业流水。

（1）确定流水步距。由等节拍专业流水的特点知

$$K=t=3$$

（2）计算工期。由式（2-14）得

$$T=(m+n-1)K=(5+4-1)\times 3=24$$

（3）绘制流水施工进度表。如图 2-8 所示。

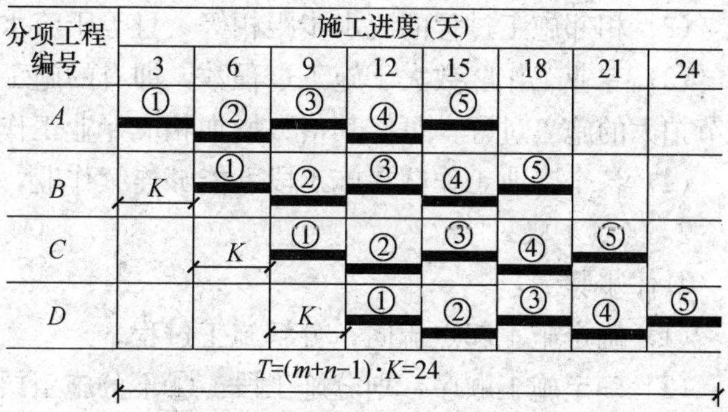

【例2-6】　某项目由Ⅰ、Ⅱ、Ⅲ、Ⅳ等四个施工过程组成，如分两个施工层组织流水施工，施工过程Ⅱ完成后需养护 1 天，下一个施工过程才能施工，且层间技术间歇为 1 天，流水节拍均为 1 天。为了保证工作队连续作业，试确定施工段数，计算工期，绘制流水施工进度表。

图 2-8　等节拍专业流水施工进度表（一）

解　（1）确定流水步距。

$$K=t=t_i=1$$

（2）确定施工段数。因项目施工时分两个施工层，其施工段数可按式（2-12）确定，即

$$m=n+\frac{\sum Z_1}{K}+\frac{Z_2}{K}=4+\frac{1}{1}+\frac{1}{1}=6 \text{ 段}$$

（3）计算工期。由式（2-15）得

$$T=(mr+n-1)K+\sum Z_1-\sum C_{j,j+1}=(6\times2+4-1)\times1+1-0=16$$

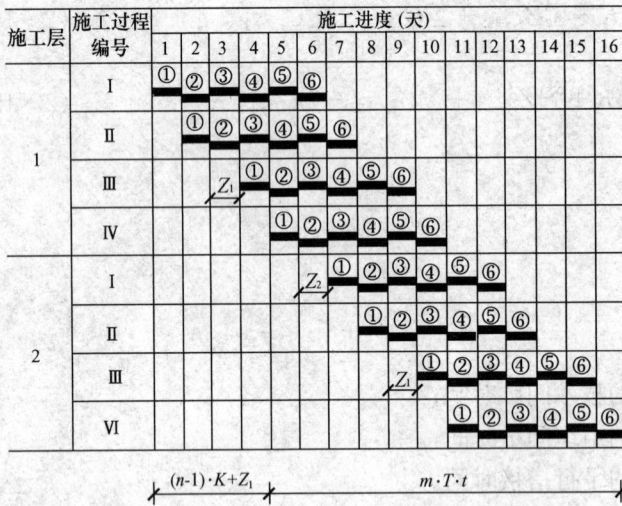

施工层	施工过程编号	施工进度（天）															
		1	2	3	4	5	6	7	8	9	10	11	12	13	14	15	16
1	I	①	②	③	④	⑤	⑥										
	II		①	②	③	④	⑤	⑥									
	III			Z₁	①	②	③	④	⑤	⑥							
	IV					①	②	③	④	⑤	⑥						
2	I					Z₂	①	②	③	④	⑤	⑥					
	II							①	②	③	④	⑤	⑥				
	III									Z₁	①	②	③	④	⑤	⑥	
	VI											①	②	③	④	⑤	⑥

$\overbrace{\qquad}^{(n-1)\cdot K+Z_1}\quad\overbrace{\qquad\qquad\qquad}^{m\cdot T\cdot t}$

图 2-9 等节拍专业流水施工进度表（二）

（4）绘制流水施工进度表。如图 2-9 所示。

二、异节拍专业流水

通常情况下，组织等节拍的专业流水施工是比较困难的。因为在任一施工段上，不同的施工过程，其复杂程度不同，影响专业流水节拍的因素也各不相同，很难使得各个施工过程的专业流水节拍都彼此相等。但如果施工段划分得合适，保持同一施工过程各施工段的专业流水节拍相等是不难实现的，并使某些施工过程的专业流水节拍成为其他施工过程专业流水节拍的倍数，即形成异节拍专业流水施工。异节拍专业流水施工包括一般的异节拍专业流水施工（每个施工过程成立一个专业工作队）和加快的异节拍专业流水施工。为了缩短流水施工工期，一般均采用加快的异节拍专业流水施工方式。这里主要讨论加快的异节拍专业流水。

1. 基本特点

加快的异节拍专业流水施工的特点如下：

（1）同一施工过程在其各个施工段上的流水节拍均相等；不同施工过程的流水节拍不等，但其值为倍数关系。

（2）相邻施工过程的流水步距相等，且等于流水节拍的最大公约数（K）。

（3）专业工作队数大于施工过程数，即有的施工过程只成立一个专业工作队，而对于流水节拍大的施工过程，可按其倍数增加相应专业工作队数目。

（4）各个专业工作队在施工段上能够连续作业，施工段之间没有空闲时间。

2. 组织步骤

具体步骤为：

（1）确定施工起点流向，分解施工过程。

（2）确定施工顺序，划分施工段。①不分施工层时，可按划分施工段的原则确定施工段数；②分施工层时，每层的段数可按下式确定

$$m=n_1+\frac{\max\sum Z_1}{K_b}+\frac{\max\sum Z_2}{K_b} \tag{2-16}$$

式中　n_1——专业工作队总数；

　　　K_b——等步距的异节拍流水的流水步距；

其他符号含义同前。

（3）按异节拍专业流水确定流水节拍。

（4）按下式确定流水步距：

$$K_b = 最大公约数(t_1, t_2, \cdots, t_n) \tag{2-17}$$

（5）按式（2-18）和式（2-19）确定专业工作队数：

$$b_j = \frac{t_j}{K_b} \tag{2-18}$$

$$n_1 = \sum_{j=1}^{n} b_j \tag{2-19}$$

式中 t_j——施工过程 j 在各施工段上的流水节拍；

 b_j——施工过程 j 所要组织的专业工作队数；

 j——施工过程编号，$1 \leqslant j < n$。

（6）按式（2-20）或式（2-21）确定计划总工期：

$$T = (rn_1 - 1)K_b + m^{zh}t^{zh} + \sum Z_{j,j+1} + \sum G_{j,j+1} - \sum C_{j,j+1} \tag{2-20}$$

或

$$T = (mr + n_1 - 1)K_b + \sum Z_1 - \sum C_{j,j+l} \tag{2-21}$$

式中 r——施工层数；

 m^{zh}——最后一个施工过程的最后一个专业工作队所要通过的施工段数；

 t^{zh}——最后一个施工过程的流水节拍；

其他符号含义同前。

（7）绘制流水施工进度表。

3. 应用举例

【例 2-7】 某项目由Ⅰ、Ⅱ、Ⅲ等三个施工过程组成，流水节拍分别为 $t_1 = 2$ 天，$t_2 = 6$ 天，$t_3 = 4$ 天，试组织加快的异节拍专业流水施工，并绘制流水施工进度表。

解 （1）按式（2-17）确定流水步距。$K_b = $ 最大公约数$\{2, 6, 4\} = 2$

（2）由式（2-18）和式（2-19）求专业工作队数，即

$b_{\text{I}} = t_1/K_b = 2/2 = 1$ 个

$b_{\text{II}} = t_2/K_b = 6/2 = 3$ 个

$b_{\text{III}} = t_3/K_b = 4/2 = 2$ 个

$n_1 = \sum_{j=1}^{3} b_j = 1 + 3 + 2 = 6$ 个

（3）求施工段数。为了使各专业工作队都能连续工作，取 $m = n_1 = 6$。

（4）计算工期。由式（2-20）或式（2-21）得

$T = (6-1) \times 2 + 3 \times 4 = 22$

或 $T = (6+6-1) \times 2 = 22$

（5）绘制流水施工进度表。如图 2-10 所示。

施工过程编号	工作队	施工进度（天）										
		2	4	6	8	10	12	14	16	18	20	22
Ⅰ	Ⅰ	①	②	③	④	⑤	⑥					
Ⅱ	Ⅱ_a			①			④					
	Ⅱ_b				②			⑤				
	Ⅱ_c					③			⑥			
Ⅲ	Ⅲ_a					①		③		⑤		
	Ⅲ_b						②		④			⑥

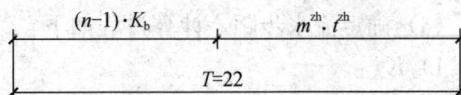

图 2-10 加快的异节拍专业流水施工进度

三、无节奏专业流水

在组织流水施工时，经常由于工程结构形式、施工条件不同等原因，使得各施工过程在各施工段上的工程量有较大差异，或因专业工作队的生产效率相差较大，导致各施工过程的

流水节拍随施工段的不同而不同，且不同施工过程之间的流水节拍又有很大差异。这时，流水节拍虽无任何规律，但仍可利用流水施工原理组织流水施工，使各专业工作队在满足连续施工的条件下，实现最大搭接。这种无节奏流水（亦称分别流水）施工方式是工程建设项目流水施工的普遍方式。

1. 基本特点

其特点如下：

（1）每个施工过程在各个施工段上的流水节拍，不尽相等。

（2）在多数情况下，流水步距彼此不相等，而且流水步距与流水节拍之间存在着某种函数关系。

（3）各专业工作队都能连续施工，个别施工段可能有空闲。

（4）专业工作队数等于施工过程数，即 $n_1 = n$。

2. 组织步骤

具体步骤为：

（1）确定施工起点流向，分解施工过程。

（2）确定施工顺序，划分施工段。

（3）按前述流水节拍数值的确定方法计算各施工过程在各个施工段上的流水节拍。

（4）按一定的方法如用"最大差法"确定相邻两个专业工作队之间的流水步距。

（5）按式（2-9）计算流水施工工期。

（6）绘制流水施工进度表。

3. 应用举例

【例 2-8】 某工程由 A、B、C、D 四个施工过程组成，施工顺序为：A→B→C→D，各施工过程的流水节拍为：$t_A = 2$ 天，$t_B = 4$ 天，$t_C = 4$ 天，$t_D = 2$ 天。在劳动力相对固定的条件下，试确定流水施工方案。

解 本例从流水节拍特点看，可组织成倍节拍专业流水，但因劳动力不能增加，无法做到等步距。为了保证专业工作队连续施工，按无节奏专业流水方式组织施工。

（1）确定施工段数。为使专业工作队连续施工，取施工段数等于施工过程数，即 $m = n = 4$。

（2）求累加数列。即

$$A:\quad 2,\quad 4,\quad 6,\quad 8$$
$$B:\quad 4,\quad 8,\quad 12,\quad 16$$
$$C:\quad 4,\quad 8,\quad 12,\quad 16$$
$$D:\quad 2,\quad 4,\quad 6,\quad 8$$

（3）确定流水步距。计算过程如下：

1）$K_{A,B}$。

$$
\begin{array}{r}
2,\quad 4,\quad 6,\quad 8\ \ \\
-)\quad\ \ 4,\quad 8,\quad 12,\quad 16 \\
\hline
2,\quad 0,\ -2,\ -4,\ -16
\end{array}
$$

所以　　　　　　　　$K_{A,B} = \max\{2, 0, -2, -4, -16\} = 2$

2）$K_{B,C}$。

$$
\begin{array}{r}
4,\quad 8,\quad 12,\quad 16 \\
-)\quad\quad 4,\quad 8,\quad 12,\quad 16 \\
\hline
4,\quad 4,\quad 4,\quad 4,\quad -16
\end{array}
$$

所以　　　　　　　　　$K_{B,C} = \max(4,4,4,4,-16) = 4$

3）$K_{C,D}$。

$$
\begin{array}{r}
4,\quad 8,\quad 12,\quad 16 \\
-)\quad\quad 2,\quad 4,\quad 6,\quad 8 \\
\hline
4,\quad 6,\quad 8,\quad 10,\quad -8
\end{array}
$$

所以　　　　　　　　　$K_{C,D} = \max(4,6,8,10,-8) = 10$

（4）计算工期。由式（2-9）得：$T = (2+4+10) + 2×4 = 24$

（5）绘制流水施工进度表。如图2-11所示。

由图2-11可知：当同一施工段上不同施工过程的流水节拍不相同，而互为整倍数关系时，如果不组织多个同工种专业工作队完成同一施工过程的任务，流水步距必然不等，只能用无节奏专业流水的形式组织施工；如果以缩短流水节拍长的施工过程，达到等步距流水，就要在增加劳动力没有问题的情况下，检查工作面是否满足要求；如果延长流水节拍短的施工过程，工期就要延长。

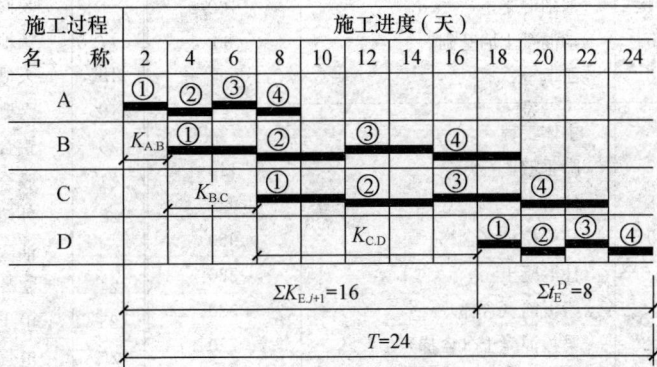

图2-11　流水施工进度图

因此，到底采取哪一种流水施工的组织形式，除要分析流水节拍的特点外，还要考虑工期要求和项目经理部自身的具体施工条件。任何一种流水施工的组织形式，仅仅是一种组织管理手段，其最终目的是要实现工程质量好、工期短、成本低、效益高和安全施工的企业目标。

工 程 应 用 案 例

【背景材料】

某四层教学楼，建筑面积为1560m²。基础为钢筋混凝土条形基础，主体工程为现浇框架结构。装修工程为铝合金窗、胶合板门，外墙用白色外墙砖贴面、内墙为中级抹灰，外加涂料。屋面工程为现浇细石钢筋混凝土屋面板，防水层贴一毡二油，外加架空隔热层。其劳动量一览表见表2-2。

本工程是由基础分部、主体分部、屋面分部、装修分部、水电分部组成。因其各分部的劳动量差异较大，应采用分别流水法，先分别组织各分部的流水施工，然后再考虑各分部之间的相互搭接施工。具体组织方法如下：

一、基础工程

基础工程包括基槽挖土、浇筑混凝土垫层、绑扎基础钢筋（含侧模安装）、浇筑基础混凝土、浇素混凝土基础墙基、回填土等施工过程。考虑到基础混凝土垫层劳动量比较小，可与挖土合并为一个施工过程，又考虑到基础混凝土与素混凝土墙基是同一工种，班组施工可合并为一个施工过程。

表 2 - 2　　　　　　　　　　　某四层教学楼框架结构劳动量一览表

序号	分 项 名 称	劳动量（工日）	序号	分 项 名 称	劳动量（工日）
	基础工程			屋面工程	
1	基槽挖土	200	15	屋面防水层	56
2	混凝土垫层	16	16	屋面隔热层	36
3	基础扎筋	48			
4	基础混凝土	100		装修工程	
5	素混凝土墙基础	60	17	楼地面及楼梯水泥砂浆抹灰	480
6	回填土	64	18	天棚墙面中级抹灰	640
			19	天棚墙面 106 涂料	46
	主体工程		20	铝合金窗	80
7	脚手架	112	21	胶合板门	48
8	柱筋	80	22	外墙面砖	450
9	柱梁模板（含梯）	960	23	油漆	45
10	柱混凝土	320	24	室外工程	
11	梁板筋（含梯）	320	25	卫生设备安装	
12	梁板混凝土（含梯）	720	26	电气设备安装	
13	拆模	160			
14	砌墙（含门窗框）	720			

基础工程经过合并共为四个施工过程（$n=4$）。组织全等节拍流水，由于占地 400m² 左右，考虑到工作面的因素，将其划分为两个施工段（$m=2$），流水节拍和流水施工工期计算如下：

基槽挖土和垫层的劳动量之和为 216 工日，施工班组人数为 27 人，采用一班制，垫层需要养护一天，流水节拍计算如下

$$t_{挖,垫} = \frac{200+16}{27 \times 2} = 4（天）$$

基础绑扎钢筋（含侧模安装），劳动量为 48 工日，施工班组人数为 6 人，采用一班制。其流水节拍计算如下

$$t_{扎筋} = \frac{48}{6 \times 2} = 4（天）$$

基础混凝土和素混凝土墙基劳动量共为 160 工日，施工班组人数为 20 人，采用一班制。基础混凝土完成后需要养护一天。其流水节拍计算如下

$$t_{混凝土} = \frac{100+60}{20 \times 2} = 4（天）$$

基础回填其劳动量为 64 工日，施工班组人数为 8 人，采用一班制，混凝土墙基完成后

间歇一天回填，其流水节拍计算如下

$$t_{回} = \frac{64}{8 \times 2} = 4（天）$$

工期计算

$$T_L = (m+n-1)t_i + \sum t_j - \sum t_d = (2+4-1) \times 4 + 2 = 22（天）$$

二、主体工程

主体工程包括立柱钢筋、安装柱、梁、板、楼梯木模板，浇捣柱混凝土，安装梁、板、楼梯钢筋，浇捣梁、板、楼梯混凝土，搭设脚手架，拆木模板，砌空心砖墙等分项工程。

主体工程由于有层间关系，则 $m=2$，$n=6$，$m<n$，工作班组会出现窝工现象。但本工程只要求模板工程施工班组一定要连续施工，其余的施工过程的施工班组与其他的工地统一考虑调度安排。

根据上述条件，主体工程施工过程数目较多、又有层间关系，只能组织间断的异节拍流水施工，其流水节拍、流水步距、施工工期计算如下：

绑扎柱钢筋的劳动量为 80 工日，施工班组人数 10 人，施工段数 $m=2\times4$，采用一班制，其流水节拍计算如下

$$t_{柱筋} = \frac{80}{10 \times 2 \times 4} = 1（天）$$

安装柱、梁、板模板（含楼梯模板）的劳动量为 960 工日，施工班组人数 20 人，施工段数 $m=2\times4$，采用一班制。其流水节拍计算如下

$$t_{安模} = \frac{960}{20 \times 2 \times 4} = 6（天）$$

浇捣柱混凝土的劳动量为 320 工日，施工班组人数 20 人，施工段数 $m=2\times4$，采用二班制，其流水节拍计算如下

$$t_{柱混凝土} = \frac{320}{20 \times 2 \times 4 \times 2} = 1（天）$$

绑扎梁、板钢筋（含楼梯钢筋）的劳动量为 320 工日，施工班组人数 20 人，施工段数 $m=2\times4$，采用一班制，其流水节拍计算如下

$$t_{梁、板、楼筋} = \frac{320}{20 \times 2 \times 4} = 2（天）$$

浇捣梁、板混凝土（含楼梯混凝土）的劳动量为 720 工日，施工班组人数 30 人，施工段数 $m=2\times4$，采用三班制，其流水节拍计算如下

$$t_{梁、板、梯混凝土} = \frac{720}{30 \times 2 \times 1 \times 3} = 1（天）$$

实际中拆柱模可比拆梁板模提前，但计划安排上可视为一个施工过程，即待梁板混凝土浇捣 12 天拆模板。

拆除柱、梁、板模板（含楼梯模板）的劳动量为 160 工日，施工班组人数 10 人，施工段数 $m=2\times4$，采用一班制，其流水节拍计算如下

$$t_{拆模} = \frac{160}{10 \times 2 \times 4} = 2（天）$$

砌空心砖墙的劳动量为 720 工日，施工班组人数 30 人，施工段数 $m=2\times4$，采用一班

制，其流水节拍计算如下

$$t_{砌墙} = \frac{720}{30 \times 2 \times 4} = 3(天)$$

主体流水工期计算：

由于主体只有安装柱、梁、板模板采用连续施工，其余工序均采用间断式流水施工，故计算本工程主体施工工期。须采用分析计算方法，即：8 段（每层两段）梁板模板的安装时间之和加上其他工序的流水节拍再加上养护间歇时间，即可求得主体阶段施工工期。

$$T_L = 8 \times t_{安模} + t_{柱筋} + t_{柱混凝土} + t_{梁、板、楼筋} + t_{梁、板、梯混凝土} + t_{养护} + t_{拆模} + t_{砌墙 \times 2}$$
$$= 8 \times 6 + 1 + 1 + 2 + 1 + 12 + 2 + 2 \times 3 = 73(天)$$

（其中 2 为最后一层工段墙连续砌筑）

三、屋面工程

屋面工程包括屋面防水层相隔热层，考虑屋面防水要求高，所以不分段施工。即采用依次施工的方式。

屋面防水层劳动量为 56 工日，施工班组人数为 8 人，采用一班制，其施工延续时间为

$$t_{防} = \frac{56}{8} = 7(天)$$

屋面隔热层劳动量为 36 工日，施工班组人数为 18 人，采用一班制，其施工延续时间为

$$t_{隔热} = \frac{36}{18} = 2(天)$$

四、装饰工程

装饰工程包括楼地面、楼梯地面、天棚、内墙抹灰、涂料、外墙面砖、铝合金窗扇、胶合板门、油漆等。

由于装修阶段施工过程多，组织固定节拍较困难，若每层视为一段，共为 4 段，由于各施工过程劳动量不同，同时泥工需要量比较集中，所以采用连续式异节拍流水施工，其流水节拍、流水步距、施工工期计算如下：

楼地面和楼梯地面抹灰合为一项，劳动量为 480 工日。施工班组人数 30 人，一层为一段，$m = 4$，采用一班制，其流水节拍计算如下

$$t_{地面} = \frac{480}{30 \times 4} = 4(天)$$

天棚和墙面抹灰合为一项，劳动量为 640 工日，施工班组人数 40 人，一层为一段，$m = 4$，采用一班制，其流水节拍计算如下

$$t_{抹灰} = \frac{640}{40 \times 4} = 4(天)$$

铝合金窗的劳动量为 80 工日，施工班组人数 10 人，一层为一段，$m = 4$，采用一班制，其流水节拍计算如下

$$t_{铝窗} = \frac{80}{10 \times 4} = 2(天)$$

施工进度（天）

序号	分项名称	劳动量(工日)	人数	班制	天数
	基础工程				
1	基础挖土(含垫层)	216	27	1	8
2	基础扎筋	48	6	1	8
3	基础混凝土(含海基)	160	20	1	8
4	回填土	64	8	1	8
	主体工程				
5	脚手架	112			
6	柱筋	80	10	1	8
7	柱梁板模板(含梯)	960	20	1	48
8	柱混凝土	320	20	2	8
9	梁板扎筋(含梯)	320	20	1	16
10	梁板混凝土(含梯)	720	30	3	8
11	拆模	160	10	1	16
12	砌墙(含门顶框)	720	30	1	24
	屋面工程				
13	屋面防水层	56	8	1	7
14	屋面隔热层	36	18	1	2
	装修工程				
15	楼地面及楼梯水泥砂	480	30	1	16
16	天棚墙面中级抹灰	640	40	1	16
17	铝合金窗刷	80	10	1	8
18	胶合板门	48	6	1	8
19	天棚墙面106涂料	46	6	1	8
20	油漆	45	6	1	8
21	外墙面砖	450	30	1	15
22	水电				
23	室外工程				

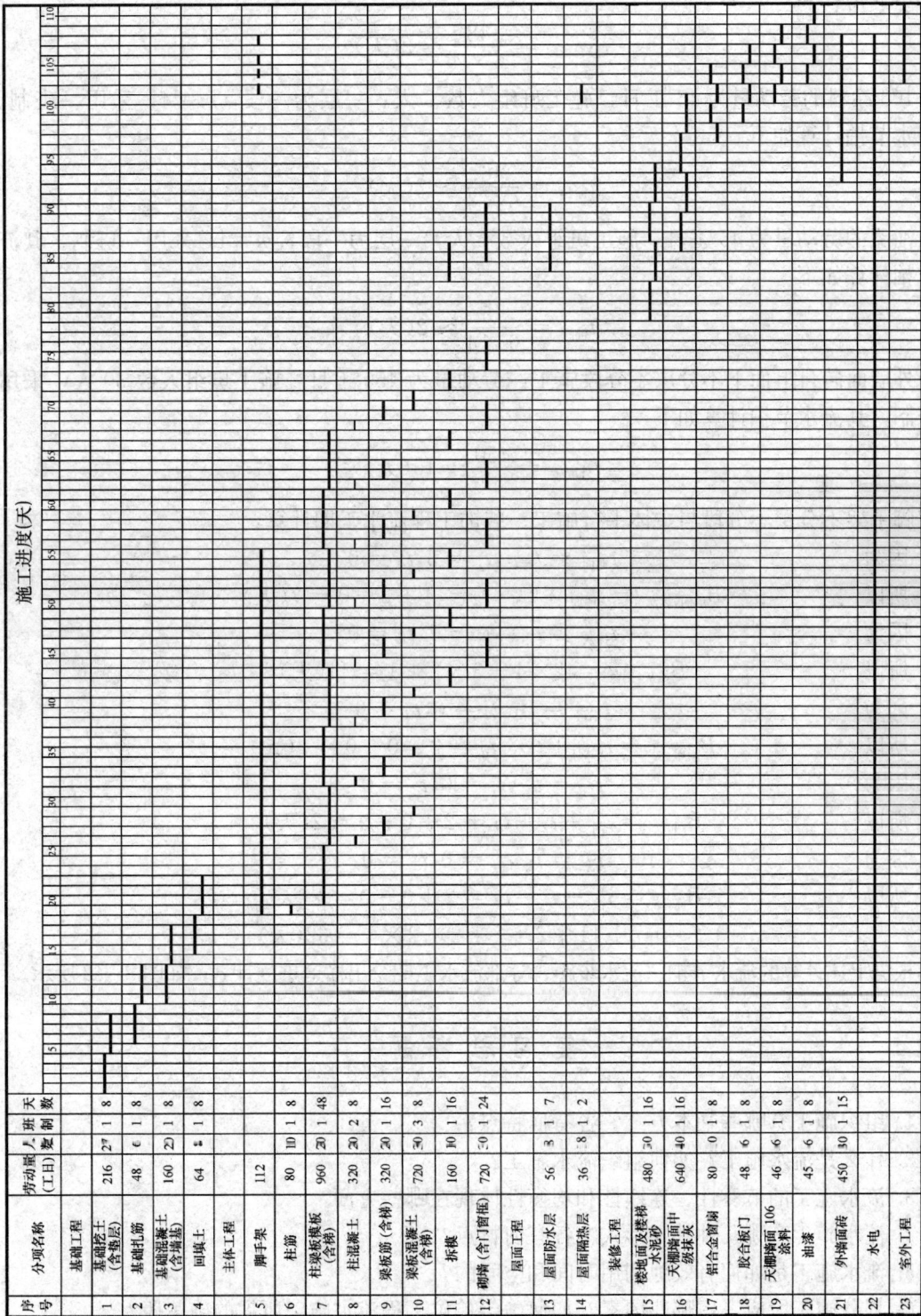

图2-12 某四层教学楼现浇框架结构流水施工横道进度计划表

胶合板门的劳动量为 48 工日，施工班组人数 6 人，一层为一段，$m=4$，采用一班制，其流水节拍计算如下

$$t_{胶合板门} = \frac{48}{6 \times 4} = 2(天)$$

106 涂料的劳动量为 46 工日，施工班组人数 6 人，一层为一段，$m=4$，采用一班制。其流水节拍计算如下

$$t_{涂料} = \frac{46}{6 \times 4} \approx 2(天)$$

油漆的劳动量为 45 工日，施工班组人数 6 人，一层为一段，$m=4$，采用一班制、其流水节拍计算如下

$$t_{油漆} = \frac{45}{6 \times 4} \approx 2(天)$$

外墙面砖自上而下不分层不分段施工，劳动量为 450 工日，施工班组人数 30 人，采用一班制，其流水节拍计算如下

$$t_{外墙砖} = \frac{450}{30} = 15(天)$$

脚手架不分层不分段与主体平行施工；装饰工程流水工期计算：

因为 $\qquad\qquad t_{地面} = t_{抹灰}, t_j = 3, t_d = 0$

所以 $\qquad B_{地面,抹灰} = t_{地面} + t_j - t_d = 4 + 3 - 0 = 7(天)$

因为 $\qquad\qquad t_{抹灰} > t_{铝窗}, t_j = 1, t_d = 0$

所以 $\qquad B_{抹灰,铝窗} = 4 \times 4 - 3 \times 2 + 1 = 11(天)$

因为 $\qquad\qquad t_{铝窗} = t_{门}, t_j = 0, t_d = 0$

所以 $\qquad B_{铝窗,门} = t_{铝窗} + t_j - t_d = 2 + 0 - 0 = 2(天)$

因为 $\qquad\qquad t_{门} = t_{涂}, t_j = 0, t_d = 0$

所以 $\qquad B_{门,涂} = t_{门} + t_j - t_d = 2 + 0 - 0 = 2(天)$

因为 $\qquad\qquad t_{涂} = t_{漆}, t_j = 0, t_d = 0$

所以 $\qquad B_{涂,漆} = t_{涂} + t_j - t_d = 2 + 0 - 0 = 2(天)$

$$T_L = 7 + 11 + 2 + 2 + 2 \times 4 = 32(天)$$

根据上述计算的流水节拍、流水步距、分部流水工期绘出横道进度计划，如图 2-12 所示。

复 习 思 考 题

1. 组织施工有哪些基本方式？各有何特点？
2. 什么是流水施工？如何组织流水施工？
3. 流水施工的节奏性、连续性和均衡性体现在哪些方面？
4. 流水施工有哪几种基本形式？各有何特点？
5. 流水施工是如何有效地利用时间和空间的？
6. 划分施工段应考虑哪些因素？如何确定单位工程流水施工所需的施工段？
7. 什么是流水节拍？影响流水节拍的因素有哪些？如何确定流水节拍？
8. 什么是流水步距？确定流水步距时应考虑哪些因素？应满足哪些基本要求？

9. 流水工期如何确定？各流水参数对流水工期有何影响？

10. 组织成倍节拍流水的条件是什么？如何确定其流水步距？

11. 成倍节拍流水的流水步距为什么要取各施工过程流水节拍的最大公约数？

12. 无节奏流水施工的流水步距有何特点？如何确定？

13. 什么是最小工作面？什么是最小劳动组合？它们对流水施工的组织有何影响？

14. 简述组织有层间关系和无层间关系，单幢和多幢建筑流水施工的过程和要点。

习　　题

1. 试组织某工程的流水作业。已知各施工过程的最小流水节拍为：

(1) $t_1 = t_2 = t_3 = 2$ 天。

(2) $t_1 = 1$ 天，$t_2 = 2$ 天，$t_3 = 1$ 天。

(3) $t_1 = 2$ 天，$t_2 = 1$ 天，$t_3 = 3$ 天。共分两个施工层。

2. 有两幢同类型建筑的基础施工，每幢均有三个主导施工过程，即挖土 $t_1 = 6$ 天，砖基础 $t_2 = 12$ 天，回填土 $t_3 = 6$ 天。试求：

(1) 组织两幢建筑基础施工阶段的流水施工，确定每幢建筑应划分的最少施工段数，并说明原因；

(2) 计算流水工期，绘出流水施工进度。

3. 某现浇混凝土框架的平面尺寸为 24m×180m，共三层。沿长度方向每隔 60m 设伸缩缝一道。已知各施工过程的流水节拍为安装模板 $t_1 = 4$ 天，绑扎钢筋 $t_2 = 2$ 天，浇筑混凝土 $t_3 = 12$ 天，混凝土需养护两天后方能在上面继续作业。请合理划分施工段，组织流水施工，并计算流水工期，绘出流水施工进度。

4. 某两层现浇钢筋混凝土工程，施工过程分为安装模板、绑扎钢筋和浇注混凝土。已知每段每层各施工过程的流水节拍分别为 $t_模 = 2$ 天，$t_扎 = 2$ 天，$t_混 = 1$ 天。当安装模板工作队转移到第二结构层的第一段施工时，需待第一层第一段的混凝土养护一天后才能进行。在保证各工作队连续施工的条件下，求该工程每层最少的施工段数，并绘出流水施工进度表。

5. 某工程包括三幢结构相同的砖混住宅楼，组织单位工程流水，以每幢住宅楼为一个施工段。已知：(1) 地面±0.00m 以下部分按土方开挖、基础施工、底层预制板安装、回填土四个施工过程组织固定节拍流水，流水节拍为 2 周；(2) 地上部分按主体结构、装修、室外工程组织加快的成倍节拍流水施工，各由专业工作队完成，流水节拍分别为 4，4，2 周。如果要求地上部分与地下部分最大限度地搭接，均不考虑间歇时间，试绘制该工程施工进度进度计划。

6. 某项目经理部拟承建一工程，该工程有Ⅰ、Ⅱ、Ⅲ、Ⅳ、Ⅴ等五个施工过程。施工时在平面上划分成四个施工段，每个施工过程在各个施工段上的流水节拍见表 2-3。规定施工过程Ⅱ完成后，其相应施工段至少要养护 2 天；施工过程Ⅳ完成后，其相应施工段要留有 1 天的准备时间。为了尽早完工，允许施工过程Ⅰ与Ⅱ之间搭接施工 1 天，试编制流水施工方案。

表 2-3	流 水 节 拍 / 天				
施工段＼施工过程	I	II	III	IV	V
A	3	1	2	4	3
B	2	3	1	2	4
C	2	5	3	3	2
D	4	3	5	3	1

第三章 网络计划技术

内容提要

本章根据国家行业标准《工程网络计划技术规程》（JGJ/T 121—1999）系统的讲述双代号网络计划；单代号网络计划；双代号时标网络计划；单代号搭接网络计划的基本理论知识，着重介绍了各种类型的网络图的绘制、计算和优化。

学习要求

（1）熟悉单代号网络图、双代号网络图的绘制规则基础上，掌握其绘图方法。

（2）掌握单代号网络图、双代号网络计划的时间参数基本概念和计算方法，能熟练地确定单代号网络图、双代号网络计划的关键工作和关键线路。

（3）掌握双代号时标网络计划的绘图方法和网络计划优化方法、了解搭接网络计划。

（4）能结合实际工程，编制一般施工网络计划。

（5）了解网络计划技术在工程中执行、检查、分析对比即调整计划的基本思路和方法。

第一节 概 述

为了适应生产发展和科技进步的需要，20世纪50年代以来，国外陆续采用了计划管理的新方法。这些方法尽管名目繁多，但内容却大同小异，是利用网络图的形式来表达各项工作的先后顺序和相互关系的计划安排，我们把它统称为网络计划法。我国从20世纪60年代开始引进和应用这种方法，经过多年的实践，用来安排施工进度计划，在提高建筑施工企业的管理水平，缩短工期，降低成本，提高劳动生产率等方面，均取得了显著的成效。为了使网络计划在计划管理中遵循统一的技术标准，做到概念，计算规则，表达方式一致，以便于科学管理，国家建设部于1999年颁发了《工程网络计划技术规程》（JGJ/T 121—1999）。网络计划技术是首先应用网络图形来表示一项计划（或工程）中各项工作的开展顺序及其相互之间的关系；通过对网络图进行时间参数的计算，找出计划中的关键工作和关键线路；通过不断改进网络计划，寻求最优方案，以求在计划执行过程中对计划进行有效的控制与监督，保证合理地使用人力、物力和财力，以最小的消耗取得最大的经济效益。

一、横道计划与网络计划的表达形式及特点

横道计划的表达形式是将整个工程任务的每个分部分项施工过程结合时间坐标线，用一系列横向条形线段分别表达各施工过程起止时间和先后或平行搭接的施工顺序。

网络计划是在网络图上加注各项工作的时间参数而成的工作进度计划。按其表达方法不同，可分为双代号网络计划和单代号网络计划两种。双代号网络计划是用一系列注明施工过程延续时间的箭线以及带编号的圆形节点所组成的网状图形表达其进度计划；而单代号网络

计划是用一系列注明施工过程延续时间及编号的圆形（或方形）节点以及联系箭线所组成的网状图形表达其进度计划。

　　例如：某工程项目有 A、B、C 三个施工过程，每个施工过程划分三个施工段，其流水节拍分别为 $t_A=3$ 天、$t_B=2$ 天、$t_C=1$ 天。该工程项目用横道图表示的进度计划，即横道计划，如图 3-1 所示；用网络图表示的网络计划，如图 3-2 所示。

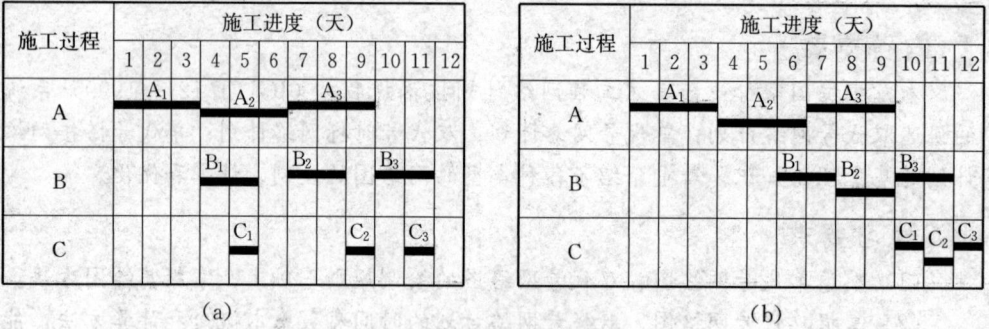

图 3-1　横道计划图

（a）部分施工过程间断施工；（b）各施工过程连续施工

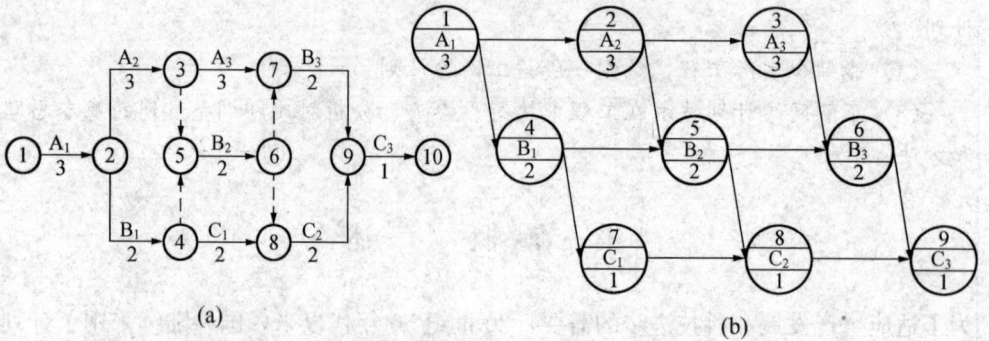

图 3-2　网络计划图

（a）双代号网络图；（b）单代号网络图

　　如图 3-1、图 3-2 所示可以看出，其工程计划内容完全相同，但表达形式则完全不一样，使它们所发挥的作用各有不同的特点。

　　（一）横道计划的优缺点

　　如图 3-1 可知，横道计划具有编制比较容易，绘图简便，形象直观。它用时间坐标对施工起讫时间，作业持续时间，工作进度，搭接方式，总工期都表示得清楚明确，便于统计劳动力、材料、机具的需用量等优点。但它的缺点是不能全面地反映整个施工活动中各工序之间的联系和相互依赖与制约的逻辑关系，不便于各种时间计算；不能明确反映影响工期的关键工序，使人抓不住工作重点；看不到计划中的潜力所在，不便于电算对计划进行科学的调整和优化。

　　（二）网络计划的优缺点

　　由图 3-2 可知，网络计划与横道计划相比，具有以下优点：

　　（1）网络图把施工过程中的各有关工作组成了一个有机的整体，能全面而明确地表达出各项工作开展的先后顺序和反映出各项工作之间的相互制约和相互依赖的关系。

　　（2）能进行各种时间参数的计算。

（3）在名目繁多、错综复杂的计划中找出决定工程进度的关键工作，便于计划管理者集中力量抓主要矛盾，确保工期，避免盲目施工。

（4）通过优化，能够从许多可行方案中，选出最优方案。

（5）在计划的执行过程中，某一工作由于某种原因推迟或者提前完成时，可以预见到它对整个计划的影响程度，而且能根据变化的情况迅速进行调整，保证自始至终对计划进行有效的控制与监督。

（6）利用网络计划中反映出的各项工作的时间储备，可以更好地调配人力、物力，以达到降低成本的目的。

（7）可以利用电子计算机进行时间参数计算和优化、调整。它的出现与发展使现代化的计算工作——计算机在建筑施工计划管理中得以更广泛的应用。

网络计划技术可以为施工管理提供许多信息，有利于加强施工管理，它既是一种编制计划的方法，又是一种科学的管理方法。它有助于管理人员全面了解、重点掌握、灵活安排、合理组织、多快好省地完成计划任务，不断提高管理水平。

但是，网络计划如果不利用计算机进行计划的时间参数计算、优化和调整，可能因实际计算量大，调整复杂，对于无时标网络图，在计算劳动力、资源消耗量时，与横道图相比较为困难。此外，也不像横道图易学易懂，它对计划人员的素质要求较高。因此，网络计划的推广应用，在计算机未普及利用、管理人员素质较低的施工企业，受到一定的制约。

二、网络计划技术的基本原理

网络计划技术的基本原理是用网络计划对任务的工作进度进行安排和控制，以保证实现预定目标的科学的计划管理技术。需要说明的是，这里所说的任务是指计划所承担的有规定目标及约束条件（时间、资源、成本、质量等）的工作总和，如规定有工期和投资额的一个工程项目即可称为一项任务。

在建筑工程计划管理中，可以将网络计划技术的基本原理归纳为：

（1）把一项工程的全部建造过程分解为若干项工作，并按其开展顺序和相互制约、相互依赖的关系，绘制出网络图。

（2）进行时间参数计算，找出关键工作和关键线路。

（3）利用最优化原理，改进初始方案，寻求最优网络计划方案。

（4）在网络计划执行过程中，进行有效监督与控制，以最少的消耗，获得最佳的经济效益。

三、工程网络计划的类型

我国 JGJ/T 121—1999《工程网络计划技术规程》推荐的常用工程网络计划类型包括：双代号网络计划；单代号网络计划；双代号时标网络计划；单代号搭接网络计划。

1. 双代号网络图

双代号网络图是以箭线及其两端节点的编号表示工作的网络图，如图 3-2（a）所示。

2. 单代号网络图

单代号网络图是以节点及其编号表示工作，以箭线表示工作之间逻辑关系的网络图，如图 3-2（b）所示。

3. 双代号时标网络计划

双代号时标网络计划是以时间坐标为尺度编制的网络计划。如图 3-3 所示。时标网络

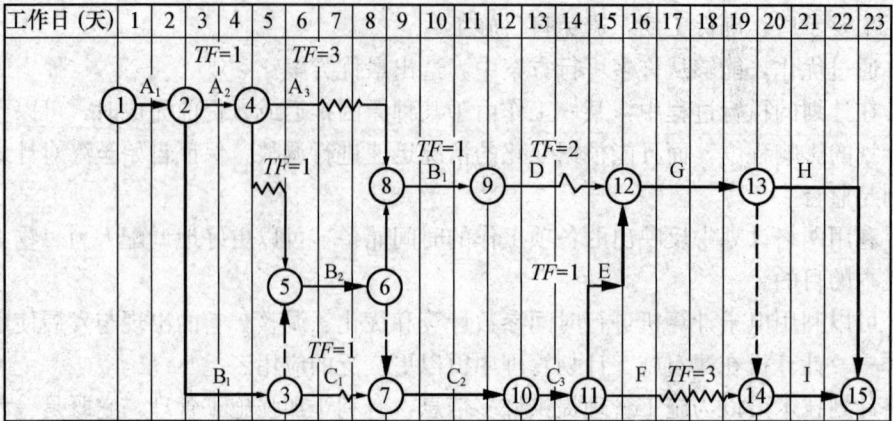

图 3-3　双代号时标网络计划

计划中应以实箭线表示工作，以虚箭线表示虚工作，以波形线表示工作的自由时差。双代号

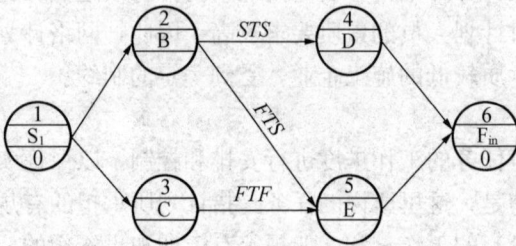

图 3-4　单代号搭接网络计划

时标网络计划是在双代号网络计划基础上发展的有时间坐标的网络计划。它的优点是容易识别各项目工作何时开始和何时结束。但当一个工程较大且较复杂时，不宜采用双代号时标网络计划。

4. 单代号搭接网络计划

单代号搭接网络计划是前后工作之间有多种逻辑关系的肯定型网络计划，如图 3-4 所示。前后工作之间的多种逻辑关系包括：

STS_{i-j}——$i-j$ 两项工作开始到开始的时距；

FTF_{i-j}——$i-j$ 两项工作完成到完成的时距；

STF_{i-j}——$i-j$ 两项工作开始到完成的时距；

FTS_{i-j}——$i-j$ 两项工作完成到开始的时距。

5. 国际上工程网络计划的名称及分类

工程网络计划有许多名称，如 CPM、PERT、CPA、MPM 等。工程网络计划的类型有不同的划分方法。

（1）工程网络计划按工作持续时间的特点划分。肯定型问题的网络计划；非肯定问题的网络计划；随机网络计划等。

（2）工程网络计划按工作和事件在网络图中的表示方法划分。事件网络以节点表示事件的网络计划；工作网络以箭线表示工作的网络计划（我国 JGJ/T 121—1999 称为双代号网络计划）；以节点表示工作的网络计划（我国 JGJ/T121—1999 称为单代号网络计划）。

（3）工程网络计划按计划平面的个数划分。单平面网络计划；多平面网络计划（多阶网络计划，分级网络计划）。

第二节 双代号网络计划

双代号网络计划是用双代号网络图表达任务构成，工作顺序，并加注工作时间参数的进度计划。双代号网络图是由若干个表示工作项目的箭线和表示事件的节点所构成的网状图形，是我国建筑业应用较为广泛的一种网络计划表达形式。

一、双代号网络图的组成

双代号网络图由箭线、节点、节点编号、虚箭线、线路五个基本要素组成。对于每一项工作而言，其基本形式如图 3-5 所示。

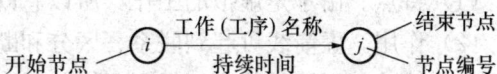

图 3-5 双代号网络图表示一项工作基本形式

1. 箭线

（1）作用。在双代号网络图中，一条箭线表示一项工作，又称工序、作业或活动，如砌墙、抹灰等。而工作所包括的范围可大可小，既可以是一道工序，也可以是一个分项工程或一个分部工程，甚至是一个单位工程。

（2）特点。每项工作的进行必然要占用一定的时间，往往也要消耗一定的资源（如劳动力、材料、机械设备）。对于不消耗资源，仅占用一定时间的施工过程，也应视为一项工作。例如，墙面刷涂料前抹灰层的"干燥"，这是由于技术上的需要而引起的间歇等待时间，虽然不消耗资源，但在网络图中也可作为一项工作，以一条箭线来表示。

（3）表达形式与要求。①在无时标的网络图中，箭线的长短并不反映该工作占用时间的长短。箭线的形状可以是水平直线，也可以是折线或斜线，但最好画成水平直线或带水平直线的折线。在同一张网络图上，箭线的画法要统一。②箭线所指的方向表示工作进行的方向，箭线的尾端表示该项工作的开始，箭头端则表示该项工作的结束。工作名称应标注在水平箭线的上方或垂直箭线的左侧，工作的持续时间（也称作业时间）则标注在水平箭线的下方或垂直箭线的右侧，如图 3-5 所示。

2. 节点

（1）作用。在双代号网络图中，节点代表一项工作的开始或结束。用圆圈表示。箭线尾部的节点称为该箭线所示工作的开始节点，箭头处的节点称为该箭线所示工作的结束节点。在一个完整的网络图中，除了最前的起点节点和最后的终点节点外，其余任何一个节点都具有双重含义，既是前面工作的结束点，又是后面工作的开始点。

（2）特点。节点仅为前后两项工作的交接点，只是一个"瞬间"概念，因此它既不消耗时间，也不消耗资源。

3. 节点编号

（1）作用。在双代号网络图中，一项工作可以用其箭线两端节点内的号码来表示，以方便网络图的检查与计算。

（2）编号要求。对一个网络图中的所有节点应进行统一编号，不得有缺编和重号现象。对于每一项工作而言，其箭头节点的号码应大于箭尾节点的号码，即顺箭线方向由小到大，如图 3-5 所示中，j 应大于 i。

（3）编号方法。编号宜在绘图完成、检查无误后，顺着箭头方向依次进行。当网络图中的箭线均为由左向右和由上至下时，可采取每行由左向右，由上至下逐行编号的水平编号法；也可采取每列由上至下，由左向右逐列编号的垂直编号法。为了便于修改和调整，可隔号编号。

4. 虚箭线

虚箭线又称虚工作，它表示一项虚拟的工作，用带箭头的虚线表示。由于是虚拟的工作，故没有工作名称和工作延续时间。箭线过短时可用实箭线表示，但其工作延续时间必须用"0"标出。

（1）特点。由于是虚拟的工作，所以它既不消耗时间，也不消耗资源。

（2）作用。虚箭线可起到联系、区分和断路作用，是双代号网络图中表达一些工作之间的相互联系、相互制约关系，保证逻辑关系正确的必要手段。这在后面的绘图中，很容易理解和体会。

5. 线路

在网络图中，从起点节点开始，沿箭线方向连续通过一系列箭线与节点，最后到达终点节点所经过的通路叫线路。线路可依次用该通路上的节点代号来记述，也可依次用该通路上的工作名称来记述。如图 3-6 所示网络图的线路有：

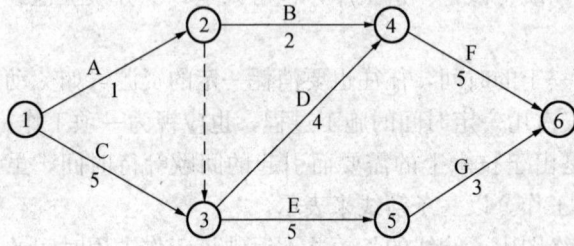

图 3-6　双代号网络图

①→②→④→⑥　　　（8 天）；
①→②→③→④→⑥　（10 天）；
①→②→③→⑤→⑥　（9 天）；
①→③→④→⑥　　　（14 天）；
①→③→⑤→⑥　　　（13 天）。

共 5 条线路。

每条线路都有自己确定的完成时间，它等于该线路上各项工作持续时间的总和，也是完成这条线路上所有工作的计划工期。其中，第四条线路耗时（14 天）最长，对整个工程的完工起着决定性的作用，称为关键线路；第五条线路（13 天）称为次关键线路；其余的线路均称为非关键线路。处于关键线路上的各项工作称为关键工作，关键工作完成的快慢将直接影响整个计划工期的实现。关键线路上的箭线采用粗箭线、双箭线或其他颜色箭线表示。

关键线路并不是一成不变的，在一定条件下，关键线路和非关键线路可以互相转化。当采取了一定的技术与组织措施，缩短了关键线路上各工作的持续时间时，就有可能使关键线路发生转移，从而使原来的关键线路变成非关键线路，而原来的非关键线路却变成关键线路。

位于非关键线路上的工作除关键工作外，都称为非关键工作，它们都有机动时间（即时差）；非关键工作也不是一成不变的，它可以转化成关键工作；利用非关键工作的机动时间可以科学地、合理地调配资源和对网络计划进行优化。

二、双代号网络图的绘制

网络计划技术是土木工程施工中编制施工进度计划和控制施工进度的主要手段。因此，在绘制网络图时必须遵循一定的基本规则和要求，使网络图能正确地表达整个工程的施工工艺流程和各工作开展的先后顺序以及它们之间相互制约、相互依赖的逻辑关系。

（一）绘制网络图的基本规则

（1）必须正确地表达各项工作之间的先后顺序和逻辑关系。在绘制网络图时，要根据施工顺序和施工组织的要求，正确地反映各项工作之间的先后顺序和相互制约、相互依赖的关系。这些关系是多种多样的，常见的几种表示方法见表 3-1。

表 3-1 双代号网络图中各项工作之间逻辑关系的表示方法

序号	工作之间的逻辑关系	网络图中的表示方法	说　明
1	A 工作完成后进行 B 工作		A 工作制约着 B 工作的开始，B 工作依赖着 A 工作
2	A、B、C 三项工作同时开始		A、B、C 三项工作称为平行工作
3	A、B、C 三项工作同时结束		A、B、C 三项工作称为平行工作
4	有 A、B、C 三项工作，只有 A 完成后，B、C 才能开始		A 工作制约着 B、C 工作的开始，B、C 为平行工作
5	有 A、B、C 三项工作，C 工作只有在 A、B 完成后才能开始		C 工作依赖着 A、B 工作，A、B 为平行工作
6	有 A、B、C、D 四项工作，只有当 A、B 完成后，C、D 才能开始		通过中间节点 i 正确地表达了 A、B、C、D 工作之间的关系
7	有 A、B、C、D 四项工作。A 完成后 C 才能开始，A、B 完成后 D 才能开始		D 与 A 之间引入了逻辑连接（虚工作），从而正确地表达了它们之间的制约关系
8	有 A、B、C、D、E 五项工作，A、B 完成后 C 才能开始，B、D 完成后 E 才能开始		虚工作 ij 反映出 C 工作受到 B 工作的制约；虚工作 ik 反映出 E 工作受到 B 工作的制约
9	有 A、B、C、D、E 五项工作，A、B、C 完成后 D 才能开始，B、C 完成后 E 才能开始		虚工作反映出 D 工作受到 B、C 工作的制约
10	A、B 两项工作分三个施工段，平行施工		每个工种工程建立专业工作队，在每个施工段上进行流水作业，虚工作表达了工种间的工作面关系

（2）在一个网络图中，只能有一个起点节点和一个终点节点。否则，不是完整的网络图。所谓起点节点是指只有外向箭线而无内向箭线的节点如图 3-7 所示，终点节点则是只有内向箭线而无外向箭线的节点如图 3-7 所示。

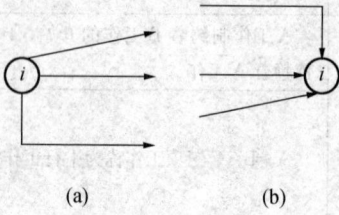

图 3-7 起点节点和终点节点

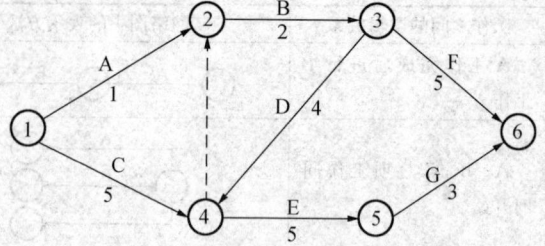

图 3-8 有循环回路错误的网络图

（3）网络图中不允许出现循环回路。在网络图中，如果从一个节点出发沿着某一条线路移动，又可回到原出发节点，则图中存在着循环回路或称闭合回路。如图 3-8 所示中的②→③→④→②即为循环回路，它使得工程永远不能完成。如果工作 B 和 D 是多次反复进行时，则每次部位不同，不可能在原地重复。应使用新的箭线表示。

（4）网络图中不允许出现相同编号的工作。在网络图中，两个节点之间只能有一条箭线并表示一项工作，以两个节点的编号即可代表这项工作。例如，砌隔墙与埋隔墙内的电线管同时开始、同时结束，在如图 3-9（a）所示。这两项工作的编号均为③→④，出现了重名现象，容易造成混乱。遇到这种情况，应增加一个节点和一条虚箭线，从而既表达了这两项工作的平行关系，又区分了它们的代号，如图 3-9（b）、（c）所示。

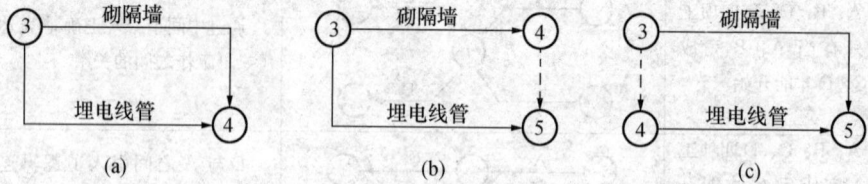

图 3-9 不允许出现相同编号工作示意图
（a）错误；（b）正确；（c）正确

（5）不允许出现无开始节点或无结束节点的工作。如图 3-10（a）所示，"抹灰"为无开始节点的工作，其意图是表示"砌墙"进行到一定程度时，开始抹灰。但反映不出"抹灰"的准确开始时刻，也无法用代号代表抹灰工作，这在网络图中是不允许的。正确的画法是：将"砌墙"工作划分为两个施工段，引入了一个节点，使抹灰工作就有了开始节点，如图 3-10（b）所示。同理，在无结束节点时，也可采取同样方法进行处理。

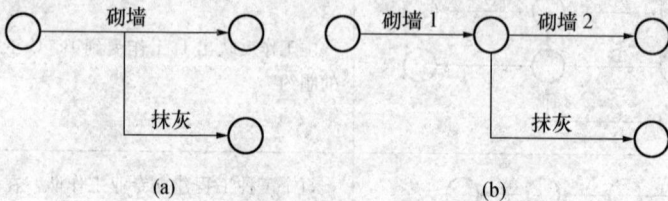

图 3-10 不允许出现无开始节点工作示意图
（a）错误；（b）正确

以上是绘制网络图的基

本规则，在绘图时必须严格遵守。

（二）绘制网络图的要求与方法

1. 网络图要布局规整、条理清晰、重点突出

绘制网络图时，应尽量采用水平箭线和垂直箭线而形成网格结构，尽量减少斜箭线，使网络图规整、清晰。其次，应尽量把关键工作和关键线路布置在中心位置，尽可能把密切相连的工作安排在一起，以突出重点，便于使用。

2. 交叉箭线的处理方法

绘制网络图时，应尽量避免箭线交叉，必要时可通过调整布局达到目的，如图 3-11 所示。当箭线交叉不可避免时，应采用"过桥法"或"指向法"表示，如图 3-12 所示。其中"指向法"还可以用于网络图的换行、换页。

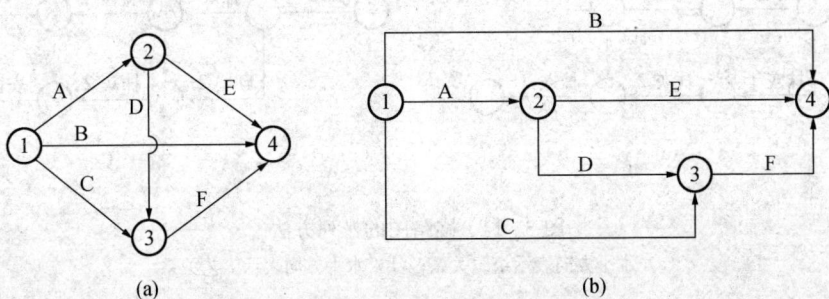

图 3-11 箭线交叉及其调整方法
(a) 有交叉和斜向箭线的网络图；(b) 调整后的网络图

3. 起点节点和终点节点的"母线法"

在网络图的起点节点有多条外向箭线、终点节点有多条内向箭线时，可以采用母线法绘图，如图 3-13 所示。对中间节点处有多条外向箭线或多条内向箭线者，在不至于造成混乱的前提下也可采用母线法绘制。

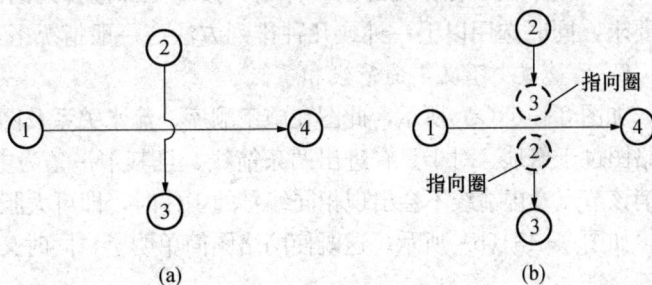

图 3-12 箭线交叉的处理方法
(a) 过桥法；(b) 指向法

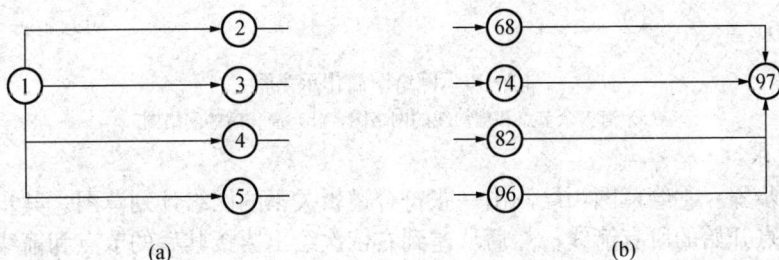

图 3-13 母线法示意图
(a) 起点节点母线法；(b) 终点节点的母线法

4. 网络图的排列方法

为了使网络计划更形象、更清楚地反映出建筑装饰装修工程施工的特点，绘图时可根据不同的工程情况，不同的施工组织方法和使用要求，采用不同的排列方法。使各工作在工艺上及组织上的逻辑关系准确而清楚，以便于计划的计算、调整和使用。

如果为了突出反映各施工层段之间的组织关系，可以把同一个工种或队组作业的不同施工层段排列在同一水平线上，不但施工组织顺序清楚，而且能明确地反映同一工种或施工队组的连续作业状况，如图 3-14 (a) 所示。如果为了突出反映各施工过程之间的工艺关系，可以把在同一个施工层段上的不同施工过程排列在同一水平线上，不但施工工艺顺序清楚，且同一工作面上各工作队之间的关系明确，如图 3-14 (b) 所示。

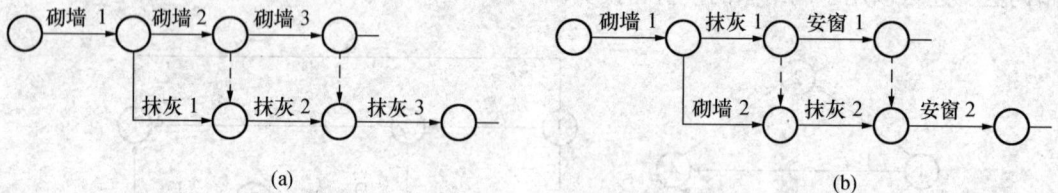

图 3-14 网络图的排列方法
（a）水平方向表示组织关系；（b）水平方向表示工艺关系

除了以上按组织关系和按工艺关系排列以外，还可以将一个栋号内的各单位工程一个单位工程中的各分部工程或一个部位的各分项工程排列在同一水平线上。形成按栋号排列的网络计划，按单位工程排列的网络计划，按施工部位排列的网计划。绘制网络图时可以根据使用要求，同时选用以上一种或几种排列方法。一般情况下，应尽量使网络图的水平方向长。

5. 尽量减少不必要的箭线和节点

如图 3-15 (a) 所示，此图在施工顺序、流水关系及网络逻辑关系上都是合理的。但这个网络图过于繁琐。对于只有进出两条箭线、且其中一条为虚箭线的节点（如③、⑥节点），在取消该节点及虚箭线不会出现相同编号的工作时，即可大胆地将这些不必要的虚箭线和节点去掉，如图 3-15 (b) 所示。这既使网络图简单明了，同时又不会改变其逻辑关系。

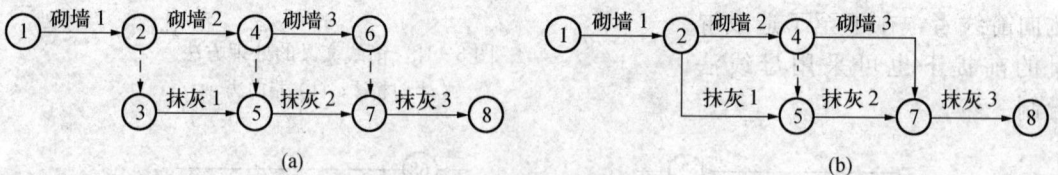

图 3-15 网络图简化示意图
（a）有多余节点和虚箭线的网络图；（b）简化后的网络图

6. 绘制要求

（1）绘制步骤。①绘草图，绘制出一张符合逻辑关系的网络计划草图。其步骤是：首先画出从起点节点开始的所有箭线；然后从左到右依次绘出紧接其后的节点和箭线；直到终点节点；最后检查网络图中各施工过程之间的逻辑关系。②整理网络图，使网络图条理清楚，层次分明，排列整齐，便于交流。

（2）绘制要求。严格遵循网络图的绘制规则，是保证网络图绘制正确的前提。但为了使网络图图面布置合理，层次分明，重点突出，在绘制时应注意构图形式。

1）网络图绘制时，箭线应以水平线为主，竖线和斜线为辅，不应画成曲线。如图 3-16、图 3-17 所示。

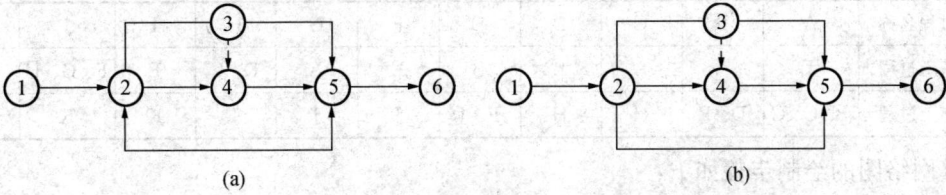

图 3-16 不允许出现双向箭头及无箭头的箭线
(a) 错误；(b) 正确

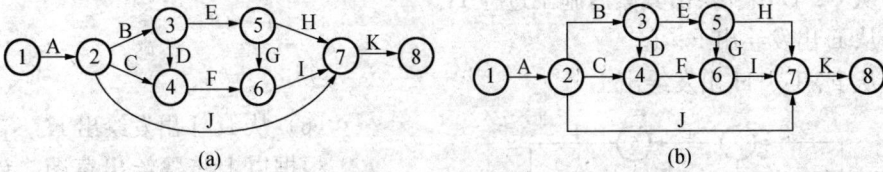

图 3-17 网络图绘制要求（一）
(a) 较乱；(b) 较好

2）在网络图中，箭线应保持从左到右方向进行，尽量避免"反向箭线"如图 3-18 所示。

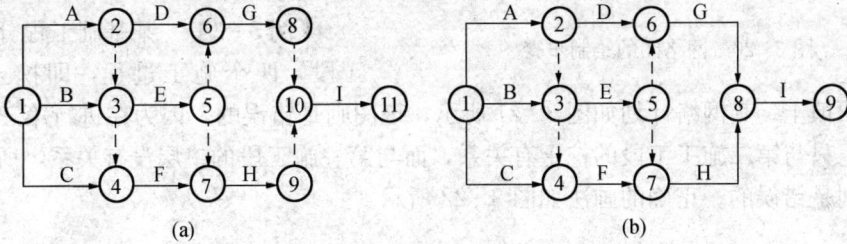

图 3-18 网络图绘制要求（二）
(a) 较差；(b) 较好

3）在网络图中应正确运用虚箭线，如图 3-19 所示。

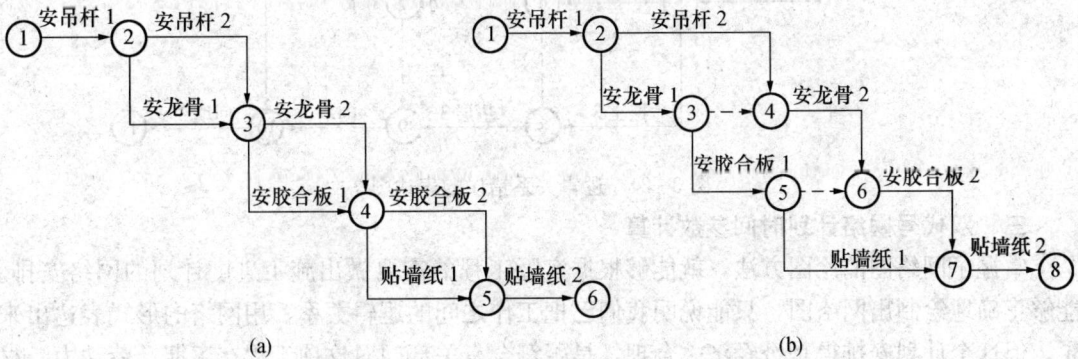

图 3-19 网络图绘制要求（三）
(a) 错误；(b) 正确

（三）网络图绘制示例

【例3-1】 试根据表3-2中各施工过程的逻辑关系，绘制出双代号网络图。

表3-2 某工程各施工过程的逻辑关系

施工过程名称	A	B	C	D	E	F	G	H	I	J	K
紧前施工过程	无	A	A	B	B	E	A	D、C	E	F、G、H	I、J
紧后施工过程	B、C、G	D、E	H	H	F、I	J	J	J	K	K	无

其网络图的绘制步骤如下：

（1）从A出发绘出其紧后施工过程B、C、G。

（2）从B出发绘出其紧后施工过程D、E。

（3）从C、D出发绘出其紧后施工过程H。

（4）从E出发绘出F、I。

（5）从F、G、H出发绘出J。

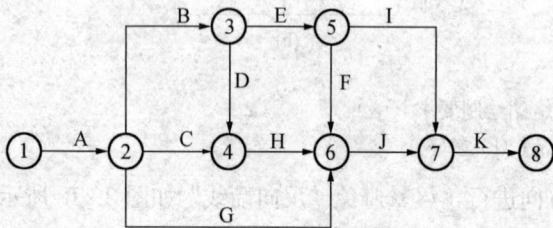

图3-20　网络图的绘制步骤

（6）从I、J出发绘出K。

根据以上步骤绘出草图，认真检查调整每个施工过程之间的逻辑关系，最后绘制出排列整齐，条理清楚，层次分明，形象直观的双代号网络图，如图3-20所示。

【例3-2】 某基础工程分为三个施工段，四个施工过程，即挖土、垫层、砌基础、回填土。其网络计划如图3-21所示，该图则是错误的，因为在进行第三施工段的挖土时，它只与第二施工工段的挖土有关系，而与第一施工段的垫层没有关系，所以图中的逻辑关系则是错误的。正确的画法如图3-22所示。

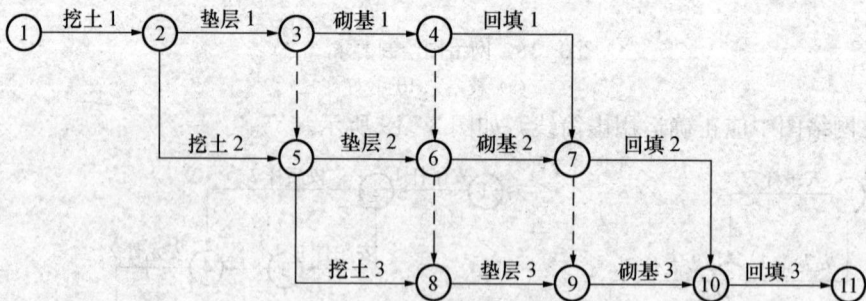

图3-21　逻辑关系错误的表达图

三、双代号网络计划时间参数计算

掌握了网络图的绘图方法，就能够根据实际工程的需要做出施工进度计划的网络安排。能够正确地绘制出网络图，只能说明我们已把工作之间的逻辑关系，用网络的形式表达出来了。但这个计划安排得是否经济、合理，是否符合有关部门对这项工程在工期、劳动力、材料指标等方面的具体要求，这些都是画图所解决不了的。我们不只是为了安排进度，而是为了在一定条件下，通过调整计划，达到节约人力、物力，降低工程成本并使工期合理等目

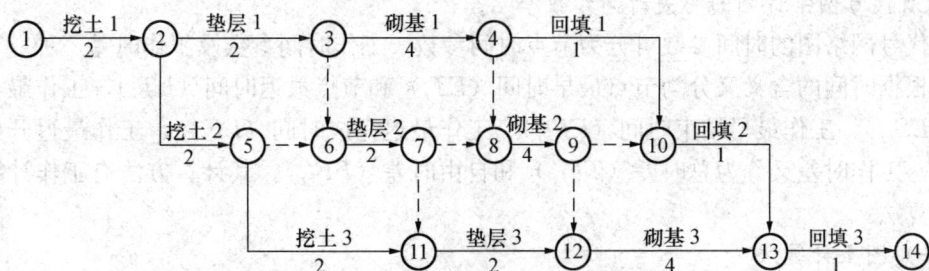

图 3-22 逻辑关系正确的表达图

的，如果要使工期提前则力求增加的成本最低。因此画图并不是我们的最终目的，还需要进行时间参数计算、调整优化，起到指导或控制工程施工目标的作用。

1. 网络计划时间参数计算的目的

（1）找出关键线路。前面介绍关键线路时，是在网络图中先找出从起点至终点节点间的各条线路后，再找出其中所用时间最长的一条或若干条线路，即为关键线路。而对于较大或较复杂的网络图，线路很多，难以一一理出，必须通过计算来找出关键线路和关键工作。以便于进行调整优化并在施工过程中抓住主要矛盾。

（2）计算出时差。时差是在非关键工作中存在的富裕时间。通过计算时差可以看出每项非关键工作到底有多少可以灵活运用的机动时间，在非关键线路上有多大的潜力可挖，以便向非关键线路去要劳力及资源，调整其工作开始及持续的时间，以达到优化网络计划和保证工期的目的。

（3）求出工期。网络图绘制后，需通过计算求出按该计划执行所需的总时间，即计算工期。然后，要结合任务委托合同要求工期，综合考虑可能和需要确定出工程的计划工期。因此，计算工期是拟定整个工程计划总工期的基础，也是检查计划合理性的依据。

2. 计算条件

本节只研究肯定型网络计划。因此，其计算必须是在工作、工作的持续时间以及工作之间的逻辑关系都已确定的情况下进行。如果某些工作的持续时间未定，则应采用"流水施工方法"一节中介绍的定额计算法、工期计算法或经验估算法加以确定。

3. 计算内容

网络计划的时间参数主要包括：每项工作的最早可能开始和完成时间、最迟必须开始和完成时间、总时差、自由时差等六个参数及计算工期。根据需要不同，对于每项工作有时只计算两个参数、四个参数，或者全部算出。

4. 计算手段与方法

对于较为简单的网络计划，可以采用人工计算，对于复杂的网络计划应采用计算机程序进行编制、绘图与计算。相应的工程项目计划管理软件都具备这种功能。但人工计算是基础，掌握计算原理与方法是理解时间参数的意义、使用计算机软件、优化与调整进度计划、检查与控制施工进度的必要条件。

常用的计算方法有图上计算法、表上计算法、分析计算法等。计算时，可以直接计算出工作的时间参数，也可以先计算出节点的时间参数，再推算出工作的时间参数。

5. 双代号网络计划的有关时间参数

双代号网络图的时间参数可分为节点时间参数、工作时间参数及工作时差三种。节点时间参数根据时间的含义又分为节点最早时间（ET_i）和节点最迟时间（LT_i），工作最早开始时间（ES_{i-j}），工作最早结束时间（EF_{i-j}）、工作最迟完成时间（LF_{i-j}）、工作最迟开始时间（LS_{i-j}），工作时差又分为总时差（TF_{i-j}）和自由时差（FF_{i-j}）。其计算方法有工作计算法和节点计算法。

（一）图上计算法

首先，应明确几个名词，如图3-23所示。对于正在计算的某项工作，称为"本工作"。紧排在本工作之前的工作，都叫本工作的紧前工作；紧排在本工作之后的各项工作，都叫本工作的紧后工作。

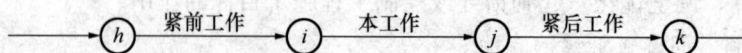

图3-23 本工作的紧前、紧后工作

各工作的时间参数计算后，应标注在水平箭线的上方或垂直箭线的左侧。标注的形式及每个参数的位置，需根据计算参数的个数不同，应分别按图3-24的规定标注。

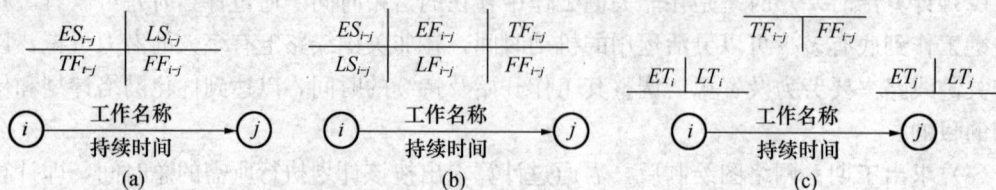

图3-24 双代号网络时间参数标注形式

（a）四参数表示法；（b）六参数表示法；（c）节点表示法

1. 工作计算法

网络图的工作计算法是按公式计算的，它不需要计算节点时间参数。

（1）工作最早开始时间的计算。工作最早开始时间是指在各紧前工作全部完成后，本工作有可能开始的最早时间。工作 $i-j$ 的最早开始时间用 ES_{i-j} 表示。工作最早开始时间应从网络计划的起点节点开始，顺着箭线方向依次向终点节点方向计算。计算步骤如下：

1）以网络计划的起点节点为开始的工作的最早开始时间为零，如网络计划起点节点代号为1，则

$$ES_{i-j} \equiv 0 \qquad (3-1)$$

2）其他工作的最早开始时间等于其紧前工作的最早开始时间加该紧前工作的持续时间所得之和的最大值，即

$$ES_{i-j} = \max[ES_{h-i} + D_{h-i}] \qquad (3-2)$$

式中　ES_{i-j}——工作 $i-j$ 的最早开始时间；

　　ES_{h-i}——工作 $i-j$ 的紧前工作 $h-i$ 的最早开始时间；

　　D_{h-i}——工作 $i-j$ 的紧前工作 $h-i$ 的持续时间。

3）网络计划的计算工期等于以网络计划的终点节点为完成节点的工作的最早开始时间加该工作的持续时间所得之和的最大值，即

$$T_c = \max[ES_{in} + D_{in}] \tag{3-3}$$

式中 T_c——网络计划的计算工期；

ES_{in}——以网络计划的终点节点 n 为完成节点的工作的最早开始时间；

D_{in}——以网络计划的终点节点 n 为完成节点的工作的持续时间。

为了进一步理解和应用以上公式，现以图 3-25 为例说明计算的各个步骤。图中箭线下面的数字是工作的持续时间，以天为单位。

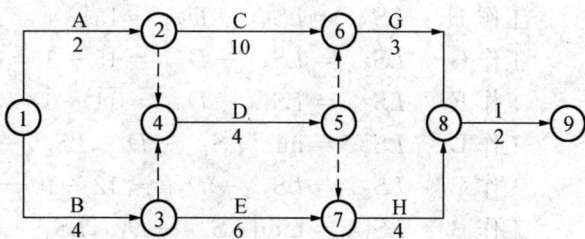

图 3-25 双代号网络图

工作 A　　$ES_{1-2} = 0$

工作 B　　$ES_{1-3} = 0$

工作 C　　$ES_{2-6} = ES_{1-2} + D_{1-2} = 2$

工作 D　　$ES_{4-5} = \max[ES_{1-2} + D_{1-2}, ES_{1-3} + D_{1-3}] = \max[0+2, 0+4] = 4$

工作 E　　$ES_{3-7} = ES_{1-3} + D_{1-3} = 0 + 4 = 4$

工作 G　　$ES_{6-8} = \max[ES_{2-6} + D_{2-6}, ES_{4-5} + D_{4-5}] = \max[2+10, 4+4] = 12$

工作 H　　$ES_{7-8} = \max[ES_{4-5} + D_{4-5}, ES_{3-7} + D_{3-7}] = \max[4+4, 4+6] = 10$

工作 I　　$ES_{8-9} = \max[ES_{6-8} + D_{6-8}, ES_{7-8} + D_{7-8}] = \max[12+3, 10+4] = 15$

计算工期　$T_c = ES_{8-9} + D_{8-9} = 15 + 2 = 17$

将以上各数字按工作计算法的要求标注在网络图中，如图 3-26 所示。

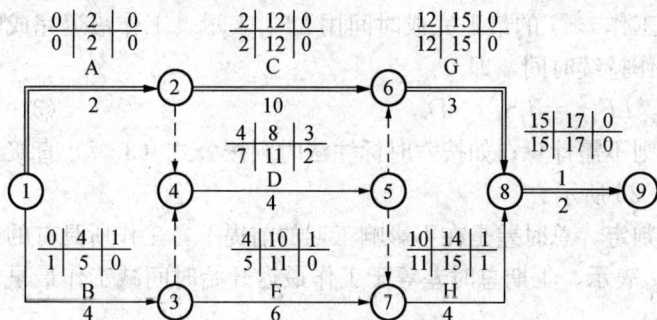

图 3-26 双代号网络图六参数计算图例

（2）工作最迟开始时间。工作最迟开始时间是在不影响整个任务按期完成的条件下，本工作最迟必须开始的时刻，工作 $i-j$ 的最迟开始时间用 LS_{ij} 表示。工作最迟开始时间应从网络计划的终点节点开始，逆着箭线方向依次计算。计算步骤如下：

1）以网络计划的终点节点为完成节点的工作的最迟开始时间等于网络计划的计划工期减该工作的持续时间，即

$$LS_{in} = T_p - D_{in} \tag{3-4}$$

式中 LS_{in}——以网络计划的终点节点 n 为完成节点的工作的最迟开始时间；

T_p——网络计划的计划工期。当已规定了要求工期（合同工期）T_r 时，$T_p \leqslant T_r$；当未规定要求工期时，$T_p \leqslant T_c$；

D_{in}——以网络计划的终点节点 n 为完成节点的工作的持续时间。

2）其他工作的最迟开始时间等于其紧后工作最迟开始时间减本工作的持续时间所得之差的归小值，即

$$LS_{ij} = \min[LS_{jk} - D_{ij}] \tag{3-5}$$

式中　　LS_{ij}——工作 $i-j$ 的最迟开始时间；

　　　　LS_{jk}——工作 $i-j$ 的紧后工作 $j-k$ 最迟开始时间；

　　　　D_{ij}——工作 $i-j$ 的持续时间。

例如图 3-25 所示的网络计划：

工作 I　　$LS_{8\text{-}9} = T_p - D_{8\text{-}9} = 17 - 2 = 15$

工作 H　　$LS_{7\text{-}8} = LS_{8\text{-}9} - D_{7\text{-}8} = 15 - 4 = 11$

工作 G　　$LS_{6\text{-}8} = LS_{8\text{-}9} - D_{6\text{-}8} = 15 - 3 = 12$

工作 E　　$LS_{3\text{-}7} = LS_{7\text{-}8} - D_{3\text{-}7} = 11 - 6 = 5$

工作 D　　$LS_{4\text{-}5} = \min[LS_{7\text{-}8} - D_{4\text{-}5}, LS_{6\text{-}8} - D_{4\text{-}5}] = \min[11 - 4, 12 - 4] = 7$

工作 C　　$LS_{2\text{-}6} = LS_{6\text{-}8} - D_{2\text{-}6} = 12 - 10 = 2$

工作 B　　$LS_{1\text{-}3} = \min[LS_{4\text{-}5} - D_{1\text{-}3}, LS_{3\text{-}7} - D_{1\text{-}3}] = \min[7 - 4, 5 - 4] = 1$

工作 A　　$LS_{1\text{-}2} = \min[LS_{2\text{-}6} - D_{1\text{-}2}, LS_{4\text{-}5} - D_{1\text{-}2}] = \min[2 - 2, 7 - 2] = 0$

（3）工作最早完成时间的计划。工作最早完成时间是在各紧前工作全部完成后，本工作有可能完成的最早时刻。工作 $i-j$ 的最早完成时间用 EF_{ij} 表示。

工作最早完成时间等于最早开始时间加本工作持续时间，即

$$EF_{ij} = ES_{ij} + D_{ij} \tag{3-6}$$

在网络图上，如果按四时标注法时，则不需要计算工作最早完成时间；如果按六时标注法时则直接按工作最早开始时间加该工作持续时间所得的数字填在指定的位置上即可，如图 3-26 所示。

（4）工作最迟完成时间的计算。工作最迟完成时间是在不影响整个任务按期完成的条件下，本工作最迟必须完成的时刻，工作 $i-j$ 的最迟完成时间用 LF_{ij} 表示。工作最迟完成时间应等于工作最迟开始时间加本工作持续时间，即

$$LF_{ij} = LS_{ij} + D_{ij} \tag{3-7}$$

在网络图上，如按四时标注法则不需计算；如按六时标注法时则按公式（3-7）直接计算后填在指定位置上即可。如图 3-26 所示。

（5）总时差计算及关键线路的判定。总时差是在不影响工期的前提下，工作所具有的机动时间。工作 $i-j$ 的总时差用 TF_{ij} 表示。工期总时差等于工作最迟开始时间减工作最早开始时间，即

$$TF_{ij} = LS_{ij} - ES_{ij} \tag{3-8}$$

在网络图上直接计算将数字标注在指定位置上。如图 3-26 所示。

从以上计算可知，工作 A、B、C、I 的总时差为零，即这些工作在计划执行过程中不具有机动时间，这样的工作称为关键工作。由关键工作所组成的线路称关键线路，在网络图上判定关键工作的充分条件是

$$ES_{ij} = LS_{ij} \tag{3-9}$$

但必须指出，当工期有规定时，总时差最小的工作为关键工作。关键工作用粗线或双箭线表示在网络图上，如图 3-26 所示。

（6）自由时差的计算。自由时差是在不影响其紧后工作按最早开始的前提下，工作所具有机动时间。工作 $i-j$ 的自由时差用 FF_{ij} 表示。

工作自由时差等于该工作的紧后工作的最早开始时间减本工作最早开始时间再减本工作的持续时间所得之差的最小值。

当工作 $i-j$ 与其紧后工作 $j-k$ 之间无虚工作时

$$FF_{ij} = \min[ES_{jk} - ES_{ij} - D_{ij}] \tag{3-10}$$

当工作 $i-j$ 通过虚工作 $j-k$ 与其紧后工作 $k-l$ 相连时

$$FF_{ij} = \min[ES_{k-l} - ES_{ij} - D_{ij}] \tag{3-11}$$

如图 3-26 的网络计算如下：

工作 A $FF_{1\text{-}2} = \min[(ES_{2\text{-}6} - ES_{1\text{-}2} - D_{1\text{-}2}), (ES_{4\text{-}5} - ES_{1\text{-}2} - D_{1\text{-}2})]$
             $= \min[(2-0-2), (4-0-2)] = 0$

工作 B $FF_{1\text{-}3} = \min[(ES_{3\text{-}7} - ES_{1\text{-}3} - D_{1\text{-}3}), (ES_{4\text{-}5} - ES_{1\text{-}3} - D_{1\text{-}3})]$
             $= \min[(4-0-4), (4-0-4)] = 0$

工作 C $FF_{2\text{-}6} = ES_{6\text{-}8} - ES_{2\text{-}6} - D_{2\text{-}6} = 12 - 2 - 10 = 0$

工作 D $FF_{4\text{-}5} = \min[(ES_{6\text{-}8} - ES_{4\text{-}5} - D_{4\text{-}5}), (ES_{7\text{-}8} - ES_{4\text{-}5} - D_{4\text{-}5})]$
             $= \min[(12-4-4), (10-4-4)] = 2$

工作 E $FF_{3\text{-}7} = ES_{7\text{-}8} - ES_{3\text{-}7} - D_{3\text{-}7} = 10 - 4 - 6 = 0$

工作 G $FF_{6\text{-}8} = ES_{8\text{-}9} - ES_{6\text{-}8} - D_{6\text{-}8} = 15 - 12 - 3 = 0$

工作 H $FF_{7\text{-}8} = ES_{8\text{-}9} - ES_{7\text{-}8} - D_{7\text{-}8} = 15 - 10 - 4 = 1$

工作 I $FF_{8\text{-}9} = T_p - ES_{8\text{-}9} - D_{8\text{-}9} = 17 - 15 - 2 = 0$

将以上计算出的数据按工作计算法的要求标注在网络图中，如图 3-26 所示。

2. 节点计算

节点计算法就是先计算节点最早时间和节点最迟时间，再据之计算出其他 6 个时间参数。

(1) 节点最早时间。指该节点前面的各项紧前工作全部完成后，该节点后面各项紧后工作的最早时间。工作 $i-j$ 的 i 节点的最早时间表用 ET_i 表示。节点最早时间是从网络计划的起点开始，顺着箭线方向逐个计算。网络计划的起点节点的最早时间如无规定时，其值等于零，即

$$ET_1 = 0$$

其他节点的最早时间为

$$ET_j = \max[ET_i + D_{ij}] \qquad (i < j \leqslant n) \tag{3-12}$$

式中 ET_j——工作 $i-j$ 的完成节点的最早时间；

      ET_i——工作 $i-j$ 的开始节点的最早时间；

      D_{ij}——工作 $i-j$ 的持续时间。

例如图 3-25 所示的网络计划：

$ET_1 = 0$

$ET_2 = ET_1 + D_{1\text{-}2} = 0 + 2 = 2$

$ET_3 = ET_1 + D_{1\text{-}3} = 0 + 4 = 4$

$ET_4 = \max[(ET_2 + D_{2\text{-}4}), (ET_3 + D_{3\text{-}4})] = \max[(0+0), (4+0)] = 4$

$ET_5 = ET_4 + D_{4\text{-}5} = 4 + 4 = 8$

$ET_6 = \max[(ET_2 + D_{2\text{-}6}), (ET_5 + D_{5\text{-}6})] = \max[(2+10), (8+0)] = 12$

$$ET_7 = \max[(ET_3 + D_{3\text{-}7}),(ET_5 + D_{5\text{-}7})] = \max[(4+6),(8+0)] = 10$$

$$ET_8 = \max[(ET_6 + D_{6\text{-}8}),(ET_7 + D_{7\text{-}8})] = \max[(12+3),(10+4)] = 15$$

$$ET_9 = ET_8 + D_{8\text{-}9} = 15 + 2 = 17$$

将其结果按节点计算法的标注在其规定位置上，如图 3-27 所示。

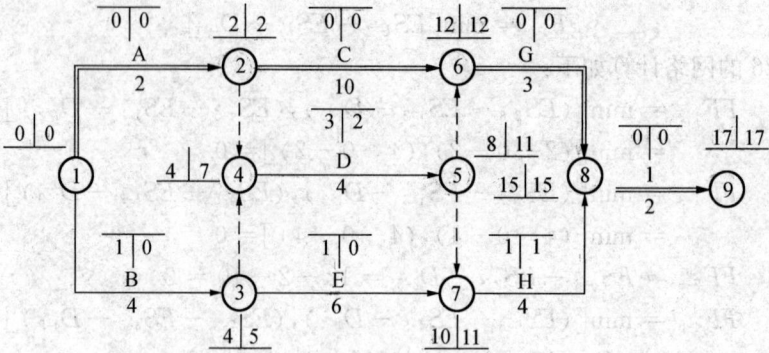

图 3-27　标注有节点时间和时间差的网络图

（2）节点最迟时间。指该节点前面所有工作，在不影响计划工期的前提下，最迟完成任务的时间。工作 $i-j$ 的 j 节点的最迟时间用 LT_j 表示。节点最迟时间是从网络计划的终点节点开始，逆着箭线方向逐个计算。网络计划的终点的最迟时间，当无任何要求时，它等于网络计划的计算工期，即

$$LT_n = T_c = ET_n \tag{3-13}$$

当工期有规定时（合同工期），它等于网络计划的计划工期，即

$$LT_n = T_p \tag{3-14}$$

其他节点的最迟时间等于完成节点的最迟时间减其工作的持续时间的最小值。即

$$LT_i = \min[LT_j - D_{ij}] \tag{3-15}$$

式中　LT_i——工作 $i-j$ 开始节点的最迟时间；

　　　LT_j——工作 $i-j$ 完成节点的最迟时间；

　　　T_c——网络图的计算工期；

　　　T_p——网络图的计划工期。

例如图 3-25 所示的网络计划，无规定工期时，$LT_9 = ET_9 = 17$；当规定工期为 20 天时，则 $LT_9 = T_p = 20$。若本例按无规定工期计算，则以下各节点的最迟时间为

$$LT_8 = LT_9 - D_{8\text{-}9}$$

$$LT_7 = LT_8 - D_{7\text{-}8} = 15 - 4 = 11$$

$$LT_6 = LT_8 - D_{6\text{-}8} = 15 - 3 = 12$$

计算结果按要求填在规定位置上，如图 3-27 所示。

（3）工作总时间差的计算。工作总时间差等于该工作完成节点的最迟时间减该工作的开始节点的最早时间，再减该工作的持续时间，即

例如图 3-25 所示的网络计划：

工作 A　　　　$TF_{1\text{-}2} = LT_2 - ET_1 - D_{1\text{-}2} = 2 - 0 - 2 = 0$

工作 B $\qquad TF_{1-3} = LT_3 - ET_1 - D_{1-3} = 5 - 0 - 4 = 1$

工作 C $\qquad TF_{2-6} = LT_6 - ET_2 - D_{2-6} = 12 - 2 - 10 = 0$

工作 D $\qquad TF_{4-5} = LT_5 - ET_4 - D_{4-5} = 11 - 4 - 4 = 3$

工作 E $\qquad TF_{3-7} = LT_7 - ET_3 - D_{3-7} = 11 - 4 - 6 = 1$

工作 G $\qquad TF_{6-8} = LT_8 - ET_6 - D_{6-8} = 15 - 12 - 3 = 0$

工作 H $\qquad TF_{7-8} = LT_8 - ET_7 - D_{7-8} = 15 - 10 - 4 = 1$

工作 I $\qquad TF_{8-9} = LT_9 - ET_8 - D_{8-9} = 17 - 15 - 2 = 0$

计算结果如图 3-27 所示。

（4）工作自由时差的计算。工作自由时差等于该工作的完成节点的最早时间减该工作的开始节点的最早时间，再减该工作的持续时间，即

$$FF_{i-j} = ET_j - ET_i - D_{i-j} \qquad (3-16)$$

例如图 3-25 所示网络计划：

工作 A $\qquad FF_{1-2} = ET_2 - ET_1 - D_{1-2} = 2 - 0 - 2 = 0$

工作 B $\qquad FF_{1-3} = ET_3 - ET_1 - D_{1-3} = 4 - 0 - 4 = 0$

工作 C $\qquad FF_{2-6} = ET_6 - ET_2 - D_{2-6} = 12 - 2 - 10 = 0$

工作 D $\qquad FF_{4-5} = ET_5 - ET_4 - D_{4-5} = 8 - 4 - 4 = 0$

但由于工作 D 后有两个虚工作，与其紧后工作相连的两个节点 6、7 为其实际的完成节点，故自由时差的计算还应考虑 7 两个节点，并取算出结果的最小值，即

$$FF_{4-5} = \min[(ET_6 - ET_4 - D_{4-5}), (ET_7 - ET_4 - D_{4-7} - D_{4-5})]$$
$$= \min[(12 - 4 - 4), (10 - 4 - 4)] = 2$$

工作 E $\qquad FF_{3-7} = ET_7 - ET_3 - D_{3-7} = 10 - 4 - 6 = 0$

工作 G $\qquad FF_{6-8} = ET_8 - ET_6 - D_{6-8} = 15 - 12 - 3 = 0$

工作 H $\qquad FF_{7-8} = ET_8 - ET_7 - D_{7-8} = 15 - 10 - 4 = 1$

工作 I $\qquad FF_{8-9} = ET_9 - ET_{8-9} - D = 17 - 15 - 2 = 0$

将计算结果按节点计算法的标注方法在网络图的规定位置上，如图 3-27 所示。按节点计算法的要求，不需要在网络图上标注出工作时间参数，但工作时间参数的计算仍可按如下规定计算：

工作 $i-j$ 的最早开始时间 $\qquad ES_{i-j} = ET_i \qquad (3-17)$

工作 $i-j$ 的最早完成时间 $\qquad EF_{i-j} = ET_i - D_{i-j} \qquad (3-18)$

工作 $i-j$ 的最迟完成时间 $\qquad LF_{i-j} = LT_j \qquad (3-19)$

工作 $i-j$ 最迟开始时间 $\qquad LS_{i-j} = LT_j - D_{i-j} \qquad (3-20)$

将总时差为零的工作沿箭头方向连接起来，即为关键线路，并用粗线或双箭头表示，如图3-27所示。

总时差具有如下性质：当 $LT_n = ET_n$ 时，总时差为零的工作称为关键工作；此时，如果某工作的总时差为零，则自由时差也必然等于零；总时差不为本工作专有而与前后工作都有关，它为一条线路段所共用。由于关键线路各工作的时差均为零，该线路就必然决定计划的总工期。因此，关键工作完成的快慢直接影响整个计划的完成，而自由时差则具有以下一些主要特点：自由时差小于或等于总时差；使用自由时差对紧后工作没有影响，紧后工作仍可按最早开始时间开始。由于非关键线路上的工作都具有时差，因此可利用时差充分调动非

关键工作的人力、物力、资源来确保关键工作的加快或按期完成，从而使总工期的目标得以实现。另外，在时差范围内改变非关键工作的开始和结束，灵活地应用时差也可达到均衡施工的目的。

（二）分析计算法

分析计算法是根据各项时间参数计算公式，列式计算时间参数的方法。

1. 工作持续时间的计算

在肯定型网络计划中，工作的持续时间是采用单时计算法计算的，其公式如下

$$D_{ij} = \frac{Q_{ij}}{S_{ij}R_{ij}N_{ij}} = \frac{P_{ij}}{R_{ij}N_{ij}} \tag{3-21}$$

式中　D_{ij}——工作 $i-j$ 的持续时间；

　　　Q_{ij}——工作 $i-j$ 的工程量；

　　　S_{ij}——完成工作 $i-j$ 的计划产量定额；

　　　R_{ij}——完成工作 $i-j$ 所需工人数或机械台数；

　　　N_{ij}——完成工作 $i-j$ 的工作班次；

　　　P_{ij}——工作 $i-j$ 的劳动量或机械台班数量。

在非肯定型网络计划中，由于工作的持续时间受很多变动因素影响，无法确定出肯定数值，因此只能凭计划管理人员的经验和推测，估计出三种时间，据以得出期望持续时间计算值，即按三时估计法计算，其公式如下

$$D_{ij}^{e} = \frac{a_{ij} + 4m_{ij} + b_{ij}}{6} \tag{3-22}$$

式中　D_{ij}^{e}——工作 $i-j$ 的期望持续时间计算值；

　　　a_{ij}——工作 $i-j$ 的最短估计时间；

　　　b_{ij}——工作 $i-j$ 的最长估计时间；

　　　m_{ij}——工作 $i-j$ 的最可能估计时间。

由于网络计划中持续时间确定方法的不同，双代号网络计划就被分成了两种类型。采用单时估计法时即属于关键线路法（CPM），采用三时估计法时则属于计划评审技术（PERT），这里主要针对 CPM 进行介绍。

2. 事件时间参数的计算

事件时间参数包括事件最早时间 TE 和事件最迟时间 TL。

（1）事件最早时间是指该事件所有紧后工作的最早可能开始时刻。它应是以该事件为完成事件的所有工作最早全部完成的时间。

由于起点事件代表整个网络计划的开始，为计算简便，可假定 $TE_1 = 0$，实际应用时，可将其换算为日历时间。如一项计划任务开始的日历时间为 5 月 5 日，则第 1 天就代表 5 月 5 日。其他事件的最早时间可用下式计算

$$TE_j = \max[TE_i + D_{ij}] \tag{3-23}$$

式中　TE_j——工作 $i-j$ 的完成事件 j 的最早时间；

　　　TE_i——工作 $i-j$ 的开始事件 i 的最早时间；

　　　D_{ij}——工作 $i-j$ 的持续时间。

综上所述，事件最早时间应从起点事件开始计算，假定 $TE_1 = 0$，然后按事件编号递增

的顺序进行，直至终点事件为止。

（2）事件最迟时间是指该事件所有紧前工作最迟必须结束的时刻，它是一个时间界限，它应是以该事件为完成事件的所有工作最迟必须结束的时刻。若迟于这个时刻，紧后工作就要推迟开始，整个网络计划的工期就要延误。

由于终点事件代表整个网络计划的结束，因此要保证计划总工期，终点事件的最迟时间应等于此工期。若总工期有规定，可令终点事件的最迟时间 TL_n 等于规定总工期 T，即 $TL_n = T$；若总工期无规定，则可令终点事件的最迟时间 TL_n 等于按终点事件最早时间计算出的计划总工期，即 $TL_n = TE_n$。而其他事件的最迟时间可用下式计算。

$$TL_i = \min[TL_j - D_{ij}] \tag{3-24}$$

式中　TL_i——工作 $i-j$ 的开始事件 i 的最迟时间；

　　　TL_j——工作 $i-j$ 的完成事件 j 的最迟时间；

　　　D_{ij}——工作 $i-j$ 的持续时间。

综上所述，事件最迟时间的计算是从终点事件开始，首先确定 TL_n，然后按照事件编号递减的顺序进行，直到起点事件为止。

3. 工作时间参数的计算

工作的时间参数包括工作最早开始时间 ES 和最早完成时间 EF、工作最迟开始时间 LS 和最迟完成时间 EF。

对于任何工作 $i-j$ 来说，其各项时间参数计算，均受到该工作开始事件的最早时间 TE_i、工作完成事件的最迟时间 TL_j 和工作持续时间 D_{ij} 的控制。

由于工作最早开始时间 ES_{ij} 和最早完成时间 EF_{ij} 反映工作 $i-j$ 与前面工作的时间关系，受开始事件 i 的最早时间的限制，因此，ES_{ij} 和 EF_{ij} 的计算应以开始事件的时间参数为基础；工作的最迟开始时间 LS_{ij} 和最迟完成时间 LF_{ij} 反映工作 $i-j$ 与其后面工作的时间关系，受完成事件 j 的最迟时间的限制。因此 LS_{ij} 和 LF_{ij} 的计算应以完成事件的时间参数为基础。其计算公式如下

$$ES_{ij} = TE_i \tag{3-25}$$
$$EF_{ij} = ES_{ij} + D_{ij} \tag{3-26}$$
$$LF_{ij} = TL_j \tag{3-27}$$
$$LS_{ij} = LF_{ij} - D_{ij} \tag{3-28}$$

4. 工作时差的计算

时差反映工作在一定条件下的机动时间范围。通常分为总时差 TF、自由时差 FF、相关时差 IF 和独立时差 DF。

工作的总时差是指在不影响工期和有关时限的前提下，一项工作可以利用的机动时间。具体地说，它是在保证本工作以最迟完成时间完工的前提下，允许该工作推迟其最早开始时间或延长其持续时间的幅度。工作 $i-j$ 的总时差 TF_{ij} 计算公式如下

$$TF_{ij} = TL_j - TE_i - D_{ij} = LF_{ij} - EF_{ij} = LS_{ij} - ES_{ij}$$

由上式看出，对于任何一项工作 $i-j$ 可以利用的最大时间范围为 $TL_j - TE_i$，其总时差可能有三种情况：

（1）$TL_j - TE_i > D_{ij}$，即 $TF_{ij} > 0$，说明该项工作存在机动时间，为非关键工作。

（2）$TL_j - TE_i = D_{ij}$，即 $TF_{ij} = 0$，说明该项工作不存在机动时间，为关键工作。

（3）$TL_j-TE_i<D_{ij}$，即 $TF_{ij}<0$，说明该项工作有负时差，计划工期长于规定工期，应采取技术组织措施予以缩短，确保计划总工期。

工作的自由时差是指在不影响其紧后工作最早开始和有关时限的前提下，一项工作可以利用的机动时间。具体地说，它是在不影响紧后工作按最早开始时间开工的前提下，允许该工作推迟其最早开始时间或延长其持续时间的幅度。工作 $i-j$ 的自由时差 FF_{ij} 的计算公式如下

$$FF_{i-j} = TE_j - TE_i - D_{ij} = TE_j - EF_{ij}$$

由上式看出，对于任何一项工作 $i-j$ 可以自由利用的最大时间范围为 TE_j-TE_i，其自由时差可能出现下面三种情况：

（1）$TE_j-TE_i>D_{ij}$，即 $FF_{ij}>0$，说明工作有自由利用的机动时间。

（2）$TE_j-TE_i=D_{ij}$，即 $FF_{ij}=0$，说明工作无自由利用的机动时间。

（3）$TE_j-TE_i<D_{ij}$，即 $FF_{ij}<0$，说明计划工期长于规定工期，应采取措施予以缩短，以保证计划总工期。

工作的相关时差是指可以与紧后工作共同利用的机动时间。具体地说，它是在工作总时差中，除自由时差外，剩余的那部分时差。工作 $i-j$ 的相关时差 IF_{ij} 的计算公式如下

$$IF_{ij} = TF_{ij} - FF_{i-j} = TL_j - TE_j$$

工作的独立时差是指为本工作所独有而其前后工作不可能利用的时差。具体地说，它在不影响紧后工作按最早开始时间开工的前提下，允许该工作推迟其最迟开始时间或延长其持续时间的幅度。其公式如下：

$$DF_{ij} = TE_j - TL_i - D_{ij} = FF_{ij} - IF_{h-i}$$

式中 DF_{ij}——工作 $i-j$ 的独立时差；

IF_{h-i}——紧前工作 $h-i$ 的相关时差。

对于任何一项工作 $i-j$，它可以独立使用的最大时间范围为 TE_j-TL_i，其独立时差可能有以下三种情况：

（1）$TE_j-TL_i>D_{ij}$，即 $DF_{ij}>0$，说明工作有独立使用的机动时间。

（2）$TE_j-TL_i=D_{ij}$，即 $DF_{ij}=0$，说明工作无独立使用的机动时间。

（3）$TE_j-TL_i<D_{ij}$，即 $DF_{ij}<0$；此时取 $DF_{ij}=0$。

综上所述，四种工作时差的形成条件和及其特点如下：

①工作的总时差与自由时差、相关时差和独立时差之间具有关联关系，总时差对其紧前工作与紧后工作均有影响。

$$TF_{i-j} = FF_{ij} + IF_{ij} = IF_{h-i} + DF_{ij} + IF_{ij}$$

②一项工作的自由时差只限于本工作利用，不能转移给紧后工作利用，对紧后工作的时差无影响，但对其紧前工作有影响，如动用，将使紧前工作时差减少。

③一项工作的相关时差对其紧前工作无影响，但对紧后工作的时差有影响，如动用，将使紧后工作的时差减少或消失。它可以转让给紧后工作，变为其自由时差被利用。

④一项工作的独立时差只能被本工作使用，如动用，对其紧前工作和紧后工作均无影响。

5. 关键线路的确定

关键工作和关键线路的确定方法有如下几种：

（1）通过计算所有线路的线路时间 T 来确定。线路时间最长的线路即为关键线路，位于其上的工作即为关键工作。

（2）通过计算工作的总时差来确定。若 $TF_{ij}=0$（$TL_n=TE_n$ 时）或 $TF_{ij}=$ 规定工期－计划工期（$TL_n=$ 规定工期时），则该项工作 $i-j$ 为关键工作，所组成的线路为关键线路。

（3）通过计算事件时间参数来确定。若工作 $i-j$ 的开始事件时间 $TE_i=TL_i$，完成事件时间 $TE_j=TL_j$，且 $TE_j-TL_i=D_{ij}$ 时，则该项工作为关键工作，所组成的线路为关键线路。

通常在网络图中用粗实线或双线箭杆将关键线路标出。

【例 3 - 3】　试按分析计算法计算图 3 - 28 所示双代号网络计划的各项时间参数。

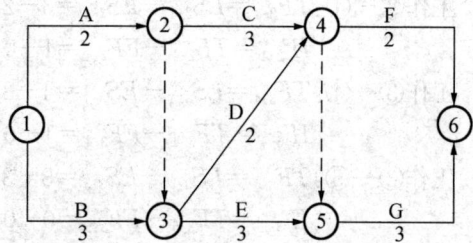

图 3 - 28　某双代号网络计划图

解　（1）计算 TE_j。

假定 $TE_1=0$　　$TE_2=TE_1+D_{1-2}=0+2=2$

$TE_3=\max[(TE_1+D_{1-3}),(TE_2+D_{2-3})]=\max[(0+3),(2+0)]=3$

$TE_4=\max[(TE_2+D_{2-4}),(TE_3+D_{3-4})]=\max[(2+3),(3+2)]=5$

$TE_5=\max[(TE_3+D_{3-5}),(TE_4+D_{4-5})]=\max[(3+3),(5+0)]=6$

$TE_6=\max[(TE_4+D_{4-6}),(TE_5+D_{5-6})]=\max[(5+2),(6+3)]=9$

（2）计算 TL_i。

假定 $TL_6=TE_6=9$　　$TL_5=TL_6-D_{5-6}=9-3=6$

$TL_4=\min[TL_6-D_{4-6},TL_5-D_{4-5}]=\min[9-2,6-0]=6$

$TL_3=\min[TL_5-D_{3-5},TL_4-D_{3-4}]=\min[6-3,6-2]=3$

$TL_2=\min[TL_4-D_{2-4},TL_3-D_{2-3}]=\min[6-3,3-0]=3$

$TL_1=\min[TL_3-D_{1-3},TL_2-D_{1-2}]=\min[3-3,3-2]=0$

（3）计算 ES_{ij}、EF_{ij}、LS_{ij}、LF_{ij}。

工作①—②：$ES_{1-2}=TE_1=0$　　$EF_{1-2}=ES_{1-2}+D_{1-2}=0+2=2$

　　　　　　$LF_{1-2}=TL_2=3$　　$LS_{1-2}=LF_{1-2}-D_{1-2}=3-2=1$

工作①—③：$ES_{1-3}=TE_1=0$　　$EF_{1-3}=ES_{1-3}+D_{1-3}=0+3=3$

　　　　　　$LF_{1-3}=TL_3=3$　　$LS_{1-3}=LF_{1-3}-D_{1-3}=3-3=0$

工作②—④：$ES_{2-4}=TE_2=2$　　$EF_{2-4}=ES_{2-4}+D_{2-4}=2+3=5$

　　　　　　$LF_{2-4}=TL_4=6$　　$LS_{2-4}=LF_{2-4}-D_{2-4}=6-3=3$

工作③—④：$ES_{3-4}=TE_3=3$　　$EF_{3-4}=ES_{3-4}+D_{3-4}=3+2=5$

　　　　　　$LF_{3-4}=TL_4=6$　　$LS_{3-4}=LF_{3-4}-D_{3-4}=6-2=4$

工作③—⑤：$ES_{3-5}=TE_3=3$　　$EF_{3-5}=ES_{3-5}+D_{3-5}=3+3=6$

　　　　　　$LF_{3-5}=TL_5=6$　　$LS_{3-5}=LF_{3-5}-D_{3-5}=6-3=3$

工作④—⑥：$ES_{4-6}=TE_4=5$　　$EF_{4-6}=ES_{4-6}+D_{4-6}=5+2=7$

　　　　　　$LF_{4-6}=TL_6=9$　　$LS_{4-6}=LF_{4-6}-D_{4-6}=9-2=7$

工作⑤—⑥：$ES_{5-6}=TE_5=6$　　$EF_{5-6}=ES_{5-6}+D_{5-6}=6+3=9$

$$LF_{5-6}=TL_6=9 \qquad LS_{5-6}=LF_{5-6}-D_{5-6}=9-3=6$$

（4）计算 TF_{ij}、FF_{ij}、IF_{ij}、DF_{ij}。

工作①—②：$TF_{1-2}=LS_{1-2}-ES_{1-2}=1-0=1$ $\quad FF_{1-2}=TE_2-EF_{1-2}=2-2=0$

$\qquad IF_{1-2}=TF_{1-2}-FF_{1-2}=1-0=1$ $\quad DF_{1-2}=TE_2-TL_1-D_{1-2}=2-0-2=0$

工作①—③：$TF_{1-3}=LS_{1-3}-ES_{1-3}=0-0=0$ $\quad FF_{1-3}=TE_3-EF_{1-3}=3-3=0$

$\qquad IF_{1-3}=TF_{1-3}-FF_{1-3}=0-0=0$ $\quad DF_{1-3}=TE_3-TL_1-D_{1-3}=3-0-3=0$

工作②—④：$TF_{2-4}=LS_{2-4}-ES_{2-4}=3-2=1$ $\quad FF_{2-4}=TE_4-EF_{2-4}=5-5=0$

$\qquad IF_{2-4}=TF_{2-4}-FF_{2-4}=1-0=1$ $\quad DF_{2-4}=TE_4-TL_2-D_{2-4}=5-3-3=-1$

工作③—④：$TF_{3-4}=LS_{3-4}-ES_{3-4}=4-3=1$ $\quad FF_{3-4}=TE_4-EF_{3-4}=5-5=0$

$\qquad IF_{3-4}=TF_{3-4}-FF_{3-4}=1-0=1$ $\quad DF_{3-4}=TE_4-TL_3-D_{3-4}=5-3-2=0$

工作③—⑤：$TF_{3-5}=LS_{3-5}-ES_{3-5}=3-3=0$ $\quad FF_{3-5}=TE_5-EF_{3-5}=6-6=0$

$\qquad IF_{3-5}=TF_{3-5}-FF_{3-5}=0-0=0$ $\quad DF_{3-5}=TE_5-TL_3-D_{3-5}=6-3-3=0$

工作④—⑥：$TF_{4-6}=LS_{4-6}-ES_{4-6}=7-5=2$ $\quad FF_{4-6}=TE_6-EF_{4-6}=9-7=2$

$\qquad IF_{4-6}=TF_{4-6}-FF_{4-6}=2-2=0$ $\quad DF_{4-6}=TE_6-TL_4-D_{4-6}=9-6-2=1$

工作⑤—⑥：$TF_{5-6}=LS_{5-6}-ES_{5-6}=6-6=0$ $\quad FF_{5-6}=TE_6-EF_{5-6}=9-9=0$

$\qquad IF_{5-6}=TF_{5-6}-FF_{5-6}=0-0=0$ $\quad DF_{5-6}=TE_6-TL_5-D_{5-6}=9-6-3=0$

（5）判断关键工作和关键线路。根据 $TF_{ij}=0$，工作①—③（B）、工作③—⑤（E）、工作⑤—⑥（G）为关键工作，所组成的线路①—③—⑤—⑥为关键线路。

（6）确定计划总工期 $T=TE_6=TL_6=9$ 天。

（三）表上计算法

表上计算法是采用各项时间参数计算表格，按照时间参数相应计算公式和程序，直接在表格上进行时间参数计算的方法。表算法的计算表格有多种形式，表 3-3 所示为常用的一种。

下面以图 3-28 所示网络图为例，说明表算法的计算方法和步骤（见表 3-3）。

（1）将紧前工作数、工作号码和工作持续时间，按网络图事件编号递增的顺序逐一分别填入表 3-3 所示表格的 1、2 列中。

（2）自上而下计算各工作的最早开始时间和最早完成时间。

（3）自下而上计算各工作最迟完成时间和最迟开始时间。

（4）按分析法的计算公式计算时差参数，填入相应表格中。

（5）标注关键工作。

表 3-3 时 间 参 数 计 算 表

工作名称 $i-j$	持续时间 D_{ij}	最早开始时间 ES_{ij}	最早完成时间 EF_{ij}	最迟开始时间 LS_{ij}	最迟完成时间 LF_{ij}	总时差 TF_{ij}	自由时差 FF_{ij}	相关时差 IF_{ij}	关键工作
1—2	2	0	2	1	3	1	0	1	
1—3	3	0	3	0	3	0	0	0	√
2—4	3	2	5	3	6	1	0	1	
3—4	2	3	5	4	6	1	0	1	

续表

工作名称 $i-j$	持续时间 D_{i-j}	最早开始时间 ES_{i-j}	最早完成时间 EF_{i-j}	最迟开始时间 LS_{i-j}	最迟完成时间 LF_{i-j}	总时差 TF_{i-j}	自由时差 FF_{i-j}	相关时差 IF_{i-j}	关键工作
3—5	3	3	6	3	6	0	0	0	√
4—6	2	5	7	7	9	2	2	0	

双代号网络计划时间参数计算的方法除上述方法外，还有矩阵法和电算法等。矩阵法是根据网络图的事件数目列出一个矩阵表，再按照各项时间参数的计算公式和程序，直接在矩阵表上计算各项时间参数的方法。它适用于工作逻辑关系复杂，而工作项目不很多的网络计划。通常在矩阵表中仅列出事件时间参数的计算结果，工作最早开始和完成时间、最迟开始和完成时间以及工作的各种时差均根据工作的开始事件和结束事件的时间参数，利用分析计算法的公式推得。

第三节 单 代 号 网 络 图

单代号网络图是以节点及其编号表示工作，以箭线表示工作之间逻辑关系的网络图，如图 3-29 所示。单代号网络图是网络计划的另一种表达方式。

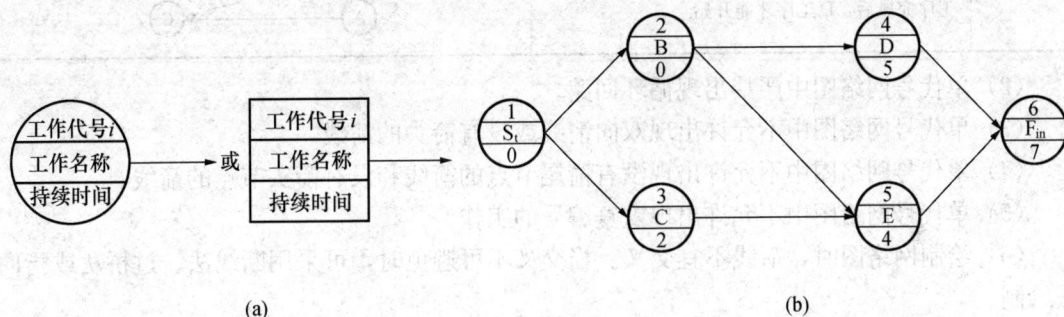

图 3-29 单代号网络图的表达方式
(a) 工作的表示方法；(b) 计划（或工程）的表示方法

单代号网络图绘图方便，图面简洁，不必增加虚箭线，因此产生逻辑错误的可能性较小，弥补了双代号网络图的不足，容易被非专业人员所理解和易于修改，所以近年来被广泛应用。

一、单代号网络图的组成

单代号网络图是由节点、箭线和线路三个基本要素组成。

(1) 节点。单代号网络图中每一个节点表示一项工作，宜用圆圈或矩形表示。节点所表示的工作名称、持续时间和工作代号均标注在节点内。如图 3-29 (a) 所示。

(2) 箭线。单代号网络图中，箭线表示工作之间的逻辑关系，箭线可以画成水平直线、折线或斜线。箭线水平投影的方向自左向右，表示工作进行的方向。在单代号网络图中没有虚箭线。

（3）线路。单代号网络图的线路同双代号网络图的线路的含义是相同的。

二、单代号网络图的绘制

1. 单代号网络图的绘图规则

（1）单代号网络图各项工作之间的逻辑关系的表示方法，见表 3 - 4。

表 3 - 4 单代号网络图中各项工作之间逻辑关系的表示方法

序号	描 述	单代号表达方法
1	A 工序完成后，B 工序才能开始	
2	A 工序完成后，B、C 工序才能开始	
3	A、B 工序完成后，C 工序才能开始	
4	A、B 工序完成后，C、D 工序才能开始	
5	A、B 工序完成后，C 工序才能开始，且 B 工序完成后，D 工序才能开始	

（2）单代号网络图中严禁出现循环回路。

（3）单代号网络图中不允许出现双向箭线或没有箭头的箭线。

（4）单代号网络图中不允许出现没有箭尾节点的箭线和没有箭头节点的箭线。

（5）单代号网络图中不允许出现重复编号的工作。

（6）绘制网络图时，箭线不宜交叉。当交叉不可避免时，可采用断线法、过桥法或指向法绘制。

2. 绘制规则及注意事项

单代号网络图的绘图规则及注意事项基本同双代号网络图，所不同的是：单代号网络图也只能有一个起点节点和一个终点节点，当网络图中有多项起点节点或多项终点节点时，应在网络图的两端分别设置一个虚拟的节点，作为该网络图的起点节点（S_t）和终点节点（F_{in}），如图 3 - 29（b）所示。

3. 绘图示例

【例 3 - 4】 根据表 3 - 5 中各项工作的逻辑关系，绘制单代号网络图。

表 3 - 5 某工程各项工作的逻辑关系表

工作代号	A	B	C	D	E	F	G	H
紧前工作	—	—	A	AB	B	CD	D	DE
紧后工作	CD	DE	F	FGH	H	—	—	—
持续时间	3	2	5	7	4	4	10	6

此例题的绘制结果，如图 3-30 所示。

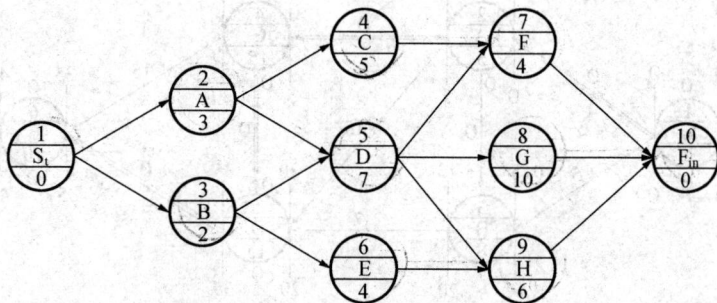

图 3-30 单代号网络图的绘图

三、单代号网络计划时间参数计算

1. 单代号网络计划的各项时间参数及其代表符号

单代号网络计划与双代号网络计划相似，主要包括以下内容：工作持续时间 D_i；工作最早开始时间 ES_i；工作最早完成时间 EF_i；工作最迟开始时间 LS_i；工作最迟完成时间 LF_i；总时差 TF_i；自由时差 FF_i；计算工期 T_c；要求工期 T_r；计划工期 T_p；时间间隔 $LAG_{i,j}$。

2. 单代号网络计划时间参数的标注形式

单代号网络计划时间参数的标注形式，如图 3-31 所示。

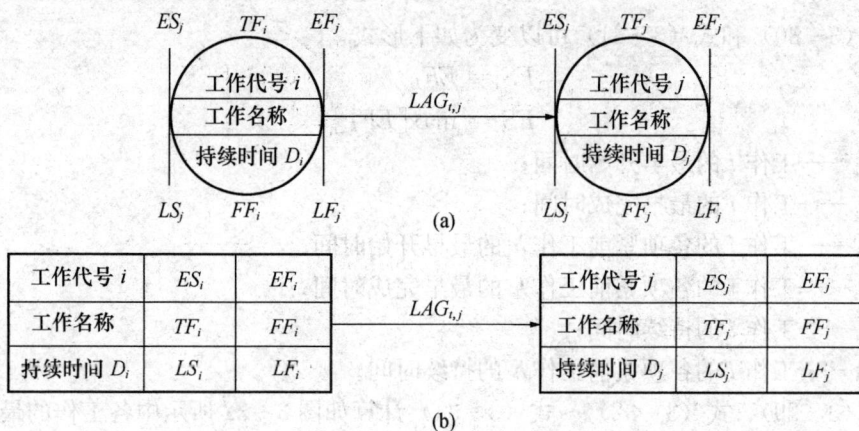

图 3-31 单代号网络计划时间参数的标注形式

3. 单代号网络计划时间参数的计算

以图 3-32 所示为例，用图上计算法（结合分析计算法）介绍单代号网络计划时间参数的计算。

（1）计算工作的最早开始时间和最早完成时间。

工作的最早开始时间和最早完成时间，应该从网络计划的起点节点开始，顺着箭线方向自左至右依次逐项进行计算，到终点节点为止。

1）起点节点的最早开始时间。

当未规定其最早开始时间时，不论起点节点代表的是实工作还是虚拟的开始节点，其值

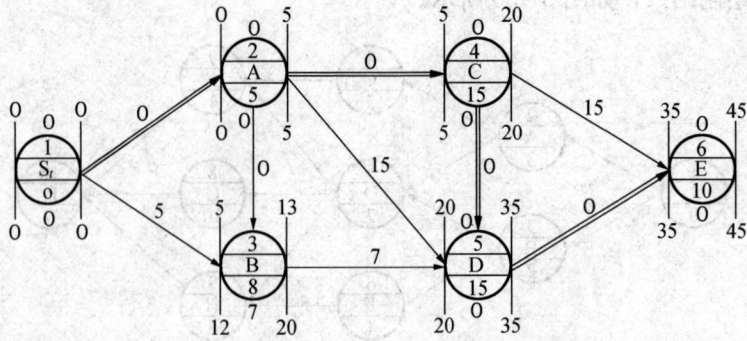

图 3-32 单代号网络计划时间参数的计算图

均应等于零，即

$$ES_i = 0 \quad (i = 1) \tag{3-29}$$

2）其他工作。

当工作 i 只有一项紧前工作 h 时，其最早开始时间应为

$$ES_i = ES_h + D_h \tag{3-30}$$

当工作 i 有多项紧前工作 h 时，其最早开始时间应为

$$ES_i = \max[ES_h + D_h] \tag{3-31}$$

3）工作 i 的最早完成时间计算

$$EF_i = ES_i + D_i \tag{3-32}$$

故式（3-30）和式（3-31）可以变为如下形式

$$ES_i = EF_h \tag{3-33}$$

$$ES_i = \max[EF_h] \tag{3-34}$$

式中 ES_i——工作 i 的最早开始时间；

  EF_i——工作 i 的最早完成时间；

  ES_h——工作 i 的各项紧前工作 h 的最早开始时间；

  EF_h——工作 i 的各项紧前工作 h 的最早完成时间；

  D_i——工作 i 的持续时间；

  D_h——工作 i 的各项紧前工作 h 的持续时间。

按式（3-29）、式（3-32）～式（3-34）计算如图 3-32 所示中各工作的最早开始时间和最早完成时间

$$ES_1 = 0, \; EF_1 = ES_1 + D_1 = 0 + 0 = 0;$$

$$ES_2 = EF_1 = 0, \; EF_2 = ES_2 + D_2 = 0 + 5 = 5;$$

$$ES_3 = \max[EF_1, EF_2] = \max[0, 5] = 5, \; EF_3 = ES_3 + D_3 = 5 + 8 = 13.$$

其他工作的计算结果直接写在如图 3-32 所示中的相应位置。

（2）网络计划计算工期的计算。

网络计划的计算工期应按式（3-35）计算

$$T_c = EF_n \tag{3-35}$$

式中 EF_n——终点节点 n 的最早完成时间。

按式（3-35）计算，则如图 3-32 所示中网络计划的计算工期为

$$T_c = EF_6 = 45$$

（3）网络计划计划工期的计算。

网络计划计划工期的确定与双代号网络计划相同，即

1）当已经规定了要求工期 T_r 时，即

$$T_p \leqslant T_r \tag{3-36}$$

2）当未规定要求工期时，即

$$T_p = T_c \tag{3-37}$$

如图 3-32 所示网络计划未规定要求工期，则其计划工期按式（3-37）取其计算工期

$$T_p = T_c = 45$$

将计划工期标注在终点节点的右侧，并用方框框起来。

（4）计算工作的最迟完成时间和最迟开始时间。

计算工作最迟时间，应从网络计划的终点节点开始，逆着箭线方向依次逐项计算，直至起点节点。

1）终点节点 n 所代表工作的最迟完成时间，应该按网络计划的计划工期 T_p 确定，即

$$LF_n = T_p \tag{3-38}$$

2）其他工作。

当工作 i 只有一项紧后工作 j 时，其最迟完成时间应为

$$LF_i = LF_j - D_j \tag{3-39}$$

当工作 i 有多项紧后工作 j 时，其最迟完成时间应为

$$LF_i = \min[LF_j - D_j] \tag{3-40}$$

3）工作 i 的最迟开始时间应按下式计算

$$LS_i = LF_i - D_i \tag{3-41}$$

故式（3-39）和式（3-40）可以变为如下形式

$$LF_i = LS_j \tag{3-42}$$

$$LF_i = \min[LS_j] \tag{3-43}$$

式中　LF_n——终点节点 n 所代表工作的最迟完成时间；

　　　LF_i——工作 i 的最迟完成时间；

　　　LF_j——工作 i 的紧后工作 j 的最迟完成时间；

　　　LS_i——工作 i 的最迟开始时间；

　　　LS_j——工作 i 的紧后工作 j 的最迟开始时间；

　　　D_j——工作 i 的紧后工作 j 的持续时间。

按式（3-38）、式（3-41）～式（3-43）计算如图 3-32 所示中各工作的最迟开始时间和最迟完成时间

$$LF_6 = T_p = 45, \ LS_6 = LF_6 - D_6 = 45 - 10 = 35;$$

$$LF_5 = LS_6 = 35, \ LS_5 = LF_5 - D_5 = 35 - 15 = 20;$$

$$LF_4 = \min[LS_5, LS_6] = \min[20, 35] = 20, \ LS_4 = LF_4 - D_4 = 20 - 15 = 5。$$

其他工作的计算结果直接写在如图 3-32 所示中的相应位置。

（5）相邻两项工作 i 和 j 之间的时间间隔 $LAG_{i,j}$ 的计算应符合下列规定：

1）当终点节点为虚拟节点时，其时间间隔应为

$$LAG_{i,n} = T_p - EF_i \qquad\qquad (3-44)$$

2）其他节点之间的时间间隔应为

$$LAG_{i,j} = ES_j - EF_i \qquad\qquad (3-45)$$

按式（3-44）和式（3-45）计算，如图3-32所示中相邻工作之间的时间间隔：

$$LAG_{5,6} = ES_6 - EF_5 = 35 - 35 = 0; \quad LAG_{4,6} = ES_6 - EF_4 = 35 - 20 = 15$$

其他工作间的时间间隔的计算结果直接写在如图3-32所示中的相应位置。

（6）工作总时差的计算。

工作总时差可按式（3-46）计算

$$TF_i = LS_i - ES_i = LF_i - EF_i \qquad\qquad (3-46)$$

也可以从网络计划的终点节点开始，逆着箭线方向依次按下列公式计算

$$TF_i = \min[TF_j + LAG_{i,j}] \qquad\qquad (3-47)$$

按式（3-46）计算，如图3-32所示中各工作的总时差

$$TF_1 = LS_1 - ES_1 = 0 - 0 = 0; \quad TF_2 = LS_2 - ES_2 = 0 - 0 = 0$$

其他工作的总时差计算结果直接写在如图3-32所示中的相应位置。

（7）工作自由时差的计算。

1）终点节点 n 所代表工作的自由时差应为

$$FF_n = T_p - EF_n \qquad\qquad (3-48)$$

2）其他工作 i 的自由时差应为

$$FF_i = ES_j - EF_i = LAG_{i,j} \qquad\qquad (3-49)$$

或 $$FF_i = \min[ES_j - EF_i] = \min[LAG_{i,j}] \qquad\qquad (3-50)$$

按式（3-48）～式（3-50）计算，如图3-32所示中各工作的自由时差

$$FF_6 = T_p - EF_6 = 45 - 45 = 0; \quad FF_5 = LAG_{5,6} = 0$$

$$FF_4 = \min[LAG_{4,5}, LAG_{4,6}] = \min[0, 15] = 0$$

其他工作的自由时差计算结果直接写在如图3-32所示中的相应位置。

（8）关键工作和关键线路的确定。

1）关键工作的确定。单代号网络计划关键工作的确定方法与双代号网络计划相同，即总时差最小的工作为关键工作。由此判断如图3-32所示中的关键工作为："1"，"2"，"4"，"5"，"6"共五项。

2）关键线路的确定。在单代号网络计划中，从起点节点开始到终点节点均为关键工作，且所有工作之间的时间间隔均为零的线路为关键线路。由此可以判断出，如图3-32所示的关键线路为：1—2—4—5—6，并用双箭线标出关键线路。

第四节　双代号时标网络计划

一、概念

时标网络计划是指以时间坐标为尺度编制的网络计划。它是综合应用横道图时间坐标和网络计划的原理，吸取了二者的长处，兼有横道计划的直观性和网络计划的逻辑性，故在工程中的应用较非时标网络计划更广泛。

时标网络计划绘制在时标计划表见表3-6；时标计划表中部的刻度线宜为细线，为了

使图面清楚，此线也可以不画。时标的时间单位应根据需要在编制网络计划之前确定，可为天、周、旬、月或季等。时间坐标的刻度代表的时间可以是一个时间单位，也可以是时间单位的整数倍，但不应小于一个时间单位。时标可标注在时标计划表的顶部或底部，必要时可以在顶部时标之上或底部时标之下加注日历的对应时间。

表 3-6 时 标 计 划 表

日历																			
（时间单位）	1	2	3	4	5	6	7	8	9	10	11	12	13	14	15	16	17	18	19
网络计划																			
（时间单位）	1	2	3	4	5	6	7	8	9	10	11	12	13	14	15	16	17	18	19

二、双代号时标网络计划的特点与适用范围

1. 时标网络计划的特点

（1）在时标网络计划中，各条工作箭线的水平投影长度即为各项工作的持续时间，能明确地表达各项工作的起、止时间和先后施工的逻辑关系，使计划表达形象直观，一目了然。

（2）能在时标计划表上直接显示各项工作的主要时间参数，并可以直接判断出关键线路。

（3）因为有时标的限制，在绘制时标网络计划时，不会出现"循环回路"之类的逻辑错误。

（4）可以利用时标网络直接统计资源的需要量，以便进行资源优化和调整，并对进度计划的实施进行控制和监督。

（5）由于箭线受时标的约束，故用手工绘图不容易，修改也较难。使用计算机编制、修改时标网络图则较方便。

2. 时标网络计划的适用范围

（1）工作项目较少、工艺过程较为简单的工程，能迅速地边绘图、边计算、边调整。

（2）对于大型复杂的工程，可以先绘制局部网络计划，然后再综合起来绘制出比较简明的总网络计划。

（3）实施性（或作业性）网络计划。

（4）年、季、月等周期性网络计划。

（5）使用实际进度前锋线进行进度控制的网络计划。

三、双代号时标网络计划的绘制

1. 绘制的基本要求

（1）在时标网络计划中，以实箭线表示实工作，以虚箭线表示虚工作，以波形线表示工作的自由时差，如图3-34所示。

（2）时标网络计划中所有符号在时间坐标上的水平投影位置，都必须与其时间参数相对应。节点中心必须对准相应的时标位置，它在时间坐标上的水平投影长度应视为零。

（3）虚工作必须以垂直方向的虚箭线表示，有自由时差时加波形线表示。

2. 绘制方法

时标网络计划宜按最早时间编制，不宜按最迟时间编制。在时标网络计划编制前，应该先绘制非时标网络计划草图，绘制方法有间接和直接两种。

（1）间接绘制法。即先计算网络计划的时间参数，再根据时间参数按草图在时标计划表上绘制的方法。现以如图3-33所示为例，介绍间接绘制法的步骤如下。

1）绘制非时标网络计划草图，如图3-33所示。

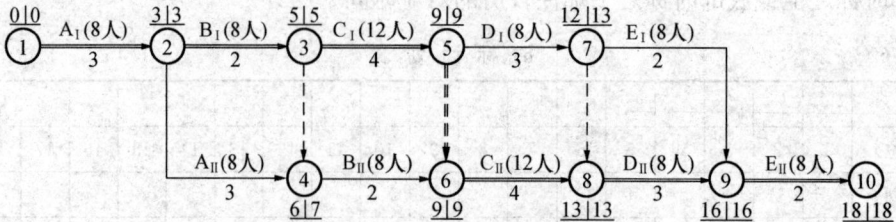

图 3-33 双代号网络图

2）计算各节点的最早时间（或各工作的最早时间）并标注在图上，如图3-33所示。

3）按节点的最早时间将各节点定位在时标计划表上，图形尽量与草图一致，如图3-34所示。

4）按各工作的持续时间绘制相应工作的实线部分，使其在时间坐标上的水平投影长度等于工作的持续时间；若实线长度不足以到达该工作的结束节点时，用波形线补足，并在末端绘出箭头。

5）虚工作以垂直方向的虚箭线表示，有自由时差时加波形线表示。绘制完成的时标网络计划，如图3-34所示。

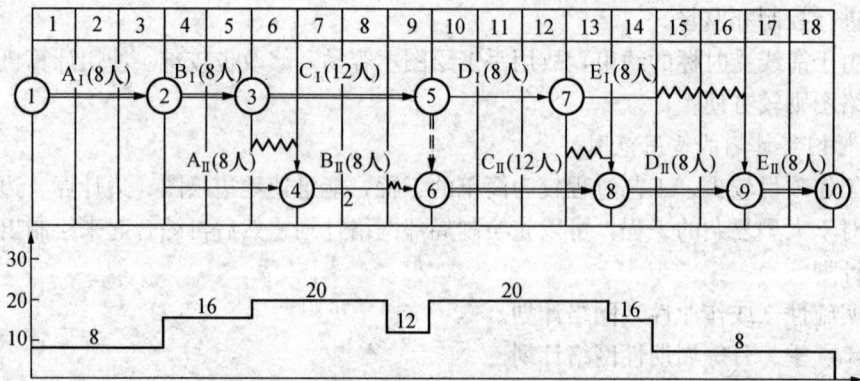

图 3-34 时标网络图

（2）直接绘制法。就是不计算网络计划的时间参数，直接按草图在时标计划表上绘制的方法。绘制步骤如下：

1）将起点节点定位在时标计划表的起始刻度线上。

2）按工作持续时间，在时标计划表上绘制起点节点的外向箭线。

3）除起点节点以外的其他节点必须在其所有内向箭线绘出以后，定位在这些内向箭线中最早完成时间最迟的箭线末端。其他内向箭线长度不足以到达该节点时，用波形线补足。

4）若虚箭线占用时间，用波形线表示。

5）用上述方法自左至右依次确定其他节点位置，直至终点节点定位绘完。仍以如图3-33所示为例，按照上述步骤绘制其相应的时标网络图如下：按照1）条，将起点节点①定位在图3-34所示的时标计划表的起始刻度线上。按照2）条，绘制①节点的外向箭线 1—2。按照3）、4）、5）条的规定，自左至右依次确定其余各节点的位置；如果②、③、⑤、⑦、⑦节点之前只有一条内向箭线，则在其内向箭线绘制完成后即可在其末端将上述节点绘出；④、⑥、⑧、⑧节点则必须待其前面的两条内向箭线都绘制完成后，才能定位在这些内向箭线中最晚完成的时刻处；并且这些节点均有长度不足以达到该节点的内向实箭线，故用波形线补足。绘制完成的时标网络计划，如图 3-34 所示。

四、双代号时标网络计划时间参数的确定

以如图 3-34 所示的时标网络计划为例，将双代号时标网络计划时间参数的确定方法分述如下：

1. 最早时间的确定

（1）每条箭线箭尾节点中心所对应的时标值，即为工作的最早开始时间。

（2）箭线实线部分右端或箭尾节点中心所对应的时标值，即为工作的最早完成时间。

（3）虚工作的最早开始时间和最早完成时间相等，均为其开始节点中心所对应的时标值。通过观察，将如图 3-34 中所示的各工作的最早开始时间和最早完成时间分别填入表3-7。

2. 双代号时标网络计划工期的确定

（1）计算工期的确定。

时标网络计划的计算工期，应为终点节点与起点节点中心所对应的时标值的差。如图3-34所示的时标网络计划的计算工期为

$$T_c = 18 - 0 = 18$$

（2）计划工期的确定。

同非时标网络计划一样，如图 3-34 所示的时标网络计划未规定要求工期可得

$$T_p = T_c = 18$$

3. 自由时差的确定

在时标网络计划中，工作的自由时差值应为表示该工作的箭线中波形线部分在坐标轴上的水平投影长度。将图 3-34 所示中各工作的自由时差分别填入表 3-7。

4. 总时差的计算

在时标网络计划中，工作的总时差应自右至左逐个进行计算。一项工作只有在其紧后工作的总时差全部计算出来以后，才能计算出其总时差。

（1）以终点节点（$j = n$）为结束节点的工作的总时差，应该按网络计划的计划工期 T_p 计算确定，即

$$TF_{in} = T_p - EF_{in} \qquad (3-51)$$

（2）其他工作的总时差应为

$$TF_{ij} = \min[TF_{jk}] + FF_{ij} \qquad (3-52)$$

式中　TF_{in}——以终点节点 n 为结束节点的工作的总时差；

EF_{in}——以终点节点 n 为结束节点的工作的最早完成时间；

TF_{jk}——工作 $j-k$ 的总时差。

按式（3-51）和式（3-52）计算，如图 3-34 所示时标网络计划中各工作的总时差为

$$TF_{9\text{-}10} = T_p - EF_{9\text{-}10} = 18 - 18 = 0; \quad TF_{8\text{-}9} = TF_{9\text{-}10} + FF_{8\text{-}9} = 0 + 0 = 0$$

$$TF_{5\text{-}7} = \min[TF_{7\text{-}8}, TF_{7\text{-}9}] + FF_{5\text{-}7} = \min[1,2] + 0 = 1 + 0 = 1$$

其他工作的总时差的计算结果直接填入表 3 - 7。

表 3 - 7　　　　　　　　　　双代号时标网络计划时间参数计算表

工作编号 $i-j$	最早开始时间 $ES_{i\text{-}j}$	最早完成时间 $EF_{i\text{-}j}$	最迟开始时间 $LS_{i\text{-}j}$	最迟完成时间 $LF_{i\text{-}j}$	总时差 $TF_{i\text{-}j}$	自由时差 $FF_{i\text{-}j}$
1—2	0	3	0	3	0	0
2—3	3	5	3	5	0	0
2—4	3	6	4	7	1	0
3—4	5	5	7	7	2	1
3—5	5	9	5	9	0	0
4—6	6	8	7	9	1	1
5—6	9	9	9	9	0	0
5—7	9	12	10	13	1	0
6—8	9	13	9	13	0	0
7—8	12	13	13	13	1	1
7—9	12	14	14	16	2	2
8—9	13	16	13	16	0	0
9—10	16	18	16	18	0	0

5. 工作最迟时间的计算

时标网络计划中工作的最迟开始时间和最迟完成时间应计算如下

$$LS_{i\text{-}j} = ES_{i\text{-}j} + TF_{i\text{-}j} \tag{3 - 53}$$

$$LF_{i\text{-}j} = EF_{i\text{-}j} + TF_{i\text{-}j} \tag{3 - 54}$$

按式（3 - 52）和式（3 - 53）计算，如图 3 - 34 所示的时标网络计划中各工作的最迟开始时间和最迟完成时间分别为

$$LS_{1\text{-}2} = ES_{1\text{-}2} + TF_{1\text{-}2} = 0 + 0 = 0, \quad LF_{1\text{-}2} = EF_{1\text{-}2} + TF_{1\text{-}2} = 3 + 0 = 3$$

其他工作的计算结果直接填入表 3 - 7。

6. 关键线路的确定

双代号时标网络计划关键线路的确定，应该自终点节点开始逆箭线方向观察，至起点节点为止，自始至终不出现波形线的线路为关键线路。在如图 3 - 34 所示的时标网络计划中，关键线路为 1—2—3—5—6—8—9—10，并用双箭线标出。

第五节　单代号搭接网络计划

一、概念

单代号搭接网络计划是前后工作之间有多种逻辑关系的肯定型网络计划。它是综合了单代号网络与搭接施工的原理，使二者有机结合起来应用的一种网络计划表示方法。

在建设工程实践中，搭接关系是大量存在的，要求控制进度的计划图形能够表达和处理好这种关系。但在前几节所介绍的网络计划中，却只能表示两项工作首尾相接的关系，即一项工作只有在其所有紧前工作完成之后才能开始。遇到搭接关系，必须将前一项工作进行分段处理，以符合前面工作不完成、后面工作不能开始的逻辑要求，这就使得网络计划变得较为复杂，使绘制、调整、计算都不方便。针对这一问题，各国陆续出现了许多表示搭接关系

的网络计划，统称为"搭接网络计划法"。其共同的特点是：当前一项工作开始一段时间能为其紧后工作提供一定的开始条件，紧后工作就可以插入进行，将前后工作搭接起来。这就大大简化了网络计划，但也带来了计算工作的复杂化，应该借助计算机进行计算。

二、相邻工作的各种搭接关系

相邻两个工作之间的搭接关系主要有结束到开始、开始到开始、结束到结束、开始到结束及混合搭接等五种搭接关系，现分别介绍如下。

1. 完成到开始的关系（FTS）

两项工作间的相互关系是通过前项工作的完成到后项工作的开始之间的时距 FTS 来表达，如图 3-35 所示。

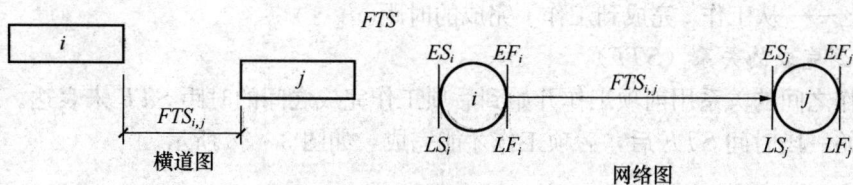

图 3-35　完成到开始的关系（FTS）

如图 3-35 所示可知，两项工作完成到开始之间时间参数的计算关系为

$$ES_j = ES_i + FTS_{i,j} \tag{3-55}$$

$$LF_i = LS_j - FTS_{i,j} \tag{3-56}$$

式中　$FTS_{i,j}$——从工作 i 完成到工作 j 开始的时距。

2. 开始到开始的关系（STS）

前后两项工作的关系用其相继开始的时距 STS 来表达。就是说前项工作开始后，要经过 STS 后，后项工作才能开始，如图 3-36 所示。

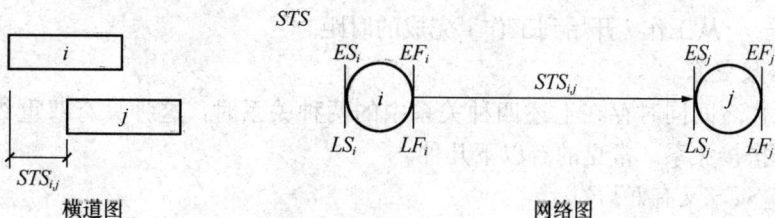

图 3-36　开始到开始的关系（STS）

如图 3-36 所示可知，两项工作开始到开始之间时间参数的计算关系为

$$ES_j = ES_i + STS_{i,j} \tag{3-57}$$

$$LS_i = LS_j - STS_{i,j} \tag{3-58}$$

式中　$STS_{i,j}$——从工作 i 开始到工作 j 开始的时距。

3. 完成到完成的关系（FTF）

两项工作之间的关系用前后工作相继完成的时距 FTF 来表达。就是说，前项工作完成后，经过 FTF 时间后，后项工作才能完成，如图 3-37 所示。

如图 3-37 所示可知，两项工作完成到完成之间时间参数的计算关系为

$$EF_j = EF_i + FTF_{i,j} \tag{3-59}$$

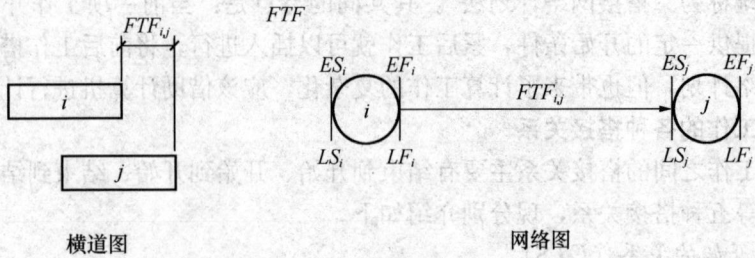

图 3-37　完成到完成的关系（FTF）

$$LF_i = LF_j - FTF_{i,j} \tag{3-60}$$

式中　$FTF_{i,j}$——从工作 i 完成到工作 j 完成的时距。

4. 开始到完成的关系（STF）

两项工作之间的关系用前项工作开始到后项工作完成之间的时距 STF 来表达。就是说，前项工作开始一段时间 STF 后，后项工作才能完成，如图 3-38 所示。

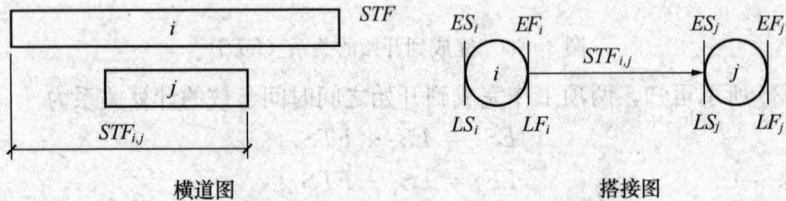

图 3-38　开始到完成的关系（STF）

如图 3-38 所示可知，两项工作开始到完成之间时间参数的计算关系为

$$EF_j = ES_i + STF_{i,j} \tag{3-61}$$
$$LS_i = LF_j - STF_{i,j} \tag{3-62}$$

式中　$STF_{i,j}$——从工作 i 开始到工作 j 完成的时距。

5. 混合搭接关系

当两项工作之间同时存在上述四种关系中的两种关系时，这种具有双重约束的工作关系，就是混合搭接关系。常见的有以下几种。

（1）既有 STS 又有 FTF。

两项工作之间要同时符合 STS 和 FTF 两种关系，如图 3-39（a）所示。

如图 3-39（a）可知，两项工作之间时间参数的计算关系为

$$ES_j = ES_i + STF_{i,j} \tag{3-63}$$
$$LS_i = LS_j - STS_{i,j} \tag{3-64}$$
$$EF_j = ES_i + FTF_{i,j} \tag{3-65}$$
$$LF_i = LF_j - FTF_{i,j} \tag{3-66}$$

由式（3-63）和式（3-65）计算所得结果，选其中最大值作为工作 j 的最早时间；由式（3-64）和式（3-66）计算所得结果，选其中最小值作为工作 i 的最迟时间。

（2）既有 STF 又有 FTS。

两项工作之间要同时符合 STF 和 FTS 两种关系，如图 3-39（b）所示。

由图 3-39（b）可知，两项工作之间时间参数的计算关系为

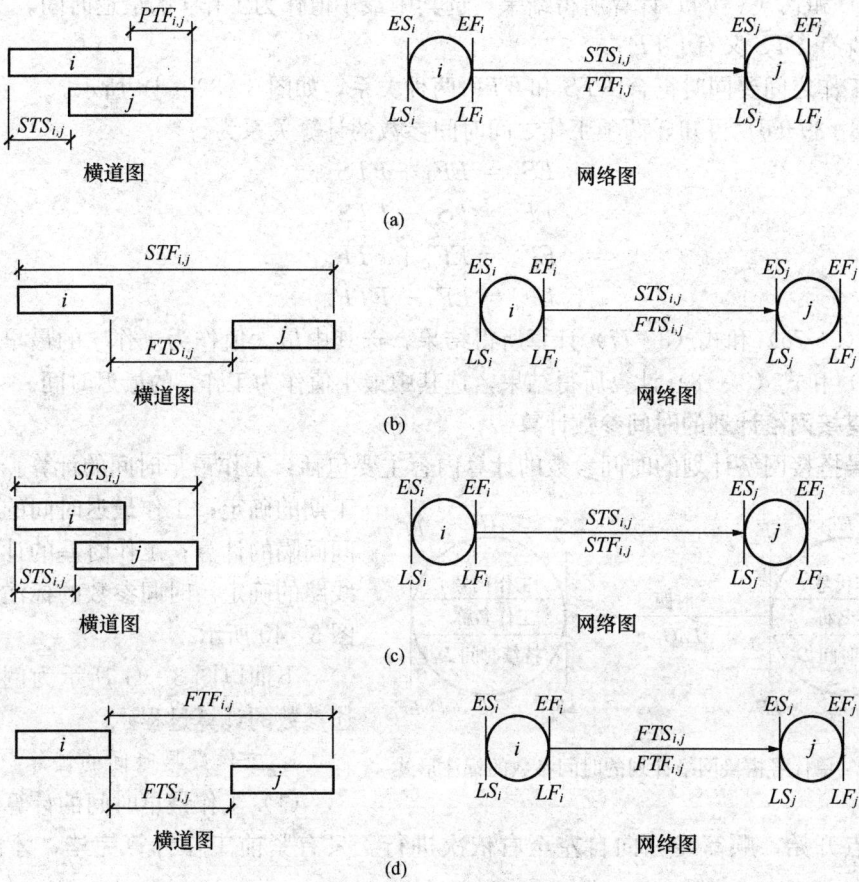

图 3-39 混合搭接关系

(a) 既有 STS 又有 FTF；(b) 既有 STS 又有 FTS；(c) 既有 STS 又有 STF；

(d) 既有 FTS 又有 FTF

$$EF_j = ES_i + STF_{i,j} \tag{3-67}$$

$$LS_i = LF_j - STF_{i,j} \tag{3-68}$$

$$ES_j = EF_i + FTS_{i,j} \tag{3-69}$$

$$LF_i = LS_j - FTS_{i,j} \tag{3-70}$$

由式（3-67）和式（3-69）计算所得结果，选其中最大值作为工作 j 的最早时间；由式（3-68）和式（3-70）计算所得结果，选其中最小值作为工作 i 的最迟时间。

（3）既有 STS 又有 STF。

两项工作之间要同时符合 STF 和 STF 两种关系，如图 3-39（c）所。

由图 3-39（c）可知，两项工作之间时间参数的计算关系为

$$ES_i = ES_i + STS_{i,j} \tag{3-71}$$

$$LS_i = LS_j - STS_{i,j} \tag{3-72}$$

$$EF_j = ES_i + STF_{i,j} \tag{3-73}$$

$$LS_i = LF_j - STF_{i,j} \tag{3-74}$$

由式（3-71）和式（3-73）计算所得结果，选其中最大值作为工作 j 的最早时间；由

式（3-72）和式（3-74）计算所得结果，选其中最小值作为工作 i 的最迟时间。

（4）既有 FTS 又有 FTF。

两项工作之间要同时符合 FTS 和 FTF 两种关系，如图 3-39（d）所示。

由图 3-39（d）可知，两项工作之间时间参数的计算关系为

$$ES_j = EF_i + FTS_{i,j} \tag{3-75}$$
$$LF_i = LS_j - FTS_{i,j} \tag{3-76}$$
$$EF_j = EF_i + FTF_{i,j} \tag{3-77}$$
$$LF_i = LF_j - FTF_{i,j} \tag{3-78}$$

由式（3-75）和式（3-77）计算所得结果，选其中最大值作为工作 j 的最早时间；由式（3-76）和式（3-78）计算所得结果，选其中最小值作为工作 i 的最迟时间。

三、搭接网络计划的时间参数计算

单代号搭接网络计划的时间参数的计算内容主要包括：工作最早时间的计算；网络计划工期的确定；工作最迟时间的计算；时间间隔的计算；工作时差的计算；关键线路的确定。时间参数的标注形式，如图 3-40 所示。

下面以图 3-41 所示为例，说明上述参数的计算过程。

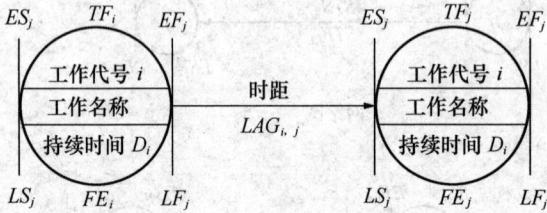

图 3-40　单代号搭接网络计划的时间参数的标注形式

1. 工作最早时间的计算

（1）工作最早时间的计算必须从虚拟起点节点开始，顺箭线方向自左至右依次进行。只有紧前工作计算完毕，才能计算本工作。

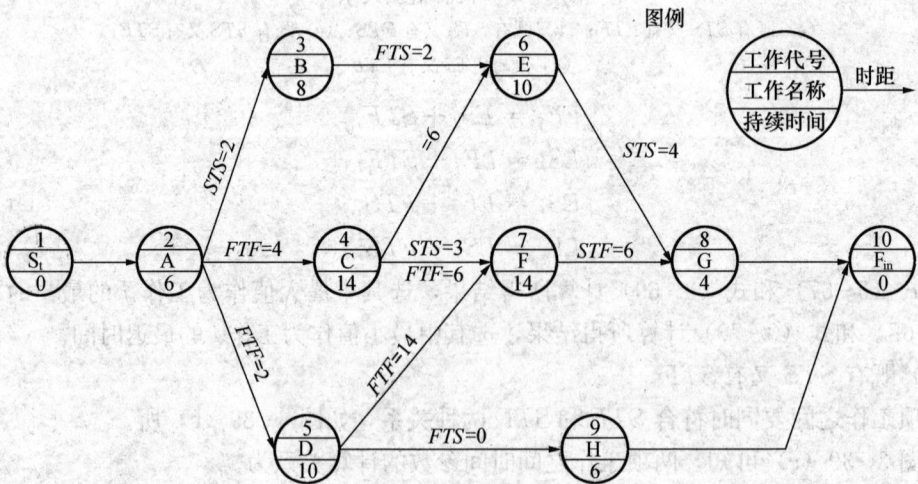

图 3-41　单代号搭接网络计划示例

（2）计算工作最早时间应按下列步骤进行：

①凡与起点节点相连的工作最早开始时间都为零，即

$$ES_i = 0 \tag{3-79}$$

②其他工作 j 的最早时间按下列公式进行计算

$$FTS: ES_j = EF_i + FTS_{i,j} \qquad (3-80)$$

$$STS: ES_j = ES_i + STS_{i,j} \qquad (3-81)$$

$$FTF: EF_j = EF_i + FTF_{i,j} \qquad (3-82)$$

$$STF: EF_j = ES_i + STF_{i,j} \qquad (3-83)$$

$$ES_j = EF_j - D_i \qquad (3-84)$$

$$EF_j = ES_j + D_j \qquad (3-85)$$

③计算工作最早时间，当出现最早开始时间为负值时，应将该工作与起点节点用虚箭线相连接，并确定其时距为

$$STS = 0 \qquad (3-86)$$

④当有两种以上的时距（或者有两项或两项以上紧前工作）限制工作间的逻辑关系时，应该按不同情况分别进行计算其最早时间，取其最大值。

⑤有最早完成时间的最大值的中间工作应该与终点节点用虚箭线相连接，并确定其时距为

$$FTF = 0 \qquad (3-87)$$

按上述公式计算本例中各工作的最早时间：

A 工作　$ES_A = 0$, 　　　　　　　　　　　$EF_A = ES_A + D_A = 0 + 6 = 6$

B 工作　$ES_B = ES_A + STS_{A,B} = 0 + 2 = 2$ 　$EF_B = ES_B + D_B = 2 + 8 = 10$

C 工作　$EF_C = EF_A + FTF_{A,C} = 6 + 4 = 10$, $ES_C = EF_C - D_C = 10 - 14 = -4$

D 工作　$EF_D = EF_A + FTF_{A,D} = 6 + 2 = 8$, 　$ES_D = EF_D - D_D = 8 - 10 = -2$

因按时距计算 EF_C、EF_D 均为负值，故应该将 C、D 工作与起点节点相联系，确定时距 $STS=0$，则 C、D 工作就出现有两项紧前工作，则计算 ES 值应取最大值，故

$$ES_C = \max(0, -4) = 0, \qquad EF_C = ES_C + D_C = 0 + 4 = 4$$

$$ES_D = \max(0, -2) = 0, \qquad EF_D = ES_D + D_D = 0 + 10 = 10$$

E 工作　$ES_E = \max[EF_B + FTS_{B,E}, ES_C + STS_{C,E}] = \max[10+2, 0+6] = 12$

$$EF_E = ES_E + D_E = 12 + 10 = 22$$

F 工作　$ES_F = ES_C + STS_{C,F} = 0 + 3 = 3$

$EF_F = EF_C + FTF_{C,F} = 14 + 6 = 20$, 　$ES_F = EF_F - D_F = 20 - 14 = 6$

$EF_F = EF_D + FTF_{D,F} = 10 + 14 = 24$, 　$ES_F = EF_F - D_F = 24 - 14 = 10$

故

$$ES_F = \max[3, 6, 10] = 10, \qquad EF_F = ES_F + D_F = 10 + 14 = 24$$

G 工作　$ES_G = ES_E + STS_{E,G} = 12 + 4 = 16$

$EF_G = ES_F + STF_{F,G} = 10 + 6 = 16$, 　$ES_G = EF_G - D_G = 16 - 4 = 12$

故

$$ES_G = \max[16, 12] = 16, \qquad EF_G = ES_G + D_G = 16 + 4 = 20$$

H 工作　$ES_H = EF_D + FTS_{D,H} = 10 + 0 = 10$, 　$EF_H = ES_H + D_H = 10 + 6 = 16$

根据图的终点有 G、H 两个工作，$EF_G = 20$，$EF_H = 16$，中间工作 F 的最早完成时间值最大 $EF_F = 24$，但未与终点节点相联系，故必须将 F 节点与终点节点用虚箭线连接，其时距确定为 $FTF = 0$，故虚拟终点节点的 $ES_终 = EF_终 = EF_F = 24$。

把以上计算结果标注在如图 3-42 所示的网络图中。

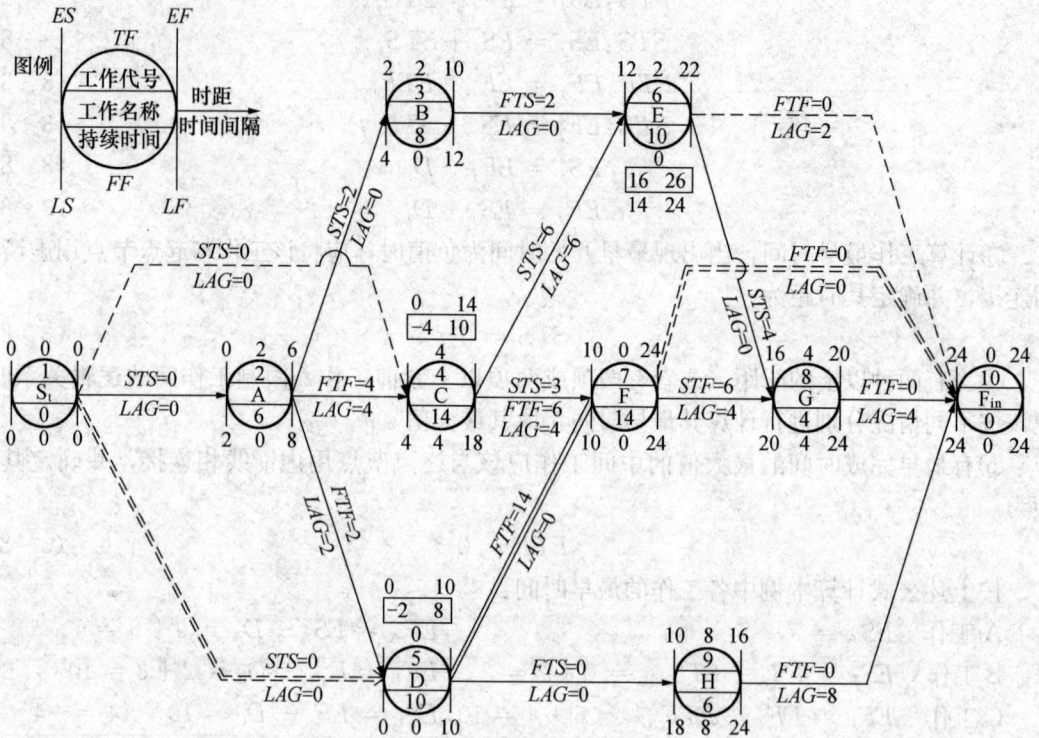

图 3-42 单代号搭接网络计划的时间参数计算图

2. 搭接网络计划计划工期的确定

(1) 计算工期的确定。搭接网络计划的计算工期是由与虚拟终点节点相联系的工作的最早完成时间的最大值决定,故

$$T_c = \max[EF_F, EF_G, EF_H] = \max[24, 20, 16] = 24$$

(2) 计划工期的确定。同前几节规定一样,图 3-41 所示的搭接网络计划未规定要求工期,故

$$T_p = T_c = 24$$

3. 工作最迟时间的计算

(1) 工作最迟时间的计算,应该从网络计划的终点节点开始,逆箭线方向自右至左依次进行。

(2) 虚拟终节点的最迟完成时间应该按网络计划的计划工期确定,即

$$LF_{终} = T_p$$

(3) 凡与虚拟终点节点相连接的工作,其最迟完成时间等于虚拟终点节点的最迟完成时间。

(4) 其他工作 i 的最迟时间按下列公式进行计算

$$FTS : LF_i = LS_j - FTS_{i,j} \tag{3-88}$$

$$STS : LS_i = LS_j - STS_{i,j} \tag{3-89}$$

$$FTF : LF_i = LF_j - FTF_{i,j} \tag{3-90}$$

$$STF : LS_i = LF_j - STF_{i,j} \tag{3-91}$$

$$LS_j = LF_i - D_i \tag{3-92}$$

$$LF_i = LS_i + D_i \tag{3-93}$$

（5）计算工作最迟时间，当出现最迟完成时间大于计划工期时，应将该工作与终点节点用虚箭线相连接，并确定其时距为

$$FTF = 0$$

（6）当有两种咀上的时距（或者有两项或两项以上紧后工作）限制工作间的逻辑关系时，应按不同情况分别进行计算其最迟时间，取其最小值。

按上述公式计算本例中各工作的最迟时间

终点 $\quad LF_终 = T_p = 24 \qquad\qquad LS_终 = LF_终 = 24$

H 工作 $\quad LF_H = LF_终 = 24 \qquad\qquad LS_H = LF_H - D_H = 24 - 6 = 18$

G 工作 $\quad LF_G = LF_终 = 24 \qquad\qquad LS_G = LF_G - D_G = 24 - 4 = 20$

F 工作 $\quad LF_F = LF_终 = 24 \qquad\qquad LS_F = LF_G - STF_{F,G} = 24 - 6 = 18$

$\qquad\qquad LF_F = LS_F + D_F = 18 + 14 = 32$

故

$$LF_F = \min[24, 32] = 24 \qquad\qquad LS_F = LF_F - D_F = 24 - 14 = 10$$

E 工作 $\quad LS_E = LS_G - STS_{E,G} = 20 - 4 = 16 \quad LF_E = LS_E + D_E = 16 + 10 = 26$

由于 $LF_E = 26 > T_p = 24$，这是不符合逻辑的。所以，应该把节点 E 与终点节点用虚箭线连接起来，确定时距为 $FTF = 0$。则有

$$LF_E = 24 \qquad\qquad LS_E = LF_E - D_E = 24 - 10 = 14$$

D 工作 $\quad LF_D = LF_F - FTF_{D,F} = 24 - 14 = 10 \quad LF_D = LS_H - FTS_{D,H} = 18 - 0 = 18$

故

$$LF_D = \min[10, 18] = 10 \qquad\qquad LS_D = LF_D - D_D = 10 - 10 = 0$$

C 工作 $\quad LS_C = LS_F - STS_{C,F} = 10 - 3 = 7 \quad LF_C = LF_F - FTF_{C,F} = 24 - 6 = 18$

$\qquad\qquad LS_C = LF_C - D_C = 18 - 14 = 4 \qquad LS_C = LS_E - STS_{C,F} = 14 - 6 = 8$

故

$$LS_C - \min[7, 4, 8] = 4 \qquad\qquad LF_C = LS_C + D_C = 4 + 14 = 18$$

B 工作 $\quad LF_B = LS_G - FTS_{B,E} = 14 - 2 = 12 \quad LS_B = LF_F - D_B = 12 - 8 = 4$

A 工作 $\quad LS_A = LS_B - STS_{A,B} = 4 - 2 = 2 \quad LF_A = LS_A + D_A = 2 + 6 = 8$

$\qquad\qquad LF_A = LF_C - FTF_{A,C} = 18 - 4 = 14 \quad LF_A = LF_D - FTF_{A,D} = 10 - 2 = 8$

故

$$LF_A = \min[8, 14, 8] = 8 \qquad\qquad LS_A = LF_A - D_A = 8 - 6 = 2$$

把以上计算结果标注在如图 3-42 所示的网络图中。

4. 时间间隔的计算

在搭接网络计划中，相邻两项工作 i 和 j 之间在满足时距之外，还有多余的时间间隔 $LAG_{i,j}$ 存在，如图 3-43 所示。时间间隔因搭接关系不同而其计算也不同，现分述如下。

（1）完成到开始的关系（FTS）。

$$LAG_{i,j} = ES_j - EF_i - FTS_{i,j} \tag{3-94}$$

上述公式的含义可以用横道图表示，如图 3-43（a）所示。

（2）开始到开始的关系（STS）。

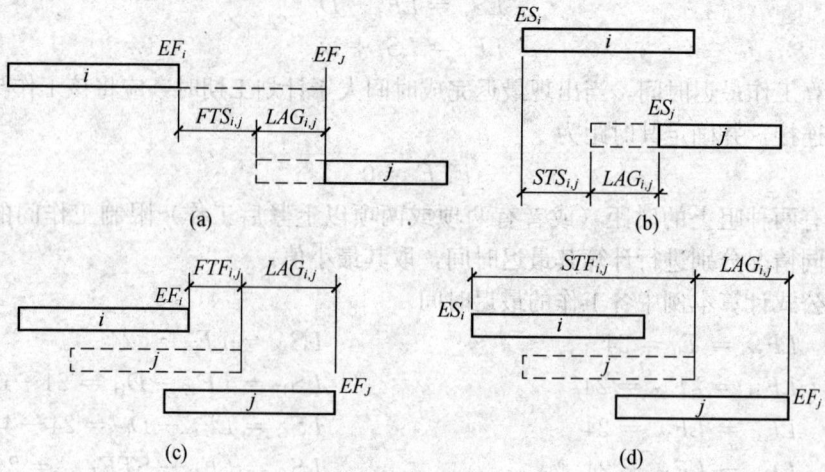

图 3-43　搭接网络计划时间间隔 $LAG_{i,j}$ 表达示例

$$LAG_{i,j} = ES_j - ES_i - STS_{i,j} \tag{3-95}$$

上述公式的含义可以用横道图表示，如图 3-43（b）所示。

（3）完成到完成的关系（FTF）。

$$LAG_{i,j} = EF_j - EF_i - FTF_{i,j} \tag{3-96}$$

上述公式的含义可以用横道图表示，如图 3-43（c）所示。

（4）开始到完成的关系（STF）。

$$LAG_{i,j} = EF_j - ES_i - STF_{i,j} \tag{3-97}$$

上述公式的含义可以用横道图表示，如图 3-43（d）所示。

（5）混合搭接关系。

当相邻工作时间是混合搭接关系时，应分别计算 $LAG_{i,j}$，然后取其中的最小值。在以上四种时距连接关系中，可能出现任何组合情况，所以其计算公式为

$$LAG_{i,j} = \min \begin{cases} ES_j - EF_i - FTS_{i,j} \\ ES_j - ES_i - STS_{i,j} \\ EF_j - EF_i - FTF_{i,j} \\ EF_j - ES_i - STF_{i,j} \end{cases} \tag{3-98}$$

按上述公式计算本例中各工作之间的时间间隔为

$$LAG_{起,A} = LAG_{I起,B} = LAG_{起,C} = 0$$

$$LAG_{A,B} = ES_B - ES_A - STS_{A,B} = 2 - 0 - 2 = 0$$

$$LAG_{C,F} = \min[ES_F - ES_C - STS_{C,F}, EF_F - EF_C - FTF_{C,F}]$$

$$= \min[10 - 0 - 3, \ 24 - 14 - 6] = 3$$

$$LAG_{H,终} = EF_H - FTF_{H,终} = 24 - 16 - 0 = 8$$

其他工作之间的时间间隔的计算结果直接标注在图 3-42 所示的网络图中。

5. 工作时差的计算

（1）工作总时差的计算。搭接网络计划工作总时差的计算同第三节单代号网络计划一样，即

$$TF_i = LS_i - ES_i = LF_i - EF_i \tag{3-99}$$

也可以从网络计划的终点节点开始，逆着箭线方向依次按下列公式计算：

$$TF_I = \min[TF_j + LAG_{i,j}] \tag{3-100}$$

按式（3-100）计算本例中各工作的总时差

$TF_终 = 0$

$TF_H = TF_终 + LAG_{H,终} = 0 + 8 = 8$

$TF_F = \min[TF_终 + LAG_{F,终}, TF_G + LAG_{F,G}] = \min[0+0, 4+4] = 0$

$TF_起 = \min[TF_A + LAG_{起,A}, TF_C + LAG_{起,C}, TF_D + LAG_{起,D}] = \min[2+0, 4+0, 0+0] = 0$

其他工作总时差的计算结果直接标注在图 3-42 所示的网络图中。

（2）工作自由时差的计算。搭接网络计划工作自由时差的计算同第三节单代号网络计划一样，即

1）终点节点 n 所代表工作的自由时差应为

$$FF_n = T_p - EF_n \tag{3-101}$$

2）其他工作 i 的自由时差应为

$$FF_i = ES_j - EF_i = LAG_{i,j} \tag{3-102}$$

或

$$FF_i = \min[ES_j - EF_i] = \min[LAG_{i,j}] \tag{3-103}$$

按式（3-101）～式（3-103）计算本例中各工作的自由时差

$FF_起 = \min[LAG_{起,A}, LAG_{起,C}, LAG_{起,D}] = \min[0, 0, 0] = 0$

$FF_H = LAG_{H,终} = 8$

$TF_终 = T_p = 0$

其他工作自由时差的计算结果直接标注在图 3-42 所示的网络图中。

6. 关键工作和关键线路的确定

（1）在单代号搭接网络计划中，总时差最小的工作为关键工作。

（2）在单代号搭接网络计划中，从网络图的起点节点到终点节点的各条线路中，时间间隔 $LAG_{i,j}$ 全部为零的线路为关键线路。由此判断出图 3-42 所示中的关键线路为：S_t—D—F—F_{in} 并用双箭线标出关键线路。

第六节 网络计划的优化

网络计划编制完毕并经过时间参数计算后，得出计划的最初方案，但它只是一种可行方案，不一定是比较合理的或最优的方案。为此，还必须对网络计划的初步方案进行优化处理或调整。

网络计划的优化是在满足既定约束的条件下，按某一目标（工期、成本、资源），通过对网络计划的不断调整，寻求相对满意或最优计划方案的过程。网络计划优化的目标，应该按计划任务的需要和条件选定，主要包括工期目标、费用目标、资源目标。因此，网络计划优化的主要内容有工期优化、费用优化、资源优化。

一、工期优化

当网络计划的计算工期不能满足要求工期时，即计算工期小于、等于或大于要求工期时，应该进行工期优化，可以通过延长或缩短计算工期以达到工期目标，保证按期完成

任务。

工期优化的条件是：各种资源（包括劳动力、材料、机械等）充足，只考虑时间问题。

1. 计算工期小于或等于要求工期

如果计算工期小于要求工期不多或两者相等，一般不必优化。

如果计算工期小于要求工期较多，则宜优化。优化方法是：延长关键工作中资源占用量大或直接费用高的工作持续时间（通常采用减少劳动力等资源需用量的方法），重新计算各工作计算参数，反复多次进行，直至满足要求工期为止。

2. 计算工期大于要求工期

当计算工期大于要求工期时，可以通过压缩关键工作的持续时间来达到优化目标。

（1）优化步骤。

1）计算并找出初始网络计划的计算工期、关键线路及关键工作。

2）按要求工期计算应该缩短的时间 ΔT

$$\Delta T = T_c - T_r \tag{3-104}$$

3）确定各关键工作能缩短的持续时间。

4）在关键线路上，按下列因素选择应优先压缩其持续时间的关键工作。

①缩短持续时间后对质量和安全影响不大的关键工作。

②有充足备用资源的关键工作。

③缩短持续时间所需增加的费用最少的关键工作。

5）将应该优先压缩的关键工作压缩至最短持续时间，并重新计算网络计划的计算工期，找出关键线路。若被压缩的工作变成了非关键工作，则应该将其持续时间延长，使之为关键工作。

6）若计算工期仍超过要求工期时，则重复以上步骤，直到满足工期要求或工期已经不能再缩短为止。

7）当所有关键工作的持续时间都已达到最短持续时间而工期仍不能满足要求时，应该对计划的原技术、组织方案进行调整，如果仍不能达到工期要求时，则应该对要求工期重新审定，必要时可以提出要求改变工期。

（2）缩短网络计划工期的方法。

1）改变施工组织安排，往往是缩短网络计划工期的捷径。如重新划分施工段数、最大限度地安排流水施工以及改变各施工段之间先后施工的顺序或相互之间的逻辑关系等。

2）缩短某些关键工作的持续时间来逐步缩短网络计划工期。其方法有以下两种：

①采用技术措施或改变施工方法，提高工效等。

②采取组织措施，如增加劳动力、机械设备，当工作面受到限制时可以采用两班制或三班制等。

3）也可以综合采用上述几种方法。如果有多种可行方案均能达到缩短工期的目的时，应该对各种可行方案进行技术经济比较，从中选择最优方案。

（3）缩短网络计划工期时应注意的问题。

1）在缩短网络计划工期的过程中，当出现多条关键线路时，必须将各条关键线路的持续时间同时缩短同一数值，否则不能达到缩短工期的目的。

2）在缩短关键线路的持续时间时，应逐步缩短，不能将关键工作缩短成非关键工作。

3）在缩短关键工作的持续时间时，必须注意由于关键线路长度的缩短，次关键线路有可能成为关键线路，因此有时需要同时缩短次关键线路上有关工作的持续时间，才能达到缩短工期的要求。

（4）工期优化实例。

【例3-5】 已知双代号网络计划如图3-44所示。图中箭线下方括号外的数字为正常持续时间，括号内的数字为最短持续时间；箭线上方括号内的数字为考虑各种因素后的优选系数，优选系数越小应该优先选择，若同时缩短多个关键工作，则该对多个关键工作的优选系数之和（称为组合优选系数）最小者也应优先选择。假定要求工期为100d，试进行工期优化。

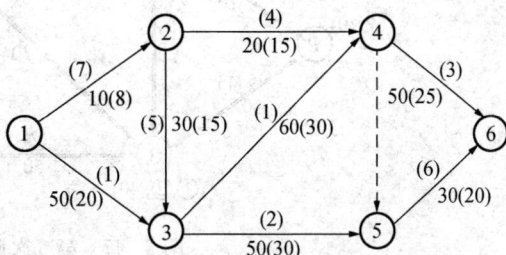

图3-44 某双代号网络计划图

解 （1）用标号法求出在正常持续时间下的关键线路及计算工期，如图3-45所示。

（2）应缩短的时间：

$$\Delta T = T_c - T_r = 160 - 100 = 60(d)$$

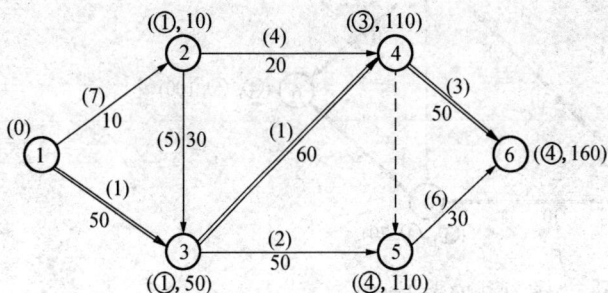

图3-45 初始双代号网络计划图

（3）应优先压缩关键线路中优选系数最小的工作1—3和工作3—4，并将其压缩至最短持续时间。用标号法找出关键线路，如图3-46所示。此时，工作1—3压缩至非关键工作，故需要将其松弛，使之成为关键工作，如图3-47所示。

（4）由于计算工期仍大于要求工期，故需要继续压缩。如图3-47所示，有四个压缩方案：

①压缩工作1—2、1—3，组合优选系数为7+1=8。

②压缩工作2—3、1—3，组合优选系数为5+1=6。

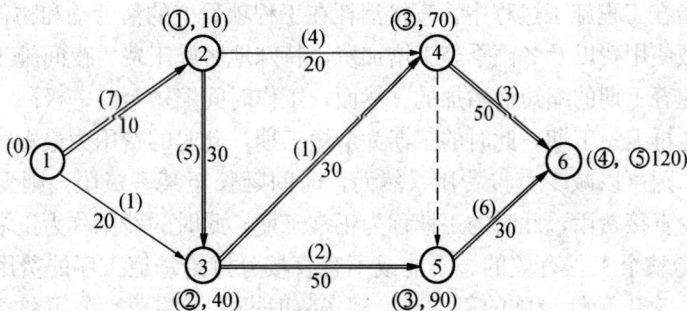

图3-46 第一次调整后网络计划图

③压缩工作 3—5、4—6，组合优选系数为 2+3=5。

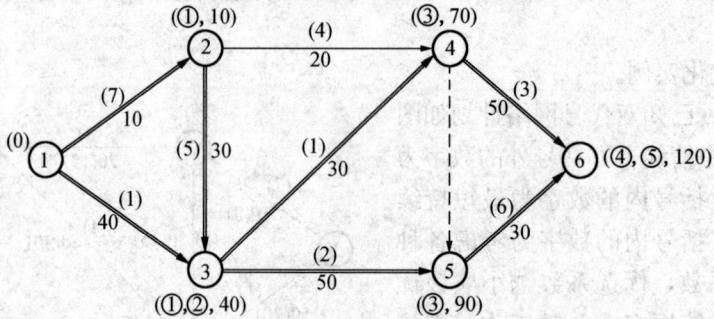

图 3-47　第二次调整后网络计划图

④压缩工作 4—6、5—6，组合优选系数为 3+6=9。

决定压缩优选系数最小者，即工作 3—5、4—6。用最短工作持续时间置换工作 3—5 正常持续时间，工作 4—6 缩短 20d，重新计算网络计划工期，如图 3-48 所示。

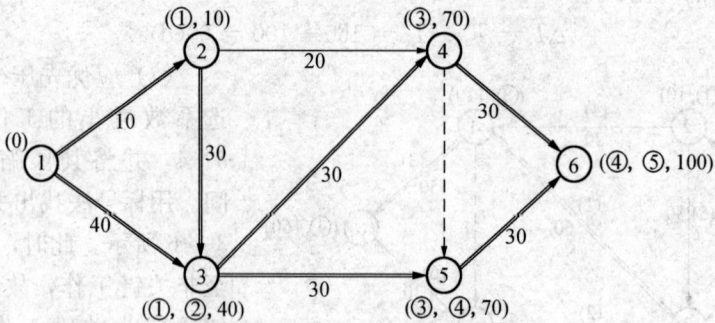

图 3-48　最终优化网络计划图

二、费用优化

费用优化又称成本优化，其优化是寻求最低成本时的最短工期安排，或者按要求工期寻求最低成本的计划安排过程。

1. 工期与费用的关系

工程施工的总费用包括直接费用和间接费用两种。

直接费用是指在工程施工过程中，直接消耗在工程项目上的活劳动和物化劳动，包括人工费、材料费、机械使用费以及冬雨季施工增加费、特殊地区施工费、夜间施工费等。一般情况下，直接费用是随着工期的缩短而增加的。然而，工作时间缩短至某一极限，则无论增加多少直接费用，也不能再缩短工期，此时的工期为最短工期，此时的费用为最短时间直接费用。反之，若延长时间，则可以减少直接费用。然而，时间延长至某一极限，则无论将工期延至多长，也不能再减少直接费用，此时的工期称为正常工期，此时的费用称为正常时间直接费用。

间接费用是与整个工程有关的、不能或不宜直接分摊给每道工序的费用，它包括与工程有关的管理费用、全工地性设施的租赁费、现场临时办公设施费、公用和福利事业费及占用资金应付的利息等。间接费用一般与工程的工期成正比关系，即工期越长，间接费用越多，工期越短，间接费用越少。

如果把直接费用和间接费用加在一起，必然有一个总费用最少的工期，即最优工期。上述关系可由如图 3-49 所示的工期费用曲线表示。

2. 费用优化的方法

费用优化的基本方法是不断地从时间和费用的关系中，找出能使工期缩短且直接费用增加最少的工作，缩短其持续时间，同时考虑间接费用叠加，便可以求出费用最低相应的最优工期和工期规定时相应的最低费用。

图 3-49 工期—费用曲线图

1—直接费用；2—间接费用；3—总费用；T_0—最短工期；T_N—正常工期；T_C—最优工期

3. 费用优化的步骤

（1）按工作正常持续时间找出关键工作及关键线路。

（2）按下列公式计算各项工作的费用率：

① 对双代号网络计划

$$\Delta C_{ij} = \frac{CC_{ij} - CN_{ij}}{DN_{ij} - DC_{ij}} \tag{3-105}$$

式中　ΔC_{ij}——工作 $i-j$ 的费用率；

　CC_{ij}——将工作 $i-j$ 持续时间缩短为最短持续时间后，完成该工作所需的直接费用；

　CN_{ij}——在正常条件下完成工作 $i-j$ 所需的直接费用；

　DN_{ij}——工作 $i-j$ 的正常持续时间；

　DC_{ij}——工作 $i-j$ 的最短持续时间。

② 对单代号网络计划

$$\Delta C_i = \frac{CC_i - CN_i}{DN_i - DC_i} \tag{3-106}$$

式中　ΔC_i——工作 i 的费用率；

　CC_i——将工作 i 持续时间缩短为最短持续时间后，完成该工作所需的直接费用；

　CN_i——在正常条件下完成工作 i 所需的直接费用；

　DN_i——工作 i 的正常持续时间；

　DC_i——工作 i 的最短持续时间。

（3）在网络计划中找出费用率（或组合费用率）最低的一项关键工作或一组关键工作，作为缩短持续时间的对象。

（4）缩短找出的关键工作或一组关键工作的持续时间，其缩短值必须符合不能压缩成非关键工作和缩短后其持续时间不小于最短持续时间的原则。

（5）计算相应增加的直接费用 C_i。

（6）考虑工期变化带来的间接费用及其他损益，在此基础上计算总费用。

（7）重复（3）～（6）条的步骤，一直计算到总费用最低为止。

4. 费用优化实例

【例 3-6】 已知网络计划如图 3-50 所示，图中箭线上方为工作的正常费用和最短时间

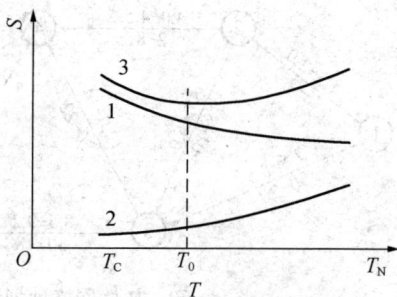

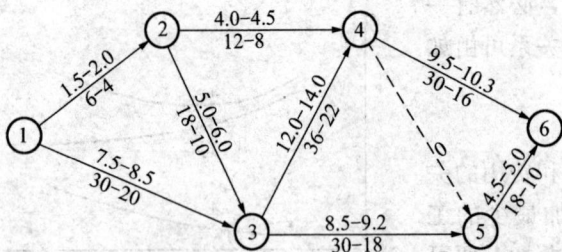

图 3-50 初始网络计划图

的费用（以千元为单位），箭线下方为工作的正常持续时间和最短的持续时间。试对其进行费用优化（已知间接费率为 120 元/d）。

解 （1）简化网络图。

简化网络图的目的是在缩短工期过程中，删去那些不能变成关键工作的非关键工作，使网络图及其计算简化。

首先按正常持续时间计算，找出关键线路及关键工作，如图 3-51 所示。关键线路为 1—3—4—6，关键工作为 1—3、3—4、4—6。用最短的持续时间置换那些关键工作的正常持续时间，重新计算，找出关键线路及关键工作。重复本步骤，直至不能增加新的关键线路为止。

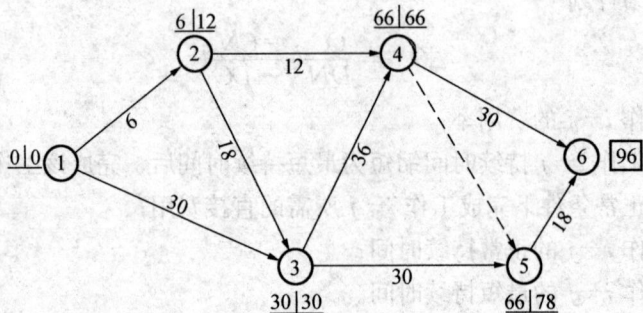

图 3-51 按正常持续时间计算网络计划图

经计算，如图 3-51 所示中的工作 2—4 不能转变为关键工作，故删去它，重新整理成新的网络计划，如图 3-52 所示。

（2）计算各工作费用率，即

$$\Delta C_{1\text{-}2} = \frac{CC_{1\text{-}2} - CN_{1\text{-}2}}{DN_{1\text{-}2} - DC_{1\text{-}2}}$$

$$= \frac{2000 - 1500}{6 - 4}$$

$$= 250(\text{元 /d})$$

将计算结果标注在如图 3-52 所示中的箭线上方。

（3）找出关键线路上工作费用率最低的关键工作。

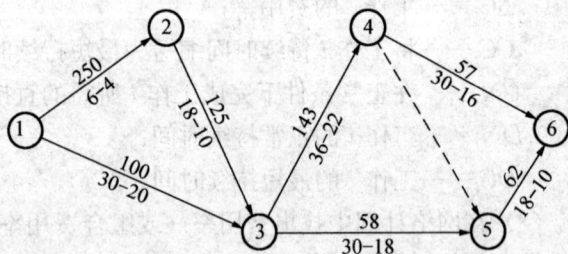

图 3-52 新的网络计划图

在如图 3-53 所示中关键线路为 1—3—4—6，工作费用率最低的关键工作是 4—6。

（4）缩短工作的持续时间。

原则是原关键线路不能变为非关键线路，并且工作缩短后的持续时间不小于最短持续时间。

已知关键工作 4—6 的持续时间可以缩短 14d，由于工作 5—6 的总时差只有 12d。因此，第一次缩短只能是 12d，工作 4—6 的持续时间应改为 18d，如图 3-54 所示。计算第一次缩短工期后增加费用 C_1 为

$$C_1 = 57 \times 12 = 684(\text{元})$$

通过第一次缩短后，在图 3-54 所示中，关键线路变成两条，即 1—3—4—6 和 1—3—4—5—6。若继续缩短，两条关键线路的长度必须缩短为同一值。为

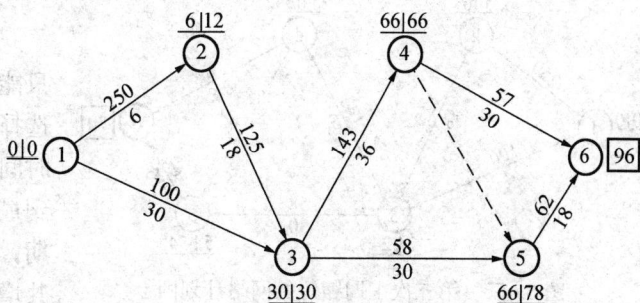

图 3-53 按新的网络计划确定关键线路图

了减少计算次数，关键工作 1—3、4—6、5—6 都缩短时间，工作 4—6 持续时间只能允许再缩短 2d，故将工作 4—6 和 5—6 的持续时间同时缩短 2d。工作 1—3 持续时间可以允许缩短 10d，但考虑到工作 1—2 和 2—3 的总时差有 6d(12−0−6=6 或 30−18−6=6)，因此工作 1—3 持续时间短 6d，共计缩短 8d，计算第二次缩短工期后增加的

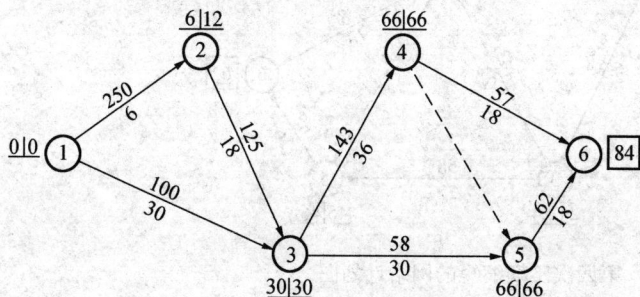

图 3-54 第一次工期缩短的网络计划图

费用 C_2 为

$$C_2 = C_1 + 100 \times 6 + (57 + 62) \times 2 = 684 + 600 + 238 = 1522(\text{元})$$

第三次缩短：

如图 3-55 所示，工作 4—6 不能再压缩，工作费用率用 ∞ 表示，关键工作 3—4 的持续时间缩短 6d，因工作 3—5 的总时差为 6d(60−30−24=6)，计算第三次缩短工期后，增加的费用 C_3 为

$$C_3 = C_2 + 143 \times 6$$
$$= 1522 + 858$$
$$= 2380(\text{元})$$

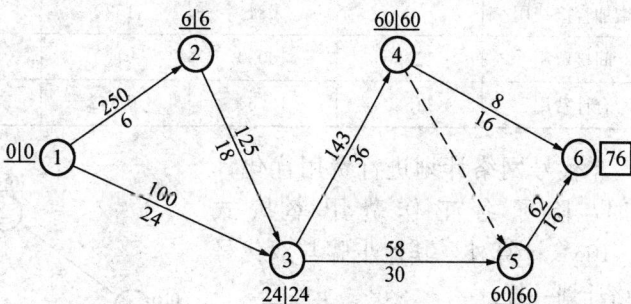

图 3-55 第二次工期缩短的网络计划图

第四次缩短：

如图 3-56 所示，因为工作 3—4 最短的持续时间为 22d，所以工作 3—4 和 3—5 的持续时间可以同时缩短 8d，则第四缩短工期后增加的费用 C_4 为

$$C_4 = C_3 + (143 + 58) \times 8$$
$$= 2380 + 201 \times 8$$
$$= 3988(\text{元})$$

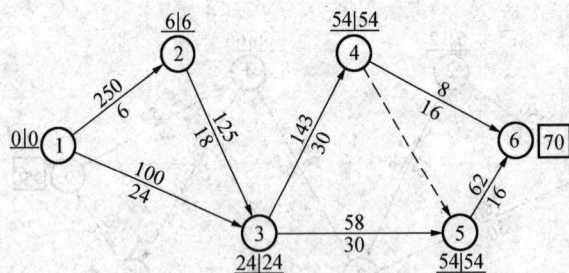

图 3-56 第三次工期缩短的网络计划图

第五次缩短：

如图 3-57 所示，关键线路有 4 条，只能在关键工作 1—2、1—3、2—3 中选择，只有缩短工作 1—3 和 2—3 持续时间 4d。工作 1—3 的持续时间已经达到最短，不能再缩短，经过五次缩短工期，不能再减少了，第五次缩短工期后共增加费用 C_5 为

$$C_5 = C_4 + (125 + 100) \times 4 = 3988 + 900 = 4888(元)$$

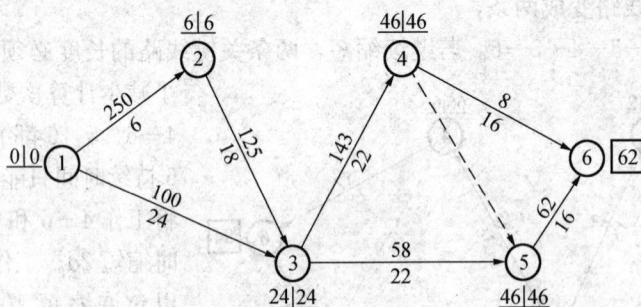

图 3-57 第四次工期缩短的网络计划图

考虑到不同工期增加费用及间接费用的影响，见表 3-8。选择其中费用最低的工期作为优化的最佳方案，如图 3-58 所示。

表 3-8   **不同工期组合费用表**

不同工期	96	84	76	70	62	58
增加直接费用	0	684	1522	2380	3988	4888
间接费用	11520	10080	9120	8400	7440	6960
合计费用	11520	10764	10642	10780	11428	11848

单代号网络计划进行费用优化计算时，除了各工作费用率按式（3-106）计算外，其他步骤与双代号网络计划一样。

三、资源优化

资源是指完成某建设项目所需的人力、材料、机械设备和资金等的统称。完成某建设项目所需的资源量基本上是不变的，不可能通过资源优化将其减少。资源优化是通过改变工作的开始时间，使资源按时间的分布符合优化目标。如在资源有限时如何使工期最短，当工期一定时如何使资源均衡。

资源优化中的常用术语如下：

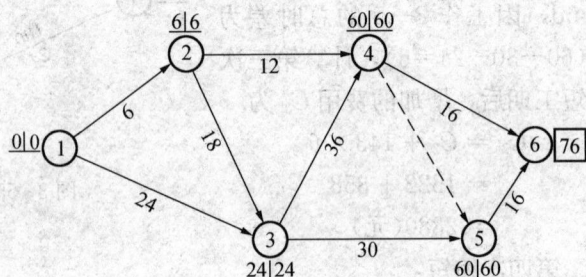

图 3-58 费用最低网络计划图

资源强度，一项工作在单位时间内所需的某种资源数量。工作 $i-j$ 的资源强度用 r_{i-j} 表示。资源需用量，网络计划中各项工作在某一单位时间内所需某种资源数量之和。第 t 天资源需用量用 R_t 表示。资源限量，单位时间内可供使用的某种资源的最大数量，用 R_a 表示。

1. 资源有限——工期最短的优化

资源有限——工期最短的优化是通过调整计划安排，以满足资源限制条件，并使工期拖延最少的过程。

（1）优化的前提条件。

1）在优化过程中，原网络计划的逻辑关系不改变。

2）在优化过程中，网络计划的各工作持续时间不改变。

3）除规定可中断的工作外，一般不允许中断工作，应保持其连续性。

4）各工作每天的资源需要量是均衡、合理的，在优化过程中不予变更。

（2）优化步骤。

1）计算网络计划每"时间单位"的资源需用量。

2）从计划开始日期起，逐个检查每个"时间单位"资源需用量是否超过资源限量 R_a，如果在整个工期内都是 $R_t \leqslant R_a$，则可行优化方案就编制完成。若发现 $R_t > R_a$，则必须进行计划调整。

3）分析超过资源限量的时段（每"时间单位"资源需用量相同的时间区段），计算工期增量，确定新的安排顺序。调整计划时，应该对资源冲突的各项工作做新的顺序安排。顺序安排的选择标准是工期延长时间最短，其值应该按下列公式计算：

①对双代号网络计划，即

$$\Delta D_{m'-n',i'-j'} = \min[\Delta D_{m-n,i-j}] \tag{3-107}$$

$$\Delta D_{mn,ij} = EF_{mn} - LS_i \tag{3-108}$$

式中　$\Delta D_{m',i}$——在各种顺序安排中，最佳顺序安排所对应的工期延长时间的最小值；

$\Delta D_{mn,ij}$——在资源冲突的各项工作中，工作 i，安排在工作 m 之后进行，工期所延长的时间。

②对单代号网络计划，即

$$\Delta D_{m',i} = \min[\Delta D_{m,i}] \tag{3-109}$$

$$\Delta D_{m,i} = EF_m - LS_i \tag{3-110}$$

式中　$\Delta D_{m',i}$——在各种顺序安排中，最佳顺序安排所对应的工期延长时间的最小值；

$\Delta D_{m,i}$——在资源冲突的各项工作中，工作 i 安排在工作 m 之后进行，工期所延长的时间。

4）当最早完成时间 $EF_{m'-i'}$ 或 $EF_{m'}$ 最小值和最迟开始时间 $LS_{i'-j'}$ 或 LS_i 最大值同属一个工作时，应找出最早完成时间为次小，最迟开始时间为次大的工作，分别组成两个顺序方案，再从中选取较小者进行调整。

5）绘制调整后的网络计划，重复以上步骤，直到满足要求。

2. 工期固定——资源均衡的优化

工期固定——资源均衡的优化是调整计划安排，在保持工期不变的条件下，使资源需用量尽可能均衡的过程。

资源均衡也就是使各种资源需用量动态曲线尽可能不出现短时期高峰或低谷，因而可以大大减少施工现场各种临时设施的规模，从而节省施工费用。

第七节 网络计划的电算方法

网络计划的时间参数计算、方案的各种优化以及实施期间的进度管理都需要大量的重复计算，而电子计算机的普及应用为解决这一问题创造了有利条件，尤其是微型机的出现，使得网络电算在企业中的应用成为可能。

网络计划电算程序同其他的电算程序相比有计算过程简单、数据变量较多的特点，它介于计算程序和数据处理程序之间。所在学习之中，计算和数据处理都很重要，希望引起足够的重视。

一、建立数据文件

如前所述，一个网络计划是由多个工作组成，一个工作又由若干个数据来表示，所以网络计划的时间参数计算过程很大程度是在数据处理，为了计算上的方便，也为了便于数据的检查，有必要建立数据文件，数据文件就是用来存放原始数据的。

为了使用上的方便，建立数据文件的程序时，不但要考虑到学过计算机语言的人使用，也要考虑到没学过计算机语言的人使用，可以利用人机对话的优点，进行一问一答的交换信息。这个过程实现起来并不复杂。其程序框图如图 3-59 所示。

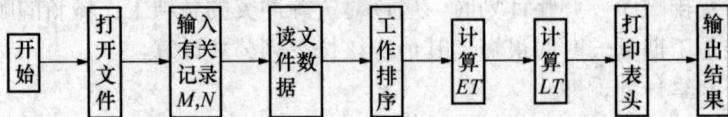

图 3-59 网络计划电算过程

二、计算程序

网络时间参数计算程序的关键就是确定其计算公式，用迭代公式进行计算。由前面网络计算公式可知，尽管网络时间参数较多，但其关键的两个参数 ET、LT 确定之后，其余参数都可据此算出，所以其计算法中关键就是 ET、LT 两个参数的计算。其中

$$ET_j = \max(ET_i + D_{i,j})$$

式中 $D_{i,j}$——工作 $i-j$ 的持续时间。

由上式可推出 $ET_i + D_{i,j} \leqslant ET_j$

如果 $ET_i + D_{i,j} > ET_j$

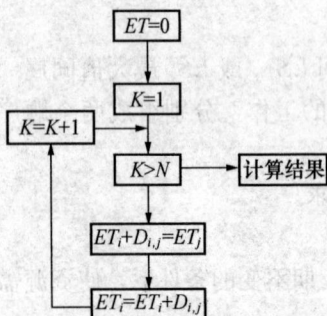

图 3-60 ET 的框图

则令 $ET_j = ET_i + D_{i,j}$

上式即为利用计算机进行计算的叠加公式。由于计算机不能直观的进行比较，必须依节点顺序依次计算比较，故在进行参数计算之前要对所有工作按其前节点、后节点的顺序进行自然排序。所谓工作的自然排序就是按工作前节点的编号从小到大，当前节点相同时按后节点的编号从小到大进行排列的过程。如图 3-60 所示给出了计算 ET 的框图。

同样，由网络的计算公式可以得出节点的最迟时间计

算公式

$$LT_i = \min(LT_j - D_{i,j})$$

由上式可推出 $LT_j - D_{i,j} \geqslant LT_i$

如果 $LT_j - D_{i,j} < LT_i$

则令 $LT_j = LT_j - D_{i,j}$

从上述两个公式看出，在迭代过程中，ET 值不断增大，LT 值不断减少，这也正符合其原有的计算规律。值得提出的是，由于 LT 值是由小到大，故开始计算时，对所有节点的 ET 值赋初值，都令其等于零。而 LT 是由大到小，故所有节点的 LT 初值都要赋予一个较大的值，为了计算上的方便，一般将后一个节点的 ET 赋值给它，因在网络中，终结点的 LT 值一般都为最大值。关于 LT 值的计算框图，如图 3-61，图 3-62 所示给出了有关网络时间参数计算整个过程的框线图。

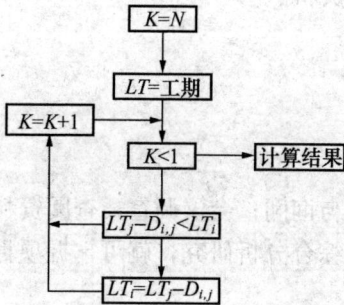

图 3-61　LT 值计算框图　　　　图 3-62　网络时间参数计算过程框图

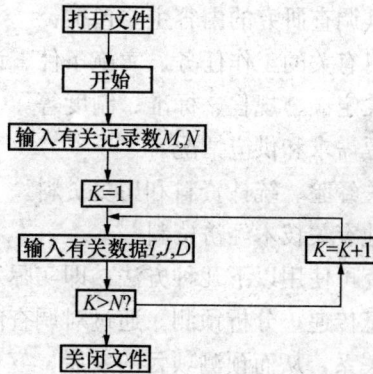

三、输出部分

计算结果的输出也是程序设计的主要部分。首先要解决输出的表格形式。目前输出的表格形式一种是采用横道图形式，另一种是直接用表格形式，输出相应的各时间参数值。无论什么总是先要设计好格式，用 TAB 语句或 PRINTUSING 语句等严格控制好打印位置、换行的位置。本节中介绍的输出形式见表 3-9。

表 3-9　　　　　　　　　　　　　　　　　**NETWORDLAN**

$I!$	$J!$	$D!$	$T^{ES}!$	$T^{EF}!$	$T^{LS}!$	$T^{LF}!$	$F^F!$	$T^T!$	CP
1	2	3	0	3	1	4	0	1	
1	3	4	0	4	0	4	0	0	!!!
2	4	3	3	6	7	10	4	4	
3	4	6	4	10	4	10	0	0	!!!

注　CP 为关键线路；有"!!!"号即为关键线路，否则为非关键线路。

工　程　应　用　案　例

【背景材料】

某单位办公楼工程为五层现浇框架结构，建筑面积 4200m^2，建筑总长为 39.20m，宽为

14.80m，层高为 3.00m，总高 16.20m。钢筋混凝土条形基础，主体为现浇框架结构，围护墙为空心砖砌筑，室内底层地面为缸砖，标准层地面面层均为地板砖，内墙，天棚为中级抹灰，面层为涂料，外墙镶贴面砖，屋面用柔性防水。

一、网络计划技术在土木工程管理中的应用程序

（一）准备阶段

1. 确定网络计划目标

在编制网络计划时，首先应根据需要选择确定网络计划的目标。常见的有以下几种目标：时间目标；时间—资源目标；时间—成本目标。

2. 调查研究

为了使网络计划科学而切合实际，计划编制人员应通过调查研究，拥有足够的、准确的各种资料。其调查研究的内容主要包括：

（1）项目有关的工作任务、实施条件、设计数据等资料。

（2）有关定额、规程、标准、制度等。

（3）资源需求和供应情况。

（4）有关经验、统计资料和历史资料。

（5）其他有关技术经济资料。

调查研究可使用以下几种方法：即实际观察、测量与询问；会议调查；查阅资料；计算机检索；信息传递；分析预测。通过对调查的资料进行综合分析研究，就可掌握项目全貌及其间的相互关系，从而预测项目的发展，变化规律。

3. 工作方案设计

在计划目标已确定和调查研究的基础上，就可进行工作方案设计，其主要内容包括：

（1）确定施工（生产）顺序。

（2）确定施工（生产）方法。

（3）选择需用的机械设备。

（4）确定重要的技术政策或组织原则。

（5）对施工中的关键问题的技术和组织措施的制定。

（6）确定采用网络图的类型。

4. 在进行工作方案设计时，应遵循的几项基本要求

（1）尽可能减少不必要的步骤，在工序分析基础上，寻求最佳程序。

（2）工艺应达到技术要求，并保证质量和安全。

（3）尽量采用先进技术和先进经验。

（4）组织管理分工合理、职责明确，充分调动全员积极性。

（5）有利于提高劳动生产率，缩短工期，降低成本和提高经济效益。

（二）绘制网络图

1. 项目分解

根据网络计划的管理要求和编制需要，确定项目分解的粗细程度，将项目分解为网络计划的基本组成单元—工作。

2. 逻辑关系分析

逻辑关系分析就是确定各项工作开始的顺序、相互依赖和相互制约关系。它是绘制网络图的基础。在逻辑关系分析时，主要应分析清楚工艺关系和组织关系两类逻辑关系，列出项目分解和逻辑关系表。

3. 绘制网络图

根据所选定的网络计划类型以及项目分解和逻辑关系表，就可进行网络图的绘制；具体方法见以下几节内容。

（三）时间参数计算

按照网络计划的类型不同，根据相应的方法，即可计算出所绘网络图的各项时间参数，并确定出工期、关键工作、关键线路。

（四）编制可行性网络计划

1. 检查与调整

对上述网络计划时间参数计算完后，应检查：工期是否符合要求；资源配置是否符合资源供应条件；成本控制是否符合要求。如果工期不满足要求，则应采取适当措施压缩关键工作的持续时间，如仍不能满足要求时，则需改变工作方案的组织关系进行调整；当资源强度超过供应可能时，则应调整非关键工作使资源降低。在总时差允许范围内，在工艺允许前提下，灵活安排非关键工作，如延长其持续时间、改变开始及完成时间或间断进行等。

2. 编制可行网络计划

对网络计划进行检查与调整之后，必须计算时间参数。根据调整后的网络图和时间参数，重新绘制网络计划—可行网络计划。

（五）网络计划优化

可行网络计划一般需进行优化，方可编制正式网络计划，当无优化要求时，可行网络计划即可作为正式网络计划。

（六）网络计划的实施

1. 网络计划的贯彻

正式网络计划报请有关部门审批后，即可组织实施。一般应组织宣讲，进行必要的培训，建立相应的组织保证体系，将网络计划中的每一项工作落实到责任单位。作业性网络计划必须落实到责任者，并制定相应的保证计划实施的具体措施。

2. 计划执行中的检查和数据采集

为了对网络计划的执行进行控制，必须建立健全相应的检查制度和执行数据采集报告制度。建立有关数据库，定期、不定期或随机地对网络计划执行情况进行检查和收集处理有关信息数据，其检查的主要内容有：关键工作的进度，非关键工作的进度及时差利用；工作逻辑关系的变化情况；资源状况；成本状况；存在的其他问题。对检查结果和收集反馈的有关数据进行分析，抓住关键，及时制订对策。

对网络计划在执行中发生的偏差，应及时予以调整，从而保证计划的顺利实施。计划调整的内容常见的有：工作持续时间的调整；工作项目的调整；资源强度的调整，成本控制。其调整工作可按以下步骤进行：

（1）根据计划执行中检查记录和收集反馈的有关数据的分析结果，确定调整对象和目标。

（2）选择适当调整方法，设计调整方案。

（3）对调整方案进行评价和决策。

（4）确定调整后付诸实施的新的网络计划。

（七）网络计划的总结分析

为了不断积累经验，提高计划管理水平，应在网络计划完成后，及时进行总结分析，并应形成制度。总结分析资料应连同网络计划一起，作为档案资料保存。通常，总结分析的内容包括：

（1）各项目标的完成情况，包括时间目标、资源目标、成本目标等的完成情况。

（2）计划工作中的问题及原因分析。

（3）计划工作中的经验总结分析。

（4）提高计划工作水平的措施总结等。

二、施工劳动量计算

该办公楼工程的基础、主体结构工程均分为三个段组织流水施工，屋面工程不分段，内装修工程按每层划分为一个流水段，外装修工程按自上而下一次完成。其劳动量见表 3-10。

表 3-10　　　　　　　　　　某单位办公楼工程劳动量一览表

| 分部分项名称 | 劳动量 | | 工作持续天数 | 每天工作班数 | 每班工人数 |
	单位	数量			
一　　基础工程					
1　　基础挖土	工日	300	15	1	20
2　　基础垫层	工日	45	3	1	15
3　　基础现浇混凝土	工日	567	18	1	30
4　　基础墙（素混凝土）	工日	90	6	1	15
5　　基础及地坪回填土	工日	120	6	1	20
二　　主体工程					
1　　柱筋	工日	178	4.5	1	8
2　　柱、梁、板模板（含梯）	工日	2085	21	1	20
3　　柱混凝土	工日	445	3	1.5	20
4　　梁板筋（含梯）	工日	450	7.5	1	12
5　　梁板混凝土（含梯）	工日	1125	3	3	20
6　　砌墙（窗柜）	工日	2596	25.5	1	25
7　　拆模	工日	671	10.5	1	20
8　　搭架子	工日	360			6
三　　屋面工程					
1　　屋面防水	工日	105	7.5	1	15
2　　屋面隔热	工日	240	12	1	20
四　　装饰工程					
1　　外墙粉刷	工日	450	15	1	30
2　　安装门窗扇	工日	60	5	1	12
3　　天棚粉刷	工日	300	10	1	30
4　　内墙粉刷	工日	600	20	1	30
5　　楼地面、楼梯、扶手粉刷	工日	450	15	1	30
6　　涂料	工日	50	5	1	10
7　　油玻	工日	75	7.5	1	10
8　　水电安装	工日			1	
9　　拆脚手架、拆井架	工日		3	1	10
10　　扫尾	工日		2	1	6

三、绘制办公楼工程的网络计划

绘制办公楼工程的网络计划，如图 3-63 所示。

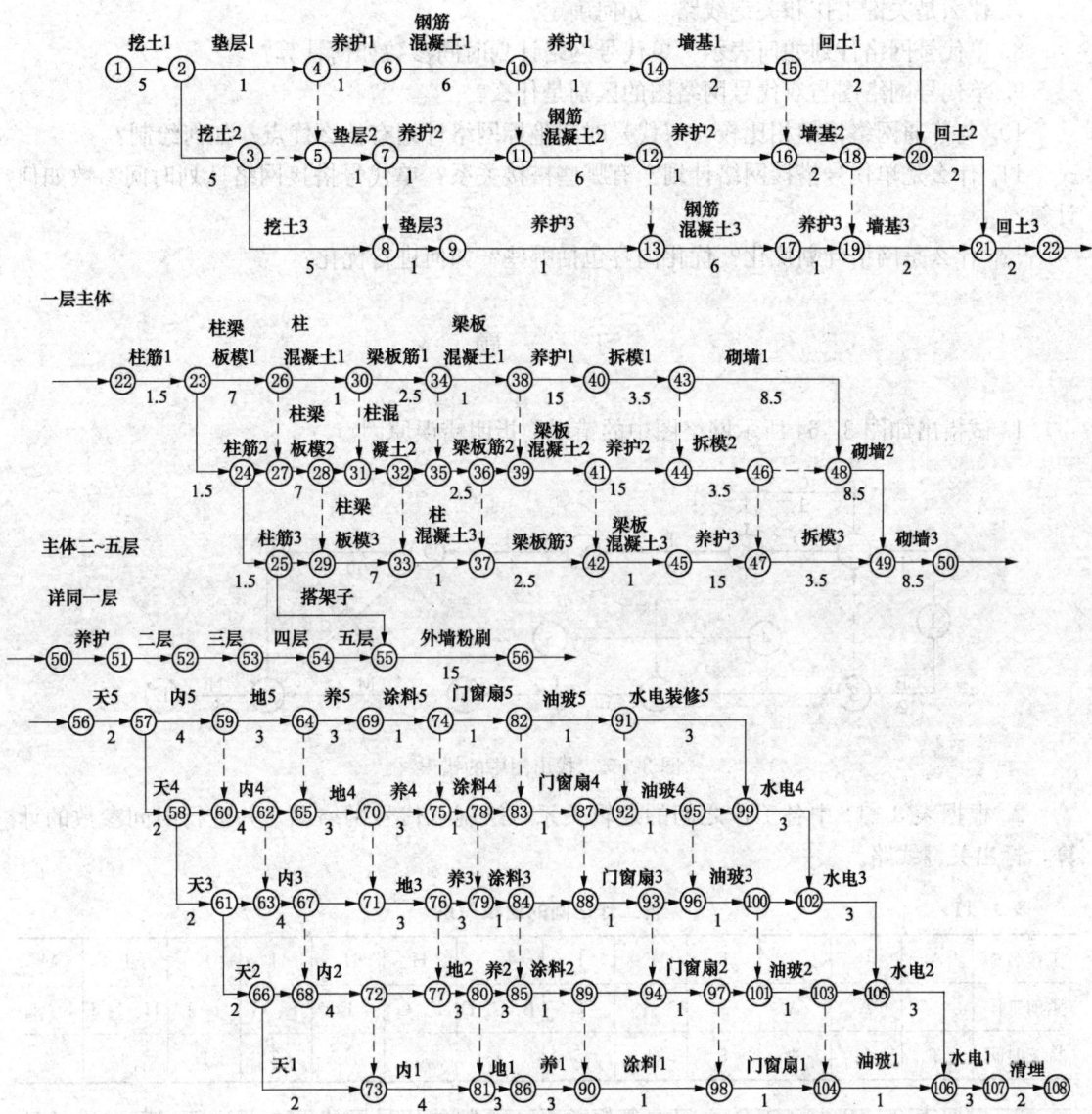

图 3-63　某单位办公楼工程施工网络计划图

复 习 思 考 题

1. 网络图与横道图比较各有哪些优缺点？
2. 在双代号网络计划中虚工作如何表示？有什么作用？
3. 简述绘制双代号网络图的基本规则。
4. 双代号网络图组成基本要素有哪些？试述各要素的含义。

5. 简答双代号网络计划时间参数计算包括哪些内容？

6. 时差有哪几种？它们各有何作用？

7. 什么是关键工作和关键线路？如何确定？

8. 单代号网络计划如何表示？单代号网络计划时间参数如何计算？

9. 单代号网络图与双代号网络图的区别是什么？

10. 与普通网络计划相比较，双代号时间坐标网络计划有什么优点？如何绘制？

11. 什么是单代号搭接网络计划？有哪些搭接关系？单代号搭接网络计划时间参数如何计算？

12. 什么是网络计划优化？优化内容包括哪些？如何进行优化？

习　　题

1. 试指出如图 3 - 64 所示网络图中的错误，指明错误原因。

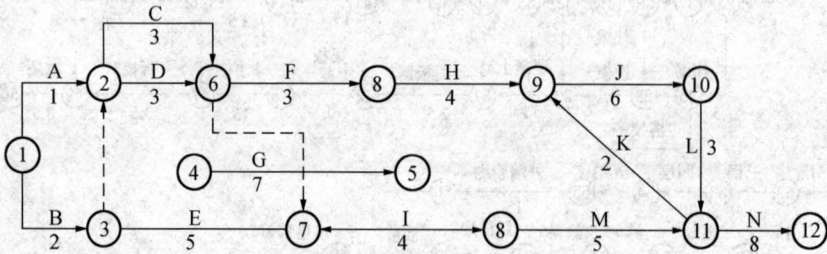

图 3 - 64　找出图中的错误

2. 根据表 3 - 11 中各工作之间的逻辑关系，绘制双代号网络图，并进行时间参数的计算，标出关键线路。

表 3 - 11　　　　　　　　　各工作之间的逻辑关系

工作名称	A	B	C	D	E	F	G	H	I	J	K	L	M
紧前工作	—	A	A	A	B	C	B、C、D	F、G	E	E、G	I、J	H、I、J	K、L
持续时间	3	5	3	5	4	5	4	3	4	3	2	3	2

3. 根据表 3 - 12 中各工作之间的逻辑关系，绘制单代号网络图，并进行时间参数的计算，标出关键线路。

表 3 - 12　　　　　　　　　各工作之间的逻辑关系

工作名称	A	B	C	D	E	F	G	H	I	J	K
紧前工作	—	A	A	B	B	E	A	D、C	E	F、G、H	I、J
紧后工作	B、C、G	D、E	H	H	F、I	J	J	J	K	K	—
持续时间	2	3	5	2	4	3	2	5	2	3	1

4. 根据表 3 - 13 中各工作之间的逻辑关系，按最早时间绘制双代号时间坐标网络图，并进行时间参数的计算，标出关键线路。

表 3-13 各工作之间的逻辑关系

工作名称	A	B	C	D	E	F	G	H	I
紧前工作	—	—	A	B	B	A、D	E	C、E、F	G
持续时间	2	5	3	5	2	5	4	5	2

5. 已知双代号网络计划如图 3-65 所示，图中箭线下方括号外的数字为正常持续时间，括号内的数字为最短持续时间，箭线上方括号内的数字为考虑各种因素后的优先选择系数。假定要求工期为 12d，试对其进行工期优化（工作 2—3 和 4—5 持续时间都是 1d，不能再压缩）。

6. 已知网络计划如图 3-66 所示，图中箭线上方为工作的正常费用和最短时间的费用（以千元为单位），箭线下方为工作的正常持续时间和最短的持续时间。试对其进行费用优化（已知间接费率为 150 元/d）。

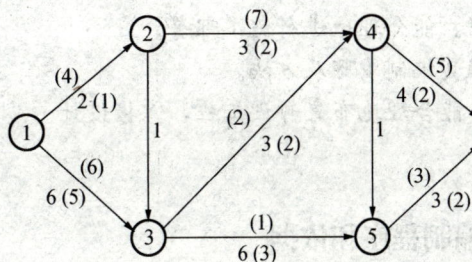

图 3-65 习题 5 图

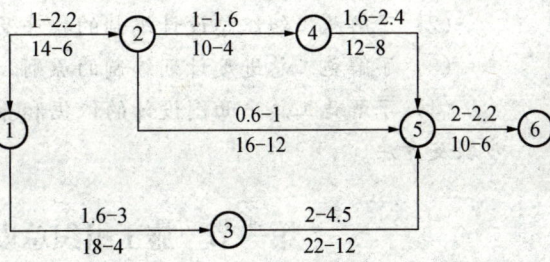

图 3-66 习题 6 图

第四章 施 工 组 织 总 设 计

内容提要

　　本章概略地阐述了施工组织总设计编制的程序及依据；施工部署的主要内容；施工总进度计划编制的原则、步骤及方法；施工总平面图设计的原则、步骤和方法。

学习要求

　　（1）正确理解施工组织设计和单位工程施工组织设计间的关系，并能正确分析和处理其主要矛盾。

　　（2）了解施工组织总设计编制的程序及依据。能合理地进行施工部署。

　　（3）了解施工总进度计划编制的原则，掌握其编制步骤及方法。

　　（4）了解施工总平面图设计的依据和原则，能合理地布置暂设工程，掌握设计步骤及方法。

第一节　施工组织总设计编制程序和依据

　　施工组织总设计是以整个建设项目或建筑群为对象，根据初步设计或扩大初步设计图纸以及其他有关资料和现场施工条件编制的，用以指导其施工全过程中各项施工活动技术经济的综合性文件。一般由建设总承包公司或大型工程项目经理部的总工程师主持，组织有关人员编制。其主要作用有以下几方面：

　　（1）为建设项目或建筑群体工程施工阶段做出全局性的战略部署。

　　（2）为做好施工准备工作、保证资源供应提供依据。

　　（3）为组织全局施工提供科学方案和实施步骤。

　　（4）为施工企业编制工程项目生产计划和单位工程施工组织设计提供依据。

　　（5）为业主编制工程建设计划提供依据。

　　（6）为确定设计方案的施工可行性和经济合理性提供依据。

一、施工组织总设计的编制程序

　　施工组织总设计的编制程序是依据其各项内容的内在联系确定的，其编制程序框图如图4-1所示。从编制程序可知：

　　（1）施工组织总设计首先是从战略全局出发，对建设地区的自然条件、技术经济条件、工程特点和施工要求进行全面系统的分析研究，找出主要矛盾，发现薄弱环节，以便在确定施工部署时采取相应的对策、措施，及早克服和清除施工中的障碍，避免造成损失和浪费。

　　（2）根据工程特点和生产工艺流程，合理编制施工总进度，确保施工能均衡、连续地进行，确保建设项目能分期、分批投产使用，充分发挥投资效益。

　　（3）根据施工总进度计划，提出资金、材料、设备、劳动力等资源分年度供需计划。

（4）为了保证施工总进度计划的实现，应制定机械化、工厂化、冬雨期施工的技术措施和主要工程项目的施工方案、主要工种工程施工的流水方案。

（5）编制施工组织总设计特别应重视施工准备工作，这是工程顺利施工的基本保证。

（6）施工组织总设计是编制各单位工程施工组织设计的纲领和依据，并为制定作业计划、实现科学管理、进行质量、工期、成本、安全目标控制创造了条件。

二、编制施工组织总设计的依据

为保证施工组织总设计的编制工作顺利进行并提高其编制质量，使施工组织设计文件能更密切地结合工程实际情况，从而更好地发挥其在施工中的指导作用，一般应以下面主要依据来编制施工组织总设计。

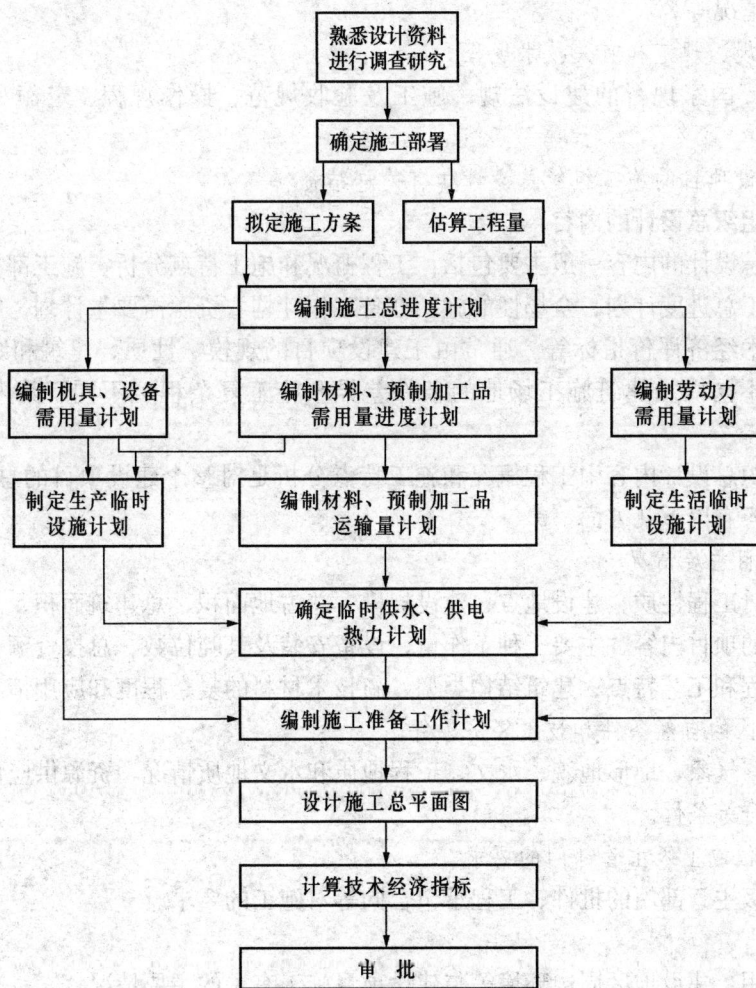

图 4-1 施工组织总设计的编制程序

1. 设计文件及有关资料

设计文件及有关资料主要包括：建设项目的初步设计、扩大初步设计或技术设计的有关图纸、设计说明书、建筑区域平面图、建筑总平面图、建筑竖向设计、总概算或修正概算等。

2. 计划文件及有关合同

计划文件及有关合同文件主要包括：国家批准的基本建设计划、可行性研究报告，工程项目一览表、分期分批施工项目和投资计划，地区主管部门的批件、施工单位上级主管部门下达的施工任务计划，招投标文件及签订的工程承包合同，工程材料和设备的订货指标、进口材料和设备供货合同等。

3. 工程勘察和技术经济资料

工程勘察和技术经济资料主要包括：建设地区地形、地貌、工程地质及水文地质、气象等自然条件；可能为建设项目服务的建筑安装企业、预制加工企业的人力、设备、技术和管理水平情况；工程材料的来源和供应情况；交通运输情况和水、电供应情况；商业和文化教育水平和设施情况等。

4. 现行法规、规范和有关技术规程

主要包括：国家现行的建设法规、施工及验收规范、操作规程、定额和技术经济指标等。

5. 类似建设项目的施工组织总设计和有关总结资料

三、施工组织总设计的内容

施工组织总设计的内容一般主要包括：工程概况和施工特点分析、施工部署和主要项目施工方案、施工总进度计划、全场性的施工准备工作计划、资源需要量计划、施工总平面图和各项主要技术经济评价指标等。通常由于建设项目的规模、性质、建筑和结构的复杂程度、特点等的不同以及建筑施工场地的条件差异和施工复杂程度不同，其内容也不完全一样。

在施工组织总设计内容中工程概况和施工特点分析是对整个建设项目的总说明和分析，一般包括的内容有以下几方面。

1. 建设项目主要情况

主要包括：工程性质、建设地点、建设规模、总占地面积、总建筑面积、总工期、分期分批投入使用的项目内容、主要工种工作量、设备安装及其吨位数、总投资额、建筑安装工程量、生产流程和工艺特点、建筑结构类型、新技术材料的复杂程度和应用情况等。

2. 建设地区的自然条件和技术经济条件

主要包括：气象、地形地貌、水文、工程地质和水文地质情况，资源供应情况，交通运输和水、电配合等条件。

3. 建设单位或上级主管部门的要求

主要指上级主管部门的批件、工程承包合同等对施工的要求。

4. 其他

如土地征用、建设地区周边环境等与建设项目施工有关的主要情况。

施工组织总设计的其他具体内容详见以下各节。

第二节 施 工 部 署

施工部署是对整个建设项目的施工作出全面的战略安排，并解决其中影响全局的重大施工问题。施工部署所包括的内容，因建设项目的性质、规模和各种客观条件的不同而不同。

一般应包括的内容有：工程开展程序、主要工程项目的施工方案、施工任务划分与组织安排、施工组织工作总计划等。

一、工程开展程序

工程开展程序，主要考虑以下几点：

（1）在保证工期要求的前提下，实行分期分批施工。这样能使各单项或单位工程项目迅速建成，又能在全局上取得施工的连续性和均衡性，并能减少暂设工程数量和降低工程成本。

为了尽快发挥基本建设投资效果，对于大中型项目，都要在保证工期的前提下分期分批建设。至于分几期施工，则要根据生产工艺、建设单位的要求、工程规模和施工难易程度等由工程建设单位和施工单位共同研究确定。对于小型项目或大型工业建设项目的某个系统，由于工期较短或生产工艺的要求，亦可不必分期分批进行施工，采取先建生产性项目，而后边生产边进行其他项目的施工。

（2）划分分期分批施工的项目时，应优先安排的工程。应优先安排工程量大、施工难度大或工期长的项目；按生产工艺要求，须先期投入生产或起主导作用的工程项目；运输系统、动力系统，如厂区内外的铁路、道路和变电站等；生产上需要先期使用的机修、车库、办公楼及部分家属宿舍等；供施工使用的工程，如采砂（石）场、木材加工厂、各种构件预制加工厂、混凝土搅拌站等施工附属企业及其他为施工服务的临时设施等。

（3）在安排工程顺序时，应按先地下、后地上；先深后浅；先干线后支线的原则进行安排。如地下管线与筑路工程的开展程序，应先铺管线后修筑道路。

（4）季节施工的影响。如大规模的土方工程和深基础工程施工，最好不在雨季进行；寒冷地区的工程施工，最好在入冬时转入室内作业。

对于大中型的民用建设项目（如居民住宅小区），一般亦考虑按年度分批建设，而且还应考虑幼儿园、学校、商店和其他公共设施的建设，以便交付使用后能保证居民的正常生活。

二、主要工程项目的施工方案

在施工组织总设计中所指主要工程项目的施工方案与单位工程施工组织设计的施工方案要求的内容和深度是不同的，它只需原则性地提出方案性的问题。如采用何种施工方法，哪些构件采用现浇，哪些构件采用预制，是现场就地预制，还是在构件预制厂加工生产，构件吊装时采用什么机械，准备采用什么新工艺、新技术等，也即对涉及全局性的一些问题拟定出施工方案。对于某些施工技术要求高或比较复杂、技术上较先进或施工单位尚未完全掌握的工程项目或分部分项工程，还应提出原则性的技术措施方案，如复杂的设备基础工程、大跨结构、高炉及高耸结构的结构安装工程等。

由于机械化作业是实现建筑工业化的重要途径，也是现场施工的必要内容。因此，在拟定主要工程项目施工方案时，应注意按以下几点考虑机械化施工总方案的问题：

（1）所选主要机械、设备的类型和数量应能满足各个主要工程项目的施工要求，并能在各工程项目间能进行流水作业。

（2）机械、设备的供应尽可能在当地解决。

（3）通过技术经济分析应尽可能地提高机械、设备的使用效率。

（4）所选机械化施工总方案应该在技术上先进、适用，在经济上合理。

三、施工任务划分与组织安排

实现施工任务划分与组织安排，必须明确划分参与建设项目的各施工单位和各职能部门的任务，需明确总包与分包的关系，建立施工现场统一的组织领导机构及职能部门，确定综合的和专业化组织的配合，明确各施工单位分期分批施工的主要项目和穿插项目，作出战役组织的决定。

四、施工组织准备工作总计划

根据施工开展程序和主要工程项目施工方案，编制好建设项目全场性的施工准备工作总计划。其主要内容有：

（1）做好现场测量控制网。

（2）做好土地征用、居民迁移和障碍物的清除工作。

（3）安排好生产和生活基地建设。包括商品混凝土搅拌站、预制构件厂、钢筋与木材加工厂、金属结构制作加工厂、机修厂等。

（4）组织拟采用的新结构、新材料和新技术的试制和试验工作。

（5）安排好大型临时设施工程。如施工用水、用电和铁路、道路、码头及场地平整等工作。

（6）做好材料、成品、半成品的货源组织和运输、储存方式等工作。

（7）进行技术培训工作。

（8）季节性施工所需的特殊准备工作等。

第三节　施工总进度计划

施工总进度计划是施工现场各项施工活动在时间上的体现。编制施工总进度计划就是根据施工部署中的施工方案和工程项目的开展程序，对全工地的所有工程项目做出时间上的安排。其作用在于确定各个施工项目及其主要工种工程、准备工作和全工地性工程的施工期限及其开工和竣工的日期，从而确定建筑施工现场的劳动力、材料、成品、半成品、施工机械的需要数量和调配情况，以及现场临时设施的数量、水电供应数量和能源、交通的需要数量等。因此，正确地编制施工总进度计划是保证各项目以及整个建设工程按期交付使用，充分发挥投资效益，降低建筑工程成本的重要条件。

编制施工总进度计划的基本要求是：保证拟建工程在规定的期限内完成，迅速发挥投资效益；施工的连续性和均衡性；节约施工费用。

施工总进度计划编制的步骤如下：

一、列出工程项目一览表并计算工程量

根据既定施工部署中分期分批投产的顺序，将建设项目中的各个分项目分别列出。项目划分不宜过多，应突出主要项目，一些附属工程、辅助工程、民用建筑等小型项目可予以合并。

计算工程量可按初步设计（或扩大初步设计）图纸和有关定额或资料进行。常用的定额、资料有下列几种：

（1）万元、10万元投资工程量、劳动力及材料消耗扩大指标。这种定额可根据结构的类型查得单位投资的工程量。

（2）概算指标和扩大概算定额。可根据工程项目的结构类型、跨度、高度等分类查得每 $100m^3$ 建筑体积和每 $100m^2$ 建筑面积的劳动力和材料消耗指标。

（3）标准设计和已建成的类似工程项目的资料。在缺少上述几种定额的情况下，可在类似工程实际消耗的劳动力及材料数量的基础上进行调整、修正、估算。

除房屋建筑外，还必须计算全工地性工程的工程量。如场地平整的土方工程量，铁路、道路和地下管线的长度等，这些可从建筑总平面图上量测。

将算出的工程量填入工程量汇总表（见表 4-1）。

表 4-1   工程量汇总表

序号	工程量名称	单位	合计	生产车间		仓库运输			管网				生活福利		大型临设		备注
				××车间	……	仓库	公路	……	供水	供电	供热	排水	宿舍	文化福利	生产	生活	

二、确定各单位工程的施工期限

工程项目的施工期限，由于各施工单位的施工技术与管理水平、机械化程度、劳动力和材料供应情况等不同，而有很大差别。因此应根据各施工单位的具体条件，并考虑施工项目的建筑结构类型、体量大小、施工现场地质条件、施工条件等因素加以确定。此外，也可参考有关的工期定额来确定各单位工程的施工期限。工期定额（或指标）是根据我国各部门多年来的施工经验，经统计分析对比后制定的。

三、确定工程的开竣工时间和相互搭接关系

在确定了总的施工期限、施工程序和各施工项目的控制期限及搭接关系后，就可对每个单位工程的开竣工时间进行具体确定。通过对各主要建筑物的工期进行计算分析，具体安排各建筑物的搭接施工时间。通常应考虑以下各主要因素：

1. 保证重点，兼顾一般

在安排施工进度时，要分清主次、抓住重点，要优先安排主要工程项目，同期进行的项目不宜过多，以免分散有限的人力、物力。主要工程项目是指工程量大、工期长、质量要求高、施工难度大、对其他工程施工影响大、对整个建设项目顺利完成起关键性作用的工程子项。

2. 要满足连续、均衡施工要求

在安排施工进度时，应尽量使各工种施工人员、施工机械在全工地内连续施工，同时尽量使劳动力、施工机具和物资消耗量在全工地上达到均衡，在资源动态曲线上避免出现突出的高峰和低谷，以利于劳动力的调度和原材料的供应。为达到这种要求，可以在施工项目之间组织大流水施工。另外，在安排施工进度时，还要留出一些后备项目，如宿舍、附属或辅助车间、临时设施等，作为调节项目，穿插在主要项目的流水施工中，以实现连续均衡施工。

3. 要满足生产工艺要求

工业企业的生产工艺系统是串联各个建筑物的主动脉，要根据工艺所确定的分期分批建设方案，合理安排各个建筑物的施工顺序，使土建施工、设备安装和试生产协调配合，以缩

短建设周期，尽快发挥投资效益。

4. 认真考虑施工总平面图的空间关系

工业企业建设项目的建筑总平面图设计，应在满足有关规范要求的前提下，使各建筑物的布置尽量紧凑，这样可以节省占地面积，缩短场内各种道路、管线的长度；但同时应注意建筑物过于密集，导致施工场地狭小，使场内运输、材料构件堆放、设备拼装和施工机械布置等产生困难。为了减少这方面的困难，除采取一定的技术措施外，还可以对相邻建筑物的开工时间和施工顺序进行调整，以避免或减少相互干扰。

5. 全面考虑各种条件的限制

在确定各建筑物施工顺序时，还应考虑各种客观条件的限制。应考虑施工企业的施工力量、各种原材料、机械设备的供应情况、设计单位提供图纸的时间、各年度建设投资数量等对各项建筑物的开竣工时间和先后顺序的影响。同时，还应考虑建筑施工受季节、环境影响较大，经常会对某些项目的施工时间提出具体要求，从而对施工的时间和顺序安排产生影响。

四、安排施工进度

完成上述工作后，施工进度计划表便可着手编制。先编制施工进度计划草表，在此基础上绘制资源动态曲线，评估其均衡性，经过必要的调整，使资源均衡后，再绘制正式施工总进度计划表。由于施工总进度计划的主要作用是控制每个项目工期的范围。因此，计划不宜搞得过细。对于跨年度的工程，通常第一年度按月安排，第二年及以后各年按月或季安排进度。如果是编制网络计划，还可进行优化，实现进度目标、资源均衡目标和成本目标的最优化。

施工进度计划表的格式各地不一，可以根据各单位的经验确定。施工进度表的参考形式见表 4-2。

表 4-2   施工总进度计划

序号	工程名称	建筑指标		设备安装指标（T）	造价（万元）			总劳动量（工日）	进度计划							
		单位	数量		合计	建筑工程	设备安装		第一年				第二年			
									I	II	III	IV	I	II	III	IV

注　1. 工程名称的顺序应按生产、辅助、动力车间、生活福利和管网等次序填列。
　　2. 进度线的表达应按土建工程、设备安装工程和试运转不同线条表示。

五、总进度计划的调整与修正

施工总进度计划表绘制完成后，将同一时期各项工程的工作量加在一起，用一定的比例画在施工总进度计划的底部，即可得出建设项目工作量动态曲线。若曲线上存在较大的高峰或低谷，则表明在该时间里各种资源的需求量变化较大，需要调整一些单位工程的施工速度或开竣工时间，以便消除高峰或低谷，使各个时期内的工作量尽可能达到均衡。

在编制了各个单位工程的施工进度后，有时需对施工总进度计划进行必要的调整。在实施过程中，也应随着施工中遇到的各种风险因素和干扰因素对施工进度的影响，及时作出必要的调整。对跨年度的建设项目，还应根据年度国家基本建设投资情况，对施工进度计划予以调整。总之，施工总进度计划的调整与修正是为了更科学合理地服务于施工。

第四节 资源需要量计划

施工总进度计划编好后，就可以编制各种主要资源的需要量计划。

一、综合劳动力和主要工种劳动力需要计划

劳动力综合需要量计划是规划暂设工程和组织劳动力进场的依据。编制时首先根据工程量汇总表中分别列出的各主要工种工程的工程量，查相应劳动定额，便可得到各主要工种工程的劳动量工日数。再根据总进度计划表中各单位工程分工种的持续时间，得到某单位工程在某段时间里平均劳动力数。按同样方法可计算出各个建筑物的各主要工种在各个时期的平均工人数。将总进度计划表纵坐标方向上各单位工程同工种的人数叠加在一起并连成一条曲线，即为某工种的劳动力动态曲线图。其他几个工种也用同样方法绘制成曲线图，从而可根据劳动力曲线图列出主要工种劳动力需要量计划表。将各主要工种劳动力需要量曲线图在时间上叠加，就可得到综合劳动力曲线图和计划表。劳动力汇总表样式见表 4-3。

表 4-3　　　　　　　　　建设项目土建施工劳动力汇总表

序号	工种名称	劳动量（工日）	工业建筑及全工地性工程					居住建筑		仓库、加工厂等临时性建筑	需要量计划				
			工业建筑			道路	⋯⋯	永久性住宅	临时性住宅		第一年				⋯⋯
			厂房	辅助	附属						一	二	三	四	⋯⋯

二、材料、构件及半成品需要量计划

根据各工种工程量汇总表所列各建筑物的工程量，查"万元定额"或"概算指标"即可得出各建筑物所需的建筑材料、构件和半成品的需要量。然后根据总进度计划表，估计出某些建筑材料在某一时间的需要量，从而编制出建筑材料、构件和半成品的需要量计划。表 4-4 为材料、构件和半成品需要量计划表。

表 4-4　　　　　　建设项目土建工程所需构件、半成品及主要建筑材料汇总表

序号	类别	构件、半成品及主要材料名称	单位	总计	运输线路	上下水工程	电气工程	工业建筑		居住建筑		仓库、加工厂等临时性建筑	需要量计划				
								主要建筑	辅助及附属	永久性住宅	临时性住宅		第一年				⋯⋯
													一	二	三	四	⋯⋯

三、施工机械需要量计划

主要施工机械（如挖土机、起重机等）的需要量，根据施工进度计划、主要建筑物施工

方案和工程量，并套用机械产量定额求得；辅助机械可以根据安装工程每 10 万元扩大概算指标求得；运输机械的需要量根据运输量计算；施工中需要多种机械配合的，还需进行多种机械技术经济优化配合分析。施工机械需要量汇总表样式见表 4 - 5。

表 4 - 5　　　　　　　　　　　施工机械需要量汇总表

序　号	机械名称	简要说明 （型号、功率 等）	数　量	电动机功率 （kW）	需要量计划				
					第一年				...
					一	二	三	四	...

第五节　全场性暂设工程

为满足工程项目施工需要，在工程正式开工之前，要按照工程项目施工准备工作计划的要求和经济实用的原则，建造相应的暂设工程，为工程项目创造良好的施工条件。暂设工程类型和规模因工程而异，主要内容有：工地加工厂组织，工地仓库组织，工地运输组织，办公及福利设施组织，工地供水组织和工地供电组织等。

一、工地加工厂组织

（一）工地加工厂类型和结构

1. 工地加工厂类型

工地加工厂类型通常主要有：钢筋混凝土预制构件加工厂、木材加工厂、粗木加工厂、细木加工厂、钢筋加工厂、金属结构构件加工厂和机械修理厂等。

2. 工地加工厂结构

一般应根据各种加工厂的使用期限来确定其结构型式，使用期限较短者采用简易结构，如一般油毡、铁皮或草屋面的竹木结构；使用期限较长者宜采用瓦屋面的砖木结构，砖石结构或装拆式活动房屋等。

（二）工地加工厂面积确定

加工厂的建筑面积，主要取决于设备尺寸、工艺过程、设计和安全防火要求，通常可参考有关经验指标等资料确定。

如对于钢筋混凝土构件预制厂、锯木车间、模板加工车间、细木加工车间、钢筋加工车间（棚）等，其建筑面积可按下式计算

$$F = \frac{KQ}{TSa} \tag{4-1}$$

式中　F——所需建筑面积，m²；

　　　K——不均衡系数，取 1.3～1.5；

　　　Q——加工总量，m³；

　　　T——加工总时间，月；

　　　S——每平方米场地月平均加工量定额；

　　　a——场地或建筑面积利用系数，取 0.6～0.7。

常用各种临时加工厂的面积参考指标，见表 4 - 6 和表 4 - 7。

表 4 - 6　　　　　　　　　　　　　临时加工厂的面积参考指标

序号	加工厂名称	年产量		单位产量所需建筑面积	占地总面积（m²）	备　注
		单位	数量			
1	混凝土搅拌站	m³	3200	0.022（m²/m³）	按砂石堆场考虑	400L 搅拌机 2 台
		m³	4800	0.021（m²/m³）		400L 搅拌机 3 台
		m³	6400	0.020（m²/m³）		400L 搅拌机 4 台
2	临时性混凝土预制厂	m³	1000	0.25（m²/m³）	2000	生产屋面板和中小型梁柱板等，配有蒸养设施
		m³	2000	0.20（m²/m³）	3000	
		m³	3000	0.15（m²/m³）	4000	
		m³	5000	0.125（m²/m³）	小于 6000	
3	半永久性混凝土预制厂	m³	3000	0.6（m²/m³）	9000～12 000	
		m³	5000	0.4（m²/m³）	12 000～15 000	
		m³	10 000	0.3（m²/m³）	15 000～20 000	
4	木材加工厂	m³	15 000	0.0244（m²/m³）	1800～3600	进行原木、木方加工
		m³	24 000	0.0199（m²/m³）	2200～4800	
		m³	30 000	0.0181（m²/m³）	3000～5500	
	综合木工加工厂	m³	200	0.3（m²/m³）	100	加工门窗、模板、地板、屋架等
		m³	500	0.25（m²/m³）	200	
		m³	1000	0.20（m²/m³）	300	
		m³	2000	0.15（m²/m³）	420	
	粗木加工厂	m³	5000	0.12（m²/m³）	1350	加工屋架、模板
		m³	10 000	0.10（m²/m³）	2500	
		m³	15 000	0.09（m²/m³）	3750	
		m³	20 000	0.08（m²/m³）	4800	
	细木加工厂	万 m³	5	0.0140（m²/m³）	7000	加工门窗地板
		万 m³	10	0.0114（m²/m³）	10 000	
		万 m³	15	0.0106（m²/m³）	14 000	
	钢筋加工厂	t	200	0.35（m²/t）	280～560	加工、成型、焊接
		t	500	0.25（m²/t）	380～750	
		t	1000	0.20（m²/t）	400～800	
		t	2000	0.15（m²/t）	450～900	
5	现场钢筋调直、冷拉 拉直场 卷扬机棚 冷拉场 时效场	所需场地（长×宽） （70～80）m×（3～4）m 15～20m² （40～60）m×（3～4）m （30～40）m×（6～8）m				包括材料和成品堆放
	钢筋对焊 对焊场地 对焊棚	所需场地（长×宽） （30～40）m×（4～5）m 15～24m²				包括材料和成品堆放
	钢筋冷加工 冷拔、冷轧机 剪断机 弯曲机 φ12 以下 弯曲机 φ40 以下	所需场地（m²/台） 40～50 30～40 50～60 60～70				按一批加工数量计算

序号	加工厂名称	年产量		单位产量所需建筑面积	占地总面积（m²）	备 注
		单位	数量			
6	金属结构加工（包括一般铁件）	所需场地（m²/t） 年产 500t 为 10　　年产 1000t 为 8 年产 2000t 为 6　　年产 3000t 为 5				按一批加工数量计算
7	石灰消化	贮灰池　5×3＝15m² 淋灰池　4×3＝12m² 淋灰槽　3×2＝6m²				每两个贮灰池配一套淋灰池和淋灰槽

表 4-7　　　　　　　　　　　　　　现场作业棚所需面积参考指标

序号	名　称	单 位	面积（m²）	备 注
1	木工作业棚	m²/人	2	占地为面积 2～3 倍
2	电锯房	m²	80	86～92cm 圆锯 1 台
3	电锯房	m²	40	小圆锯 1 台
4	钢筋作业棚	m²/人	3	占地为建筑面积 3～4 倍
5	搅拌棚	m³/台	10～18	
6	卷扬机棚	m²	6～12	
7	烘炉房	m²	30～40	
8	焊工房	m²	20～40	
9	电工房	m²	15	
10	白铁工房	m³	20	
11	油漆工房	m³	20	
12	机、钳工修理房	m³/台	20	
13	立式锅炉房	m³/台	5～10	
14	发电机房	m³/kW	0.2～0.3	
15	水泵房	m³/台	3～8	
16	空压机房（移动式）	m³/台	18～30	
	空压机房（固定式）	m³/台	9～15	

二、工地仓库组织

（一）工地仓库类型和结构

1. 工地仓库类型

工程项目施工中所用仓库主要有以下几种：

（1）转运仓库。设在车站、码头等地用来转运货物的仓库。

（2）中心仓库。专用来储存整个建筑工地（或区域型建筑企业）所需的材料、贵重材料及需要整理配套的材料的仓库，一般常设在现场附近或区域中心。

（3）现场仓库。专为某项工程服务的仓库，一般均就近设置。

（4）加工厂仓库。专供某加工厂储存原材料和加工半成品、构件的仓库。

2. 工地仓库结构

工地仓库按其储存材料的性质、贵重程度和保管材料的方法不同，可分为以下几种：

（1）露天仓库。用于堆放不因自然条件而影响性能、质量的材料，如砖、砂石、装配式混凝土构件等的堆场。

（2）库棚。用于堆放防止阳光雨雪直接侵蚀的材料，如细木制作的零件、珍珠岩等的半封闭式仓库。

（3）封闭库房。用于储存防止风霜雨雪直接侵蚀变质的物品、贵重建筑材料、五金器具以及细巧容易散失或损坏的材料。

（二）工地仓库规划

1. 确定工地物资储备量

材料储备一方面要确保工程施工的顺利进行，另一方面还要避免材料的大量积压，以免仓库面积过大，增加投资，积压资金。通常储备量根据现场条件、供应条件和运输条件来确定。

对经常或连续使用的材料，如砖、瓦，砂石、水泥和钢材等，可按储备期计算

$$P = T_c \frac{Q_i K_i}{T} \tag{4-2}$$

式中　P——材料储备量，t 或 m³ 等；

　　T_c——储存期定额，d，见表 4-8；

　　Q_i——材料、半成品的总需量，t 或 m³ 等；

　　T——有关项目的施工总工作日，d；

　　K_i——材料使用不均衡系数，见表 4-8。

对于用量少，不经常使用或储备期较长的材料，如耐火砖、石棉瓦、水泥管、电缆等可按储备量计算（以年度需要量的百分比储备）。

2. 确定仓库面积

按材料储备期计算，其公式为

$$F = \frac{p}{qK} \tag{4-3}$$

式中　F——仓库总面积，m²；

　　p——仓库材料储备量；

　　q——每平方米仓库面积能存放的材料、半成品和制品的数量；

　　K——仓库面积有效利用系数（考虑人行道和车道所占面积），见表 4-8。

另外规划仓库面积时，还可用另一种简便的系数计算法，其公式如下

$$F = am \tag{4-4}$$

式中　a——系数，m²/人或 m²/万元等；

　　m——计算基数（生产工人数或全年计划工作量等），详见表 4-9。

在设计仓库时，还应正确确定仓库的长度和宽度。仓库的长度应满足货物装卸的要求，它必需有一定的装卸前线。装卸前线一般用下式计算

$$L = nl + a(n+1) \tag{4-5}$$

式中　L——装卸前线长度，m；

l——运输工具长度，m；

a——相邻两个运输工具之间的间距（火车运输时取 $a=1m$；汽车运输时端卸取 $a=1.5m$，侧卸取 $a=2.5m$）；

n——同时卸货的运输工具数目。

三、工地运输组织

1. 工地运输方式及特点

工地运输方式有：铁路运输、水路运输、汽车运输和马车运输等。

（1）铁路运输。铁路运输具有运量大、运距长、不受自然条件限制等优点，但其投资大，筑路技术要求高，只有在拟建工程需要铺设永久性铁路专用线或者工地需从国家铁路上运输大量物料（年运输量在 20 万吨以上者），方可采用铁路运输。

表 4-8　　　　　　　　　　　　　　　计算仓库面积的有关系数

序号	材料及半成品	单位	储备天数 T_c	不均衡系数 K_i	每平方米储存定额 p	有效利用系数 K	仓库类别	备注
1	水泥	t	30~60	1.3~1.5	1.5~1.9	0.65	封闭式	堆高 10~12 袋
2	生石灰	t	30	1.4	1.7	0.7	棚	堆高 2m
3	砂子（人工堆放）	m³	15~30	1.4	1.5	0.7	露天	堆高 1~1.5m
4	砂子（机械堆放）	m³	15~30	1.4	2.5~3	0.8	露天	堆高 2.5~3m
5	石子（人工堆放）	m³	15~30	1.5	1.5	0.7	露天	堆高 1~1.5m
6	石子（机械堆放）	m³	15~30	1.5	2.5~3	0.8	露天	堆高 2.5~3m
7	块石	m³	15~30	1.5	10	0.7	露天	堆高 1.0m
8	预制钢筋混凝土槽型板	m³	30~60	1.3	0.26~0.3	0.6	露天	堆高 4 块
9	梁	m³	30~60	1.3	0.8	0.6	露天	堆高 1~1.5m
10	柱	m³	30~60	1.3	1.2	0.6	露天	堆高 1.2~1.5m
11	钢筋（直筋）	t	30~60	1.4	2.5	0.6	露天	占 80% 堆高 0.5m
12	钢筋（盘条）	t	30~60	1.4	0.9	0.6	封闭库	占 20% 堆高 1.0m
13	钢筋成品	t	10~20	1.5	0.07~0.1	0.6	露天	
14	型钢	t	45	1.4	1.5	0.6	露天	堆高 0.5m
15	金属结构	t	30	1.4	0.2~0.3	0.6	露天	
16	原木	m³	30~60	1.4	0.3~15	0.6	露天	堆高 2m
17	成材	m³	30~45	1.4	0.7~0.8	0.5	露天	堆高 1m

续表

序号	材料及半成品	单位	储备天数 T_c	不均衡系数 K_i	每平方米储存定额 p	有效利用系数 K	仓库类别	备　注
18	废木材	m³	15~20	1.2	0.3~0.4	0.5	露天	废木料占锯木量的10%~15%
19	木模板	m²	10~15	1.4	4~6	0.7	露天	
20	模板整理	m³	10~15	1.2	1.5	0.65	露天	
21	砖	千块	15~30	1.2	0.7~0.8	0.6	露天	堆高 1.5~1.6m
22	泡沫混凝土制件	m³	30	1.2	1	0.7	露天	堆高 1m

注　储备天数根据材料来源、供应季节、运输条件等确定。一般就地供应的材料取表中之低值，外地供应采用铁路运输或水运者取高值。现场加工企业供应的成品、半成品的储备天数取低值，项目部的独立核算加工企业供应者取高值。

表 4-9　　　　　　　　　**按系数计算仓库面积表**

序号	名　称	计算基数 (m)	单　位	系数 (α)
1	仓库（综合）	按全员（工地）	m²/人	0.7~0.8
2	水泥库	按当年水泥用量的 40%~50%	m²/t	0.7
3	其他仓库	按当年工作量	m²/万元	2~3
4	五金杂品库	按年建安工作量计算 按在建建筑面积计算	m²/万元 m²/百 m²	0.2~0.3 0.5~1
5	土建工具库	按高峰年（季）平均人数	m²/人	0.1~0.2
6	水暖器材库	按年在建建筑面积	m²/百 m²	0.2~0.4
7	电器器材库	按年在建建筑面积	m²/百 m²	0.3~0.5
8	化工油漆危险品库	按年建安工作量	m²/万元	0.1~0.15
9	三大工具库（脚手、跳板、模板）	按在建建筑面积 按年建安工作量	m²/百 m² m²/万元	1~2 0.5~1

（2）水路运输。水路运输是最经济的一种运输方式，在可能条件下，应尽量采用水运。采用水运时应注意与工地内部运输配合，码头上通常要有转运仓库和卸货设备，同时还要考虑洪水、枯水期对运输的影响。

（3）汽车运输。汽车运输是目前应用最广泛的一种运输方式，其优点是机动性大，操作灵活，行驶速度快，适合各类道路和物料，可直接运到使用地点。汽车运输特别适合于货运量不大、货源分散或地形复杂不宜于铺设轨道以及城市和工业区内的运输。

（4）马车运输。马车运输适宜于较短距离（3~5km）运送大量货物，具有使用灵活，对道路要求低，费用也较低廉的特点。

2. 工地运输组织

（1）确定运输量。运输总量按工程的实际需要量来确定，同时还要考虑每日的最大运输量以及各种运输工具的最大运输密度。每日货运量可用下式计算

$$q = \frac{\sum Q_i L_i K}{T} \qquad (4-6)$$

式中　q——日货运量，t·km；

　　　Q_i——每种货物需要总量；

　　　L_i——每种货物从发货地点到储存地点的距离；

　　　T——有关施工项目的施工总工日；

　　　K——运输工作不均衡系数，铁道可取 1.5，汽车运输可取 1.2。

（2）确定运输方式。工地运输方式有铁路运输、公路运输、水路运输和特种运输等方式。选择运输方式必须考虑各种因素的影响，如材料的性质、运输量的大小、超重、超高、超大、超宽设备及构件的形状尺寸、运距和期限、现有机械设备、利用永久性道路的可能性、现场及场外道路的地形、地质及水文自然条件等。在有几种运输方案可供选择时，应进行全面的技术经济分析比较，确定最合适的运输方式。

（3）确定运输工具数量。运输方式确定后，就可计算运输工具的需要量。每一工作台班内所需的运输工具数量计算如下

$$n = \frac{q}{cbK_1} \qquad (4-7)$$

式中　n——运输工具数量；

　　　q——每日货运量；

　　　c——运输工具的台班生产率；

　　　b——每日的工作班次；

　　　K_1——运输工具使用不均衡系数，对于汽车可取 0.6～0.8，马车可取 0.5，拖拉机可取 0.65。

（4）确定运输道路。工地运输道路应尽可能利用永久性道路，或先修永久性道路路基并铺设简易路面。主要道路应布置成环形，次要道路可布置成单行线，但应有回车场。要尽量避免与铁路交叉。

现场内临时道路技术要求和临时路面种类和厚度见表 4-10 和表 4-11。

表 4-10　　　　　　　　　　　　　临时道路路面种类和厚度

路面种类	特点及其使用条件	路基土壤	路面厚度（cm）	材料配合比
级配砾石路面	雨天照常通车，可通行较多车辆，但材料级配要求严格	砂质土	10～15	体积比： 黏土∶砂∶石子＝1∶0.7∶3.5 重量比： 1. 面层：黏土 13%～15%，砂石料 85%～87% 2. 底层：黏土 10%，砂石料 90%
		黏质土或黄土	14～18	
碎（砾）石路面	雨天照常通车，碎（砾）石本身含土较多，不加砂	砂质土	10～18	碎（砾）石＞65%，当地土壤含量≤35%
		砂质土或黄土	15～20	
碎砖路面	可维持雨天通车，通行车辆较少	砂质土	13～15	垫层：砂或炉渣 4～5cm 底层：7～10cm 碎砖 面层：2～5cm 碎砖
		砂质土或黄土	15～18	

路面种类	特点及其使用条件	路基土壤	路面厚度（cm）	材料配合比
炉渣或矿渣路面	可维持雨天通车，通行车辆较少，当附近有此项材料可利用时	一般土	10～15	炉渣或矿渣75%，当地土35%
		较松软时	15～30	
砂土路面	雨天停车，通行车辆较少，附近不产石料而只有砂时	砂质土	15～20	粗砂50%，细砂、粉砂和黏质土50%
		粘质土	15～30	
风化屑石路面	雨天不通车，通行车辆较少，附近有石屑可利用	一般土	10～15	石屑90%，黏土10%
石灰土路面	雨天停车，通行车辆少，附近产石灰	一般土	10～13	石灰10%，当地土90%

表4-11　　　　　　　　　**简易道路技术要求表**

指标名称	单　位	技　术　标　准
设计车速	km/h	≤20
路基宽度	m	双车道6～6.5；单车道4.4～5；困难地段3.5
路面宽度	m	双车道5～5.5；单车道3～3.5
平面曲线最小半径	m	平原、丘陵地区20，山区15，回头弯道12
最大纵坡	%	平原地区6，丘陵地区8，山区11
纵坡最短长度	m	平原地区100，山区50
桥面宽度	m	木桥4～4.5
桥涵载重等级	t	木桥涵7.8～10.4（汽-6～汽-8）

四、办公及福利设施组织

（一）办公及福利设施类型

1. 行政管理和生产用房

包括：建筑安装机构办公室、传达室、车库及各类材料仓库和辅助性修理车间等。

2. 居住生活用房

包括：家属宿舍、职工单身宿舍、招待所、商店、医务所、理发室、浴室等。

3. 文化生活用房

包括：俱乐部、学校托儿所、图书馆、邮亭、广播室等。

（二）办公及福利设施规划

1. 确定建筑工地人数

（1）直接参加建筑施工生产的工人。包括机械维修工人、运输及仓库管理人员、动力设施管理工人、冬季施工的附加工人等。

（2）行政及技术管理人员。

（3）为建筑工地上居民生活服务的人员。

（4）以上各项人员的家属。

上述人员的比例，可按国家有关规定或工程实际情况来确定，家属人数可按职工人数的一定比例计算，通常占职工人数的 10%～30%。

2. 确定办工及福利设施建筑面积

建筑施工工地人数确定后，就可按实际使用人数确定建筑面积

$$S = NP \tag{4-8}$$

式中　S——建筑面积，m^2；

　　　N——人数；

　　　P——建筑面积指标，详见表 4-12。

计算所需要的各种生活办工所用房屋，应尽量利用施工现场及其附近的永久性建筑物，或者提前修建能够利用的永久性建筑，不足部分修建临时建筑物。临时建筑物修建时，应遵循经济、适用、装拆方便的原则，按照当地的气候条件，工期长短确定结构形成。通常有帐篷、装拆式房屋或利用地方材料修建的简易房屋等。

表 4-12　　　　　　　　行政、生活福利临时建筑面积参考指标（m²/人）

序号	临时房屋名称	指标使用方法	参考指标
一	办公室	按使用人数	3～4
二	宿舍	按高峰年（季）平均人数	2.5～3.5
1	单层通铺	（扣除不在工地居住人数）	2.5～3.0
2	双层床		2.0～2.5
3	单层床		3.5～4.0
三	家属宿舍	视施工期长短和离基地情况而定	16～25m²/户
四	食堂	按高峰年（季）平均人数	0.5～0.8
五	食堂兼礼堂	按高峰年（季）平均人数	0.6～0.9
六	其他合计	按高峰年（季）平均人数	0.5～0.6
1	医务所	按高峰年（季）平均人数	0.05～0.07
2	浴室	按高峰年（季）平均人数	0.07～0.1
3	理发室	按高峰年（季）平均人数	0.01～0.03
4	俱乐部	按高峰年（季）平均人数	0.1
5	小卖部	按高峰年（季）平均人数	0.03
6	招待所	按高峰年（季）平均人数	0.06
7	托儿所	按高峰年（季）平均人数	0.03～0.06
8	子弟小学	按高峰年（季）平均人数	0.06～0.08
9	其他公用	按高峰年（季）平均人数	0.05～0.1
七	小型	按高峰年（季）平均人数	
1	开水房		10～40
2	厕所	按工地平均人数	0.02～0.07
3	工人休息室	按工地平均人数	0.15

五、工地给排水组织

建筑工地临时供水设施设计的主要内容包括确定用水量、选择水源、确定供水系统。建筑工地临时排水设施设计的主要内容包括生活污水和雨水的排放。对厨房、水冲厕所等产生的生活污水排放应符合国家现行施工现场环境卫生管理标准的有关规定，能接入城市排水管

网的尽量接入，无此条件的需做化粪池；对场地雨水排放应根据当地降雨情况、场地竖向设计等实际情况做排水沟、截水沟、集水井等进行排放。限于篇幅，下面重点介绍工地临时供水设施设计。

（一）工地供水类型

建筑工地临时供水主要包括：生产用水，生活用水和消防用水。

（二）工地供水规划

1. 确定用水量

生产用水包括工程施工用水、施工机械用水。生活用水包括施工现场生活用水和生活区生活用水。

（1）工程施工用水量（q_1），即

$$q_1 = K_1 \sum \frac{Q_1 N_1}{T_1 b} \times \frac{K_2}{8 \times 3600} \qquad (4-9)$$

式中　q_1——施工工程用水量，L/s；

　　　K_1——未预见的施工用水系数（1.05～1.15）；

　　　Q_1——年（季）度工程量（以实物计量单位表示）；

　　　N_1——施工用水定额，见表 4-13；

　　　T_1——年（季）度有效工作日（天）；

　　　b——每天工作班次；

　　　K_2——用水不均衡系数，见表 4-14。

（2）施工机械用水量（q_2），即

$$q_2 = K_1 \sum Q_2 N_2 \frac{K_3}{8 \times 3600} \qquad (4-10)$$

式中　q_2——施工机械用水量，L/s；

　　　K_1——未预计施工用水系数（1.05～1.15）；

　　　Q_2——同种机械台数，台；

　　　K_3——施工机械用水不均衡系数，见表 4-14；

　　　N_2——施工机械用水定额，见表 4-15。

表 4-13　　　　　　　　　　　　　　施工用水（N_1）参考定额

序　号	用水对象	单　位	耗水量 N_1（L）	备　注
1	浇注混凝土全部用水	m³	1700～2400	
2	搅拌普通混凝土	m³	250	
3	搅拌轻质混凝土	m³	300～350	
4	搅拌泡沫混凝土	m³	300～400	
5	搅拌热混凝土	m³	300～350	
6	混凝土养护（自然养护）	m³	200～400	
7	混凝土养护（蒸汽养护）	m³	500～700	
8	冲洗模板	m²	5	
9	搅拌机清洗	台班	600	

续表

序号	用水对象	单位	耗水量 N_1（L）	备注
10	人工冲洗石子	m³	1000	当含泥量大于2%小于3%时
11	机械冲洗石子	m³	600	
12	洗砂	m³	1000	
13	砌砖工程全部用水	m³	150～250	
14	砌石工程全部用水	m³	50～80	
15	粉刷工程全部用水	m²	30	
16	砌耐火砖砌体	m³	100～150	包括砂浆搅拌
17	浇砖	千块	200～250	
18	浇硅酸盐砌块	m³	300～350	
19	抹面	m²	4～6	不包括调制用水
20	楼地面	m²	190	主要是找平层
21	搅拌砂浆	m³	300	
22	石灰消化	t	3000	

表 4 - 14　　　　　　　　　　　　　　施工用水不均衡系数

编号	用水名称	系数
K_2	施工工程用水 生产企业用水	1.50 1.25
K_3	施工机械、运输机械 动力设备	2.00 1.05～1.10
K_4	施工现场生活用水	1.30～1.50
K_5	居民生活用水	2.00～2.50

表 4 - 15　　　　　　　　　　　施工机械（N_2）用水参考定额

序号	用水机械名称	单位	耗水量 N_2	备注
1	内燃挖土机	L/台·m³	200～300	以斗容量 m³ 计
2	内燃起重机	L/台班·t	15～18	以起重吨数计
3	蒸汽起重机	L/台班·t	300～400	以起重吨数计
4	蒸汽打桩机	L/台班·t	1000～1200	以锤重吨数计
5	蒸汽压路机	L/台班·t	100～150	以压路机吨数计
6	内燃压路机	L/台班·t	12～15	以压路机吨数计
7	拖拉机	L/昼夜·台	200～300	
8	汽车	L/昼夜·台	400～700	
9	标准轨蒸汽机车	L/昼夜·台	10 000～20 000	
10	窄轨蒸汽机车	L/昼夜·台	4000～7000	

序号	用水机械名称	单 位	耗水量 N_2	备 注
11	空气压缩机	L/台班·（m³/min）	40～80	以压缩空气排量 m³/min 计
12	内燃机动力装置（直流水）	L/台班·马力	120～300	
13	内燃机动力装置（循环水）	L/台班·马力	25～40	
14	锅驼机	L/台班·马力	80～160	不利用凝结水
15	锅炉	L/h·t	1050	以小时蒸发量计
16	锅炉	L/h·m²	15～30	以受热面积计
17	点焊机 25 型	L/h·台	100	实测数据
18	点焊机 50 型	L/h·台	150～200	实测数据
19	点焊机 75 型	L/h·台	250～350	
20	冷拔机	L/h·台	300	
21	对焊机	L/h·台	300	
22	凿岩机 01-30（CM-56）	L/min·台	3	
23	凿岩机 YQ-100	L/min·台	8～12	
24	木工房	L/台班	20～25	
25	锻工房	L/炉·台班	40～50	以烘炉数计

（3）施工现场生活用水量（q_3），即

$$q_3 = \frac{P_1 N_3 K_4}{b \times 8 \times 3600} \tag{4-11}$$

式中　q_3——施工现场生活用水量，L/s；

P_1——施工现场高峰期生活人数，人；

N_3——施工现场生活用水定额，参见表 4-16；

K_4——施工机械用水不均衡系数，见表 4-14；

b——每天工作班次，班。

（4）生活区生活用水量（q_4），即

$$q_4 = \frac{P_2 N_4 K_5}{24 \times 3600} \tag{4-12}$$

式中　q_4——生活区生活用水量，L/s；

P_2——生活区居民人数，人；

N_4——生活区昼夜全部用水定额，参见表 4-16；

K_5——生活区用水不均衡系数，见表 4-14。

（5）消防用水量（q_5）。

消防用水量 q_5，参见表 4-17。

（6）总用水量（Q）。

①当（$q_1 + q_2 + q_3 + q_4$）≤q_5 时，则

$$Q = q_5 + 1/2(q_1 + q_2 + q_3 + q_4) \tag{4-13}$$

②当 $(q_1+q_2+q_3+q_4)>q_5$ 时，则

$$Q = q_1 + q_2 + q_3 + q_4 \qquad (4-14)$$

③当工地面积小于 5 万 m^2，而且 $(q_1+q_2+q_3+q_4)<q_5$ 时，则

$$Q = q_5 \qquad (4-15)$$

最后计算的总用水量，还应增加 10%，以补偿不可避免的水管渗漏损失。

表 4-16　　　　　　　　　生活用水量 N_3（N_4）参考定额

序号	用水对象	单 位	耗水量 N_3（N_4）	备 注
1	工地全部生活用水	L/人·日	100~120	
2	生活用水（盥洗生活饮用）	L/人·日	25~30	
3	食堂	L/人·日	15~20	
4	浴室（淋浴）	L/人·次	50	
5	淋浴带大池	L/人·次	30~50	
6	洗衣	L/人	30~35	
7	理发室	L/人·次	15	
8	小学校	L/人·日	12~15	
9	幼儿园托儿所	L/人·日	75~90	
10	病院	L/病床·日	100~150	

表 4-17　　　　　　　　施工机械（N_2）用水参考定额

序号	用水名称	火灾同时发生次数	单 位	用水量
1	居民区消防用水 5000 人以内 10 000 人以内 25 000 人以内	一次 二次 二次	L/s L/s L/s	10 10~15 15~20
2	施工现场消防用水 施工现场在 25 公顷以内 每增加 25 公顷	一次 一次	L/s L/s	10~15 5

2. 选择水源

建筑工地临时供水水源，有供水管道和天然水源两种。应尽可能利用现场附近现有供水管道，只有在工地附近没有现成的供水管道或现成给水管道无法使用以及给水管道供水量难以满足使用要求时，才使用地面水（如江河、湖水、水库蓄水等）和地下水（如泉水、井水等）天然水源。选择水源时应注意下列因素：

(1) 水量充沛可靠。

(2) 生活饮用水、生产用水的水质，应符合要求。

(3) 与农业，水利综合利用。

(4) 取水、输水、净水设施要安全、可靠、经济。

(5) 施工、运转、管理和维护要方便。

3. 确定供水系统

临时供水系统可由取水设施、净水设施、贮水构筑物（水塔及蓄水池）、输水管和配水管线综合而成。

（1）确定取水设施。取水设施一般由取水口、进水管和水泵组成。取水口距河底（或井底）一般 0.25～0.9m。给水工程所用水泵有离心泵、隔膜泵及活塞泵三种。所选用的水泵应具有足够的抽水能力和扬程。水泵应具有的扬程按下列公式计算：

1）将水送至水塔时的扬程为

$$H_p = (Z_t - Z_p) + H_t + a + \sum h' + h_s \tag{4-16}$$

式中　H_p——水泵所需扬程，m；

Z_t——水塔处的地面标高，m；

Z_p——泵轴中线的标高，m；

H_t——水塔高度，m；

a——水塔的水箱高度，m；

$\sum h'$——从泵站到水塔间的水头损失，m；

h_s——水泵的吸水高度，m。

2）将水直接送到用户时其扬程为

$$H_p = (Z_y - Z_p) + H_y + \sum h' + h_s \tag{4-17}$$

式中　Z_y——供水对象的最大标高，m；

H_y——供水对象最大标高处必须具有的自由水头，一般为 8～10m。

（2）确定贮水构筑物。一般有水池、水塔或水箱。在临时供水时，如水泵房不能连续抽水，则需设置贮水构筑物，其容量以每小时消防用水决定，但不得少于 10～20m³。贮水构筑物（水塔）高度与供水范围、供水对象位置及水塔本身的位置有关，可用下式确定

$$H_t = (Z_y - Z_t) + H_y + h_s \tag{4-18}$$

式中符号意义同上。

（3）确定供水管径。在计算出工地的总需水量后，可用下式计算出管径

$$D = \sqrt{\frac{4Q}{\pi v 1000}} \tag{4-19}$$

式中　D——配水管内径，mm；

Q——用水量，L/s；

v——管网中水的流速，m/s，见表 4-18。

表 4-18　　　　　　　　　　临时水管经济流速表

管　　径	流速（m/s）	
	正常时间	消防时间
1. 支管 $D<0.10m$	2	—
2. 生产消防管道 $D=0.1～0.3m$	1.3	>3.0
3. 生产消防管道 $D>0.3m$	1.5～1.7	2.5
4. 生产用水管道 $D>0.3m$	1.5～2.5	3.0

（4）选择管材。临时给水管道，根据管道尺寸和压力大小进行选择，一般干管为钢管或铸铁管；支管为钢管。

六、工地供电组织

建筑工地临时供电组织包括：计算用电总量，选择电源，确定变压器，确定导线截面面积并布置配电线路。

1. 工地总用电计算

施工现场用电量大体上可分为动力用电量和照明用电量两类。在计算用电量时，应考虑以下几点：

（1）全工地使用的电力机械设备、工具和照明的用电功率。

（2）施工总进度计划中，施工高峰期同时用电数量。

（3）各种电力机械的利用情况。

总用电量可按下式计算

$$P = 1.05 \sim 1.10 \left(K_1 \frac{\sum P_1}{\cos\varphi} + K_2 \sum P_2 + K_3 \sum P_3 + K_4 \sum P_4 \right) \qquad (4-20)$$

式中　　　　P——供电设备总需要容量，kVA；

　　　　　　P_1——电动机额定功率，kW；

　　　　　　P_2——电焊机额定容量，kVA；

　　　　　　P_3——室内照明容量，kW；

　　　　　　P_4——室外照明容量，kW；

　　　　　$\cos\varphi$——电动机的平均功率因数（施工现场最高为 0.75～0.78，一般为 0.65～0.75）；

K_1、K_2、K_3、K_4——需要系数，见表 4-19。

单班施工时，最大用电负荷量以动力用电量为准，不考虑照明用电。

各种机械设备以及室外照明用电可参考有关定额。

表 4-19　　　　　　　　　　　　　　　　需要系数 K 值

用电名称	数量	需要系数		备注
		K	数　值	
电动机	3～10 台 11～30 台 30 台以上	K_1	0.7 0.6 0.5	如施工中需用电热时，应将其用电量计算进去。为使计算接近实际，式中各项用电根据不同性质分别计算
加工厂动力设备			0.5	
电焊机	3～10 台 10 台以上	K_2	0.6 0.5	
室内照明		K_3	0.8	
室外照明		K_4	1.0	

2. 选择电源

选择临时供电电源，通常有如下几种方案：

（1）完全由工地附近的电力系统供电，包括在全面开工之前把永久性供电外线工程做好，设置变电站。

（2）工地附近的电力系统能供应一部分，工地尚需增设临时电站以补充不足。

（3）利用附近的高压电网，申请临时加设配电变压器。

（4）工地处于新开发地区，没有电力系统时，完全由自备临时电站供给。

采取何种方案，须根据工程实际，经过分析比较后确定。通常将附近的高压电，经设在工地的变压器降压后，引入工地。

3. 确定变压器

变压器功率可由下式计算

$$P = \left(K \frac{\sum P_{\max}}{\cos\varphi} \right) \qquad (4 - 21)$$

式中　P——变压器输出功率，kVA；

　　　K——功率损失系数，取 1.05；

　$\sum P_{\max}$——各施工区最大计算负荷，kW；

　$\cos\varphi$——功率因数。

根据计算所得容量，从变压器产品目录中选用略大于该功率的变压器。

4. 确定配电导线截面积

配电导线要正常工作，必须具有足够的力学强度、耐受电流通过所产生的温升并且使得电压损失在允许范围内，因此，选择配电导线有以下三种方法：

（1）按机械强度确定。导线必须具有足够的机械强度以防止受拉或机械损伤而折断。在各种不同敷设方式下，导线按机械强度要求所必需的最小截面可参考有关资料。

（2）按允许电流强度选择。导线必须能承受负荷电流长时间通过所引起的温升。

1）三相四线制线路上的电流强度可按下式计算

$$I = \frac{KP}{\sqrt{3}V\cos\varphi} \qquad (4 - 22)$$

2）二线制线路上的电流强度可按下式计算

$$I = \frac{P}{V\cos\varphi} \qquad (4 - 23)$$

式中　I——电流强度，A；

　　　P——功率，W；

　　　V——电压，V；

　$\cos\varphi$——功率因数，临时管网取 0.7～0.75。

制造厂家根据导线的容许温升，制定了各类导线在不同的敷设条件下的持续容许电流值（详见建筑施工手册有关资料），选择导线时，导线中的电流不能超过此值。

（3）按容许电压降确定。导线上引起的电压降必须限制在一定限度内。配电导线的截面可用下式确定

$$S = \frac{\sum PL}{C\varepsilon} \qquad (4 - 24)$$

式中　S——导线断面积，mm²；

　　　P——负荷电功率或线路输送的电功率，W；

　　　L——送电线路的距离，m；

　　　C——系数，视导线材料、线路电压及配电方式而定；

ε——容许的相对电压降（即线路的电压损失百分比），照明电路中容许电压降不应超过 2.5%～5%。

所选用的导线截面应同时满足以上三项要求，即以求得的三个截面积中最大者为准，从导线的产品目录中选用线芯。通常在道路工地和给排水工地作业线比较长，导线截面由电压降选定；在建筑工地配电线路比较短，导线截面可由容许电流选定；在小负荷的架空线路中往往以机械强度选定。

第六节 施 工 总 平 面 图

施工总平面图是拟建项目施工场地的总布置图。它按照施工方案和施工总进度的要求，对施工现场的道路交通、材料仓库、附属企业、临时房屋、临时水电管线等做出合理的规划布置，从而正确处理全工地施工期间所需各项设施和永久建筑、拟建工程之间的空间关系。

一、施工总平面图设计的内容、原则、依据、步骤

（一）施工总平面图设计的内容

（1）建设项目施工总平面图上的全部地上、地下已有的和拟建的建筑物、构筑物以及其他设施的位置和尺寸。

（2）一切为全工地施工服务的临时设施的布置位置。包括：施工用地范围、施工用的各种道路；加工厂、制备站及有关机械的位置；各种建筑材料、半成品、构件的仓库和生产工艺设备主要堆场、取土弃土位置；行政管理房、宿舍、文化生活福利建筑等；水源、电源、变压器位置，临时给排水管线和供电、动力设施；机械站、车库位置等。

（3）永久性测量放线标桩位置。

（4）施工必备的安全、消防和环境保护设施布置。

对规模巨大的建筑项目，因其建设工期往往很长，应随着工程的进展，施工现场的面貌将不断改变。在这种情况下，应按不同阶段分别绘制若干张施工总平面图，或者根据工地的变化情况，及时对施工总平面图进行调整和修正，以便符合不同时期的需要。

（二）施工总平面图设计的原则

（1）在满足施工需要前提下，尽量减少施工用地，少占农田，使平面布置紧凑合理。

（2）合理组织运输，减少运输费用，保证运输方便通畅。

（3）施工区域的划分和场地的确定，应符合施工流程要求，尽量减少各专业工种和各工程之间的干扰。

（4）充分利用各种永久性建筑物、构筑物和原有设施为施工服务，降低临时设施的费用。

（5）尽量采用装配式施工设施，提高其安装速度。

（6）各种生产生活设施应便于工人的生产生活。

（7）满足安全防火、劳动保护的要求。

（三）施工总平面图设计的依据

（1）建设项目建筑总平面图、地形地貌图、区域规划图、竖向布置图、项目范围内有关的一切已有和拟建的各种设施位置。

（2）建设项目施工部署和主要建筑物施工方案。

（3）建设项目施工总进度计划、施工总质量计划和施工总成本计划。

（4）建设项目施工总资源计划和施工设施计划。

（5）建设项目施工用地范围和水电源位置，以及项目安全施工和防火标准。

（四）施工总平面图的设计步骤

1. 场外交通的引入

在设计全工地性施工总平面图时，必须从确定大宗材料、成品、半成品和生产工艺设备等运入施工现场的运输方式入手。当大宗材料由铁路运来时，必须要解决如何引入铁路专用线的问题；当大批材料是由水路运来时，应首先考虑原有码头的运用和是否增设专用码头的问题；当大批材料是由公路运入工地时，由于汽车线路可以灵活布置，因此，一般先布置场内仓库和加工厂，然后再布置场外交通的引入。

（1）铁路运输。当大量物资由铁路运入工地时，应首先解决铁路由何处引入及如何布置问题。一般大型工业企业、厂区内都设有永久性铁路专用线，通常可将其提前修建，以便为工程施工服务。但由于铁路的引入将严重影响场内施工的运输和安全，因此，铁路的引入应靠近工地一侧或两侧。仅当大型工地分为若干个独立的工区进行施工时，铁路才可引入工地中央。此时，铁路应位于每个工区的侧边。

（2）水路运输。当大量物资由水路运进现场时，应充分利用原有码头的吞吐能力。当需增设码头时，卸货码头不应少于两个，且宽度应大于 2.5m，一般用石或钢筋混凝土结构建造。

（3）公路运输。当大量物资由公路运进现场时，由于公路布置较灵活，一般先将仓库、加工厂等生产性临时设施布置在最经济合理的地方，再布置通向场外的公路线，从而解决好现场大型仓库、加工场与公路之间的相互关系。

2. 仓库与材料堆场的布置

通常考虑设置在运输方便、位置适中、运距较短并且符合安全防火要求的地方。并应区别不同材料、设备和运输方式来设置仓库与材料堆场。

（1）当采用铁路运输时，仓库通常沿铁路线布置，并且要留有足够的装卸前线。如果没有足够的装卸前线，必须在附近设置转运仓库。布置铁路沿线仓库时，应将仓库设置在靠近工地一侧，以免内部运输跨越铁路，同时仓库不宜设置在弯道处或坡道上。

（2）当采用水路运输时，一般应在码头附近设置转运仓库，以缩短船只在码头上的停留时间。

（3）当采用公路运输时，仓库的布置较灵活。一般中心仓库布置在工地中央或靠近使用的地方，也可以布置在靠近于外部交通连接处。砂石、水泥、石灰、木材等仓库或堆场宜布置在搅拌站、预制场和木材加工厂附近；砖、瓦和预制构件等直接使用的材料应该直接布置在施工对象附近，以免二次搬运。工业项目建筑工地还应考虑主要设备的仓库（或堆场），一般笨重设备应尽量放在车间附近，其他设备仓库可布置在外围或其他空地上。

3. 确定搅拌站和加工厂位置

各种加工厂布置均应以方便使用、安全防火、运输费用最少、不影响建筑安装工程施工的正常进行为原则。一般应将加工厂集中布置在同一个地区，且多处于工地边缘。各种加工厂应与相应的仓库或材料堆场布置在同一地区。

（1）混凝土搅拌站。根据工程的具体情况可采用集中、分散或集中与分散相结合的三种布置方式。当现浇混凝土浇注量大时，宜在工地设置混凝土搅拌站；当运输条件好时，以采用集中搅拌或选用商品混凝土最为有利；当运输条件较差时，以分散搅拌为宜。

（2）预制加工厂。一般设置在建设单位的空闲地带上，如材料堆场专用线转弯的扇形地带或场外临近处。

（3）钢筋加工厂。区别不同情况，采用分散或集中布置。对于需进行冷加工、对焊、点焊的钢筋和大片钢筋网，宜设置中心加工厂，其位置应靠近预制构件加工厂；对于小型加工件，利用简单机具成型的钢筋加工，可在靠近使用地点的分散的钢筋加工棚里进行。

（4）木材加工厂。要视木材加工的工作量、加工性质和种类决定是集中设置还是分散设置几个临时加工棚。一般原木、锯材堆场布置在铁路专用线、公路或水路沿线附近，木材加工场亦应设置在这些地段附近。锯木、成材、细木加工和成品堆放，应按工艺流程布置。

（5）砂浆搅拌站。对于工业建筑工地，由于砂浆使用量小且位置分散，可以分散设置在使用地点附近。

（6）金属结构、锻工、电焊和机修等车间。由于它们在生产上联系密切，应尽可能布置在一起。

4. 确定场内运输道路位置

根据各加工厂、仓库及各施工对象的相对位置，研究货物转运图，区分主要道路和次要道路，进行道路的规划。规划厂区内道路时，应考虑以下几点：

（1）合理规划临时道路与地下管网的施工程序。在规划临时道路时，应充分利用拟建的永久性道路，提前修建永久性道路或者先修路基并做简易路面，作为施工所需的道路，以达到节约投资的目的。若地下管网的图纸尚未出全，必须采取先施工道路，后施工管网的顺序时，临时道路就不能完全建造在永久性道路的位置，而应尽量布置在无管网地区或扩建工程范围地段上，以免开挖管道沟时破坏路面。

（2）保证运输通畅。道路应有两个以上进出口，道路末端应设置回车场地，且尽量避免临时道路与铁路交叉。厂内道路干线应采用环形布置，主要道路宜采用双车道，宽度不小于6m，次要道路宜采用单车道，宽度不小于3.5m。

（3）选择合理的路面结构。临时道路的路面结构类型，应当根据运输情况和运输工具的不同来定。一般场区外与省、市公路相连的干线，因其以后会成为永久性道路，因此，一开始就建成混凝土路面；场区内的干线和施工机械行驶路线，最好采用碎石级配路面，以利修补。场内支线一般为土路或砂石路。

5. 确定生活性施工设施位置

行政与生活临时设施包括办公室、汽车库、职工休息室、开水房、小卖部、食堂、俱乐部和浴室等。根据工地施工人数，可计算这些临时设施的建筑面积。应尽量利用建设单位的生活基地或其他永久建筑，不足部分另行按计划建造。

一般全工地性行政管理用房宜设在全工地入口处，以便对外联系；也可设在工地中间，便于全工地管理。工人用的福利设施应设置在工人较集中的地方，或工人必经之处。生活基地应设在场外，距工地500～1000m为宜。食堂可布置在工地内部或工地与生活区之间。

6. 确定临时水电管网及其他动力设施的位置

当有可以利用的水源、电源时，可以将水电从外面接入工地。沿主要干道布置干管、主线，然后与各用户接通。临时总变电站应设置在高压电引入处，不应放在工地中心；临时水池应放在地势较高处。

当无法利用现有水电时，为了获得电源，可在工地中心或工地中心附近设置临时发电设备，沿干道布置主线。为了获得水源可以利用地表水或地下水，并设置抽水设备和加压设备（简易水塔或加压泵），以便储水和提高水压。然后把水管接出，布置管网。

根据工程防火要求，应设立消防站。一船设置在易燃建筑物（木材、仓库等）附近，并须有通畅的出口和消防车道，其宽度不宜小于 6m，与拟建房屋的距离不得大于 25m，也不得小于 5m。沿道路布置消防栓时，其间距不得大于 100m，消防栓到路边的距离不得大于 2m。

7. 施工总平面图指标评价

一般在施工总平面图设计时，均可能有几个可行方案。为了从几个可行的施工总平面图方案中，选择出一个最优方案，通常采用的评价指标有：施工占地总面积、土地利用率、施工设施建造费用、施工道路总长度和施工管网总长度等。并在分析计算这些评价指标的基础上，对每个可行方案进行综合评价，从而得出最优施工总平面图。

8. 绘制正式施工总平面图

现场施工平面布置是一个系统工程，需要综合考虑，认真设计，反复修正，正确处理各项内容的相互关系，做到最优，然后绘制正式施工总平面图。另外，上述各设计步骤不是截然分开、各自孤立进行的，而是互相联系、互相制约的。应该指出，该图应采用标准图例进行绘制，标准图例可参见有关建筑施工手册，施工总平面图比例一般为 1∶1000 或 1∶2000。

二、施工总平面图的管理

在建设项目施工组织设计管理中，科学有效地进行施工平面图的管理，有其特别的现实意义。概括地讲，施工平面图的科学管理工作应作好：

1. 建立健全管理制度

建立统一的施工总平面图管理制度，划分施工总平面图的使用管理范围。实行场内、场外分区分片管理，要有专职管理人员，严格控制各种材料、构件、机具的位置、占用时间和占用面积。遵守管理制度，做到按章办事。

2. 实行动态管理

实行施工总平面图的动态管理，深入现场，定期对现场平面进行实录、复核，修正其不合理的地方，定期召开施工平面图执行检查会议，奖优罚劣，协调各单位关系。

3. 做好现场的清理和维护工作

在施工现场不准擅自拆迁建筑物和水电线路，不准随意挖断道路。大型临时设施和水电管路不得随意更改和移位。对各项临时设施要经常性维护检修，加强防火、保安和交通运输的管理。

4. 完工总结

完工清场后，要及时对施工总平面图的管理进行总结，写出总结材料。

工 程 应 用 案 例

【背景材料】

某超高层商贸楼工程位于市中心由三条道路围成的三角形地段内。有一栋 81 层（标准层 68 层）商贸办公楼 15.36 万 m²，一栋 33 层公寓楼 4.81 万 m²，一栋 5 层商场 3.25 万 m²。总建筑面积 26.97 万 m²。占地 2.453 万 m²。办公楼结构为钢与钢筋混凝土混合结构。

其中，核心筒为型钢混凝土结构，楼面为组合梁板结构，玻璃幕墙。商场和公寓楼为钢筋混凝土框架剪力墙结构。钢结构24 500吨，混凝土170 000m³。平面图和剖面图如图4-2所示。

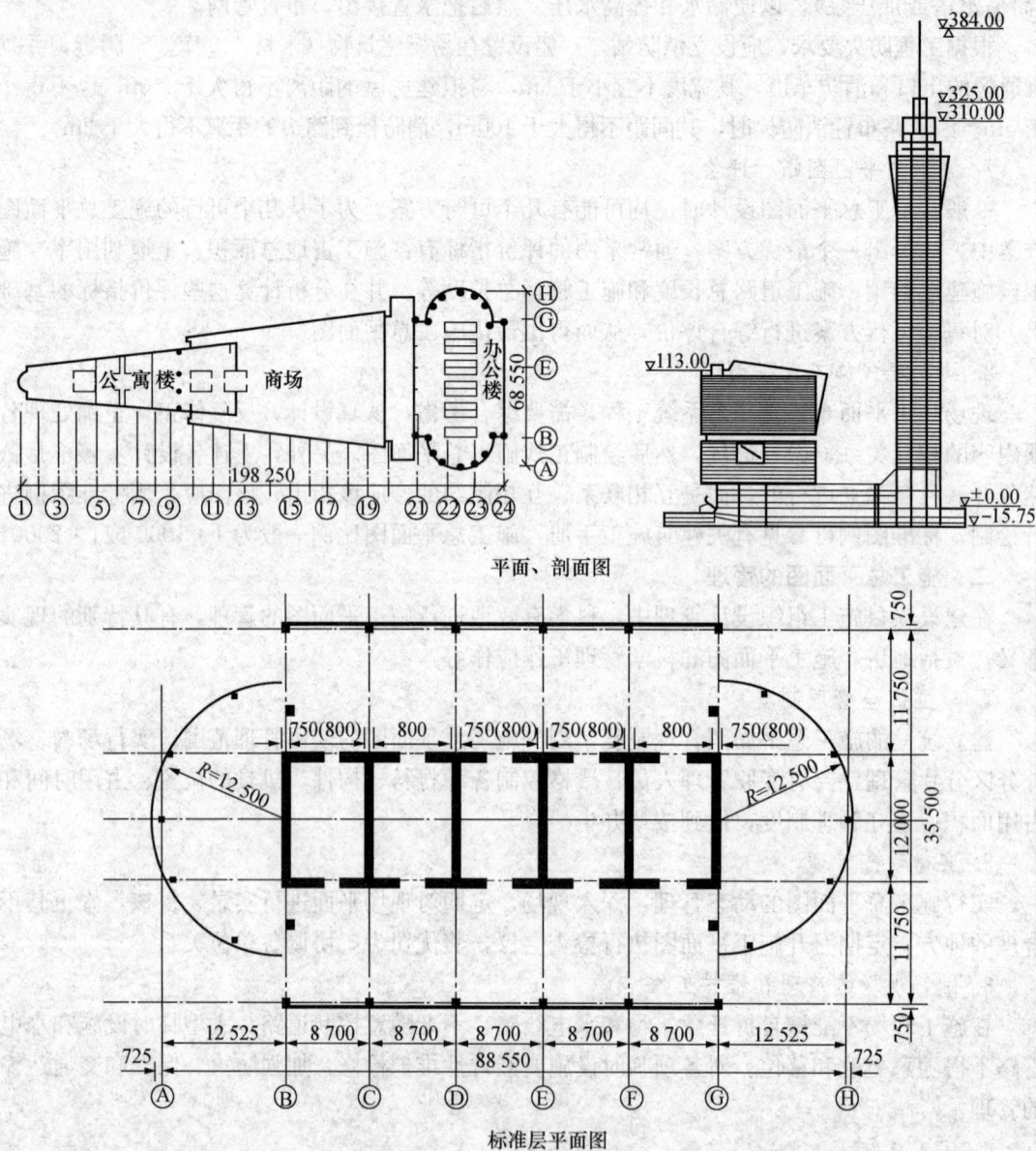

平面、剖面图

标准层平面图

图4-2　某超高层商贸楼工程平面、剖面和标准层平面示意图

一、问题

（1）试述施工总平面图设计理论。

（2）简述本工程的施工总平面图。

二、分析与解答

（一）施工总平面图设计理论

1. 施工总平面图设计原则

施工总平面图是建设项目或群体工程的施工布置图，由于栋号多、工期长、施工场地紧

张及分批交工的特点，使施工平面图设计难度大，应当坚持以下原则：

（1）在满足施工要求的前提下布置紧凑，少占地，不挤占交通道路。

（2）最大限度地缩短场内运输距离，尽可能避免二次搬运。物料应分批进场，大件置于起重机下。

（3）在满足施工需要的前提下，临时工程的工程量应该最小，以降低临时工程费。故应利用已有房屋和管线，永久工程前期完工的为后期工程使用。

（4）临时设施布置应利于生产和生活，减少工人往返时间。

（5）充分考虑劳动保护、环境保护、技术安全、防火要求等。

（6）施工总平面图的设计依据：设计资料，调查收集到的地区资料，施工部署和主要工程施工方案，施工总进度计划；资源需要量表；工地业务量计算参考资料。

2. 施工总平面图的设计步骤

施工总平面图的设计步骤是：引入场外交通道路→布置仓库→布置加工厂和混凝土搅拌站→布置内部运输道路→布置临时房屋→布置临时水电管线网和其他动力设施→绘制正式的施工总平面图。

3. 施工总平面图的设计要求

（1）场外交通道路的引入与场内布置。一般大型工业企业都有永久性铁路建筑，可提前修建为工程服务，但应恰当确定起点和进场位置，考虑转弯半径和坡度限制，有利于施工场地的利用。当采用公路运输时，公路应与加工厂、仓库的位置结合布置，与场外道路连接，符合标准要求。当采用水路运输时，卸货码头不应少于两个，宽度不应小于 2.5m，江河距工地较近时，可在码头附近布置主要加工厂和仓库。

（2）仓库的布置。一般应接近使用地点，其纵向宜与交通线路平行，装卸时间长的仓库应远离路边。

（3）加工厂和混凝土搅拌站的布置。总的指导思想是应使材料和构件的运输量小，有关联的加工厂适当集中。

（4）内部运输道路的布置。提前修建永久性道路的路基和简单路面为施工服务，临时道路要将仓库、加工厂、堆场和施工点贯穿起来。按货运量大小设计双行环行干道或单行支线，道路末端要设置回车场。路面一般为土路、砂石路或焦渣路。尽量避免临时道路与铁路、塔轨交叉，若必须交叉，其交叉角宜为直角，至少应大于 30°。

（5）临时房屋的布置。尽可能利用已建的永久性房屋为施工服务，不足时再修建临时房屋。临时房屋应尽量利用活动房屋。全工地行政管理用房宜设在全工地入口处。工人用的生活福利设施，如商店、俱乐部等，宜设在工人较集中的地方，或设在工人出入必经之处。工人宿舍一般宜设在场外，并避免设在低洼潮湿地及有烟尘等不利于健康的地方。食堂宜布置在生活区，也可视条件设在工地与生活区之间。

（6）临时水电管网和其他动力设施的布置。尽量利用已有的和提前修建的永久线路。临时总变电站应设在高压线进入工地处，避免高压线穿过工地。

临时水池、水塔应设在用水中心和地势较高处。管网一般沿道路布置，供电线路应避免与其他管道设在同一侧。主要供水、供电管线采用环状。孤立点可设枝状。管线穿过道路处均要套以铁管，一般电线用 φ51～φ76 管，电缆用 φ102 管，并埋入地下 0.6m 处过冬的临时水管须埋在冰冻线以下或采取保温措施。

排水沟沿道路布置，纵坡不小于 0.2%，通过道路处须设涵管，在山地建设时应有防洪设施。

消火栓间距不大于 120m，距拟建房屋不小于 5m，不大于 25m 距路边不大于 2m。各种管道间距应符合规定要求。

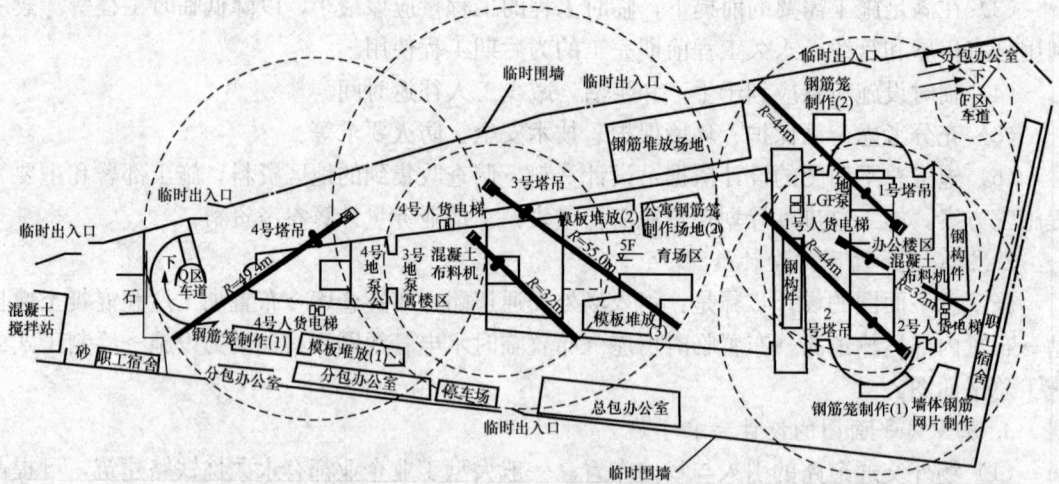

图 4-3 某超高层商贸楼工程上部结构施工阶段总平面布置图

（二）本工程的施工总平面图

本工程的施工总平面图见图 4-3。现将对图 4-3 所示某超高层商贸楼工程施工总平面图作简要介绍说明：

某超高层商贸楼工程办公楼东西两侧放置钢构件，南侧场地制作核心筒墙体钢筋网片；北侧部分场地用于制作钢筋网和钢筋骨架；东西两侧各安装 1 台双轿厢人货电梯；两台混凝土输送泵分布在首层和地下 1 层；办公楼南侧堆放压型钢板、冷轧带肋钢筋；车辆出入口在办公楼北侧；钢结构防火涂料在地下 1 层；地下 2 层布置一部分分包单位办公室和小型库房。

公寓楼施工时，南北各布置 1 台人货电梯；大模板堆放在公寓楼南侧和商场屋面的北侧；墙柱钢筋骨架的制作场地设在公寓楼北侧；梁和楼板钢筋堆放在公寓楼北侧；车辆出入口在公寓楼西段北侧；两台混凝土泵布置在地下 1 层。

复 习 思 考 题

1. 试述施工组织总设计编制的程序及依据。
2. 施工部署包括哪些内容？
3. 试述施工总进度计划的作用、编制的原则和方法。
4. 如何根据施工总进度计划编制各种资源供应计划？
5. 暂设工程包括哪些内容？如何进行组织？
6. 简述施工总平面图设计的步骤和方法。

第五章　单位工程施工组织设计

内容提要

本章主要介绍单位工程施工组织设计概述、施工方案设计、单位工程施工进度计划的编制、单位工程施工平面图设计等内容。在概述部分主要介绍单位工程施工组织设计的作用、编制依据和内容；施工方案设计部分主要介绍施工程序、施工起点和流向、施工顺序等的确定以及施工方法和施工机械的选择，并简单介绍施工方案的技术经济评价。在单位工程施工进度计划编制部分，主要介绍施工进度计划的作用、编制依据、施工进度计划的表示方法等。重点介绍单位工程施工进度计划编制的内容和步骤、资源需要量计划的编制等。在单位工程施工平面图设计中，介绍了单位工程施工平面图的设计内容、设计依据、设计原则、设计步骤等。

学习要求

（1）掌握单位工程施工组织设计的作用、编制依据和内容。

（2）掌握单位工程施工方案的设计，能够编制一般单位工程的施工方案。

（3）掌握单位工程施工进度计划编制的方法和步骤，能够编制一般单位工程的进度计划。

（4）掌握单位工程施工现场平面布置图设计，能够设计一般单位工程的施工平面图。

第一节　概　　述

单位工程施工组织设计是以单位工程为对象编制的，是规划和指导单位工程从施工准备到竣工验收全过程施工活动的技术经济文件，是施工组织总设计的具体化，也是施工单位编制季度、月份施工计划、分部（分项）工程施工方案及劳动力、材料、机械设备等供应计划的主要依据。它编制得是否合理对参加投标而能否中标和取得良好的经济效益起着很大的作用。本节主要介绍单位工程施工组织设计的作用、编制内容、编制依据、编制程序等。

一、单位工程施工组织设计的作用

单位工程施工组织设计的作用主要表现在以下几个方面：

（1）贯彻施工组织总设计的精神，具体实施施工组织总设计对该单位工程的规划安排。

（2）选择确定合理的施工方案，提出具体质量、安全、进度、成本保证措施，落实建设意图。

（3）编制施工进度计划，确定科学合理的各分部分项工程间的搭接配合关系，以实现工期目标。

（4）计算各种资源需要量，落实资源供应，做好施工作业准备工作。

（5）设计符合施工现场情况的平面布置图，使施工现场平面布置科学、紧凑、合理。

二、单位工程施工组织设计的内容

单位工程施工组织设计的内容，应根据工程的性质、规模、结构特点、技术复杂程度、施工现场的自然条件、工期要求、采用先进技术的程度、施工单位的技术力量及对采用新技术的熟悉程度来确定。对其内容和深度、广度的要求不强求一致，应以讲究实效、在实际施工中起指导作用为目的。

单位工程施工组织设计一般应包括以下内容：

（一）工程概况

工程概况是编制单位工程施工组织设计的依据和基本条件。工程概况可附简图说明。各种工程设计及自然条件的参数（如建筑面积、建筑场地面积、造价、结构型式、层数、地质条件、水、电等）可列表说明，一目了然，简明扼要。施工条件应着重说明资源供应、运输方案及现场特殊的条件和要求等。

（二）施工方案

施工方案是编制单位工程施工组织设计的重点。施工方案中应着重于各施工方案技术经济比较，力求采用新技术，选择最优方案。确定施工方案主要包括施工程序、施工流程及施工顺序的确定，主要分部工程施工方法和施工机械的选择，技术组织措施的制定等内容。尤其是对新技术选择要求更为详细。

（三）施工进度计划

施工进度计划主要包括：确定施工项目，划分施工过程，计算工程量、劳动量和机械台班量，确定各施工项目的作业时间，组织各施工项目的搭接关系并绘制进度计划图表等内容。

实践证明，应用流水作业理论和网络计划技术来编制施工进度能获得最优的效果。

（四）施工准备工作和各项资源需要量计划

该部分内容主要包括施工准备工作的技术准备、现场准备、物资准备及劳动力、材料、构件、半成品、施工机具需要量计划、运输量计划等内容。

（五）施工现场平面布置图

施工现场平面布置图主要包括起重运输机械位置的确定，搅拌站、加工棚、仓库及材料堆放场地的合理布置，运输道路、生产生活临时设施及供水、供电管线的布置等内容。

（六）主要技术组织措施

主要技术组织措施主要包括质量保证措施，保证施工安全措施，保证文明施工措施，保证施工进度措施，冬、雨季施工措施，降低成本措施，提高劳动生产率措施等内容。

（七）技术经济指标

主要包括：工期指标、质量和安全指标、降低成本指标和节约材料指标等内容。

以上七项内容中，以施工方案、施工进度计划、施工平面图三项最为关键，它们分别规划了单位工程施工中的技术与组织、时间、空间三大要素，在单位工程施工组织设计中，应着力研究筹划，以期达到科学合理适用。对于一般常见的建筑结构类型且规模不大的单位工程，施工组织设计可以编制得简单一些。即主要内容有：施工方案、施工进度计划和施工平面图，并辅以简要的说明。

三、单位工程施工组织设计的编制依据

单位工程施工组织设计的编制依据主要有以下几个方面的内容：

（一）上级主管单位和建设单位对本工程的要求

这方面内容主要包括：上级主管单位对本工程的范围和内容的批文及招投标文件，建设单位提出的某些特殊施工技术的要求、采用何种先进技术。施工合同中规定的开、竣工日期、质量要求、工程造价，工程价款的支付、结算方式等。

（二）施工组织总设计

当单位工程属于某个建设项目时，要根据施工组织总设计的既定条件和要求来编制该单位工程的施工组织设计。

（三）经过会审的施工图

经过会审的全套施工图纸、会审记录及采用的标准图集等有关技术资料。对于较复杂的工业厂房，还要有设备、电器和管道等的图纸。

（四）建设单位对工程施工可能提供的条件

建设单位可能提供的条件包括：临时设施、施工用水、用电的供应量，水压、电压能否满足施工要求。

（五）资源供应情况

施工中所需劳动力、各专业工人数，材料、构件、半成品的来源，运输条件、运距、价格及供应情况，施工机具的配备及生产能力等。

（六）施工现场的勘察资料

这方面包括：施工现场的地形、地貌，地上与地下障碍物，地形图和测量控制网，工程地质和水文地质，气象资料和交通运输等方面的资料。

（七）工程预算文件及有关定额

应有详细的分部、分项工程量，必要时应有分层、分段或分部位的工程量及预算定额和施工定额。

（八）工程施工协作单位的情况

工程施工协作单位的资质、技术力量、设备进场安装时间等。

（九）国家的有关规定和标准

采用国家现行的施工及验收规范、质量评定标准及安全操作规程等。

（十）其他

另外，其他有关参考资料及类似工程的施工组织设计实例。

四、单位工程施工组织设计的编制程序

单位工程施工组织设计的编制程序是指单位工程施工组织设计各个组成部分的先后次序以及相互制约的关系。单位工程施工组织设计的编制程序、内容，如图 5-1 所示。

五、工程概况及其特点分析

单位工程施工组织设计中的工程概况，是对拟建工程的工程特点、建设地点特征、施工条件、施工特点、组织机构等所做的一个简要而又突出重点的文字描述。对于建筑、结构不复杂及规模不大的拟建工程，其工程概况也可采用表格的形式。

为了弥补文字叙述或表格介绍工程概况的不足，一般需要附上拟建工程平、立、剖面简图，图中注明轴线尺寸、总长、总宽、总高、层高等主要建筑尺寸，细部构造尺寸不需注

```
┌─────────────────────────────────┐
│  调查研究、收集相关资料，熟悉会审图纸  │
└─────────────────────────────────┘
                 ↓
        ┌─────────────────┐
        │   确定施工规划目标   │
        ├──────┬──────┬─────┤
        │ 成本 │ 进度 │ 质量 │
        └──────┴──────┴─────┘
                 ↓
         ┌───────────────┐
         │   计算工程量    │
         └───────────────┘
                 ↓
        ┌─────────────────┐
        │ 选择施工方案和施工方法 │
        └─────────────────┘
                 ↓
        ┌─────────────────┐
        │   编制施工进度计划   │
        └─────────────────┘
                 ↓
┌────────────────────┬────────────────────────┬──────────────────┐
│ 编制施工机具、设备需要量计划 │ 编制材料、构件、加工品需要量计划 │ 编制劳动力需要量计划 │
└────────────────────┴────────────────────────┴──────────────────┘
                 ↓
        ┌─────────────────┐
        │ 确定临时生产、生活设施 │
        └─────────────────┘
                 ↓
        ┌───────────────────┐
        │ 确定临时供水、供电、供热管线 │
        └───────────────────┘
                 ↓
         ┌───────────────┐
         │   编制运输计划   │
         └───────────────┘
                 ↓
        ┌─────────────────┐
        │  编制施工准备工作计划  │
        └─────────────────┘
                 ↓
         ┌───────────────┐
         │   设计施工平面图  │
         └───────────────┘
                 ↓
        ┌─────────────────┐
        │  制定主要技术组织措施  │
        └─────────────────┘
                 ↓
        ┌─────────────────┐
        │  计算技术经济指标   │
        └─────────────────┘
                 ↓
         ┌───────────────┐
         │    检查汇总    │
         └───────────────┘
                 ↓
            ┌───────┐
            │  审批  │
            └───────┘
```

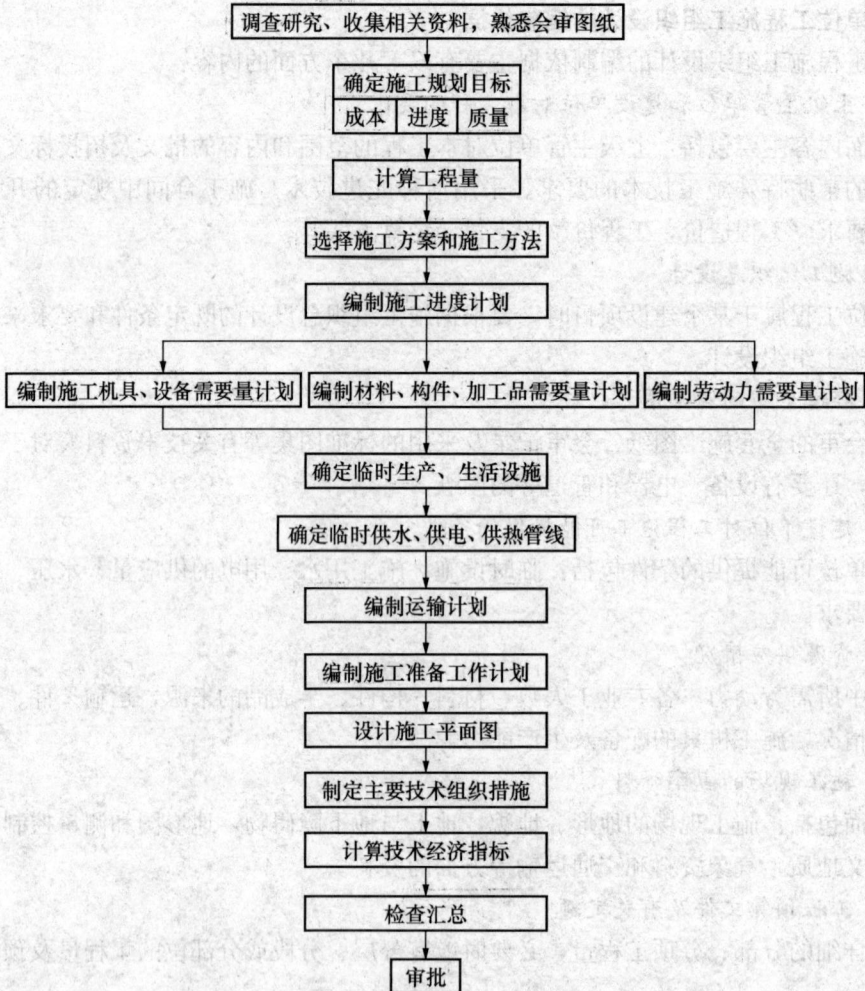

图 5-1　单位工程施工组织设计的编制程序

明，图形简洁明了。一般还需附上主要工程量一览表，见表 5-1。

表 5-1　　　　　　　　　　主 要 工 程 量 一 览 表

序号	分部分项工程名称	工程量		序号	分部分项工程名称	工程量	
		单位	数量			单位	数量
1				6			
2				7			
3				8			
4				9			
5				…			

　　工程概况中要针对工程特点，结合调查资料进行分析研究，找出关键性的问题加以说明。对新材料、新结构、新工艺的施工特点应着重说明。

（一）工程建设概况

主要介绍：拟建工程的建设单位，工程名称、性质、用途、作用和建设目的，资金来源及工程投资额，开、竣工日期，设计单位、监理单位、施工单位，施工图纸情况，施工合同，主管部门的有关文件或要求，以及组织施工的指导思想等。

（二）建筑设计特点

主要介绍：拟建工程的建筑面积，平面形状和平面组合情况，层数、层高、总高度、总长度和总宽度等尺寸及室内、外装饰要求的情况，并附有拟建工程的平面、立面、剖面简图。

（三）结构设计特点

主要介绍：基础构造特点及埋置深度，设备基础的形式，桩基础的根数及深度，主体结构的类型，墙、柱、梁、板的材料及截面尺寸，预制构件的类型、重量及安装位置，楼梯构造及型式等。

（四）设备安装工程设计特点

主要介绍：建筑采暖卫生与煤气工程、建筑电气安装工程、通风与空调工程、电梯安装工程的设计要求。

（五）工程施工特点

主要介绍：工程施工的重点所在，不同类型的建筑、不同条件下的工程施工，均有其不同的施工特点，如砖混结构住宅建设的施工特点是砌砖和抹灰工程量大、水平与垂直运输量大等。又如现浇钢筋混凝土高层建筑的施工特点主要有结构和施工机具设备的稳定性要求高等问题的解决等。

（六）建设地点特征

主要包括拟建工程的位置、地形，工程地质和水文地质条件；不同深度的土壤分析；冻结时间与冻土深度；地下水位与水质；气温；冬雨期起止时间；主导风向与风力；地震烈度等特征。

（七）施工条件

主要包括：水、电、道路及场地平整的"三通一平"情况；施工现场及周围环境情况；当地的交通运输条件；材料、预制构件的生产及供应情况；施工机械设备的落实情况；劳动力，特别是主要施工项目的技术工种的落实情况；内部承包方式、劳动组织形式及施工管理水平；现场临时设施的解决等。

（八）项目组织机构

主要说明：建筑业企业对拟建工程实行项目管理所采取的组织形式、人员配备等情况。选择项目组织时应考虑：项目性质、施工企业类型、企业人员素质、企业管理水平等因素。一般常用的项目组织形式有：工作队式、部门控制式、矩阵式、事业部式等。适用的项目组织机构有利于加强对拟建工程的工期、质量、安全、成本等的管理，使管理渠道畅通、管理秩序井然，便于落实责任、严明考核和奖罚。

第二节　施　工　方　案　设　计

施工方案与施工方法是单位工程施工组织设计的核心问题，是单位工程施工组织设计中带有决策性的重要环节，是决定整个工程全局的关键。施工方案的合理与否，直接影响到工程进度、施工平面布置、施工质量、安全生产和工程成本等。

一般来说，施工方案的设计包括：确定施工流向和施工程序；确定各施工过程的施工顺序；主要分部分项工程的施工方法和施工机械选择；单位工程施工的流水组织；主要的技术组织措施等。

一、确定施工流向

施工流向是指一个单位工程（或施工过程）在平面上或空间上开始施工的部位及其进展方向。它主要解决一个建筑物（或构筑物）在空间上的合理施工顺序问题。

对于生产厂房（单层建筑物）可按其车间、工段等分区分段地确定出在平面上的施工流向；对于多层房屋，除确定每层的施工流向外，还需确定其层间或单元空间上的施工流向。

施工流向的确定，涉及一系列施工过程的开展和进展，是施工组织的重要环节。为此在确定施工流向时应考虑以下几个因素：

1. 生产工艺流程

这是确定施工流向的关键因素。一般对生产工艺上影响其他工段试车投产的或生产使用上要求急的工段、部位先安排施工。如工业厂房内要求先试车生产的工段应先施工。

2. 建设单位对生产和使用的要求

根据建设单位的要求对生产和使用急需的工段先施工，这往往是确定施工流向的基本因素，也是施工单位全面履行合同条款的应尽义务。如高层宾馆、饭店等，可以在主体结构施工到一定层数后，即进行地面上若干层的设备安装与室内外装修。

3. 技术复杂、工期长的区段先行施工

单位工程各部分的繁简程度不同，一般对技术复杂、新结构、新工艺、新材料、新技术、工程量大、工期较长的工段或部位先施工。如高层框架结构先施工建筑主楼部分，后施工群房部分。

4. 工程现场条件和施工方法、施工机械

工程现场条件，如施工场地的大小、道路布置等，以及采用的施工方法和施工机械，是确定施工起点和流向的主要因素。如当选定了挖土机械和垂直运输机械后，这些机械的开行路线或布置位置就决定了基础挖土和结构吊装的施工起点流向。

5. 房屋的高低层或高低跨和基础的深浅

在高低跨并列的单层工业厂房结构安装中，柱的吊装从并列处开始；在高低跨并列的多层建筑中，层数高的区段常先施工；屋面防水层施工应按先高后低的方向施工，同一屋面则由檐口到屋脊方向施工；基础有深浅时，应按先深后浅的顺序施工。

6. 施工组织的分层分段

划分施工层、施工段的部位也是决定施工起点流向时应考虑的因素。在确定施工流向的分段部位时，应尽量利用建筑物的伸缩缝、沉降缝、抗震缝、平面有变化处和留槎接缝不影响结构整体性的部位，且应使各段工程量大致相等，以便组织有节奏流水施工，并应使施工段数与施工过程数相协调，避免窝工；还应考虑分段的大小应与劳动组织（或机械设备）及其生产能力相适应，保证足够的工作面，便于操作，提高生产效率。

7. 分部分项工程的特点及其相互关系

各分部分项工程的施工起点流向有其自身的特点。如一般基础工程由施工机械和方法决定其平面的施工起点流向；主体结构从平面上看，一般从哪一边先开始都可以，但竖向一般应自下而上施工；装饰工程竖向的施工起点流向比较复杂，室外装饰一般采用自上而下的流向，室内装饰则可采用自上而下、自下而上、自中而下再自上而中三种流向。密切相关的分部分项工程，如果前面施工过程的起点流向确定了，则后续施工过程也就随之而定了。如单层工业厂房的土方工程的起点流向决定了柱基础、某些构件预制、吊装施工过程的起点流向。

下面以多层建筑物室内装饰工程为例加以说明。

（1）室内装饰工程采用自上而下的施工流向。这通常是指主体结构封顶、做好屋面防水层后，室内装饰从顶层开始逐层向下进行。其施工起点流向如图5-2所示，有水平向下和垂直向下两种情况，施工中一般采用图5-2（a）所示水平向下的方式较多。这种施工流向的优点是主体结构完成后，有一定的沉降时间，沉降变化趋于稳定，能保证装饰工程的质量；做好屋面防水层后，可防止雨水或施工用水渗漏而影响装饰工程质量；再者，自上而下的流水施工，各工序之间交叉少，便于组织施工，也便于从上而下清理垃圾。其缺点是不能与主体施工搭接，工期相应较长。

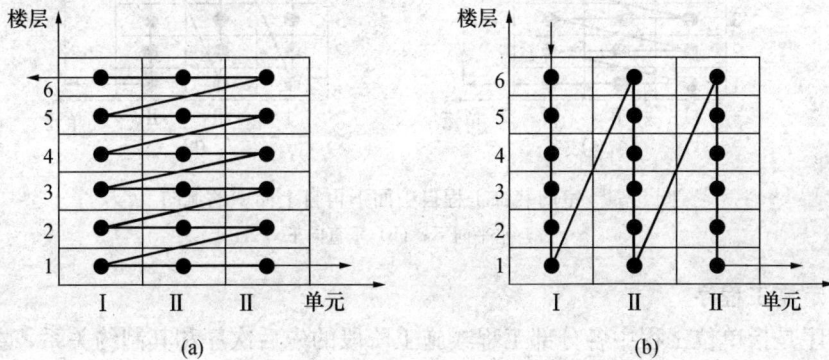

图5-2 室内装饰工程自上而下的流向
（a）水平向下；（b）垂直向下

（2）室内装饰工程采用自下而上的施工流向。这通常是指当主体结构施工完第三或四层以上时，装饰工程从第一层开始，逐层向上进行。其施工流向如图5-3所示，有水平向上和垂直向上两种情况。这种施工流向的优点是可以与主体结构平行搭接施工，故工期较短，当工期紧迫时可考虑采用这种流向。其缺点是：工序之间交叉多，材料机械供应密度增大，需要很好的组织施工、加强管理，采取有效的安全措施；当采用预制楼板时，为防止雨水或施工用水从上层板缝渗漏而影响装饰工程质量，应先做好上层地面再做下层顶棚抹灰。

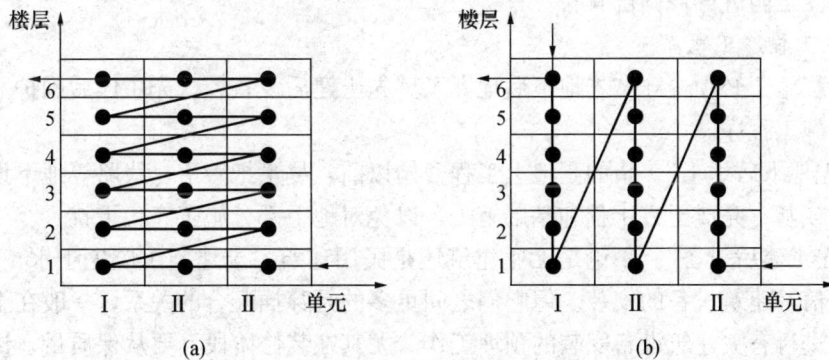

图5-3 室内装饰工程自下而上的流向
（a）水平向上；（b）垂直向上

（3）室内装饰工程采用自中而下再自上而中的施工流向。它综合了前两者的优点，一般适用于高层建筑的室内装饰施工。其施工起点流向如图5-4所示。

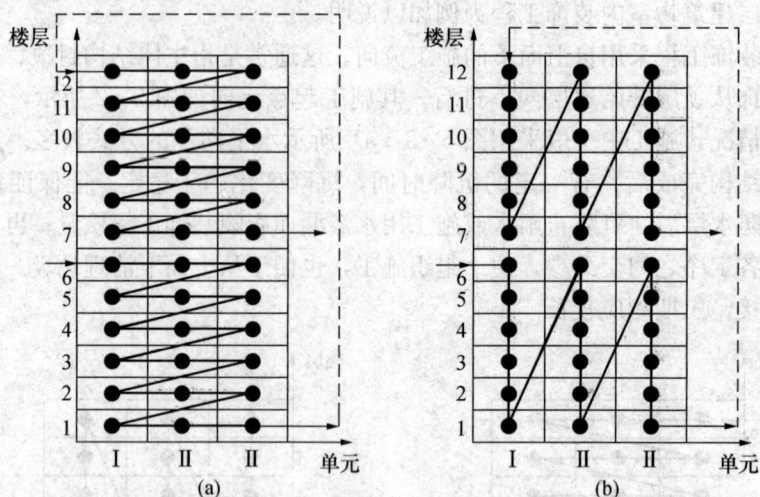

图5-4　室内装饰工程自中而下再自上而中的流向
(a) 水平向下；(b) 垂直向下

二、确定施工程序

施工程序是指单位工程中各分部工程或施工阶段的先后次序和其制约关系，主要是解决时间搭接上的问题。确定时应注意以下几点：

1. 施工准备工作

单位工程开工前必须做好一系列准备工作，尤其是施工现场的准备工作。在具备开工条件后，还应写出开工报告，经上级审查批准后方可开工。

单位工程的开工条件是：施工图纸经过会审并有记录；施工组织设计已批准并进行交底；施工合同已签订且执照已办理；施工图预算和施工预算已编制并审定；现场障碍物已清除且"三通一平"已基本完成；永久性或半永久性坐标和水准点已设置；材料、构件、机具、劳动力安排等已落实并能按时进场；各项临时设施已搭设并能满足需要；现场安全宣传牌已树立；安全防火等设施已具备。

2. 单位工程施工程序

单位工程施工必须遵守"先地下后地上"、"先土建后设备"、"先主体后围护"、"先结构后装修"的施工程序。

（1）"先地下后地上"。指的是地上工程开始以前，尽量把管道、线路等地下设施敷设完毕，并完成或基本完成土方工程和基础施工，以免对地上部分施工产生干扰。

（2）"先土建后设备"。不论是工业建筑还是民用建筑，土建施工应先于水、暖、煤气、电、卫、通信等建筑设备的安装。但它们之间更多的是穿插配合的关系，一般在土建施工的同时要配合进行有关建筑设备安装的预埋工作。尤其在装修阶段，要从保质量、讲成本的角度，处理好相互之间的关系。

（3）"先主体后围护"。主要是指先施工框架主体结构，后施工围护结构。

（4）"先结构后装修"。针对一般情况而言。有时为了缩短工期，也可以部分搭接施工。

如在冬季施工之前，应尽可能完成土建和围护结构的施工，以利于施工中的防寒和室内作业的开展；又如大板建筑施工，大板承重结构部分和某些装饰部分宜在加工厂同时完成。

3. 土建施工与设备安装的施工程序

在工业厂房的施工中，除了完成一般工程外，还要完成工艺设备和工艺管道的安装工程。一般来说，有以下三种施工程序：

（1）封闭式施工法。先建造厂房基础，安装结构，而后进行设备基础的施工。当设备基础不大，设备基础对厂房结构的稳定无影响，而且在冬、雨季施工时比较适用此方法。

这种方法的优点：由于土建工作面大，因而加快了施工速度，有利于预制和吊装方案的合理选择；由于主体工程先完成，所以设备基础施工不受气候的影响；可利用厂房吊车梁为设备基础施工服务。这种方法的缺点：出现重复工作，如挖基槽、回填土等施工过程；设备基础施工条件差，而且拥挤；不能提前为设备安装提供工作面，工期较长。

（2）敞开式施工法。先对厂房基础和设备基础进行施工，而后对厂房结构进行安装。此方法对于设备基础较大较深，基坑挖土范围与柱基础的基坑挖土连成一片，或深于厂房柱基础，而且在厂房所建地点的土质不好时比较适用。

敞开式施工的优缺点与封闭式施工的优缺点正好相反。

（3）设备安装与土建施工同时进行。这是当土建施工为设备安装创造了必要条件，同时能防止设备被砂浆、建筑垃圾等污染的情况下，所适宜采用的施工程序。如建造水泥厂的施工。

三、确定施工顺序

施工顺序是指各施工过程之间施工的先后次序。它既要满足施工的客观规律，又要合理解决好各工种之间在时间上的搭接问题。

（一）确定施工顺序的基本原则

1. 符合施工工艺的要求

这种要求反映施工工艺上存在的客观规律和相互制约关系，一般是不能违背的。例如：基础工程未做完，其上部结构就不能进行；浇筑混凝土必须在安装模板、钢筋绑扎完成，并经隐蔽工程验收后才能开始。

2. 与施工方法协调一致

例如，在装配式单层工业厂房的施工中，如果采用分件吊装法，施工顺序是先吊柱，再吊梁，最后吊一个节间的屋架和屋面板。

3. 考虑施工组织的要求

施工顺序可能有几种方案时，就应从施工组织的角度，进行分析、比较，选择经济合理，有利于施工和开展工作的方案。例如，有地下室的高层建筑，其地下室地面工程可以安排在地下室顶板施工前进行，也可以在顶板铺设后施工。从施工组织方面考虑，前者施工较方便，上部空间宽敞，可利用吊装机械直接将地面施工用的材料吊到地下室；而后者，地面材料的运输和施工就比较困难了。

4. 考虑施工质量的要求

如屋面防水施工，必须等找平层干燥后才能进行，否则将影响防水工程的质量。

5. 考虑当地气候条件

如雨季和冬季到来之前，应先做完室外各项施工过程，为室内施工创造条件；冬季施工时，可先安装门窗玻璃，再做室内地面和墙面抹灰。

6．考虑安全施工的要求

如脚手架应在每层结构施工之前搭好。

（二）多层砖混结构的施工顺序

多层砖混结构的施工特点是：砌砖工程量大，装饰工程量大，材料运输量大，便于组织流水施工等。施工时，一般可分为基础、主体结构、屋面、装修和设备安装等施工阶段，其施工顺序如图5-5所示。

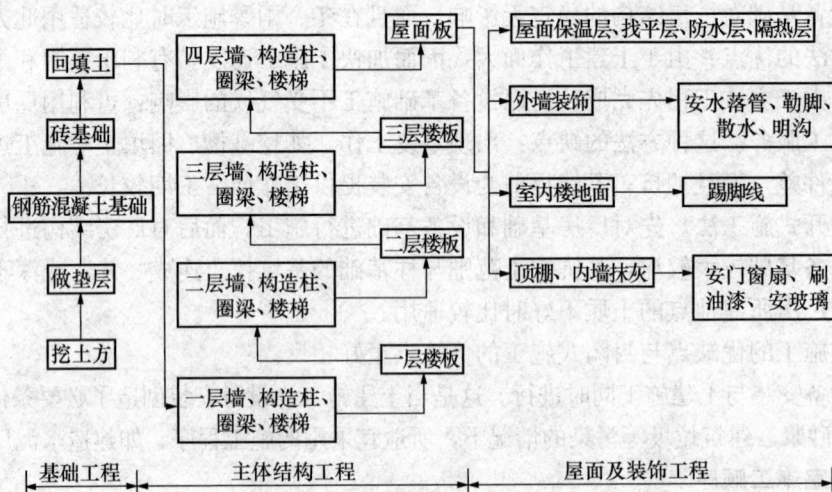

图5-5　多层砖混结构施工顺序示意图

1．基础工程的施工顺序

这个阶段的施工过程与施工顺序一般是：定位放线→挖基槽（机械、人工挖土）→做垫层→基础→做基础防潮层→回填土。如有桩基础，则应另列桩基工程。如有地下室，则在垫层完成后进行地下室底板、墙身施工，再做防水层，安装地下室顶板，最后回填土。

在组织施工时，应特别注意挖土与垫层的施工搭接要紧凑，时间不宜隔得太长，以防下雨后基槽（坑）内积水，影响地基的承载能力。还应注意垫层施工后的技术间隙时间，使其达到一定强度后，再进行后道工序的施工。各种管沟的挖土、铺设等应尽可能与基础施工配合，平行搭接施工。基槽（坑）回填土，一般在基础工程完成后一次分层夯填完毕，这样既避免了基槽遇雨水浸泡，又可以为后续工作创造良好的工作条件；当工程量较大且工期较紧时，也可将回填土分段与主体结构搭接进行，或安排在室内装修施工前进行。

2．主体结构工程的施工顺序

主体结构工程的施工，包括搭脚手架，墙体砌筑，安门窗框，安预制过梁，安装预制楼板，现浇盥洗间楼盖，现浇圈梁和雨篷，安装屋面板等。

这一阶段，应以墙体砌筑为主进行流水施工，根据每个施工段砌墙工程量、工人人数、垂直运输量和吊装机械效率等计算确定流水节拍的大小，而其他施工过程则应配合砌墙的流水，搭接进行。如脚手架的搭设和楼板铺设应配合砌墙进度逐段逐层进行；其他现浇构件的支模、扎筋可安排在墙体砌筑的最后一步插入，混凝土与现浇圈梁同时进行；各层预制楼梯段的安装必须与墙体砌筑和安装楼板紧密结合，与之同时或相继完成；若现浇楼梯，更应注意与楼层施工紧密配合，否则由于混凝土养护的需要，后道工序将不能如期进行，从而延长工期。

3. 屋面、装修、设备安装阶段的施工顺序

屋面保温层、找平层、防水层的施工应依次进行。刚性防水屋面的现浇钢筋混凝土防水层、分格缝施工应在主体结构完成后开始并尽快完成，以便为顺利进行室内装修创造条件。一般情况下，它可以和装修工程搭接或平行施工。

装修工程阶段的主要工作，可分为室外装修和室内装修两部分，其中室外装修包括：外墙抹灰、勾缝、勒脚、散水、台阶、明沟、水落管和道路等施工过程。室内装修包括：天棚、墙面、地面抹灰，门窗扇（框）安装，五金和各种木装修，踢脚线、楼梯踏步抹灰，玻璃安装，油漆，喷白浆等施工过程，其中抹灰工程为主导施工过程。由于其施工内容多，繁而杂，因而进行施工项目的适当合并，正确拟定装修工程的施工顺序和流向，组织好立体交叉搭接流水施工，显得十分重要。

室内抹灰在同一层内的顺序有两种：地面→天棚→墙面；天棚→墙面→地面。前一种顺序便于清理地面，地面质量易于保证，而且便于利用墙面和天棚的落地灰，以节约材料，但地面需要养护和采取保护措施，否则后道工序不能按时进行。后一种顺序应在做地面面层时将落地灰清扫干净，否则会影响地面的质量（产生起壳现象），而且地面施工用水的渗漏可能影响下一层墙面、天棚的抹灰质量。

底层地坪一般是在各层装修做好后施工。为保证质量，楼梯间和踏步抹灰往往安排在各层装修基本完成后进行。门窗扇的安装可在抹灰之前或之后进行，主要视气候和施工条件而定。宜先油漆门窗扇，后安装玻璃。

设备安装工程的施工可与土建有关分部分项工程交叉施工，紧密配合。例如：基础施工阶段，应先将相应的管沟埋设好，再进行回填土；主体结构施工阶段，应在砌墙或现浇楼板的同时，预留电线、水管等孔洞或预埋木砖或其他预埋件。

（三）高层框架结构建筑的施工顺序

高层框架结构建筑的施工，按其施工阶段划分，一般可以分为地基与基础工程、主体结构工程、屋面及装饰装修工程三个阶段，其施工顺序如图 5-6 所示。

1. 基础工程的施工顺序

高层现浇框架—剪力墙结构基础，若有地下室，且需地基处理时，基础工程的施工顺序一般为：土方开挖→地基处理→垫层→地下室底板防水及底板→地下室墙、柱、顶板→地下室外墙防水→回填土。

土方开挖时需注意防护和支护。如有桩基础时，还需确定打桩的施工顺序。对于大体积混凝土，还需确定分层浇筑施工顺序，并安排测温工作。施工时，应根据气候条件，加强对垫层和基础混凝土的养护，在基础混凝土达到拆模要求时及时拆模，并尽早回填土，为上部结构施工创造条件。

2. 主体结构工程的施工顺序

主体结构工程施工阶段的工作包括：安装垂直运输设施及搭设脚手架，每一层分段施工框架—剪力墙混凝土结构，砌筑围护结构墙体等。其中，每层每段的施工顺序为：测量放线→柱、剪力墙钢筋绑扎→墙柱设备管线预埋→验收→墙柱模板支设→验收→浇墙柱混凝土→养护拆模→梁板梯模板支设→测量放线→板底层筋绑扎→设备管线预埋敷设→验收→梁梯钢筋、板上层筋绑扎→验收→浇梁梯板混凝土→养护→拆模。柱、墙、梁、板、梯的支模、绑筋等施工过程的工程量大，耗用的劳动力、材料多，对工程质量、工期起着决定性作用。故

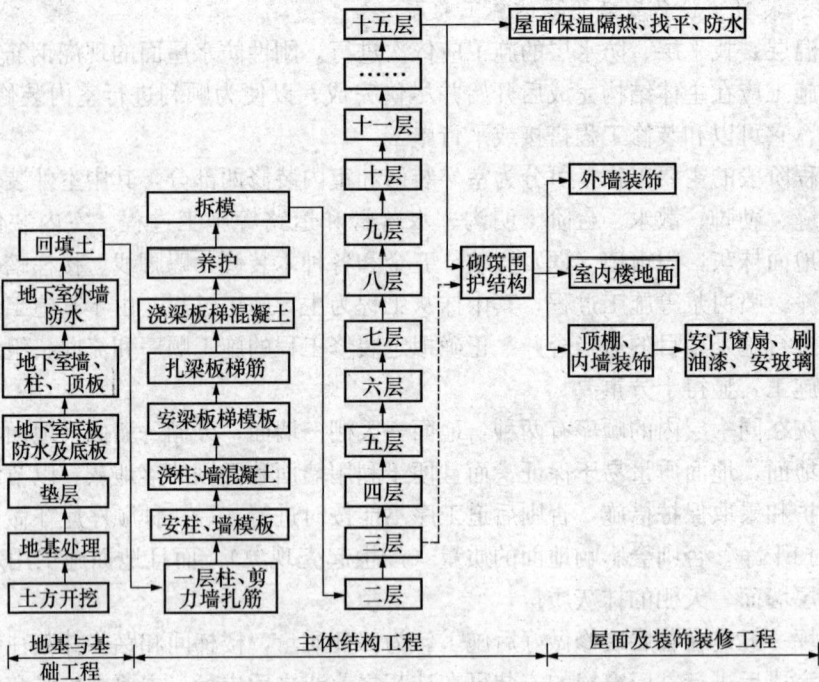

图 5-6　十五层现浇钢筋混凝土框架、剪力墙结构建筑施工顺序示意图

需将高层框架－剪力墙结构在平面上分段、在竖向上分层，组织流水施工。

砌筑围护结构墙体的施工包括：砌筑墙体、安门窗框、安预制过梁，现浇构造柱等工作。高层建筑砌筑围护结构墙体一般可安排在框架－剪力墙结构施工到 3～4 层（或拟建层数一半）后即插入施工，以缩短工期，为后续室内外装饰工程施工创造条件。

3. 屋面及装饰工程的施工顺序

屋面工程的施工顺序及其与室内外装饰工程的关系和砖混结构建筑施工顺序基本相同。高层框架－剪力墙结构建筑的装饰工程是综合性的系统工程，其施工顺序与砖混结构建筑施工顺序基本相同，但要注意目前装饰工程新工艺、新材料层出不穷，安排施工顺序时应综合考虑工艺、材料要求及施工条件等因素。施工前应预先完成与之交叉配合的水暖煤电卫等安装，尤其注意天棚内的安装未完成之前，不得进行天棚施工。施工时，先作样板或样板间，经与甲方监理共同检查认可后方可大面积施工，以保证施工质量。安排立体交叉施工或先后施工顺序时应特别注意成片保护。

（四）装配式单层工业厂房的施工顺序

装配式单层工业厂房的施工特点是：基础施工复杂，土石方工程量大，构件预制量大等。其施工一般分为基础工程、预制工程、结构安装工程、围护工程和装饰工程五个施工阶段。其施工顺序如图 5-7 所示。

1. 基础工程的施工顺序

基础工程的施工过程和顺序是：挖土→垫层→杯形基础（又可分为扎筋、支模、浇筑混凝土等）→回填土。

对厂房内的设备基础，应根据不同情况，采用封闭式或敞开式施工。封闭式施工，即先建造厂房基础，设备基础在结构吊装后再施工。这种施工方法适用于设备基础不大，埋深不

```
回填上 ← 层架预制、养护
  ↑
厂房柱基 → 结构安装 → 砌筑围护墙、圈梁、雨篷、门窗框
  ↑
做垫层 ← 柱预制、养护
  ↑
挖基坑
```

结构安装 → 砌筑围护墙、圈梁、雨篷、门窗框 →
- 层面找坡找平层、隔汽层、保温层、防水层、保护层、或使用面层
- 室外装饰、水落管、勒脚、散水、明沟
- 内墙装饰、室内地面、踢脚线
- 安门窗扇、油漆、刷白、安玻璃

| 基础工程 | 预制及养护工程 | 安装工程 | 围护工程 | 屋面及装饰工程 |

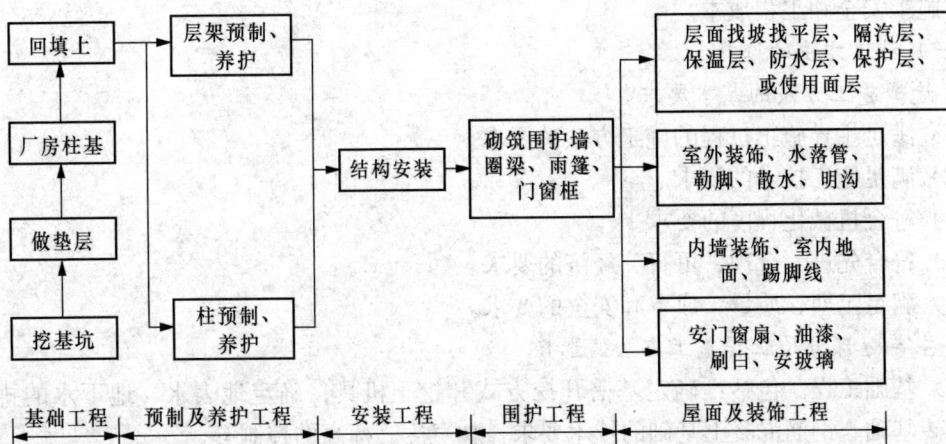

图 5-7　单层装配式厂房施工顺序示意图

超过厂房基础深度，或当厂房施工处于冬季或雨季时采用。敞开式施工，即厂房基础与设备基础同时施工。这种施工方法适用于设备基础较大较深的情形。当厂房所在地点土质不好时，往往采用先对设备基础进行施工的顺序。

2. 预制工程的施工顺序

通常对于重量较大、运输不便的大型构件，如柱、屋架、吊车梁等，采取在现场预制。可采用先屋架后柱或柱、屋架依次分批预制的顺序，这取决于结构吊装方法。现场后张法预应力屋架的施工顺序是：场地平整夯实→支模→扎筋→预留孔道→浇筑混凝土→养护→拆模→预应力钢筋张拉→锚固→灌浆。

3. 结构安装工程的施工顺序

吊装顺序取决于安装方法。若采用分件吊装时，施工顺序一般是：第一次吊装柱，并进行校正和固定；第二次吊装吊车梁、连系梁、基础梁等；第三次吊装屋盖构件。若采用综合吊装法时，施工顺序一般是：先吊装一、二个节间的 4～6 根柱，再吊装该节间内的吊车梁等构件，最后吊装该节间内的屋盖构件，如此逐间依次进行，直至全部厂房吊装完毕。抗风柱的吊装顺序一般有两种方法，一是在吊装柱的同时先安装该跨一端抗风柱，另一端则在屋架吊装完毕后进行；二是全部抗风柱的吊装均待屋盖吊装完毕后进行。

4. 围护工程的施工顺序

围护工程施工内容包括墙体砌筑、安装门窗框和屋面工程。墙体工程包括搭脚手架，内、外墙砌筑等分项工程。屋盖安装结束后，随即进行屋面灌浆嵌缝等的施工，与此同时进行墙体砌筑。脚手架应配合砌筑和屋面工程搭设，在室外装饰之后，做散水坡前拆除。

5. 装饰工程的施工顺序

装饰工程的施工又分为室内装饰和室外装饰。室内装饰工程包括地面、门窗扇、玻璃安装、油漆、刷白等分项工程；室外装饰工程包括勾缝、抹灰、勒脚、散水坡等分项工程。

单层厂房的装饰工程一般是与其他施工过程穿插进行。室外抹灰一般自上而下；室内地面施工前应将前道工序全部做完；刷白应在墙面干燥和大型屋面板灌缝之后进行，并在油漆开始之前结束。

四、选择施工方法与施工机械

正确地选择施工方法和施工机械是施工组织设计的关键。它直接影响着施工进度、工程

质量、施工安全和工程成本。

（一）施工方法的选择

1. 选择施工方法的基本要求

（1）满足主导施工过程的施工方法的要求。

（2）满足施工技术的要求。

（3）符合机械化程度的要求。

（4）符合先进、合理、可行、经济的要求。

（5）满足工期、质量、成本和安全的要求。

2. 主要分部分项工程施工方法的选择

（1）基础工程。包括：确定基槽开挖方式和挖土机具；确定地表水、地下水的排除方法；砌砖基础、钢筋混凝土基础的技术要求，如宽度、标高的控制等。

（2）砌筑工程。包括：砖墙的组砌方法和质量要求；弹线和皮数杆的控制要求；脚手架搭设方法和安全网的挂设方法等。

（3）钢筋混凝土工程。包括：选择模板类型和支模方法，必要时进行模板设计和绘制模板放样图；选择钢筋的加工、绑扎、连接方法；选择混凝土的搅拌、输送和浇筑顺序和方法，确定所需设备类型和数量，确定施工缝的留设位置；确定预应力混凝土的施工方法和其所需设备等。

（4）结构吊装工程。包括：确定结构吊装方法；选择所需机械，确定构件的运输和堆放要求，绘制有关构件预制布置图等。

（5）屋面工程。包括：屋面施工材料的运输方式、各道施工工序的操作要求等。

（6）装饰工程。包括：各种装修的操作要求和方式、材料的运输方式和堆放位置、工艺流程和施工组织确定等。

（二）施工机械的选择

施工方法的选择必然要涉及施工机械的选择，机械化施工作为实现建筑工业化的重要因素，施工机械的选择将成为施工方法选择的中心环节。在选择施工机械时应注意以下几点：

（1）首先选择主导施工过程的施工机械。根据工程的特点，决定最适宜的机械类型。如基础工程的挖土机械，可根据工程量的大小和工作面的宽度选择不同的挖土机械；主体结构工程的垂直、水平运输机械，可根据运输量的大小、建筑物的高度和平面形状以及施工条件，选择塔吊、井架、龙门架等不同机械。

（2）选择与主导施工机械配套的备种辅助机具。为了充分发挥主导施工机械的效率，在选择配套机械时，应使它们的生产能力相互协调一致，并能保证有效地利用主导施工机械。如在土方工程中，汽车运土应保证挖土机械连续工作；在结构安装中，运输机械应保证起重机械连续工作等。

（3）应充分利用施工企业现有的机械，并在同一工地贯彻一机多用的原则。

（4）提高机械化和自动化程度，尽量减少手工操作。

五、危险性较大工程专项施工方案的编制

根据 GB/T 50502—2009《建筑施工组织设计规范》和《危险性较大工程的分部分项工程安全管理方法》（建质〔2009〕87 号）的有关规定，对于达到一定规模、危险性较大的工程，需要单独编制专项施工方案。

（一）危险性较大的分部分项工程范围

1. 基坑支护、降水工程

开挖深度超过 3m（含 3m）或虽未超过 3m 但地质条件和周边环境复杂的基坑（槽）支护、降水工程。

2. 土方开挖工程

开挖深度超过 3m（含 3m）的基坑（槽）的土方开挖工程。

3. 模板工程及支撑体系

（1）各类工具式模板工程：包括大模板、滑模、爬模、飞模等工程。

（2）混凝土模板支撑工程：搭设高度 5m 及以上；搭设跨度 10m 及以上；施工总荷载 10kN/m² 及以上；集中线荷载 15kN/m 及以上；高度大于支撑水平投影宽度且相对独立且无连系构件的混凝土模板支撑工程。

（3）承重支撑体系：用于钢结构安装等满堂支撑体系。

4. 起重吊装及安装拆卸工程

（1）采用非常规起重设备、方法，且单件起吊重量在 10kN 及以上的起重吊装工程。

（2）采用起重机械进行安装的工程。

（3）起重机械设备自身的安装、拆卸。

5. 脚手架工程

（1）搭设高度 24m 及以上的落地式钢管脚手架工程。

（2）附着式整体和分片提升脚手架工程。

（3）悬挑式脚手架工程。

（4）吊篮脚手架工程。

（5）自制卸料平台、移动操作平台工程。

（6）新型及异型脚手架工程。

6. 拆除、爆破工程

（1）建筑物、构筑物拆除工程。

（2）采用爆破拆除的工程。

7. 其他

（1）建筑幕墙安装工程。

（2）钢结构、网架和索膜结构安装工程。

（3）人工挖扩孔桩工程。

（4）地下暗挖、顶管及水下作业工程。

（5）预应力工程。

（6）采用新技术、新工艺、新材料、新设备及尚无相关技术标准的危险性较大的分部分项工程。

危险性较大的分部分项工程安全专项施工方案，是指施工单位在编制施工组织设计的基础上，针对危险性较大的分部分项工程单独编制的安全技术措施文件。建设单位在申请领取施工许可证或办理安全监督手续时，应当提供危险性较大的分部分项工程清单和安全管理措施。施工单位、监理单位应当建立危险性较大的分部分项工程安全管理制度。

（二）危险性较大的分部分项工程既要编制专项施工方案，又要组织专家论证的范围

施工单位应当在危险性较大的分部分项工程施工前编制专项方案；对于超过一定规模的危险性较大的分部分项工程，施工单位应当组织专家对专项方案进行论证。

1. 深基坑工程

（1）开挖深度超过 5m（含 5m）的基坑（槽）的土方开挖、支护、降水工程。

（2）开挖深度虽未超过 5m，但地质条件、周围环境和地下管线复杂，或影响毗邻建筑（构筑）物安全的基坑（槽）的土方开挖、支护、降水工程。

2. 模板工程及支撑体系

（1）工具式模板工程：包括滑模、爬模、飞模工程。

（2）混凝土模板支撑工程：搭设高度 8m 及以上；搭设跨度 18m 及以上，施工总荷载 15kN/m^2 及以上；集中线荷载 20kN/m 及以上。

（3）承重支撑体系：用于钢结构安装等满堂支撑体系，承受单点集中荷载 700kN 以上。

3. 起重吊装及安装拆卸工程

（1）采用非常规起重设备、方法，且单件起吊重量在 100kN 及以上的起重吊装工程。

（2）起重量 300kN 及以上的起重设备安装工程；高度 200m 及以上内爬起重设备的拆除工程。

4. 脚手架工程

（1）搭设高度 50m 及以上落地式钢管脚手架工程。

（2）提升高度 150m 及以上附着式整体和分片提升脚手架工程。

（3）架体高度 20m 及以上悬挑式脚手架工程。

5. 拆除、爆破工程

（1）采用爆破拆除的工程。

（2）码头、桥梁、高架、烟囱、水塔或拆除中容易引起有毒有害气（液）体或粉尘扩散、易燃易爆事故发生的特殊建、构筑物的拆除工程。

（3）可能影响行人、交通、电力设施、通信设施或其他建、构筑物安全的拆除工程。

（4）文物保护建筑、优秀历史建筑或历史文化风貌区控制范围的拆除工程。

6. 其他

（1）施工高度 50m 及以上的建筑幕墙安装工程。

（2）跨度大于 36m 及以上的钢结构安装工程；跨度大于 60m 及以上的网架和索膜结构安装工程。

（3）开挖深度超过 16m 的人工挖孔桩工程。

（4）地下暗挖工程、顶管工程、水下作业工程。

（5）采用新技术、新工艺、新材料、新设备及尚无相关技术标准的危险性较大的分部分项工程。

（三）危险性较大工程专项施工方案的主要内容

对于危险性较大工程专项施工方案的编制，必须按要求严格履行编制、审核、审批程序，方案的内容要做到全面、具体、科学、安全、可行。

（1）基坑（槽）施工方案的主要内容应包括：现场工况；放坡要求；支护结构设计；机械选择；开挖时间；开挖顺序；分层开挖深度；坡道位置；车辆进出道路；降水措施及监测

要求等。

（2）模板工程方案的主要内容应包括：工程概况；绘制模板设计图；根据施工条件确定荷载，对模板结构进行强度、刚度和稳定性验算；制订模板结构安装与拆除的程序与方法；预埋件与预留孔的处理方法；保证混凝土浇筑与振捣安全方便的措施；冬期施工的保温措施；模板周转使用计划；模板及配件加工计划；施工安全与防火技术措施等。

（3）临时用电工程方案的主要内容应包括：工程概况；现场环境；电源进线、变电所或配电室、配电装置、用电设备位置及线路走向；电力负荷计算；变压器选择；配电系统设计；临时用电工程总平面图、配电装置布置图、配电系统接线图、接地装置设计图；防雷装置设计；安全用电措施和防火措施等。

（4）扣件式钢管脚手架方案的主要内容应包括：现场工况；基础处理；搭设要求；杆件间距；连墙件设置位置、连接方法；安拆作业程序及保证安全的技术措施；施工详图及节点大样图等。脚手架的搭设高度超过规范规定的，要进行相应的计算。

（5）塔吊安拆方案的主要内容应包括：现场工况；安全施工作业程序；安拆人员的数量及工作位置；配合作业的起重机类型及工作位置；地锚的埋设；索具的准备；现场作业环境的安全防护等。

（6）起重吊装方案的主要内容应包括：现场工况；安全施工工艺；起重机械的选型依据；起重扒杆的设计计算；地锚设计；钢丝绳及索具的设计选用；地耐力及道路的要求；构件堆放就位图；吊装过程中的各种安全防护措施等。

（四）危险性较大工程专项施工方案的管理

（1）建筑工程实行施工总承包的，专项施工方案应当由施工总承包单位组织编制。其中，起重机械安装拆卸工程、深基坑工程、附着式升降脚手架等专业工程实行分包的，专项施工方案应当由专业承包单位组织编制。施工单位应当在危险性较大的分部分项工程施工前编制专项施工方案。

（2）专项施工方案应当由施工单位技术部门组织本单位施工技术、安全、质量等部门的专业技术人员进行审核，经审核合格的，由施工单位技术负责人签字。实行施工总承包的，专项施工方案应当由施工总承包单位技术负责人及相关专业承包单位技术负责人签字。专项施工方案经施工单位审核合格后报监理单位，由项目总监理工程师审核签字后实施。

（3）超过一定规模的危险性较大的分部分项工程专项施工方案应当由施工单位组织召开专家论证会。实行施工总承包的，由施工总承包单位组织召开专家论证会。

专家论证会的人员要求：专家组成员由建设单位项目负责人或技术负责人，监理单位项目总监理工程师及相关人员，施工单位分管安全负责人、技术负责人、项目负责人、项目技术负责人、专项施工方案编制人员、项目专职安全生产管理人员，勘察、设计单位项目技术负责人及相关人员。专家组成员应当由5名及以上符合相关专业要求的专家组成，本项目参建各方人员不得以专家身份参加专家论证会。

专家论证的主要内容：专项施工方案内容是否完整、可行；专项施工方案计算书和验算依据是否符合有关标准规范；安全施工的基本下文条件是否满足现场实际情况。专项施工方案经论证后，专家组应当提交论证报告，对论证的内容提出明确的意见，并在论证报告上签字。施工单位应当根据论证报告修改完善专项方案，并经施工单位技术负责人、项目总监理工程师、建设单位项目负责人签字后，方可组织实施。实行施工总承包的，应当由施工总承包单位、相关专业承包单位技术负责人签字。专项方案经论证后需做重大修改的，施工单位应当按照论证报告修改，并重新组织专家进行论证。施工单位应当严格按照专项方案组织施工，不得擅自修改、调整专项方案。

六、主要施工管理计划的编制

《建筑施工组织设计规范》中对施工管理计划的编制进行了明确的要求，其主要内容应包括：进度管理计划、质量管理计划、安全管理计划、环境管理计划、成本管理计划及其他管理计划等。

（一）进度管理计划

工程进度管理是指在工程项目实施过程中，对各阶段的进展程度和工程项目最终完成的期限所进行的管理，其目的是保证工程项目在满足时间约束条件的前提下实现其总目标。保证工程项目在合同规定的期限内如期完成、按时交付使用、及时发挥投资效益；维护国家良好的建设秩序和经济秩序；可合理安排工程项目的资源供应、节约工程成本，提高建筑施工企业的经济效益。

1. 工程进度管理的方法和措施

（1）工程进度管理的主要方法是规划、计划、控制和协调。

（2）规划是指根据工程项目的建设工期确定项目的总进度目标，通过对总进度目标进行分解，建立工程项目进度管理的目标体系。

（3）根据规划编制相应的进度计划；控制是指对项目实施的全过程进行跟踪检查，并将计划进度与实际进度进行比较，发现偏离及时采取相应措施进行调整的动态管理过程。

（4）由于工程项目组成复杂，参与建设的各方主体较多，因此，需要协调参与建设的各单位之间、部门之间和工作队组之间的进度关系，才能保证进度目标的顺利实施。

2. 进度管理计划的主要编制内容

（1）对项目施工进度计划进行逐级分解，通过阶段性目标的实现保证最终工期目标的完成。

（2）建立施工进度管理的组织机构并明确职责，制订相应管理制度。

（3）针对不同施工阶段的特点，制订进度管理的相应措施，包括施工组织措施、技术措施和合同措施等。

（4）建立施工进度动态管理机制，及时纠正施工过程中的进度偏差，并制订特殊情况下的赶工措施。

（5）根据项目周边环境特点，制订相应的协调措施，减少外部因素对施工进度的影响。

（二）质量管理计划

质量管理计划可参照 GB/T 19001—2008《质量管理体系要求》，在施工单位质量管理体系的框架内编制。中国国家质量监督检验检疫总局和中国国家标准化管理委员会在 2008年 12 月 30 日发布了 GB/T 19001—2008《质量管理体系要求》国家标准，并于 2009 年 3 月1 日起实施。《质量管理体系要求》国家标准是等同采用 ISO 9001：2008《质量管理体系要求》国际标准。组织应确定预防措施，以消除潜在不合格的产品，防止不合格产品的发生。预防措施应与潜在问题的影响程度相适应，应编制形成文件的程序，其质量管理计划编制包括以下内容：

（1）按照项目具体要求确定质量目标并进行目标分解，质量指标应具有可测量性；工程质量目标的实现需要具体的管理和技术措施，根据工程质量形成的时间阶段，工程质量管理可分为事前管理、事中管理和事后管理，质量管理的重点应放在事前管理。

（2）建立项目质量管理的组织机构并明确职责。

（3）制订符合项目特点的技术保障和资源保障措施，通过可靠的预防控制措施，保证质量目标的实现。

（4）建立质量过程检查制度，并对质量事故的处理作出相应规定。

（三）安全管理计划

安全生产管理是一门综合性的系统科学，主要包括安全法规、安全技术、工业卫生等三个相互联系又相互独立的内容。安全法规，也称劳动保护法规，侧重于以政策、规程、条例、制度等形式规范操作和管理行为，从而使劳动者的劳动安全与身体健康得到应有的法律保障；安全技术，侧重于生产过程中对劳动手段和劳动对象的管理，包括预防伤亡事故和减轻劳动强度所采取的工程技术和安全技术规范、规定、标准、条例等；工业卫生，也称生产卫生、职业卫生，侧重于在生产过程中对高温、粉尘、振动、噪声、毒物的管理，包括防止其对劳动者身体造成危害所采取的防护、医疗、保健等措施。

安全管理计划可参照 GB/T 28001—2001《职业健康安全管理体系规范》，在施工单位安全管理体系的框架内编制。安全管理计划编制应包括下列内容：

（1）确定项目重要危险源，制订项目职业健康安全管理目标。

（2）建立有管理层次的项目安全管理组织机构并明确职责。

（3）根据项目特点，进行职业健康安全方面的资源配置。

（4）建立具有针对性的安全生产管理制度和职工安全教育培训制度。

（5）针对项目重要危险源，制订相应的安全技术措施。对达到一定规模的危险性较大的分部（分项）工程和特殊工种的作业应制订专项安全技术措施的编制计划。

（6）根据季节、气候的变化，制订相应的季节性安全施工措施。

（7）建立现场安全检查制度，并对安全事故的处理作出相应规定。

（8）现场安全管理应符合国家法津法规和地方规章制度的要求。

（四）环境管理计划

环境管理计划可参照 GB/T 24001—2004《环境管理体系　规范及使用指南》，在施工单位环境管理体系的框架内编制。国际标准化组织（ISO）于 2004 年 11 月 15 日正式发布 ISO 14001：2004 标准。我国等同标准 GB/T 24001—2004 于 2005 年 5 月 10 日发布，2005 年 5 月 15 日实施。环境管理计划编制应包括下列内容：

（1）确定项目重要环境因素，制订项目环境管理目标。

（2）建立项目环境管理的组织机构并明确职责。

（3）根据项目特点，进行环境保护方面的资源配置。

（4）制订现场环境保护的控制措施。

（5）建立现场环境检查制度，并对环境事故的处理作出相应规定。

（6）现场环境管理应符合国家法津法规和地方规章制度的要求。

（五）成本管理计划

工程成本以发生时间划分为预算成本，计划成本和实际成本。

1. 降低工程成本的途径

（1）架料、模板投入量越大，固定成本越大，反之，固定成本越小。为此就必须优化施工方案，选用先进的搭设脚手架支撑方案，减少投放，合理组织架料、模板的进出场，减少现场存放时间，以减少租赁费用。

（2）合理选用机械设备，减少投入，合理组织机械进退场，减少租赁费用，以减少固定成本。

（3）尽量减少临建设施的搭设，减少临建费用，以减少固定成本。

（4）压缩管理人员与非生产人员的编制，以减少现场管理费用。

（5）缩短工期，减少分摊固定费用的比例。

（6）优化技术措施，合理确定进料规模，以节约材料。

（7）减少现场材料的浪费。

（8）减少材料采购成本。

（9）合理组织材料进场，减少二次搬运。

（10）防止计划外用工、重复用工，防止返工费用发生。

（11）适当降低劳务用工的取费。

2. 成本管理计划编制的内容

成本管理计划应以项目施工预算和施工进度计划为依据编制。成本管理计划编制应包括下列主要内容：

（1）根据项目施工预算，制订项目施工成本目标。

（2）根据施工进度计划，对项目施工成本目标进行阶段分解。

（3）建立施工成本管理的组织机构并明确职责，制订相应管理制度。

（4）采取合理的技术、组织和合同等措施，控制施工成本。

（5）确定科学的成本分析方法，制订必要的纠偏措施和风险控制措施。

必须正确处理成本与进度、质量、安全和环境等之间的关系。

（六）其他管理计划

其他管理计划编制主要包括：绿色施工管理计划、防火保安管理计划、合同管理计划、组织协调管理计划、创优质工程管理计划、质量保修管理计划及对施工现场人力资源、施工机具、材料设备等生产要素的管理计划等。

绿色施工管理主要包括：组织管理、规划管理、实施管理、评价管理和人员安全与健康管理五个方面。

绿色施工是指建设工程施工阶段严格按照建设工程规划、设计要求，通过建立管理体系和管理制度，采取有效的技术措施，全面贯彻落实国家关于资源节约和环境保护的政策，最大限度节约资源，减少能源消耗，降低施工活动对环境造成的不利影响，提高施工人员的职业健康安全水平，保护施工人员的安全与健康。《绿色施工导则》（建质〔2007〕223 号）规定，绿色施工方案应包括以下内容：

（1）环境保护措施，制订环境管理计划及应急救援预案，采取有效措施，降低环境负荷，保护地下设施和文物等资源。

（2）节材措施，在保证工程安全与质量的前提下，制订节材措施。如进行施工方案的节材优化，建筑垃圾减量化，尽量利用可循环材料等。

（3）节水措施，根据工程所在地的水资源状况，制订节水措施。

（4）节能措施，进行施工节能策划，确定目标，制订节能措施。

（5）节地与施工用地保护措施，制订临时用地指标、施工总平面布置规划及临时用地节地措施等。

以上其他管理计划可根据项目的特点和复杂程度加以取舍。各项管理计划内容的编制应有目标、有组织机构、有资源配置、有管理制度和技术及组织措施等。

七、施工方案评价

为了提高经济效益，降低成本，保证工程质量，在施工组织设计中对施工方案的评价（即技术经济分析）是十分重要的。施工方案评价是从技术和经济的角度，进行定性和定量分析，评价施工方案的优劣，从而选取技术先进可行、质量可靠、经济合理的最优方案。

（一）定性分析

定性分析是对施工方案的优缺点从以下几个方面进行分析和比较：

（1）施工操作上的难易程度和安全可靠性。

（2）为后续工程提供有利施工条件的可能性。

（3）对冬、雨季施工带来的困难多少。

（4）选择的施工机械获得的可能性。

（5）能否为现场文明施工创造有利条件。

（二）定量分析

定量分析一般是计算出不同施工方案的工期指标、劳动消耗量、降低成本指标、主要工程工种机械化程度和三大材料节约指标等来进行比较。其具体分析比较的内容有：

1. 工期指标

工期反映国家一定时期和当地的生产力水平。应将该工程计划完成的工期与国家规定的工期或建设地区同类型建筑物的平均工期进行比较。

2. 施工机械化程度

施工机械化程度是工程全部实物工程量中机械施工完成的比重。其程度的高低是衡量施工方案优劣的重要指标之一。

$$施工机械化程度 = \frac{机械完成实物量}{全部实物量} \times 100\% \qquad (5-1)$$

3. 降低成本指标

降低成本指标的高低可反映采用不同施工方案产生的不同经济效果。其指标可用降低成本额和降低成本率表示。

$$降低成本额 = 预算成本 - 计划成本 \qquad (5-2)$$

$$降低成本率 = \frac{降低成本额}{预算成本} \times 100\% \qquad (5-3)$$

4. 主要材料节约指标

主要材料根据工程不同而定，靠材料节约措施实现。可分别计算主要材料节约量、主要材料节约率。

$$主要材料节约量 = 预算用量 - 计划用量 \qquad (5-4)$$

$$主要材料节约率 = \frac{主要材料节约量}{预算用量} \times 100\% \qquad (5-5)$$

5. 单位建筑面积劳动消耗量

单位建筑面积劳动消耗量是指完成单位建筑面积合格产品所消耗的劳动力数量。它可反映出施工企业的生产效率和管理水平，以及采用不同的施工方案对劳动量的需求。

$$单位建筑面积劳动消耗量 = \frac{完成该工程的全部劳动工日数}{该工程建筑面积} \times 100\% \qquad (5-6)$$

第三节　编制单位工程施工进度计划

单位工程施工进度计划是在确定了施工方案的基础上，根据规定工期和各种资源供应条件，按照施工过程的合理施工顺序及组织施工的原则。用图表的形式（横道图或网络图），对一个工程从开始施工到工程全部竣工的各个项目，确定其在时间上的安排和相互间的搭接关系。在此基础上方可编制月度、季度计划及各项资源需要量计划。所以，施工进度计划是单位工程施工组织设计中一项非常重要的内容。

一、单位工程施工进度计划的作用及分类

（一）施工进度计划的作用

单位工程施工进度计划的作用有如下几点：

（1）控制单位工程的施工进度，保证在规定工期内完成符合质量要求的工程任务。

（2）确定单位工程的各个施工过程的施工顺序、施工持续时间及相互衔接和合理配合关系。

（3）为编制季度、月度生产作业计划提供依据。

（4）制定各项资源需要量计划和编制施工准备工作计划的依据。

（二）施工进度计划的分类

单位工程施工进度计划根据施工项目划分的粗细程度，可分为控制性与指导性施工进度计划两类。控制性施工进度计划按分部工程来划分施工项目，控制各分部工程的施工时间及其相互搭接配合关系。它主要适用于工程结构较复杂、规模较大、工期较长而需跨年度施工的工程（如体育场、火车站等公共建筑以及大型工业厂房等），还适用于工程规模不大或结构不复杂但各种资源（劳动力、机械、材料等）不落实的情况，以及建筑结构、建筑规模等可能变化的情况。编制控制性施工进度计划的单位工程，当各分部工程的施工条件基本落实之后，在施工之前还应编制各分部工程的指导性施工进度计划。指导性施工进度计划按分项工程或施工过程来划分施工项目，具体确定各分项工程或施工过程的施工时间及其相互搭接配合关系。它适用于施工任务具体而明确、施工条件基本落实、各种资源供应正常、施工工期不太长的工程。

二、单位工程施工进度计划的编制依据和程序

（一）施工进度计划的编制依据

编制单位工程施工进度计划，主要依据下列资料：

（1）经过审批的建筑总平面图及单位工程全套施工图，以及地质地形图、工艺设计图、设备及其基础图，采用的各种标准图集等图纸及技术资料。

（2）施工组织总设计对本单位工程的有关规定。

（3）施工工期要求及开、竣工日期。

（4）施工条件、劳动力、材料、构件及机械的供应条件，分包单位的情况等。

（5）主要分部（分项）工程的施工方案，包括施工程序、施工段划分、施工流程、施工顺序、施工方法、技术组织措施等。

（6）施工定额。

（7）其他有关要求和资料，如工程合同等。

（二）施工进度计划的编制程序

单位工程施工进度计划的编制程序如图 5-8 所示。

三、单位工程施工进度计划的编制方法与步骤

（一）熟悉并审查施工图纸，研究有关资料，调查施工条件

施工单位（承包商）项目部技术负责人在收到施工图及取得有关资料后，应组织工程技术人员及有关施工人员全面地熟悉和详细审查图纸，并参加建设、监理、施工等单位有关工程技术人员参加的图纸会审，由设计单位技术人员进行技术交底，在弄清设计意图的基础上，研究有关技术资料，同时进行施工现场的勘察，调查施工条件，为编制施工进度计划做好准备工作。

（二）划分施工过程并计算工程量

编制施工进度计划时，应按照所选的施工方案确定施工顺序，将分部工程或施工过程（分项工程）逐项填入施工进度表的分部分项工程名称栏中，其项目包括从准备工作起至交付使用时为止的所有土建施工内容；对于次要的、零星的分项工程则不列出，可并入"其他工程"，在计算劳动量时，给予适当的考虑即可。水、暖、电及设备一般另作一份相应专业的单位工程施工进度计划，在土建单位工程进度计划中只列分部工程总称，不列详细施工过程名称。

编制单位工程施工进度计划时，应当根据施工图和建筑工程预算工程量的计算规则来计算工程量。若已编制的预算文件中所采用的预算定额和项目划分与施工过程项目一致时，就可以直接利用预算工程量；若项目不一致时，则应依据实际施工过程项目重新计算工程量。计算工程量时应注意以下几个问题：

（1）注意工程量的计算单位。直接利用预算文件中的工程量时，应使各施工过程的工程量计算单位与所采用的施工定额的单位一致，以便在计算劳动量、材料量、机械台班数时可直接套用定额。

（2）工程量计算应结合所选定的施工方法和所制定的安全技术措施进行，以使计算的工程量与施工实际相符。

（3）工程量计算时应按照施工组织要求，分区、分段、分层进行计算。

（三）套用施工定额，确定各施工过程的劳动量和机械台班需求量

根据所划分的施工过程（施工项目）和选定的施工方法，套用施工定额，以确定劳动量

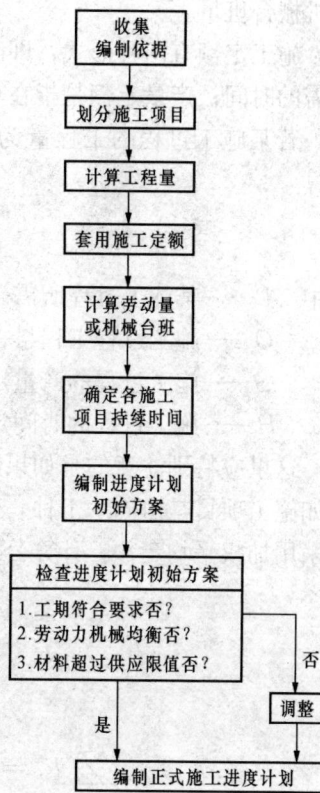

图 5-8　单位工程施工进度
计划的编制程序

及机械台班量。

施工定额有两种形式，即时间定额 H 和产量定额 S。时间定额是指完成单位建筑产品所需的时间；产量定额是指在单位时间内所完成建筑产品的数量，二者互为倒数。

若某施工过程的工程量为 Q，则该施工过程所需劳动量或机械台班量可由下式进行计算

$$P = \frac{Q}{S} \text{ 或 } P = Q \times H, H = \frac{1}{S} \tag{5-7}$$

式中 P——某施工过程所需劳动量，工日或机械台班量；

     Q——施工过程工程量；

     S——施工过程的产量定额；

     H——施工过程的时间定额。

这里应特别注意的是如果施工进度计划中所列项目与施工定额中的项目内容不一致时，例如施工项目是由同一工种，但材料、做法和构造都不同的施工过程合并而成时，施工定额可采用加权平均定额，计算公式如下

$$S' = \frac{\sum_{i=1}^{n} Q_i}{\sum_{i=1}^{n} P_i} \tag{5-8}$$

$$\sum_{i=1}^{n} P_i = P_1 + P_2 + \cdots + P_n = \frac{Q_1}{S_1} + \frac{Q_2}{S_2} + \cdots + \frac{Q_n}{S_n} \tag{5-9}$$

$$\sum_{i=1}^{n} Q_i = Q_1 + Q_2 + \cdots + Q_n \tag{5-10}$$

式中 S'——某施工项目加权平均产量定额；

     $\sum_{i=1}^{n} P_i$——该施工项目总劳动量；

     $\sum_{i=1}^{n} Q_i$——该施工项目总工程量。

对于某些采用新技术、新工艺、新材料、新方法的施工项目，其定额未列入定额手册时，可参照类似项目或进行实测来确定。

"其他工程"项目所需的劳动量，可根据其内容和数量，并结合施工现场的实际情况以占总劳动量的百分比计算，一般为 $10\% \sim 15\%$。

水、暖、电、设备安装等工程项目，在编制施工进度计划时，一般不计算劳动量或机械台班量仅表示出与一般土建单位工程进度相配合的关系。

（四）确定工作班制

在进行施工进度计划编制时，考虑到施工工艺要求或施工进度的要求，需选择好工作班制。通常采用一班制生产，有时因工艺要求或施工进度的需要，也可采用两班制或三班制连续作业，如浇筑混凝土即可三班连续作业。

（五）确定施工过程的持续时间

根据施工条件及施工工期要求不同，有定额计算法、工期计算法、经验估算法三种方法，详见本教材第二章第二节中时间参数的计算部分。

（六）编制施工进度计划的初始方案

编制施工进度计划的初始方案时，必须考虑各分部分项工程合理的施工顺序，尽可能按流水施工进行组织与编制，力求使主要工种的施工班组连续施工，并做到劳力、资源计划的均衡。编制方法与步骤如下：

（1）先安排主要分部工程并组织其流水施工。主要分部工程尽可能采用流水施工方式编制进度计划，或采用流水施工与搭接施工相结合的方式编制施工进度计划，尽可能使各工种连续施工，同时也能做到各种资源消耗的均衡。

（2）安排其他各分部工程的施工或组织流水施工。其他各部分工程的施工应与主要分部工程相结合，同样也应尽可能地组织流水施工。

（3）按工艺的合理性和施工过程尽可能搭接的原则，将各施工阶段的流水作业图表搭接起来，即得到单位工程施工进度计划的初始方案。

（七）检查调整施工进度计划的初始方案

1. 施工顺序检查与调整

施工进度计划中施工顺序的检查与调整主要考虑以下几点：各个施工过程的先后顺序是否合理；主导施工过程是否最大限度地进行流水与搭接施工；其他的施工过程是否与主导施工过程相配合，是否影响到主导施工过程的实施以及各施工过程中的技术组织时间间歇是否满足工艺及组织要求，如有错误之处，应给予调整或修改。

2. 施工工期的检查与调整

施工进度计划安排的施工工期应满足上级规定的工期或合同中要求的工期。不能满足时，则需重新安排施工进度计划或改变各分部分项工程持续时间等进行修改与调整。

3. 劳动量消耗的均衡性

对单位工程或各个工种而言，每日出勤的工人人数应力求不发生过大的变动，也就是劳动量消耗应力求均衡，劳动量消耗的均匀性是用劳动量消耗动态图表示的。它是根据施工进度计划中各施工过程所需要的班组人数统计而成，一般画在施工进度水平图表中对应的施工进度计划的下方。

在劳动量消耗动态图上不容许出现短时期的高峰或长时期的低陷情况，如图 5-9（a）、图 5-9（b）所示。

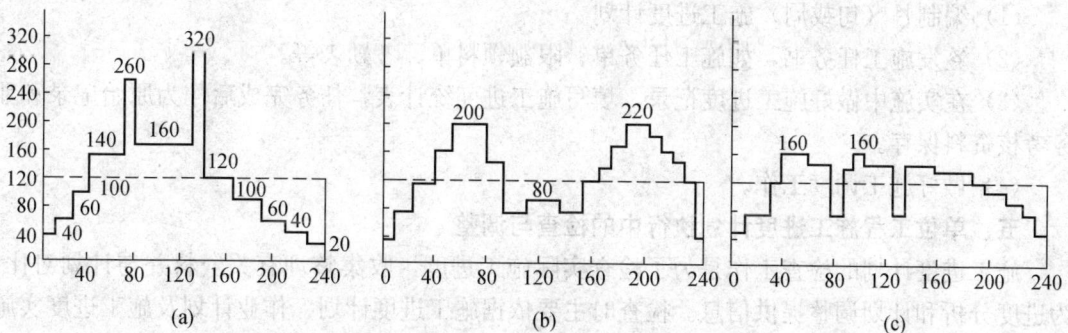

图 5-9　劳动力消耗动态图
（a）短时期高峰；（b）长时期低陷；（c）短时期低陷

如图 5-9（a）所示为短时期的高峰，即短时期工人人数多，这表明相应增加了为工人服务的各种临时设施；如图 5 - 9（b）所示长时间低陷，说明在长时间内所需工人人数少，如果工人不调出，则将发生窝工现象；如工人调出，则各种临时设施不能充分利用；如图 5 - 9（c）所示为短期的低陷，甚至是很大的低陷，这是可以容许的，因为这种情况不会发生什么显著影响，只要把少数工人的工作量重新安排，窝工现象就可以消除。

劳动消耗的均衡性可用劳动力均衡性系数 K 进行评价

$$K = \frac{最高峰施工期间工人人数}{施工期间每天平均工人人数} \tag{5 - 11}$$

最理想的情况是 K 接近于 1，在 2 以内为好，超过 2 则不正常。

4. 主要施工机械的利用程度

在编制施工进度计划中，主要施工机械通常是指混凝土搅拌机、灰浆搅拌机、自行式起重机、塔式起重机等，在编制的施工进度计划中，要求机械利用程度高，可以充分发挥机械效率，节约资金。

应当指出，上述编制施工进度计划的步骤并不是孤立的，有时是相互联系，串在一起的，有时还可以同时进行。但由于建筑施工受客观条件影响的因素很多，如气候、材料供应、资金等，使其经常不符合设计的安排，因此在工程进行中应随时掌握施工情况，经常检查，不断进行计划的修改与调整。

（八）施工进度计划的审核

上级单位对施工进度计划审核的主要内容有：

（1）单位工程施工进度目标应符合总进度目标及施工合同工期的要求，符合其开竣工日期的规定，分期施工应满足分批交工的需要和配套交工的要求。

（2）施工进度计划的内容全面无遗漏，能保证施工质量和安全的需要。

（3）合理安排施工程序和作业顺序。

（4）资源供应能保证施工进度计划的实现，且较均衡。

（5）能清楚分析进度计划实施中的风险，并制定防范对策和应变预案。

（6）各项进度保证计划措施周到可行、切实有效。

四、单位工程施工进度计划的实施

施工进度计划的实施过程就是单位工程建造的逐步完成过程。其主要内容如下：

（1）编制月（旬或周）施工进度计划。

（2）签发施工任务书，如施工任务单、限额领料单、考勤表等。

（3）在实施中做好施工进度记录，填写施工进度统计表，任务完成后作为原始记录和业务考核资料保存。

（4）做好施工调度工作。

五、单位工程施工进度计划执行中的检查与调整

施工进度计划的检查工作是为了检查实际施工进度，收集整理有关资料并与计划对比，为进度分析和计划调整提供信息。检查时主要依据施工进度计划、作业计划及施工进度实施记录。检查时间及间隔时间要根据单位工程的类型、规模、施工条件和对进度执行要求的程度等确定。

通过跟踪检查实际施工进度，得到相关的数据。整理统计检查数据后采取横道图比较法、列表比较法、S 型曲线比较法、"香蕉"形曲线比较法、前锋线比较法等方法，得出实际进度与计划进度是否存在偏差，形成实际施工进度检查报告。

对于存在偏差（超前、拖后）的进度计划，应分析引起进度偏差的原因及偏差值的大小，在对实际进度进行偏差分析的基础上要做出是否调整原计划的决定，需调整的要及时进行调整，力争使偏差在最短时间内，在所发生的施工阶段内自行消化、平衡，以免造成太大影响。

在施工进度计划完成后，应及时进行施工进度控制总结，为进度控制提供反馈信息。总结时依据的资料有：施工进度计划，施工进度计划执行的实际记录，施工进度计划检查结果及调整资料。

施工进度控制总结的主要内容有：合同工期目标和计划工期目标完成情况，施工进度控制经验及存在的问题，科学施工进度计划方法的应用情况，施工进度控制的改进意见等。

第四节　各项资源的需要量与施工准备工作计划

一、各项资源需要量计划

资源需要量计划指的是施工所需要的劳动力、材料、构件、半成品构件及施工机械计划，应在单位工程施工进度计划编制好后，按施工进度计划、施工图纸及工程量等资料进行编制。编制这些计划，不仅可以保证施工进度计划的顺利实施，也为做好各种资源的供应、调配、落实提供了依据。

1. 劳动力需要量计划

劳动力需要量计划，主要是为安排施工现场的劳动力，平衡和衡量劳动力消耗指标，安排临时生活福利设施提供依据。其编制方法是将各施工过程所需的主要工种的劳动力，按施工进度计划的安排进行叠加汇总而成。其表格形式见表 5 - 2。

表 5 - 2　　　　　　　　　　　　**劳动力需要量计划表**

序号	工种名称	劳动量（工日）	×月					×月				
			1	2	3	4	…	1	2	3	4	…

2. 主要材料需要量计划

主要材料需要量计划是施工备料、供料、确定仓库和堆场面积及做好运输组织工作的依据。其编制方法是根据施工进度计划表、施工预算中的工料分析表及材料消耗定额、储备定额进行编制。其表格形式见表 5 - 3。

表 5 - 3　　　　　　　　　　　　**主要材料需要量计划表**

序号	构件名称	规格	需要量		供应时间	备注
			单位	数量		

3. 构件和半成品构件需要量计划

构件半成品构件的需要量计划主要用于落实加工订货单位，并按所需规格、数量和时间组织加工、运输及确定仓库或堆场。它是根据施工图和施工进度计划编制的。其表格形式见表 5-4。

表 5-4　　　　　　　　　　构件和半成品构件需要量计划表

序号	构件名称	规格	图号	需求量		使用部位	加工单位	供应日期	备注
				单位	数量				

4. 商品混凝土需要量计划

商品混凝土需要量计划主要用于落实购买商品混凝土，以便顺利完成混凝土的浇筑工作。商品混凝土需要量计划是根据混凝土工程量大小进行编制的。其表格形式见表 5-5。

表 5-5　　　　　　　　　　商品混凝土需要量计划表

序号	混凝土使用地点	混凝土规格	单位	数量	供应时间	备注

5. 施工机械需要量计划

施工机械需要量计划主要是确定施工机具的类型、规格、数量及使用时间，并组织其进场，为施工的顺利进行提供有利保证。编制的方法是将施工进度计划表中的每一个施工过程所用的机械类型、数量，按施工日期进行汇总。在安排施工机械进场时间时，应考虑到某些机械需要铺设轨道、拼装和架设的时间，如塔式起重机等。其格式见表 5-6。

表 5-6　　　　　　　　　　施工机械需要量计划表

序号	机械名称	规格型号	需求量		货源	使用起止日期	备注
			单位	数量			

二、施工准备工作计划

施工准备工作是完成单位工程施工任务，实现施工进度计划的一个重要环节，也是单位工程施工组织设计中的一项重要内容。为了保证工程建设目标的顺利实现，施工人员在开工前，根据施工任务、开工日期、施工进度和现场情况的需要，应做好各方面的准备工作。

施工准备的主要内容有：

1. 熟悉与会审施工图纸

为了正确地组织施工，做到目的明确，应认真地熟悉施工图纸，了解设计意图。着重分析。

（1）拟建工程在总平面图上的坐标位置的正确性。

（2）基础设计与实际地质条件的一致性。

（3）建筑、结构和设备安装图纸上的几何尺寸、标高等相互关系是否吻合。

（4）设计是否符合当地施工条件和施工能力。

（5）设计中所需的材料资源是否可以解决。

（6）施工机械、技术水平是否能达到设计要求。

（7）对设计的合理化建议。

2. 编制单位工程施工组织设计和施工预算

3. 组织劳动队伍

4. 进行计划与技术交底

5. 物资资源准备

6. 现场准备

施工现场准备工作主要有：

（1）清除障碍物。

（2）做好三通一平（道路、水、电畅通、场地平整）。

（3）核对勘察资料，了解地下情况。

（4）做好施工场地围护，保护周围环境。

（5）组织材料进场，按计划堆放。

（6）施工机械进场。

（7）搭设暂设工程（如工棚、材料库、休息室、食堂等）。

（8）测量放线。

（9）预订后续材料、设备等。

第五节　单位工程施工平面图设计

一、概述

施工平面图是对拟建工程的施工现场所作的平面规划和布置，是施工组织设计的重要内容。它是按照一定的设计原则，确定和解决为施工服务的施工机械、施工道路、材料和构件堆场、各种临时设施、水电管网等的现场合理位置关系。

施工平面图是施工方案在施工现场的空间体现，反映了已建建筑和拟建工程、临时设施和施工机械、道路等之间的相互空间关系。它布置得是否恰当合理，执行管理的好坏，对现场文明施工、施工进度、工程成本、工程质量和施工安全都将产生直接的影响，因此，搞好施工平面图设计具有重要的意义。施工平面图绘制的比例一般为 1：200～1：500。

二、施工平面图设计的依据和基本原则

（一）施工平面图设计的依据

在绘制施工平面图之前，首先应认真研究施工方案、施工方法，并对施工现场和周围环境做深入细致的调查研究；对布置施工平面图所依据的原始资料进行周密的分析，使设计与施工现场的实际情况相符。只有这样，才能使施工平面图起到指导施工现场组织的作用。施工平面图设计的主要依据有以下三方面的资料：

1. 建设地区的原始资料

(1) 自然条件调查资料，如地形、水文、工程地质和气象资料等，主要用于布置地面水和地下水的排水沟，确定易燃、易爆、沥青灶、淋灰池等有碍身体健康的设施布置位置，安排冬、雨季施工期间所需设施的位置。

(2) 技术经济条件调查资料，如交通运输、水源、电源、物资资源、生产和生活基地状况等，主要用于布置水、电管线和道路等。

2. 设计资料

(1) 建筑总平面图，用于决定临时房屋和其他设施的位置，以及修建工地运输道路和解决给水排水等问题。

(2) 一切已有和拟建的地上、地下的管道位置和技术参数，用以决定原有管道的利用或拆除，以及新管线的敷设与其他工程的关系。

(3) 建筑区域的竖向设计资料和土方平衡图，用以布置水、电管线，安排土方的挖填和确定取土、弃土地点。

(4) 拟建房屋或构筑物的平面图、剖面图等施工图设计资料。

3. 施工组织设计资料

(1) 主要施工方案和施工进度计划，用以决定各种施工机械的位置。

(2) 各类资源需用量计划和运输方式。

(二) 施工平面图设计的基本原则

(1) 现场布置尽量紧凑，节约用地，不占或少占农田。在保证施工顺利进行的前提下，布置紧凑、节约用地可以便于管理，并减少施工用的管线，降低成本。

(2) 短运输、少搬运。在合理的组织运输，保证现场运输道路畅通的前提下，最大限度地减少场内运输，特别是场内二次搬运，各种材料尽可能按计划分期分批进场，充分利用场地。各种材料堆放位置，应根据使用时间的要求，尽量靠近使用地点，运距最短，既节约劳动力，也减少材料多次转运中的消耗，可降低成本。

(3) 控制临时设施规模，降低临时设施费用。在满足施工的条件下，尽可能利用施工现场附近的原有建筑物作为施工临时设施，多用装配式的临设，精心计算和设计，从而少用资金。

(4) 临时设施的布置，应便利于施工管理及工人的生产和生活，使工人至施工区的距离最近，往返时间最少，办公用房应靠近施工现场，福利设施应在生活区范围之内。

(5) 遵循建设法律法规对施工现场管理提出的要求，利于生产、生活、安全、消防、环保、市容、卫生防疫、劳动保护等。

三、施工平面图设计的主要内容

施工平面图设计的主要内容有：

(1) 建筑平面上已建和拟建的一切房屋、构筑物和其他设施的位置和尺寸。

(2) 拟建工程施工所需的起重与运输机械、搅拌机等位置和其主要尺寸，起重机械的开行路线和方向等。

(3) 地形等高线，测量放线标桩的位置和取弃土的地点。

(4) 为施工服务的一切临时设施的位置和面积。

(5) 各种材料（包括水、暖、电、卫等材料）、半成品、构件和工业设备等的仓库和堆场。

（6）施工运输道路的布置和宽度、尺寸，现场出入口，铁路和港口位置等。

（7）临时给水排水管线、供电线路、热源气源管道和通信线路等的布置。

（8）一切安全和防火设施的位置。

四、施工平面图设计的步骤

施工平面图设计的一般步骤是：决定起重机械的位置→布置材料和构件的堆场→布置运输道路→布置各种临时设施→布置水电管网→布置安全消防设施。图 5-10 所示为单位工程施工平面图设计的程序。

（一）确定起重机械位置

起重机械位置的确定直接影响到施工设备、临时加工场地以及各种材料、构件的仓

图 5-10　单位工程施工平面图的设计程序

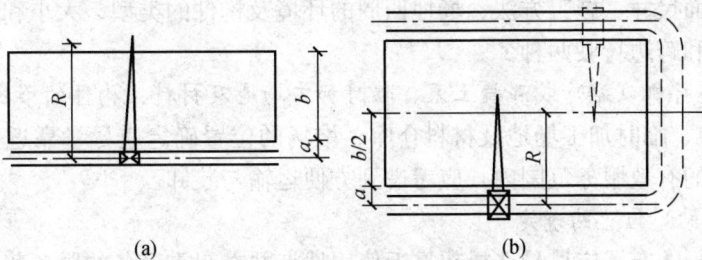

库和堆场位置的布置，也影响到场地道路及水电管网的布置，因此必须首先确定。但由于不同的起重机械其性能及使用要求不同，平面布置的位置也不相同。

1. 轨道式起重机的平面布置

轨道式起重机的布置，主要根据房屋形状、平面尺寸、现场环境条件、所选用的起重机性能及所吊装的构件质量等因素来确定。

在一般情况下，起重机沿建筑的长度方向布置在建筑物外侧，有单侧布置及双侧（或环形）布置两种，如图 5-11 所示。

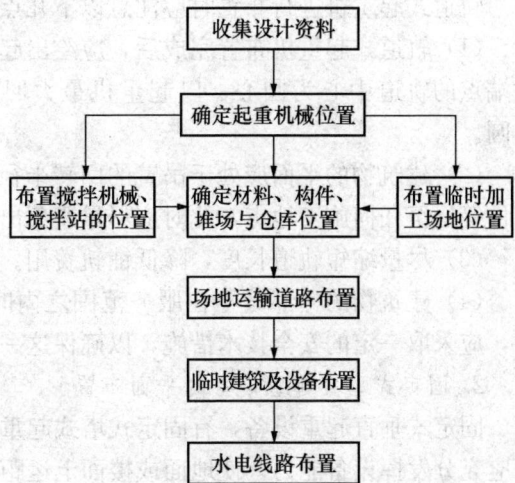

图 5-11　轨道式起重机在建筑物外侧布置示意图
（a）单侧布置；（b）双侧（或环行）布置

当建筑房屋平面宽度小、构件轻时，可单侧布置。此时起重半径必须满足

$$R \geqslant b + a \qquad (5-12)$$

式中　R——有轨式起重机起吊最远构件的起重半径，m；

　　　b——建筑物宽度，m；

　　　a——建筑物外侧到轨道式起重机轨道中心线的距离，m；一般为 3m。

当建筑房屋宽度大、构件重，单侧布置起重机，其起重半径不能满足最远构件的吊装要求时，可双侧或环形布置，此时，起重半径必须满足

$$R \geqslant \frac{b}{2} + a \qquad (5-13)$$

轨道式起重机进行布置时应注意以下几点：

（1）轨道式起重机布置完成后，应绘出起重机的服务范围。其方法是分别以轨道两端有效端点的轨道中心为圆心，以起重机最大回转半径为半径画出两个半圆，并连接这两个半圆。

（2）建筑物的平面应处于吊臂的回转半径之内（起重机服务范围之内），以便将材料和构件等运至任何施工地点，此时应尽量避免出现"死角"或出现较小的死角"区域"。

（3）尽量缩短轨道长度，降低铺轨费用。

（4）建筑物的一部分不在服务范围之内时（即出现"死角"），在吊装最远部位的构件时，应采取一定的安全技术措施，以确保这一部位的吊装工作顺利进行。

2. 固定式垂直起重设备的平面布置

固定式垂直起重设备，有固定式塔式起重机、钢井架、龙门架、桅杆式起重机等。布置时应充分发挥设备能力，使地面或楼面上运距短。故应根据起重机械的性能、建筑物的平面尺寸、施工段的划分、材料进场方向及运输道路而确定。

通常当建筑物各部位的高度相同时，固定式起重设备沿长度方向布置在施工段分界线附近；当建筑各部位的高度不相同时，起重机布置在高低分界线处高的一侧，这样使得高低处水平运输施工互不干涉；井架、龙门架一般布置在窗口处，以避免砌墙留槎和减少拆除井架后的修补工作。应特别注意固定式起重运输设备中的卷扬机的位置，不应距离起重机过近，阻挡司机视线，应使司机可观测到起重机的整个升降过程，以保证安全生产。

3. 自行式起重机开行路线的确定

自行式起重机一般为履带式起重机、汽车式起重机和轮胎式起重机，其开行路线主要取决于建筑物的平面尺寸、施工方法、场地四周的环境及构件的类型、大小和安装高度。开行路线有跨中行驶和跨边行驶两种。

（二）确定搅拌机（站）或混凝土泵、临时加工场地及材料、构件的堆场与仓库的位置

搅拌机（站）、临时加工场地及材料仓库、堆场的位置确定应尽量靠近使用地点，同时应布置在起重机的有效服务范围内，应考虑到方便运输与装卸。

1. 搅拌机（站）位置的确定

搅拌机（站）的布置应尽量选择在靠近使用地点并在起重设备的服务范围以内。根据起重机类型的不同有下列几种布置方案：

（1）采用固定式垂直运输设备时，搅拌机（站）尽可能靠近起重机布置，以减少运距或二次搬运。

（2）当采用塔式起重机时，搅拌机应布置在塔吊的服务范围内。

（3）当采用无轨自行式起重机进行水平或垂直运输时，应沿起重机运输线路一侧或两侧进行布置，位置应在起重机的最大外伸长度范围内。

2. 混凝土泵或混凝土泵车位置的确定

在泵送混凝土施工过程中，混凝土泵或混凝土泵车的停放位置，不仅影响其输送管的配置，也影响到施工的顺利进行。所以在混凝土泵或混凝土泵车布置时应考虑下列条件：

（1）力求距离浇筑地点近，使所浇的结构在布料杆的工作范围内，尽量少移动泵或泵车即能完成任务。

（2）多台混凝土泵或泵车同时浇筑时，其位置要使其各自承担的浇筑任务尽量相等，最好同时浇筑完毕。

（3）停放地点要有足够的场地，以保证供料方便，道路畅通。

（4）为便于混凝土泵或混凝土泵车的使用，最好将其靠近供水和排水设施停放。

（5）对于拖式混凝土泵车，除应满足上述要求外，还必须考虑到其进场与出场的方便及安全。同时，停放位置应离建筑物有一定的距离，并设置一定长度的水平管，利用该水平管中的摩擦阻力来抵消垂直管中因混凝土自重造成的逆流压力。

3. 临时加工场地位置的确定

单位工程施工平面图中的临时加工场地一般是指钢筋加工场地、木材加工场地、预制构件加工场地、沥青加工场地、淋灰池等。平面位置布置的原则是尽量靠近起重设备，并按各自的性能从使用功能来选择合适的地点。

钢筋加工场地、木材加工场地应选择在建筑物四周，且有一定的材料、成品堆放处，钢筋加工还应尽可能设在起重机服务范围之内，避免二次搬运，而木材加工场地应根据其加工特点，选在远离火源的地方。沥青加工场地应远离易燃品，且设在下风向地区。淋灰池应靠近搅拌机（站）布置。构件预制场地位置应选择在起重机服务范围内，且尽可能靠近安装地点。布置时还应考虑到道路的畅通，不影响其他工程的施工。

4. 仓库位置与材料构件堆场的确定

（1）仓库应根据其储存材料的性能和仓库的使用功能确定其位置。通常，仓库应尽量选择在地势较高、周边能较好地排水、交通运输较方便的地方，如水泥仓库应靠近搅拌机（站）。其他仓库的位置也应根据其使用功能而定。

（2）材料构件的堆场平面布置的原则是应尽量缩短运输距离，避免二次搬运。砂、石堆场应靠近搅拌机（站），砖与构件应尽可能靠近垂直运输机械布置（基础用砖可布置在基坑四周）。

（三）现场运输道路的布置

施工现场的主要道路必须进行硬化处理，主干道应有排水措施。临时道路要把仓库、加工厂、堆场和施工点贯穿起来，按货运量大小设计双行干道或单行循环道满足运输和消防要求。主干道宽度单行道不小于4m，双行道不小于6m。木材场两侧应有6m宽通道，端头处应有12m×12m回车场，消防车道不小于4m，载重车转弯半径不宜小于15m。

（四）临时生活设施的布置

（1）尽可能利用已建的永久性房屋为施工服务，如不足再修建临时房屋。临时房屋应尽量利用可装拆的活动房屋。有条件的应使生活办公区和施工区相对独立。宿舍内应保证有必要的生活空间，室内净高不得小于2.4m，通道宽度不得小于0.9m，每间宿舍居住人员不得超过16人。

（2）作业人员宿舍一般宜设在场外，并避免设在不利于健康的地方。作业人员用的生活福利设施，宜设在人员较集中的地方，或设在出入必经之处。

（3）食堂宜布置在生活区，也可视条件设在施工区与生活区之间。为减少临时建筑，也可采用送餐制。

施工现场办公室、工人休息室、门卫、食堂、浴室等非生产性临时设施布置应考虑到使用的方便，不妨碍施工，满足安全、防火、防洪及保安要求。布置时要尽量利用建设单位所能提供的设施。一般办公室、门卫应布置在工地出入口处，工人休息室、食堂、浴室等布置在作业区附近的上风向处，避开起重机旋转半径范围。行政管理用房及临时用房面积可参考表 5 - 7。

表 5 - 7 临时宿舍、文化福利和行政管理用房面积参考指标

序号	行政、生活、福利建筑物名称	单位	面积	备 注
1	办公室	m²/人	3.5	使用人数按干部人数的 70% 计算
2	单身宿舍			
	（1）单层通铺	m²/人	2.6~2.8	
	（2）双层床	m²/人	2.1~2.3	
	（3）单层床	m²/人	3.2~3.5	
3	家属宿舍	m²/户	16~25	
4	食堂兼礼堂	m²/人	0.9	
5	医务室	m²/人	0.06	不小于 30m²
6	理发室	m²/人	0.03	
7	浴室	m²/人	0.10	
8	开水房	m²	10~40	
9	厕所	m²/人	0.02~0.07	
10	工人休息室	m²/人	0.15	

（五）水、电管网布置

1. 施工用临时给水管网布置

（1）施工现场临时用水包括生产用水、机械用水、生活用水和消防用水。

（2）消防用水一般利用城市或建设单位的永久消防设施。如自行设计，消防干管直径应不小于 100mm，消火栓处昼夜要有明显标志，配备足够的水龙带，周围 3m 内不准存放物品。

（3）高度超过 24m 的建筑工程，应安装临时消防竖管，管径不得小于 75m，严禁消防竖管作为施工用水管线。

（4）消防供水要保证足够的水源和水压。消防泵应使用专用配电线路，保证消防供水。

2. 消防器材的配备

（1）施工现场一般临时设施区，每 100m² 配备两个 10L 的灭火器，大型临时设施总面积超过 1200m² 的。应备有消防专用的消防桶、消防锹、消防钩、盛水桶（池）、消防砂箱等器材设施。

（2）临时木工加车车间、油漆作业间等，每 25m² 应配置一个种类合适的灭火器。

（3）仓库、油库、危化品库或堆料厂内，应配备足够组数、种类的灭火器，每组灭火器不应少于四个，每组灭火器之间的距离不应大于 30m。

（4）高度超过 24m 的建筑工程，应保证消防水源充足，设置具有足够扬程的高压水泵，安装临时消防竖管，管径不得小于 75m，每层必须设消火栓口，并配置足够的水龙带。

（5）消火栓间距不大于120m，距离拟建房屋不小于5m，也不大于25m，距离路边不大于2m。

施工用临时给水管网一般从建设单位的干管或自行布置的干管接到用水地点，应力求管网总长度最短。管径的大小和出水龙头的数目及设置，应视工程规模的大小通过计算确定。管道可埋于地下，并设套管埋入地下0.6m处，也可铺于路上，以当地的气候条件和使用期限的长短而定。

有时为了防止水的意外中断，可在建筑物旁布置简易的蓄水池，以储备一定的施工用水，高层建筑还应在水池边设泵站。

3. 施工临时用电线路布置

施工临时用电线路的布置应尽量利用已有的高压电网或已有的变压器进行布线，线路应架设在道路一侧，且距建筑物水平距离大于1.5m，电杆间距为25～40m，分支线及引入线均由电杆处接出，在跨越道路时应根据电气施工规范的尺寸要求进行配置与架设。

（1）施工用电配电系统应设置总配电箱（配电柜）、分配电箱、开关箱，并按照"总→分→开"顺序作分级设置，形成"三级配电"模式。

（2）施工用电配电系统各配电箱、开关箱的安装位置要合理。总配电箱（配电柜）要尽量靠近变压器或外电电源处，以便于电源的引入。分配电箱应尽量安装在用电设备或负荷相对集中区域的中心地带，确保三相负荷保持平衡。开关箱安装的位置应视现场情况和工况尽量靠近其控制的用电设备。

（3）为保证临时用电配电系统三相负荷平衡，施工现场的动力用电和照明用电应形成两个用电回路，动力配电箱与照明配电箱应该分别设置。

（4）施工现场所有用电设备必须有各自专用的开关箱。

（5）各级配电箱的箱体和内部设置必须符合安全规定，开关电器应标明用途，箱体应统一编号。停止使用的配电箱应切断电源，箱门上锁。固定式配电箱应设围栏，并有防雨防砸措施。

（6）施工现场各类施工活动应与内、外电线路保持安全距离，当不能满足规范要求的最小安全距离时，必须采取可靠的防护和监护措施。

（7）施工现场金属架（照明灯架、塔吊、施工电梯等垂直提升装置、高大脚手架）和各种大型设施必须按规定装设避雷装置。

4. 施工现场照明用电

（1）在坑、洞、井内作业，夜间施工或厂房、道路、仓库、办公室、食堂、宿舍、料具堆放场所及自然采光差的场所，应设一般照明、局部照明或混合照明。一般场所宜选用额定电压为220V的照明器。

（2）隧道、人防工程、高温、有导电灰尘、比较潮湿或灯具离地面高度低于2.5m等场所的照明，电源电压不得大于36V。

（3）潮湿或易触及带电体场所的照明，电源电压不得大于24V。

（4）特别潮湿场所、导电良好的地面、锅炉或金属容器内的照明，电源电压不得大于12V。

（5）照明变压器必须使用双绕组型安全隔离变压器，严禁使用自耦变压器。

（6）室外220V灯具距地面不得低于3m，室内220V灯具距地面不得低于2.5m。

（7）碘钨灯及钠、铊、铟等金属卤化物灯具的安装高度宜在 3m 以上，灯钱应固定在接线柱上，不得靠近灯具表面。

（8）对夜间影响飞机或车辆通过的在建工程及机械设备，必须设置醒目的红色信号灯，其电源应设在施工现场总电源开关的前侧，并应设置外电线路停止供电时的应急自备电源。

总之，单位工程施工平面图设计应按绘图规则、比例、规定代号和规定线条绘制，把设计的各项内容一一标绘在图纸上，标明图名、图例、比例尺、方向标记、必要的文字说明。但在这里必须强调指出，由于建筑施工是一个复杂的施工过程。各种施工设备、施工材料及构件均是随工程的进展而逐渐进场的，但又随工程的进展不断变动。大型工程的现场施工平面图一般可以按地基基础、主体结构、装修和机电设备安装三个阶段分别设计绘制。因此在施工平面图设计时，要充分考虑到这一点，应根据各单位工程在各个施工阶段中的各项要求，将现场平面合理划分，综合布置，使各施工过程在不同的施工阶段具有良好的施工条件，确保施工顺利进行。

五、施工平面图布置实例

图 5-12 所示为某多层钢筋混凝土框架结构建筑的施工平面图。根据拟建建筑物的平面位置及尺寸、现场的具体情况，选用轨道式起重机，单侧布置在拟建房屋北边。砂、石堆场设在搅拌机附近；临时生产、生活用房分别布置在拟建建筑的南北两侧，为使场内道路畅通，装卸方便，按环行布置单行车道，并由南侧出入场地。

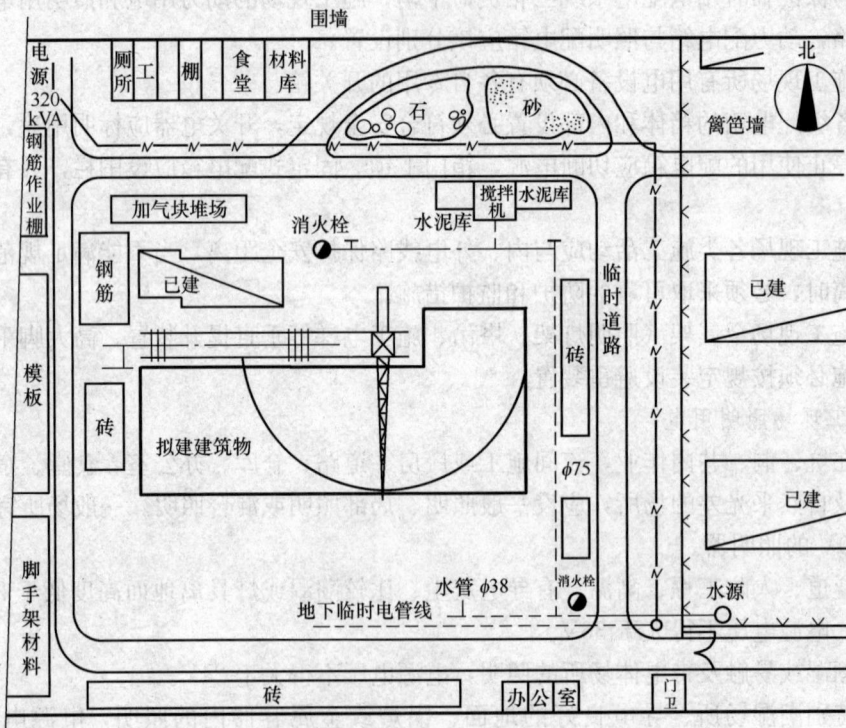

图 5-12　某多层钢筋混凝土结构建筑施工平面图

六、单位工程施工平面图的技术经济评价指标

根据单位工程施工平面图的设计原则并结合施工现场的具体情况，施工平面图的布置可以有几种不同的方案，需进行技术经济比较，从中选择最经济，最合理、最安全的平面布置方案。可以通过计算、分析下列技术经济指标获得所需的平面布置方案。

1. 施工用地面积及施工占地系数

$$施工占地系数 = \frac{施工占地面积(m^2)}{建筑面积(m^2)} \times 100\% \tag{5-14}$$

2. 施工场地利用率

$$施工利用率 = \frac{施工设施占用面积(m^2)}{施工用地面积(m^2)} \times 100\% \tag{5-15}$$

3. 施工用临时房屋面积、道路面积、临时供水线长度及临时供电线长度

4. 临时设施投资率

$$临时设施投资率 = \frac{临时设施费用总和(元)}{工程总造价(元)} \times 100\% \tag{5-16}$$

工 程 应 用 案 例

【背景资料】

某企业生产综合楼工程，由于该企业生产规模的不断扩大，原有生产车间已不能满足生产的需要，故拟增建生产车间。该综合楼工程由××市建筑设计院设计，现已完成前期准备工作，通过招标，选定施工单位为该市第六建筑工程有限公司，监理单位为该市××建设监理公司，开工日期为××年3月1日，竣工日期为××年8月24日，日历工期178天。施工单位在工程开工前编制了如下施工组织设计：

一、工程概况

××企业，由于生产规模的不断扩大，原有生产车间已不能满足生产的需要，故拟增建分流生产车间，该工程设计单位为××市建筑设计院，建设单位与施工单位（该市第六建筑工程有限公司）、监理单位（该市××建设监理公司）已签订合同。该工程开工日期为××年3月1日，竣工日期为××年8月24日，日历工期178天。

1. 建筑地点特征

该生产综合楼坐落在厂区南侧，东侧紧靠开发区主干道，北侧距原厂区建筑物29.5m，施工现场场地宽敞。

地下土质情况由工程地质勘察报告提供。地表以下3.2m为杂填土，应作弃土运走，以下为粉质粘土。地下水位在现地坪以下1.5m左右，该地区地下水量丰富，属弱碱性水，对混凝土和钢筋无腐蚀性。

该市冬季大约在11月中旬至次年的3月中旬，主导风向为西北风。夏季最高气温38℃，主导风向为西南风。年平均降水量为500mm左右，6～9月间是降水量较集中的季节，达400mm以上。

2. 工程特点

本综合楼工程占地1059m²，建筑面积3334m²。建筑物为主体四层，局部五层。首层层高4.5m，二～四层层高4.2m，五层（电梯间）为3.9m，总高度为21m。为满足生产运输

的要求，建筑物首层外设站台。建筑物整体呈矩形，楼内设两部生产用电梯，一部双跑楼梯。室外设一部外楼梯作为消防通道。

本综合楼工程采用现浇钢筋混凝土框架结构。横向三跨，两边跨跨距为 7.2m，中跨跨距为 7.5m，纵向柱距为 6m。结构柱除首层为 500mm×600mm 矩形柱外，其余各层均为 500mm×500mm 的方形柱，共 28 根。横向框架梁断面为 300mm×800mm，纵向框架梁断面为 300mm×600mm。楼板为现浇肋梁楼盖，厚度为 100mm，屋面板厚度为 80mm，楼板梁断面为 250mm×500mm。建筑抗震设防为 7 度。其综合楼工程建筑立面和标准层结构平面图如图 5-13 所示。

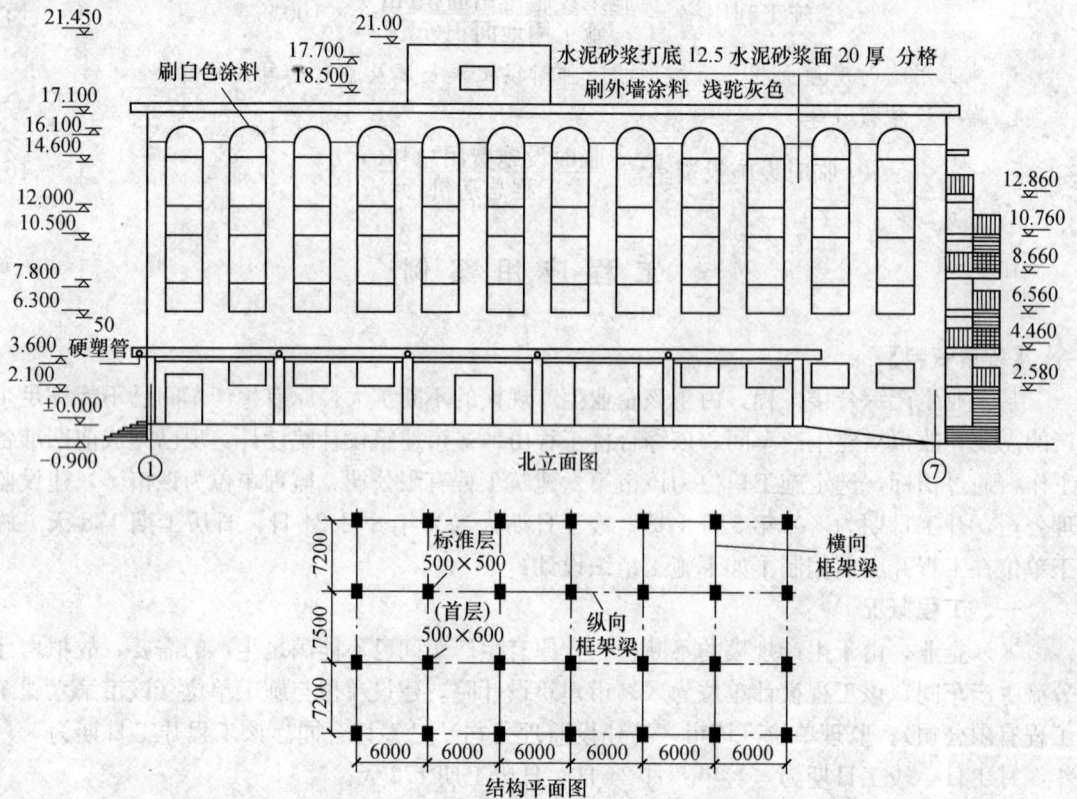

图 5-13 某生产车间建筑立面和结构平面图

本工程首、二层梁柱的混凝土强度等级均为 C30，三、四层和局部五层混凝土强度等级为 C25，其他构件混凝土强度等级采用 C20。主要受力钢筋为 Ⅱ 级，箍筋、构造筋为 Ⅰ 级。

3. 施工现场条件

（1）根据建设单位提供的情况，红线内地下无障碍物，现场东侧有上水干管，建设单位已接通正式水，水表位置在厂区入口处，施工用水可由此接入。现场东北角有箱式变电站一座，可解决施工用电问题。

（2）场地基本平整，场内运输道路的入口紧靠小区主干道。

（3）建设单位提供了四个坐标点和两个水准点。

（4）该建筑物周围没有临时建筑，原有建筑与拟建建筑被厂区入口的道路分开，施工现场用地较开阔。

二、施工方案

（一）施工流向与施工顺序

1. 施工流向

本工程划分为基础工程、主体工程、装饰工程三个分部工程。其施工流向为：基础和主体为自下而上施工，装饰施工在屋面防水工程完工后，自上而下施工，先外装修后内装饰。

2. 施工顺序

各分部工程施工顺序如下：

（1）基础工程。

挖土→修坡清底→搭架子→基础处理→打垫层→混凝土支模，绑筋，浇筑→养护，拆模→砖砌筑→回填（挖土后设排水系统，排水直至回填结束）。

（2）主体工程。

立塔吊→搭架子→扎柱筋→柱支模→浇柱混凝土→支梁板模板→绑筋→浇梁板混凝土→养护达到设计强度后拆架子→砌筑填充墙→安门窗，一层主体完工后立龙门架。

（3）装饰工程。

外装饰工程：立双排架→抹灰→涂料→安雨水管→抹散水、台阶→拆架子。

内装饰工程：内墙抹灰→顶棚→地面→涂料→门窗扇→油漆、五金、玻璃（二层抹灰完工后拆龙门架）。

（二）施工方法与施工机械的选择

1. 基础工程

桩基础：本工程为桩承台基础，桩基础施工使用履带式柴油打桩机，锤重 2.5t，打完桩后用送桩设备将桩送至 -2.4m 的位置（打桩、送桩工程由基础公司承包）。

（1）挖土方。该车间桩顶标高 -2.4m，第一层挖土采用机械开挖，挖深 2m，人工修坡清底。采用 WY600 反铲挖土机一台，斗容量 0.6m³，自卸汽车 4 辆。

根据地质情况，-3.2m 以上为杂填土，须进行地基处理，故第二层挖土深度 1.2m，为避免机械开挖扰动桩基，因此该部分为人工挖土。

（2）回填石屑。应分层回填夯实，回填至桩顶标高 -2.4m 处。回填时搭架子，夯实用 4 台蛙式打夯机分层夯实。由于挖土深度较深，故考虑放坡，坡度 1：0.38。

（3）排水措施。本工程槽在地下水位以下，地表水及雨水采用明沟→集水井→水泵系统排出场外。排水沟下口宽 30cm，上口宽 50cm，高 50cm，2‰放坡，30m 设一个集水井，集水井直径 1.2m，井筒码砖 20 层，用麻绳捆紧，井底低于排水沟 1.0m，井底铺砂石滤水层。排水至回填土达地下水位以上时，将集水井内水排掉再回填。

（4）承台混凝土施工。挖土工程完工后，经设计单位、监理单位验收合格后，方可进行下一工序施工。先把控制桩引入槽内，用水准仪抄平，以控制标高。根据图纸对基础及柱根尺寸进行弹线、支模、绑扎钢筋。基础模板采用组合钢模板加短木支撑。

混凝土采用商品混凝土，使用插入式振捣器边浇筑边振捣，注意快插、慢拔，插点均匀排列。混凝土在浇筑 12h 后进行浇水养护。

（5）砖砌体。待混凝土强度达到规范要求时，可进行基础墙体施工，施工前，应对轴线尺寸进行校正，无误后进行砌筑，砌筑时立皮数杆控制灰缝及标高，砌筑砂浆为 M5.0，现场搅拌。砖采用 MU10 页岩砖。

（6）回填土。回填土采用蛙式打夯机分层夯填，柱周围用木夯夯实，素土干密度应满足规范要求。

2. 主体工程

（1）垂直运输机械。在建筑物南侧延长向布置一台 TQ60/80 塔吊（低塔）。$M=800kN·m$，塔高 30m，回转半径 25m 时最大起重量 3.2t。塔吊主要用于混凝土浇筑，采用塔吊吊料斗的方法，斗容量 1m³，重 0.7t，加混凝土重 2.5t，共 3.2t，塔吊能满足要求。

在一层主体完工后在楼北侧立卷扬机和井架，用作装修材料和灰浆等的垂直运输。

（2）模板。采用组合钢模板散支散拆。考虑到纵、横框架梁不等高，故柱钢模配模高度在标准层均配至 3.40m 处，再配以 200mm 高的木枋（厚与钢模肋高同，取 50mm），恰好到梁底标高。

（3）钢筋。本工程采用钢筋直径均在 f25 以内，故在现场进行加工绑扎。为保证每层钢筋截面接头小于 50%，采用错层搭接的方式。横向框架梁下部纵筋在中柱处对称搭接，$L_d≥700mm$。纵向框架梁上部纵筋在跨中搭接，$L_d≥35d$；下部纵筋在柱根处对称措接，对 f20～f22 的钢筋，$L_d≥1000mm$，对于 f16～f18 的钢筋，$L_d≥700mm$。

外墙与柱之间应设拉结筋，沿高度每隔 600mm 和柱内的两根 f6 钢筋拉结。

（4）混凝土施工。采用商品混凝土，机械振捣，柱每层分三次循环浇灌和振捣。

主体工程分为两段，施工缝留在纵向 4 轴至 5 轴梁跨中 1/3 处，应留立槎。

（5）脚手架。采用钢管扣件脚手架，硬架支模方案，这样既可作施工用脚手架，又可作梁板模板的竖向支撑。砌墙用里脚手架，每步架高 1.5m。

（6）填充墙施工。填充墙采用加气混凝土砌块，用 M2.5 混合砂浆砌筑。

3. 装饰工程

（1）主要操作程序。外装饰工程：抹灰，刷涂料，安雨水管，抹台阶散水、明沟等。

内装饰工程：抹灰，刷涂料，安门窗扇，油漆，安玻璃等。

（2）主要施工方法。内墙墙面可先在砌体表面涂刷 TG 胶一道，抹掺 TG 胶的水泥砂浆底层，罩纸筋灰面层，再刷涂料。外墙墙面基层处理和底层做法同内墙，待做完中、面层灰浆后，再刷涂料面层。室内装修前必须将屋面防水做好，以防上面漏水污染墙面。

三、施工进度计划的说明

（1）该施工进度计划工期为 178 天，自××年 3 月 1 日开工，于同年 8 月 24 日竣工，施工项目 43 项，其中基础 13 项，主体 15 项，装饰 15 项。

（2）施工进度网络计算。本工程的施工进度网络计算，如图 5-14 所示（见文后插页）。该网络图按照 JGJ/T 121—1999《工程网络计划技术规程》规程绘制，图中粗线代表关键线路，总工期为 178 天。

（3）主要工程量、主要劳动力需用量计划、材料需用量计划、机械需用量计划分别见表 5-8～表 5-11。

四、施工平面图布置说明

1. 平面布置原则

（1）临时道路的布置，已考虑和永久性道路相结合，以保证场内运输通畅。

表 5-8 主要工程量汇总表

工程项目	单位	工程量	备注	工程项目	单位	工程量	备注
挖土方	m³	2498	基础	钢筋	kg	15 000	主体
垫层	m³	31	基础	地面	m²	786	装修
承台	m³	165	基础	楼面	m²	264	装修
条基	m³	5	基础	墙裙	m²	819	装修
地梁	m³	54	基础	楼梯抹灰	m²	129	装修
基础柱	m³	12	基础	踢脚板	m²	30	装修
回填土	m³	2743	基础	内墙面	m²	2347	装修
混凝土梁	m²	294	主体	顶棚	m²	3073	装修
混凝土板	m³	324	主体	屋面	m²	821	装修
混凝土柱	m³	129	主体	雨篷抹面	m²	222	装修
混凝土构造柱	m³	10	主体	挑檐抹灰	m²	228	装修
混凝土挑檐	m³	10	主体	独立柱抹灰	m²	304	装修
混凝土楼梯	m²	129	主体	外墙面	m²	2104	装修
钢门	m²	69	主体	站台地面	m²	220	装修
钢窗	m²	244	主体	台阶	m²	2	装修
玻璃	m²	244	主体	雨水管	m	143	装修
油漆	m²	158	主体	楼梯栏杆	m	87	装修
脚手架	m²	3567	主体	埋件	kg	12	装修
砌墙	m³	592	主体	散水	m²	50	装修

表 5-9 劳动力需用量计划

工种	班组数	班组人数	基础	主体	装饰	备注
灰土工	1	10	62			有1班6人，持续时间2天
混凝土工	1	60	136	840		有1班8人，持续时间2天
架子工	1	10	10	70	60	
钢筋工	1	60	240	1800		
木工	1	60	180	2340	5	有1班5人，持续时间1天
瓦工	1	10	20	520	20	有1班20人，持续时间27天
抹灰工	1	10			1465	有1班25人，持续时间15天 有1班35人，持续时间30天 有1班5人，持续时间1天
油漆工	1	10			280	
防水工	1	4			20	

表 5 - 10　　　　　　　　　　　　**材 料 需 用 量 计 划**

材料	总量	进场时间	分　段　需　用　量				
商品混凝土	1153m³	3 月 12 日	按　计　划　供　应				
水泥	313t	3 月 1 日	3 月 1 日	4 月 1 日	5 月 10 日	7 月 1 日	8 月 10 日
			43t	30t	90t	90t	60t
砂	449m³	3 月 1 日	3 月 1 日	4 月 1 日	5 月 10 日	7 月 1 日	9 月 10 日
			49m³	130m³	70m³	80m³	120m³
砌块	592m³	3 月 1 日	3 月 1 日	5 月 10 日	5 月 18 日	5 月 25 日	6 月 2 日
			53.8m³	134.5m³	134.5m³	134.5m³	134.5m³
钢筋	150t	3 月 8 日	3 月 8 日	3 月 18 日	4 月 3 日	4 月 18 日	5 月 3 日
			30t	35t	35t	35t	15t
白灰	30t	3 月 15 日	3 月 15 日 30t				
钢模板	560m²	3 月 10 日	3 月 10 日	3 月 18 日	3 月 28 日		
			180m²	280m²	100m²		
脚手架	6500根	3 月 5 日	3 月 5 日	3 月 16 日	4 月 1 日.	6 月 28 日	
			500 根	1200根	1200根	3600根	
扣件	15 000个	3 月 5 日	3 月 5 日	3 月 16 日	4 月 1 日	6 月 28 日	
			2000个	4000个	4000个	5000个	
脚手板	2600块	3 月 5 日	3 月 5 日	3 月 16 日	4 月 1 日	6 月 28 日	
			300 块	500 块	500 块	1300块	
安全网	1200片	4 月 2 日	4 月 2 日	4 月 18 日	5 月 3 日		
			300 片	300 片	600 片		

表 5 - 11　　　　　　　　　　　　**施工机械需用量计划**

序　号	机具名称	型　号	需用量		使　　用
			单　位	数　量	
1	塔吊	TQ60/80	台	1	主体垂直运输
2	卷扬机	JJM-3	台	1	装修垂直运输
3	振捣棒	21Z-50	台	4	浇混凝土
4	蛙夯	21W-60	台	4	基础回填
5	钢筋切断机	GJS-40	台	1	钢筋制作
6	钢筋调直机		台	7	钢筋制作
7	电焊机	BX3-300	台	2	钢筋制作
8	砂浆搅拌机	JQ250	台	2	砖砌筑
9	抹灰机械	21m-66	台	2	混凝土表面抹光
10	挖土机	WY60	台	1	基础挖土
11	载重汽车		台	4	运输（运土）

续表

序　号	机具名称	型　号	需用量		使　用
			单　位	数　量	
12	电锯电刨		台	2	木活加工
13	离心水泵		台	2	基础排水
14	筛砂机		台	1	主体

（2）根据塔吊最大回转半径和最大起重量确定塔吊位置，沿建筑物的长向布置在较开阔处。

（3）构件堆放尽可能布置在塔吊回转半径范围内。

（4）对于有特殊要求的材料，半成品应放在仓库内。

（5）施工用电由建设单位提供电源进线，不另设变压器。

（6）施工用水主管管径为 50mm，支管管径为 40mm，消防栓间距 100m，消防用水管和生活用水管合并使用。

（7）职工宿舍的布置要尽量远离生产加工区、办公区及施工现场。

2. 现场临时设施及施工平面布置图

现场临时设施见表 5-12，施工平面布置图如图 5-15 所示。

表 5-12　　　　　　　　　　现 场 临 时 设 施 情 况

序　号	设　施	规　格	单　位	数　量
1	搅拌机棚	4×3	m²	12
2	水泥库	6×6	m²	36
3	木工棚	6×8	m²	48
4	钢筋棚	6×10	m²	60
5	工具材料仓库	5×12	m²	60
6	办公室	5×8	m²	40
7	宿舍	5×25	m²	125
8	门卫	3×3	m²	9
9	总　计	390m²		

五、主要施工技术与组织措施

（一）工地管理机构与组织系统

该工程实行项目经理责任制。施工单位指定项目经理对工程项目负责。下设技术负责人、材料员（负责材料计划控制）、施工员（具体施工、质量和测量放线）、预算员（负责成本预算控制）、质量员、安全员等。要求现场管理人员具备相应资格条件，必须持证上岗。

（二）技术质量保证措施与安全措施

1. 技术保证措施

（1）收到正式图纸后组织力量做好图纸审查和各专业图纸会审工作，及时解决图纸上的问题，由技术负责人负责协调管理。

（2）设专人负责组织编制施工组织设计，要结合施工实际严格审批、变更及检查制度，做好各级技术交底工作。

（3）施工过程中要认真积累技术档案资料，明确入档项目份数及标准，定期回收资料，按要求编制竣工档案。

（4）加强原材料试验及管理工作，原材料要有出厂证明及复试证明材料。

2. 质量保证措施

（1）基础开挖时，如发现土质情况与勘探图不符，应与设计单位研究处理。

（2）基础及场地回填土应分层夯实至室外地坪标高，以满足铺设塔轨道和汽车通行的要求，并可保证回填土质量。

（3）按照 GB 50202—2002《建筑地基基础工程施工质量验收规范》要求，做好建筑物的沉降观测。

（4）为防止柱子位移，每层都要用经纬仪从标准桩引线。

（5）钢筋、构件进场要有专人检验，按型号、类别分别堆放。

（6）抹灰前，砌块墙面须清理，并浇水湿润。为防止抹灰起壳开裂，要求砂子必须是中砂，含泥量控制在 3％以下，同时必须严格控制砂浆中的水泥用量。

3. 安全措施

（1）塔吊使用中要严格遵守有关塔式起重机的安全操作规程。

（2）第一层主体施工完后，应沿建筑物四周装设安全网。

（3）砌体的堆放场地应预先平整夯实，不得有积水，堆放要稳定，以防倒塌伤人，高度不得超过 3m。

（4）施工人员进入现场要戴安全帽，高空作业要系安全带。

（5）非机电人员不准动用机电设备，机电设备防护措施要完善。

（6）现场道路保持畅通，消火栓要设明显标记，附近不准堆物，消防工具不得随意挪用。

（7）电梯井口要层层封闭，井内每隔二层设一道安全网。

4. 季节性施工措施

（1）雨季施工首先应做准备工作，特别是雨季期间工程材料和防水材料的准备工作。

（2）现场要做好排水工作，现场排水通道应随时保证畅通，应设专人负责，定期疏通。

（3）对于原材料的存放，水泥应按不同品种、标号、出厂日期分类码放，要遵循先收先进先用，后收后用的原则。避免久存水泥受潮。砂、石、砖尽量大堆堆放，四周设点排水。

（4）现场电器、机械要有防雨措施。

（5）下雨时砌筑砂浆应减小稠度，并加以覆盖，下雨前新砌体和新浇筑混凝土应加以覆盖，以防雨冲。被雨水冲过的墙体应拆除上面两匹砖，中雨以上应停止砌砖和浇筑混凝土。

（6）注意收听次日天气情况及近期天气趋势，做好雨季施工准备。雨前浇筑混凝土要根据结构情况尽可能考虑好施工缝位置，以便大雨来时，浇筑到合理位置。

（7）由于没到冬季施工期，所以冬季施工措施略。

六、主要技术经济指标

（1）单位面积建筑造价1320元/m²，总造价 440 万元，比预算总造价节约 3％。

（2）单位建筑面积劳动消耗量：2.42d/m²。

（3）本工程定额工期 185d；合同工期 190d；计划工期 178d，其中基础工程 29d，主体工程 73d，屋面与装修工程 76d。

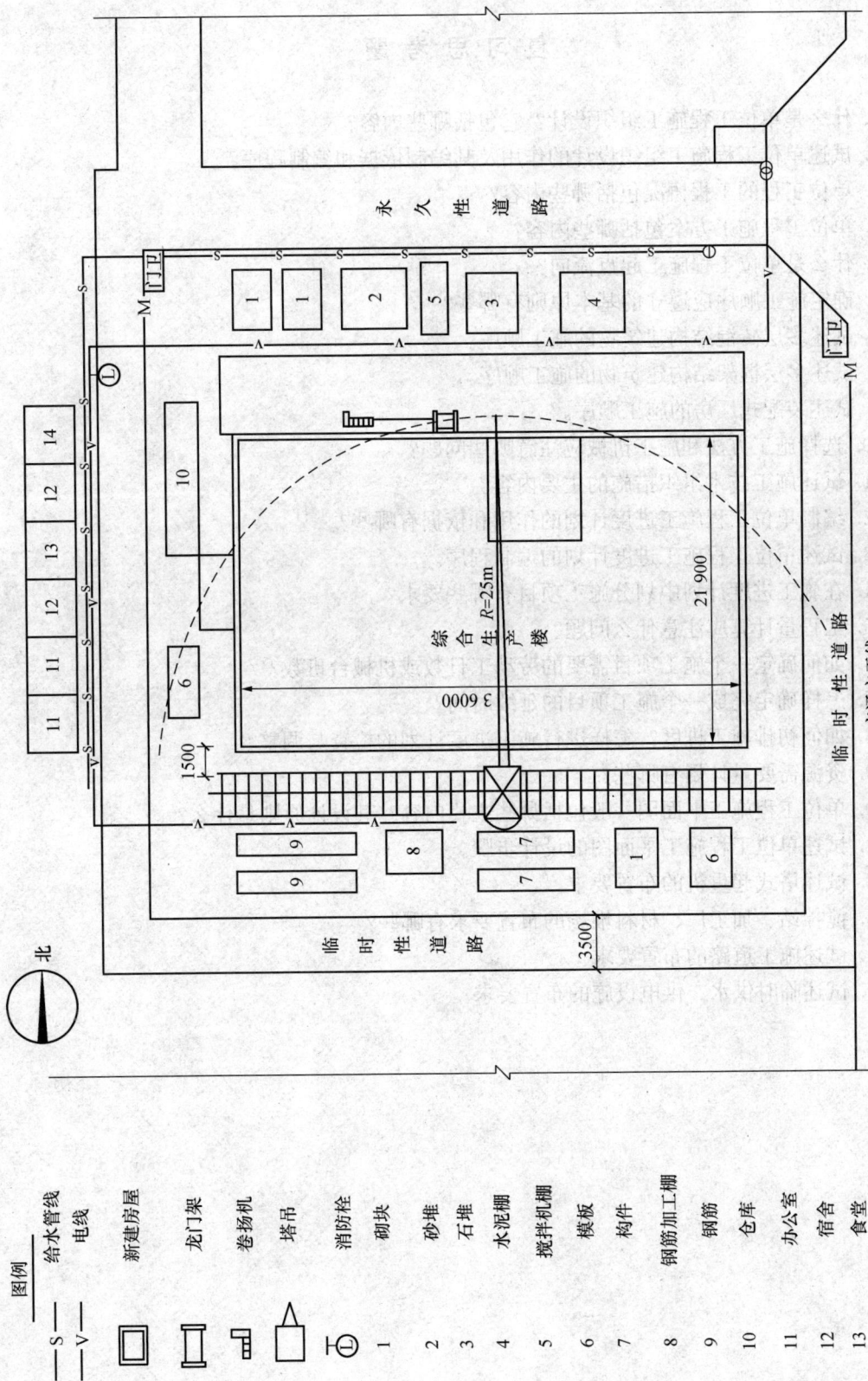

图5-15 某生产车间施工平面布置图

图例

—S—	给水管线
—V—	电线
▢	新建房屋
⊓	龙门架
⊔	卷扬机
△	塔吊
⊕	消防栓
1	砌块
2	砂堆
3	石堆
4	水泥棚
5	搅拌机棚
6	模板
7	构件
8	钢筋加工棚
9	钢筋
10	仓库
11	办公室
12	宿舍
13	食堂
14	卫生间

复 习 思 考 题

1. 什么是单位工程施工组织设计？它包括哪些内容？
2. 试述单位工程施工组织设计的作用及其编制依据和编制程序。
3. 单位工程的工程概况包括哪些内容？
4. 单位工程施工方案包括哪些内容？
5. 什么是单位工程施工起点流向？
6. 确定施工顺序应遵守的基本原则有哪些？
7. 试述多层砖混结构建筑物的施工顺序。
8. 试述多层框架结构建筑物的施工顺序。
9. 试述装配式厂房的施工顺序。
10. 选择施工方法和施工机械应注意哪些问题？
11. 试述施工技术组织措施的主要内容。
12. 编制单位工程施工进度计划的作用和依据有哪些？
13. 试述单位工程施工进度计划的编制程序。
14. 在施工进度计划中划分施工项目有哪些要求？
15. 工程量计算应注意什么问题？
16. 如何确定一个施工项目需要的劳动工日数或机械台班数？
17. 怎样确定完成一个施工项目的延续时间？
18. 如何初排施工进度？怎样进行施工进度计划的检查与调整？
19. 资源需要量计划有哪些？
20. 单位工程施工平面图一般包括哪些主要内容？其设计原则是什么？
21. 试述单位工程施工平面图的设计步骤。
22. 试述塔式起重机的布置要求。
23. 搅拌站、加工厂、材料堆场的布置要求有哪些？
24. 试述施工道路的布置要求。
25. 试述临时供水、供电设施的布置要求。

第六章　施工项目进度控制

🎙️ **内容提要**

　　本章内容主要介绍了施工进度控制的概念、方法、措施和主要任务，以及影响施工进度的因素；施工项目进度动态控制原理；施工进度计划的实施与检查；施工进度计划的比较分析方法与调整等。

🌱 **学习要求**

　　(1) 熟悉施工进度计划的控制循环过程，了解影响施工进度的因素；
　　(2) 熟悉施工项目进度动态控制原理，掌握施工项目进度控制方法和措施；
　　(3) 掌握施工进度计划的实施与检查工作，并重点掌握常用进度计划的比较分析方法与调整方法。

第一节　概　　述

　　施工项目进度控制是以项目工期为目标，按照项目施工进度计划及其实施要求，监督、检查项目实施过程中的动态变化，找出其产生偏差的原因，以便采取有效措施或修改原进度计划的综合管理过程。项目施工进度控制与质量控制、成本控制一样，是项目施工中重点控制的目标之一，是衡量项目管理水平的重要标志。对项目施工进度进行控制是一项复杂的系统工程，是一个动态的实施过程。通过进度控制，不仅能有效地缩短项目建设周期，减少各个单位和部门之间的相互干扰，而且能更好地落实施工单位各项施工计划，合理使用资源，保证施工项目成本、进度和质量三大目标的实现，也为防止或提出施工索赔提供依据。

一、影响施工进度的因素

　　工程项目的特点决定了其在施工实施过程中将受到多种因素的干扰。其中很多的干扰因素将对施工进度产生影响。为了有效地控制施工进度，必须充分认识和估计这些影响因素，以便事先采取有效措施，消除影响，使施工尽可能按进度计划进行。当出现施工进度偏差时，应结合有关影响因素，分析其产生的原因，以实现对施工进度的主动控制。影响施工进度的主要因素有以下三方面。

　　1. 外部因素

　　(1) 相关单位的协调配合。影响项目施工进度实施的单位，不仅仅是施工单位，还应包括建设单位（或业主）、监理单位、设计单位、总承包单位、分包单位、资金贷款单位、材料设备供应部门、运输部门、供水供电部门及政府的有关主管部门等。项目经理不仅要控制项目施工进度，还要做好与各相关单位的协调配合工作。否则，任何部门的配合失误，都将影响项目整体进度。

　　(2) 项目设计。主要包括：项目图纸错误、不配套、出图不及时或设计方案变更；所定材料或构造做法不可行；建设单位（业主）或其主管部门在项目实施中，改变项目原设计功能；增减工程量等。这些都将导致进度改变或施工停顿、拖后。

（3）项目投资。建设单位（业主）不能按期拨付工程款或在施工过程中资金短缺，必然影响施工进度。

（4）资源供应。如材料和设备不能按期供应或质量、规格不符合要求，运输及供水供电不足或中断，以及劳动力、机械不能满足计划需要等，进而影响施工进度。

（5）施工条件的变化。施工中实际施工条件与设计的情况不符或考虑不周，如结构质量、防水状况、结构及设备安装的进展情况、场地条件及自然气候等都会对施工进度产生影响，造成临时停工或返工。

对于上述外部因素，项目经理应以合同形式明确施工条件要求及有关方面的协作配合要求，在法律的约束和保护下，尽量避免和减少损失。而对向政府主管部门、职能部门进行申报、审批、签证等工作所需的时间，应在编制进度计划时予以充分考虑，留有余地，以免干扰施工进度。

2．项目经理部内部因素

（1）技术性失误。主要包括：低估了项目施工技术上的难度，施工方案选择不当，技术措施跟不上，施工方法选择或施工顺序安排有误，施工中发生质量、安全事故，应用新技术、新工艺、新材料、新构造缺乏经验等。这些不但使工程质量难以保证，也必然会影响施工进度。

（2）施工组织失误。对工程项目的特点和实现的条件判断失误，编制的施工进度计划不科学，贯彻进度计划不得力，流水施工组织不合理，劳动力和施工机具调配不当，施工平面布置及现场管理不严密，与外部相关单位关系协调不善等，都将影响施工进度计划的执行。

由此可见，提高项目经理部的管理水平、技术水平，提高施工作业层的素质是极为重要的。

3．不可预见的因素

施工中如果出现意外的事件，如战争、内乱、拒付债务、社会动乱等政治事件，地震、洪水、台风、雷击、火灾等严重的自然灾害事件，重大工程事故、试验失败、标准变化等技术事件，拖延支付工程款、通货膨胀、分包单位违约等经济事件都会影响施工进度计划。

综上所述，对于进度控制必须明确一个基本思想：计划的不变是相对的，变是绝对的，平衡是相对的，不平衡是绝对的。在计划实施过程中实行动态控制，应针对计划的变化采取对策，定期地、经常地调整进度计划，即施工中严格按计划进行，计划应随着施工的变化而调整，否则将会失去计划对工程的指导作用。

二、项目施工进度的控制措施

对施工项目进行进度控制的措施主要包括组织措施、技术措施、合同措施、经济措施和信息管理措施等。

（1）组织措施。主要是指落实各层次的进度控制的人员、具体任务和工作责任，建立进度控制的组织体系；根据施工项目的进展阶段、结构层次，专业工种或合同结构等进行项目分解，确定其进度目标，建立控制目标体系；确定进度控制工作制度，如检查时间、方法、协调会议举行的时间、参加人等；对影响进度的因素分析和预测。

（2）技术措施。主要是指采用有利于加快施工进度的技术与方法，以保证在进度调整后，仍能如期竣工。技术措施包含两方面内容：一是能保证质量、安全，经济、快速的施工技术与方法（包括操作、机械设备、工艺等）；另一方面是管理技术与方法，包括流水作业法、科学排序法、网络计划技术等。

（3）合同措施。是指以合同形式保证工期进度的实现，即保持总进度控制目标与合同总工期一致；分包合同的工期与总包合同的工期一致；供货、供电、运输、构配件加工等合同对施工项目提供服务配合的时间应与有关进度控制目标一致，相互协调。

（4）经济措施。是指实现进度计划的资金保证措施和有关进度控制的经济核算方法。

（5）信息管理措施。是指建立监测、分析、调整、反馈进度实施过程中的信息，按信息处理程序和信息管理工作制度，以实现连续的、动态的全过程进度目标控制。

三、项目施工进度控制的几种基本方法

（一）项目施工进度动态控制原理的应用

我国在施工管理中引进项目管理的理论和方法多年，但运用动态控制原理控制项目的目标尚未得到普及，许多施工企业还不重视在施工过程中依据和运用定量的施工成本控制、施工进度控制和施工质量控制的报告系统指导施工管理工作，项目目标控制还处于相当粗放的状况。应认识到，运用动态控制原理进行项目目标控制将有利于项目目标的实现，并有利于促进施工管理科学化的进程。其项目动态控制原理，如图6-1所示。

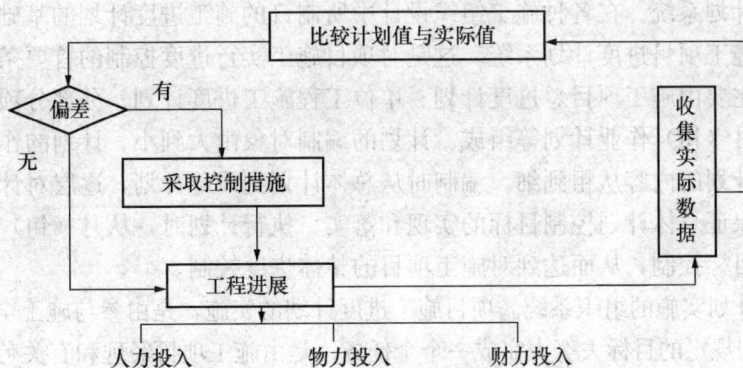

图6-1 项目动态控制原理图

运用动态控制原理控制施工进度的步骤如下：

1. 施工进度目标的逐层分解

施工进度目标的逐层分解是从施工开始前和在施工过程中，逐步地由宏观到微观，由粗到细编制深度不同的进度计划的过程。对于大型建设工程项目，应通过编制施工总进度规划、施工总进度计划、项目各子系统和各子项目施工进度计划等进行项目施工进度目标的逐层分解。

2. 在施工过程中对施工进度目标进行动态跟踪和控制

（1）按照进度控制的要求，收集施工进度实际值。

（2）定期对施工进度的计划值和实际值进行比较。

进度的控制周期应视项目的规模和特点而定，一般的项目控制周期为一个月，对于重要的项目，控制周期可定为一旬或一周等。比较施工进度的计划值和实际值时应注意其对应的工程内容应一致，如以里程碑事件的进度目标值或再细化的进度目标值作为进度的计划值，则进度的实际值是相对于里程碑事件或再细化的分项工作的实际进度。进度的计划值和实际

值的比较应是定量的数据比较，比较的成果是进度跟踪和控制报告，如编制进度控制的旬、月、季、半年和年度报告等。

（3）通过施工进度计划值和实际值的比较，如发现进度的偏差，则必须采取相应的纠偏措施进行纠偏。

3. 调整施工进度目标

如有必要（即发现原定的施工进度目标不合理，或原定的施工进度目标无法实现等），则调整施工进度目标。

项目施工进度控制是一个动态的、不断循环的过程。它是从项目施工开始，实际进度就出现了运动的轨迹，也就进入了计划执行的动态过程。实际进度按照计划进度进行时两者相吻合；当实际进度与计划进度不一致时，便产生超前或落后的偏差。分析偏差的原因，采取相应的措施，调整原来计划，使两者在新的起点上重合，继续按其进行施工活动，并且尽量发挥组织管理的作用，使实际工作按计划进行。但是在新的干扰因素作用下，又会产生新的偏差，又需要进行新的检查、调整。这种动态循环的控制方法，是实现施工进度控制的最基本的方法。

（二）建立施工项目的计划、实施和控制系统

（1）建立计划系统。在各种施工组织设计中所制订的施工进度计划的基础上，进一步完善，使其构成施工项目进度计划系统。这是对项目施工实行进度控制的首要条件。施工项目进度计划系统主要由施工项目总进度计划、单位工程施工进度计划、分部分项工程施工进度计划、季度和月（旬）作业计划等组成。计划的编制对象由大到小，计划的作用由宏观控制到具体指导，计划的内容从粗到细。编制时从总体计划到局部计划，逐层对计划的控制目标进行分解，以保证总体计划控制目标的实现和落实。执行计划时，从月（旬）作业计划开始实施，逐级按目标控制，从而达到对施工项目的整体进度控制。

（2）建立计划实施的组织系统。项目施工进度计划的实施，是由参与施工全过程的各专业队伍，遵照计划规定的目标去努力完成一个个任务；是由施工项目经理和有关劳动调配、材料设备、采购运输等各职能部门，都按照施工进度计划以及依据施工进度计划所制订的其他计划的要求进行严格管理、落实和完成各自的任务来实现的。也就是说施工组织的各级负责人，从项目经理、施工队长、班组长及其所属全体成员组成了施工项目实施的完整组织系统。

（3）建立进度控制的组织系统。为了保证项目施工进度按计划实施，必须建立一个项目进度的检查控制系统。从公司、项目经理部，一直到作业班组都应设有专门的职能部门或人员负责检查、统计、整理、汇总实际施工进度的资料，并与计划进度比较分析和对计划进行调整。当然不同层次人员负有不同进度控制职责，分工协作，形成一个纵横连接的施工项目控制组织系统。事实上有的领导可能既是计划的实施者，又是计划的控制者，实施是计划控制的落实，控制是保证计划按期实施。

（三）加强信息反馈工作

信息反馈是项目施工进度控制的依据。施工的实际进度通过信息反馈给基层施工进度控制的工作人员，在分工的职责范围内，经过其加工处理，再将信息逐级向上反馈，直到主控制室。主控制室整理统计各方面的信息，经比较分析做出决策，调整进度计划，仍使其符合预定工期目标。若不进行信息反馈，则无法进行计划控制。施工项目进度控制的过程就是信息反馈的过程。

（四）编制具有弹性的进度计划

施工项目施工周期长，影响进度的因素多，其中有的已被人们掌握，根据统计资料和经验，估计影响的程度和出现的可能性，并可在确定进度目标时，进行实现目标的风险分析。在编制施工项目进度计划时应留有余地，即使施工进度计划具有弹性。在进行施工项目进度控制时，可以利用这些弹性，缩短有关工作的时间，或者改变它们之间的搭接关系，使检查之前拖延了工期的，通过缩短剩余计划工期的方法，仍可达到预期的计划目标。这就是施工项目进度控制中对弹性原理的应用。

（五）采用网络计划技术

在施工项目进度的控制中利用网络计划技术原理编制进度计划，并在执行中根据收集的实际进度信息，比较和分析进度计划，又可利用网络计划的工期优化、工期与成本优化和资源优化的理论调整计划。因此，网络计划技术是项目施工进度控制和分析计算的基本方法。

第二节 施工进度计划的贯彻与实施

施工进度计划的贯彻实施就是按施工进度计划开展施工活动，落实和完成计划。施工项目进度计划逐步实施的过程就是工程项目的逐步完成过程。为了保证施工进度计划的实施，使各项施工活动按照编制的进度计划所安排的顺序和时间有秩序地进行，保证各阶段进度目标和总进度目标的实现，应做好如下工作。

一、施工项目进度计划的贯彻

1. 检查各层次的计划，形成严密的计划保证体系

施工项目各层次的施工进度计划（包括施工总进度计划、单位工程施工进度计划、分部分项工程施工进度计划），都是围绕着一个总目标任务而编制的。它们之间的关系是高层次的计划作为低层次计划的编制和控制依据，低层次计划是高层次计划的深入和具体化。在贯彻执行时，应当首先检查各计划是否紧密配合、协调一致，计划目标是否层层分解、互相衔接，在施工顺序、空间安排、时间安排、资源供应等方面有无矛盾，以组成一个可靠的计划实施的保证体系，并以施工任务书的方式下达到各施工队组，以保证计划的实施。

2. 层层明确责任并利用施工任务书

总承包单位与各分包单位签订分包合同，施工项目经理、施工队和作业班组之间应分别签订目标责任书，按计划目标明确规定合同工期，相互承担的经济责任、权限和利益。施工单位内部采用下达施工任务书的形式，将作业任务和时间下达到施工班组，明确具体施工任务和劳动量、技术措施、质量要求等内容，使施工班组必须保证按作业计划完成规定的任务。

3. 全面和层层实行计划交底，使全体工作人员共同实施计划

施工进度计划的实施是全体工作人员的共同行动，要使有关人员都明确各项计划的目标、任务、实施方案和措施，使管理层和作业层协调一致，将计划变成全体员工的自觉行动，充分调动和发挥每个员工的干劲和创造精神。因此，在计划实施前必须进行计划交底工作，根据计划的范围和内容，层层进行交底落实。以使施工有计划、有步骤，连续、均衡地进行。

二、施工项目进度计划的实施

施工进度计划在实施中应重点抓好以下几项工作。

1. 编制月（旬）作业计划

施工进度计划是施工前编制的，虽然目的是用于具体指导施工，但毕竟仅考虑了影响工期的主要施工过程，内容比较粗略，现场情况又不断发生较为复杂的变化。因此，在计划执行中还需要编制短期的、更为细致具体的执行计划，这就是月（旬）作业计划。为实施施工进度计划，将规定的任务结合现场施工条件，如施工场地的情况，材料、能源、劳动力、机械等资源条件和施工的实际进度，在施工开始前和过程中逐步编制本月（旬）的作业计划。这样，使得施工计划更具体、切合实际和可行。可以说，月（旬）计划是施工队组进行施工的直接依据，是改进施工现场管理和执行施工进度计划的关键措施。施工进度计划只有通过作业计划才能下达给工人，才有可能实现。施工作业计划可分为月作业计划和旬作业计划，一般由以下三部分组成：

（1）本月（旬）内应完成的施工任务。这部分主要是确定施工进度、列出计划期间内应完成的工程项目和实物工程量，开竣工日期，以及形象进度的安排。它是编制其他部分的依据。

（2）完成计划任务的资源需要量。这部分是根据计划施工任务编制出的材料、劳动力、机具、构配件及加工品等的需要量计划。

（3）提高劳动生产率和降低成本的措施。这部分是依据施工组织设计中的技术组织措施，结合计划月（旬）的具体施工情况，制订切实可行的提高劳动生产率和节约的技术组织措施。

月（旬）作业进度计划可用横道图表示，也可以按照网络计划的形式进行编制。实际上可以截取时标网络计划的一部分，根据实际情况加以调整并进一步细分和具体化，这种形式对计划的控制将更为方便，有利于管理。作业计划的编制必须紧密结合工程实际和修正的网络计划，提出初步的作业计划建议指标，征求各有关施工队组的意见后，进行综合平衡，并对施工中的薄弱环节采取有效措施。作业计划的编制应满足三个条件：一是做好同时施工的不同施工过程之间的平衡协调，二是对施工项目进度计划分期实施，三是施工项目的分解必须满足指导作业的要求，应划分至工序，并明确进度日程。作业计划编制后通过施工任务书下达给施工队组。

2. 签发施工任务书

编制好月（旬）作业计划后，需将每项具体任务通过签发施工任务书的方式使其进一步落实。施工任务书是基层施工单位向施工班（组）下达任务的计划技术文件，也是实行责任承包、全面管理、进行经济核算的原始凭证。因此，它是计划和实施两个环节间的纽带。

施工任务书应包括以下几方面内容：

（1）施工班（组）应完成的工程任务、工程量，完成该任务的开竣工日期和施工日历进度表。

（2）完成工程任务的资源需要量。

（3）完成工程任务所采用的施工方法，技术组织措施，工程质量、安全和节约措施的各项指标。

（4）登记卡和记录单，如限额领料单、记工单等。

由此可见，施工任务书充分贯彻和反映了作业计划的全部指标，是保证作业计划执行的基本文件，施工任务书应比作业计划更简明、扼要，以便于工人领会和掌握。施工任务书常采用表格形式。

3. 做好施工进度记录，掌握现场实际情况

在计划任务完成的过程中，各级施工进度计划的执行者都要实事求是地跟踪做好施工记录，如实记载计划执行中每项工作的开始日期，工作进程和完成日期。其作用是为项目进度检查、分析、调整、总结提供信息和经验资料。

4. 做好施工中的调度工作

施工调度是组织施工中各阶段、各环节、各专业、各工种互相配合，进度协调的指挥核心。调度工作是保证施工按进度计划顺利实施的重要手段。其主要任务是掌握计划实施情况，协调各方面协作配合关系，采取措施，排除施工中出现的各种矛盾和问题，消除薄弱环节，实现动态平衡，保证作业计划的完成，以实现进度控制目标。因此，必须建立强有力的施工生产调度部门或调度网，充分发挥其枢纽作用。

调度工作的主要内容有：监督作业计划的实施，调整和协调各方面的进度关系；监督检查施工准备工作；督促资源供应单位按计划供应劳动力、施工机具、运输车辆、材料和构配件等，并对临时出现的问题采取调配措施；按施工平面图管理施工现场，结合实际情况进行必要的调整，保证文明施工；了解气候及水、电供应情况，采取相应的防范和保证措施；及时发现和处理施工中各种事故和意外事件；调节各薄弱环节；定期召开现场调度会议，贯彻施工项目主管人员的决策，发布调度令。

调度工作必须以作业计划和现场实际情况为依据，应从施工全局出发，按政策和规章制度办事。调度工作要及时、准确、灵活、果断。

第三节　项目施工进度的监测

施工进度的监测贯穿于计划实施的始终，它是实施进度控制的重要手段，也是计划调整的重要依据。监测就是在进度计划实施过程中，由有关人员经常地、定期检查施工的实际进度情况，收集项目施工进度资料，并进行统计整理和对比分析，找出实际进度与计划进度之间的关系，为进度调整提供依据。项目进度监测的系统过程如图 6-2 所示。

一、监测过程与要求

1. 跟踪检查施工实际进度

跟踪检查施工实际进度是分析施工进度，调整进度计划的前提，其目的是收集实际施工进度的有关数据。跟踪检查的时间、方式、内容和收集数据的质量，将直接影响进度控制工作的质量和效果。

检查的时间与施工项目的类型、规模、施工条件和对进度执行要求的程度有关，通常分两类：一类是日常检查，另一类是定期检查。日常检查是常驻现场管理人

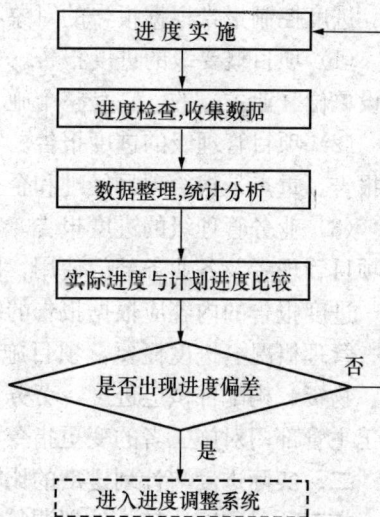

图 6-2　项目进度监测系统过程

员，每日进行检查，采用施工记录和施工日志的方法记载下来。定期检查一般与计划安排的周期和召开现场会议的周期一致，可视工程的情况，每月、每半月、每旬或每周检查一次。当施工中遇到天气、资源供应等不利因素的严重影响，检查的间隔时间可临时缩短。定期检查在制度中应做出规定。

检查和收集资料的方式，一般采用进度报表方式或定期召开进度工作汇报会。为了保证汇报资料的准确性，进度控制的工作人员要经常地、定期到现场察看，准确地掌握施工项目的实际进度。

检查的内容主要包括：在检查时间段内任务的开始时间、结束时间，已进行的时间，完成的实物量或工作量，劳动量消耗情况及主要存在的问题等。

2. 整理统计检查数据

对于收集到的施工实际进度数据，要进行必要的整理，并按计划控制的工作项目内容进行统计；要以相同的量纲和形象进度，形成与计划进度具有可比性的数据。一般可以按实物工程量、工作量和劳动消耗量以及累计百分比，整理和统计实际检查的数据，以便与相应的计划完成量相对比分析。

3. 对比分析实际进度与计划进度

将收集的资料整理和统计成与计划进度具有可比性的数据后，用实际进度与计划进度的比较方法进行比较分析。通常采用的比较方法有横道图比较法、直角坐标图比较法和网络图比较法等。通过比较得出实际进度与计划进度是相一致，超前或是拖后三种情况，以便为决策提供依据。

4. 施工进度检查结果的处理

施工进度检查要建立报告制度，即将施工进度检查比较的结果、有关施工进度现状和发展趋势，以最简练的书面报告形式提供给有关主管人员和部门。

进度报告的编写，原则上由计划负责人或进度管理人员与其他项目管理人员（业务人员）协作编写。进度报告时间一般与进度检查时间相协调。一般每月报告一次，重要的、复杂的项目每旬或每周一次。

进度控制报告根据报告的对象不同，一般分为以下三个级别：

(1) 项目概要级的进度报告。它是报给项目经理，企业经理或业务部门以及监理单位或建设单位（业主）的，它是整个施工项目为对象描述进度计划执行情况的报告。

(2) 项目管理级的进度报告。它是以单位工程或项目分区为对象描述进度计划执行情况的报告，重点是报给项目经理和企业业务部门及监理单位。

(3) 业务管理级的进度报告。它是以某个重点部位或某项重点问题为对象编写的报告，供项目管理者及各业务部门使用，以便采取应急措施。

进度报告的内容应根据报告的级别和编制范围的不同有所差异，主要包括：项目实施概况、管理概况、进度概要，项目施工进度、形象进度及简要说明，施工图纸提供进度，材料、物资、构配件供应进度，劳务记录及预测，日历计划，建设单位（业主）、监理单位和施工主管部门对施工者的变更指令等。

二、实际进度与计划进度的比较方法

施工项目进度比较与计划调整是实施进度控制的主要环节。计划是否需要调整以及如何调整，必须以施工实际进度与计划进度进行比较分析后的结果作为依据和前提。因此，施工项目进度比较分析是进行计划调整的基础。常用的比较分析方法有横道图比较法，直角坐标图比较法，前锋线比较法。

（一）横道图比较法

由于用横道图表达的施工进度计划，具有简明、形象、直观，编制简单、使用方便等优点，因而长期以来被广泛应用，成为人们最为熟悉和常用的方法。

横道图比较法是指将项目实施过程中检查实际进度收集的信息，经整理后直接用横道线并列标于原计划的横道线处，能将实际进度与计划进度进行直观比较的方法。图6-3所示为某混凝土基础工程的施工实际进度与计划进度的跟踪比较。进度表中粗实线表示计划进度，其下的阴影填充线则表示工程施工的实际进度。

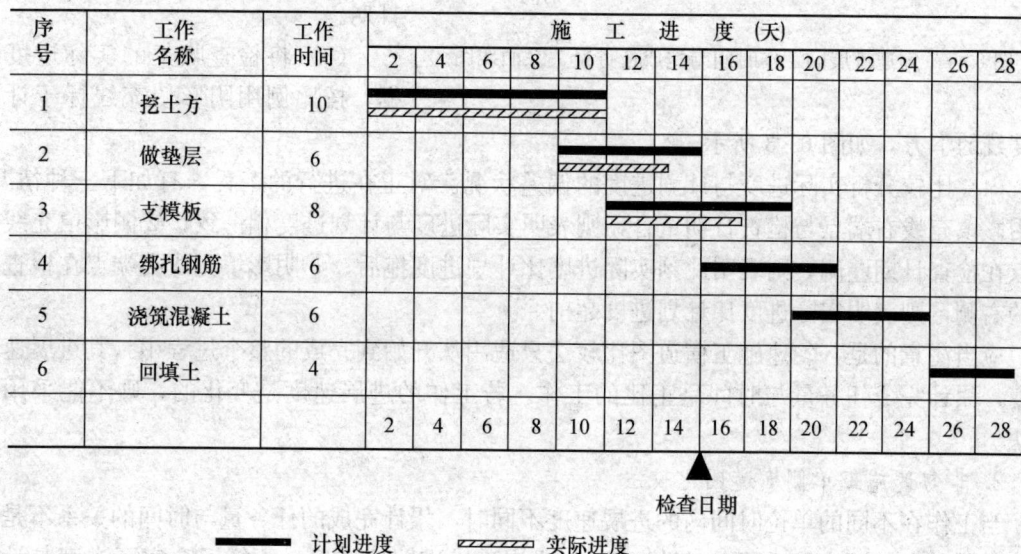

序号	工作名称	工作时间	施工进度（天）
1	挖土方	10	
2	做垫层	6	
3	支模板	8	
4	绑扎钢筋	6	
5	浇筑混凝土	6	
6	回填土	4	

图6-3　某混凝土基础工程的施工实际进度与计划进度的比较

从图6-3中可以看出，在第14天末进行施工进度检查时，挖土方工作已经按期完成，做垫层工作按计划进度应该全部完成，而实际施工进度只完成了任务的5/6，即83%，意味着已经拖后了17%；支模板工作按计划应完成50%，而实际施工进度已经完成了6/8，即75%，已经超前25%；其他施工过程均未开始。

通过上述记录与比较，清楚地显示了实际施工进度与计划进度之间的偏差，为进度控制者采取调整措施提供了明确的信息。这是在施工项目进度控制中经常使用的一种最简单、最熟悉的记录比较方法，但它仅适用于施工中的每一项工作都是按匀速进行，即单位时间内完成的任务量是相等的情况。

这里所说的任务量可以用实物工程量、劳动消耗量和工作量三种物理量表示，为了比较方便，一般用它们实际完成量的累计百分比与计划应完成量的累计百分比进行比较。如实物工程量百分比、劳动消耗量百分比及工作量百分比等。

实际施工中每一项工作的速度不一定固定，并且进度控制要求和提供进度信息的种类往往不同，则横道图比较法可采用以下几种表达形式：

1. 匀速施工横道图比较法

匀速施工是指施工中的每项工作的施工进展速度都是均匀不变的，即某项工作在单位时间内完成的任务量均相同，累计完成的任务量与时间成直线变化，如图 6-4 所示。

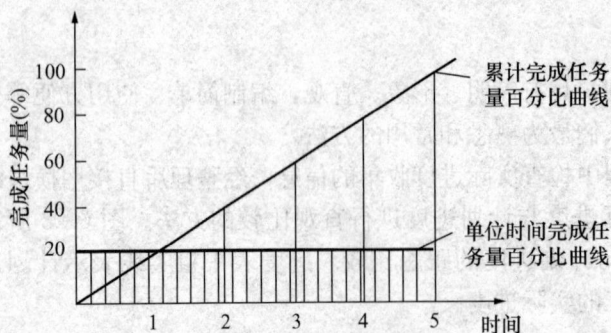

图 6-4　匀速进展的工作时间与完成任务量关系曲线图

匀速施工横道图比较法，即采用横道图记录和比较计划进度与施工实际进度的状况的方法。其比较的步骤为：

（1）编制横道图进度计划。需注意留出标注于下方的实际进度横道线的位置。

（2）在进度计划上标出检查日期。

（3）将检查收集的实际进度数据，按比例用阴影填充线标于计划进度线的下方，如图 6-3 所示。

（4）比较分析实际进度与计划进度的偏差状况。对正在进行的工程，有如下三种情况：①阴影填充线右端点与检查日期重合，则表明实际进度与计划进度相一致；②阴影填充线右端点在检查日期左侧，则表明此刻实际进度比计划进度拖后；③阴影填充线右端点在检查日期的右侧，则表明实际进度比计划进度超前。

应当注意的是，匀速施工横道图比较法只适用从开始到完成的整个过程中，其进展速度不变，累计完成任务量与时间呈正比的工作。若工作的进展速度是变化的，则不能采用此方法。

2. 非匀速施工单侧横道图比较法

当工作在不同的单位时间内的进展速度不同时，累计完成的任务量与时间的关系不是呈直线变化的，如图 6-5 所示。若仍采用匀速施工横道图比较法，不能反映实际进度与计划进度的对比情况，此时可采用非匀速施工单侧横道图比较法进行比较。

非匀速施工单侧横道图比较法与匀速施工横道图比较法不同，它在标出工作实际进度线的同时，在表上还标出其对应时刻完成任务的累计百分比。将该百分比与其同时刻计划完成任务的百分比相比较，即可判断工作实际进度与计划进度之间的关系。其比较方法的步骤如下：

（1）编制横道图进度计划。

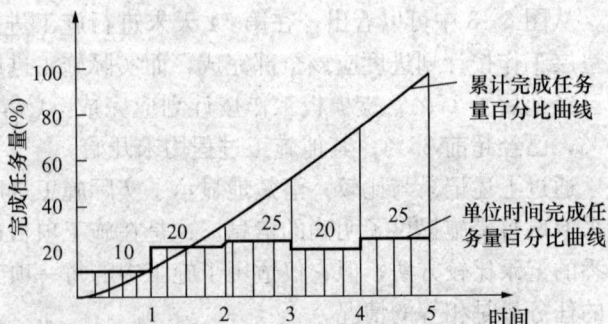

图 6-5　非匀速进展的工作时间与完成任务量关系曲线图

（2）在横道线上方标出各工作主要时间（计划检查时间）的计划完成任务累计百分比。

（3）在计划横道线的下方，标出所跟踪检查的工作在相应日期实际完成任务累计百分比。

（4）用阴影填充线标出实际进度线，并应从开工之日标起。这样，同时也可反映出施工过程中工作的连续与间断情况。

（5）对照横道线上方的计划完成累计量与同时刻的下方实际完成累计量，比较出实际进度与计划进度的偏差。一般有以下三种情况：①当同一时刻上下两个累计百分比相等，表明实际进度与计划进度一致；②当同一时刻上面的计划累计百分比大于下面的实际累计百分比，表明该时刻实际施工进度拖后，拖后的量为二者之差；③当同一时刻下面的实际累计百分比大于上面的计划累计百分比，则表明该时刻实际施工进度超前，超前的量为二者之差。

这种比较法，不仅能满足非匀速情况下进度比较要求，如果实施部门能按各指定时间及时记录完成情况，还能提供任一指定时间二者比较情况的信息。

需要注意的是：由于工作的进展速度是变化的，因此在横道图中，无论是计划的进度横线，还是实际的进度横线，都只表示工作的开始时间、持续时间和完成的时间，并不表示计划完成量和实际完成量，这两个量分别通过标注在横道线上方及下方的累计百分比数量表示。表示实际进度的阴影填充线从工作的实际开始日期画起，若工作的施工间断，亦可在线中作相应的空白。

【例 6 - 1】　某混凝土基础工程，按施工计划安排需要 7 周完成，每周计划完成任务量百分比分别为 5%、10%、15%、20%、25%、15%、10%，试绘出其计划图并在施工中进行跟踪比较。

解　（1）编制横道图进度计划。这里为了简便起见，只表示了混凝土基础工程的计划时间和进度横线，如图 6 - 6 所示。

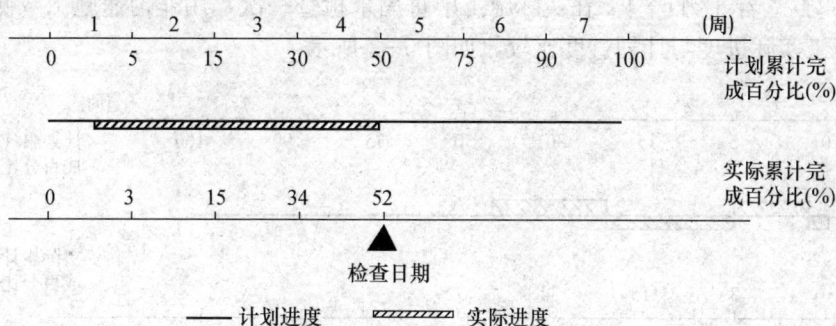

图 6 - 6　非匀速施工单侧横道图比较图

（2）在计划横道线上方标出混凝土基础工程每周计划完成任务的累计百分比，分别为 5%、15%、30%、50%、75%，90%、100%。

（3）在横道线的下方标出工作 1 周、2 周、3 周末和检查时的实际完成任务的累计百分比，分别为 3%、15%、34%、52%（这里仅跟踪实际进度到第 4 周末）。

（4）用阴影填允线标出实际进度线。从图 6 - 6 可看出，实际开始工作时间比计划时间晚了半周，而开始后是连续工作的。

（5）比较实际进度与计划进度的偏差，从图 6 - 6 可以看出：第 1 周末的实际进度比计划进度拖后 2%，本周实际完成总任务的 3%；第 2 周末的实际进度与计划进度一致，本周完成了总任务的 12%，实际比原计划超额完成 2%；第 3 周末的实际进度比计划进度超前 4%，本周计划完成 15%，实际完成 19%；第 4 周末的实际进度比计划进度超前 2%，本周计划完成 20%，实际完成 18%，拖欠了 2%。

3. 非匀速施工双侧横道图比较法

双侧横道图比较法，也是用于工作进度按非匀速进展的情况下，进行实际进度与计划进度对比分析的一种方法。它综合了前两种比较法的优点，是对单侧横道图比较法的改进和发展。

双侧横道图比较法是将表示工作实际进度的阴影填充线，按照检查的时间和实际完成的累计百分比按比例交替地绘在计划横道线的上下两面，其长度表示该时间内完成的任务量。工作的实际完成累计百分比标于横道线下方的各检查日期处，通过两个上下相对的百分比相比较，可判断该工作的实际进度与计划进度之间的偏差，并可明显地看出该工作在各个检查周期内及相互间进展的速度快慢。这种比较方法可从各段阴影填充线的长度看出各期间实际完成的任务量及其本期间的实际进度与计划进度之间的偏差。其作图比较的方法和步骤如下：

（1）编制横道图进度计划表。

（2）在横道图上方标出该工作在各主要时间（检查时间）的计划完成任务累计百分比。

（3）在计划横道线的下方标出该工作相对应日期实际完成任务累计百分比。

（4）用双横道阴影线分别在计划横道线上方和下方按比例交替地绘制出每次检查实际完成的百分比。

（5）比较实际进度与计划进度。通过比较标在横线上下方两个累计百分比，就可看出各时段的两种进度的偏差，其结论同样可能有非匀速施工单侧横道图比较法出现的三种情况。

【例 6 - 2】 若［例 6 - 1］在实际施工中每周末检查一次，用非匀速施工双侧横道图比较法进行施工实际进度与计划进度比较，如图 6 - 7 所示。

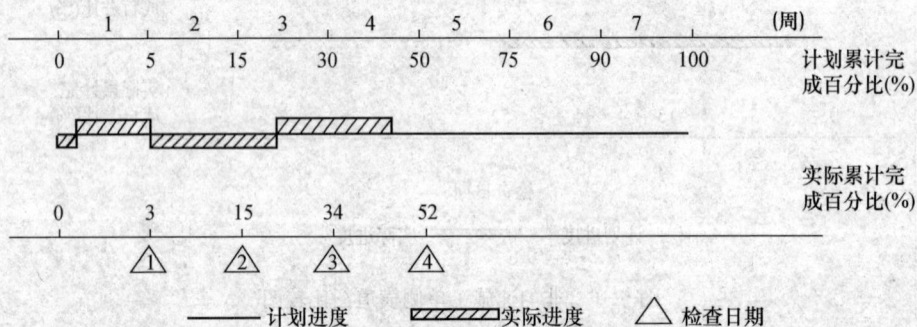

图 6 - 7 非匀速施工双侧横道图

解 其作图比较分析的方法步骤如下：

（1）同［例 6 - 1］。

（2）同［例 6 - 1］。

（3）在计划横道线的下方，标出该工作每周末检查的实际完成任务的累计百分比。从第 1 周末到第 4 周末分别为 3％、15％、34％、52％。

（4）用阴影填充线在计划横道线的上下方交替按比例画出上述百分比。

（5）比较实际进度与计划进度。

非匀速施工双侧横道图比较法，除了能提供前两种方法提供的信息外，还能用各段阴影填充线长度表达在相应检查期间内工作实际进度，便于比较各阶段工作完成情况。但绘制方法和识别都比前两种方法复杂。

综上所述，横道图比较法具有记录比较方法简单、形象直观、容易掌握、应用方便等优点，因而被广泛地应用于简单的进度监测工作。但由于它是以横道图进度计划为基础，因此带有其不可克服的局限性。如各工作之间的逻辑关系不明显、关键工作和关键线路无法确定等。一旦某些工作进度产生偏差时，难以预测其对后续工作和整个工期的影响，因而也难以确定计划的调整方法。

（二）直角坐标图比较法

直角坐标图比较法与横道图比较法的区别在于，它的实际进度与计划进度比较不是在横道进度计划图上进行，而是在专门绘制的比较曲线图上进行。它是在以横坐标表示进度时间，纵坐标表示累计完成任务量的直角坐标系中，先绘制出某一施工过程按计划时间累计完成任务量的 S 型或香蕉型曲线，再将各检查时间实际完成的任务量与该曲线进行比较的一种方法，可用于一个施工项目或一项工作的进度比较。

1. S 型曲线比较法

S 型曲线比较法与横道图比较法不同，S 型曲线比较法是在一个以横坐标表示进度时间，纵坐标表示累计完成任务量的坐标体系上，首先按计划时间和任务量绘制一条累计完成任务量的曲线（即 S 型曲线），然后将施工进度中各检查时间的实际完成任务量也绘在此坐标上并与 S 型曲线进行比较（即实际进度与计划进度进行比较）的一种方法。

对于大多数工程项目，从整个施工全过程来看，其单位时间（可以以天、周、月、季等为单位）消耗的资源量，通常是中间多而两头少，即资源的投入开始阶段较少，随着时间的增加而逐渐增多，在施工中的某一时期到达高峰后又逐渐减少直至项目完成，其变化过程可用图 6-8（a）表示。而随时间进展累计完成的任务量便形成一条中间陡而两头平缓的 S 型变化曲线，故称 S 型曲线，如图 6-8（b）所示。

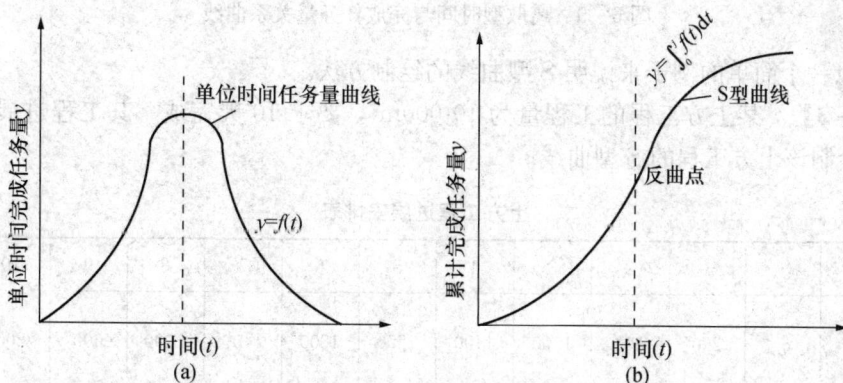

图 6-8 时间与完成任务量关系曲线

(a) 单位时间完成任务量曲线；(b) 累计完成任务量曲线

（1）S 型曲线绘制方法。S 型曲线的具体绘制步骤如下：

1）确定工程进展曲线。该曲线表达了不同时间任务量完成情况，例如在任一时刻 t 所完成的任务量 y 可用式（6-1）表示，即

$$y = f(t) \tag{6-1}$$

如图 6-8（a）所示，但在实际工程中其计划进度曲线是很难找到如图 6-8（a）所示的

定量分析的连续曲线，但可表示成图 6-9（a）所示的离散型关系，即单位时间完成的任务量为离散型的。

2）计算规定时间 j 内计划累计完成的任务量。其计算方法等于从零到 j 时间内所完成的任务量累计之和，对于连续型的如图 6-8（b）所示，可用式（6-2）表示为

$$Y_1 = \int_0^j f(t)\,dt \qquad (6-2)$$

若单位时间完成的任务量为离散型，则可表达为

$$Q_j = \sum_{j=1}^j q_j \qquad (6-3)$$

式中　Q_j——某时间 j 内计划累计完成的任务量；

q_j——单位时间 j 内计划完成的任务量；

j——某规定计划时刻。

3）根据不同时间的 Q_j 值，绘制 S 型曲线，如图 6-9（b）所示。

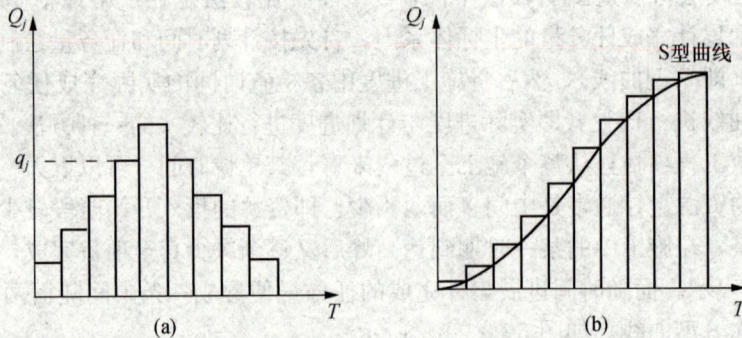

图 6-9　离散型时间与完成任务量关系曲线

下面以一个简单的例子来说明 S 型曲线的绘制方法。

【例 6-3】　某土方工程的工程量为 10 000m³，要求 10 天完成，其工程进展安排见表 6-1，试绘制该土方工程的 S 型曲线。

表 6-1　　　　　　　　　　　　　　土方工程进展安排表

时间（天）	j	1	2	3	4	5	6	7	8	9	10	合计
每日完成量（m³）	q_j	200	600	1000	1400	1800	1800	1400	1000	600	200	10 000

解　根据已知条件：

（1）确定工程进度安排，绘制工程计划进展速度曲线。本题已确定了工程进展速度安排（表 6-1），可按其绘制出计划进展速度曲线，如图 6-10 所示。

（2）计算到 j 时刻末完成任务的总量 Q_j。例如，施工到第 4 天末累计完成土方工程量为

$$Q_j = \sum_{j=1}^4 q_j = q_1 + q_2 + q_3 + q_4 = 200 + 600 + 1000 + 1400 = 3200(\text{m}^3)$$

其他每天累计完成土方工程量计算结果见表 6 - 2。

表 6 - 2　　　　　　　　　　　　计划完成土方工程量汇总表

时间（天）	j	1	2	3	4	5	6	7	8	9	10
每日完成量（m³）	q_j	200	600	1000	1400	1800	1800	1400	1000	600	200
累计完成（m³）	Q_j	200	800	1800	3200	5000	6800	8200	9200	9800	10 000

（3）绘制 S 型曲线。按各规定时间 j 及所对应的累计完成量 Q_j 值，绘制 S 型曲线，如图 6 - 11 所示。

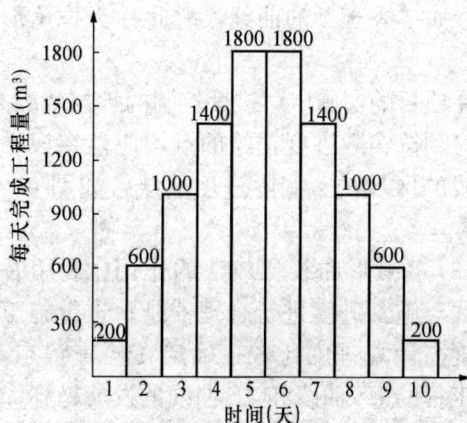

图 6 - 10　每日完成任务量曲线图

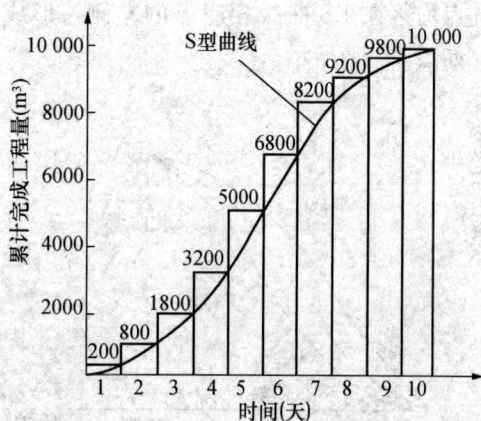

图 6 - 11　S 形曲线图

（2）S 型曲线的比较。利用 S 型曲线比较法，同横道图一样，是在图上直观地进行施工项目实际进度与计划进度的比较。一般情况下，进度控制人员在计划实施前绘制出 S 型曲线。在项目施工过程中，按规定时间将检查的实际完成情况，与计划 S 型曲线绘制在同一张图上，可得出实际进度曲线，如图 6 - 12 所示，比较两条 S 型曲线可以得到如下信息：①项目实际进度与计划进度比较，当实际工程进展点落在计划 S 型曲线左侧，则表示实际进度比计划进度超前；若落在其右侧，则表示拖后；若刚好落在其上，则表示两者一致。②项目实际进度比计划进度超前或拖后的时间，如图 6 - 12 所示，ΔT_a 表示 T_a 时刻实际进度超前的时间；ΔT_b 表示 T_b 时刻实际进度拖后的时间。③项目实际进度比计划进度超额或拖欠的任务量，如图 6 - 12 所示，ΔQ_a 表示 T_a 时刻超额完成的任务量，ΔQ_b 表示在 T_b 时刻拖欠的任务量。④预测工程进度，如图 6 - 12 所

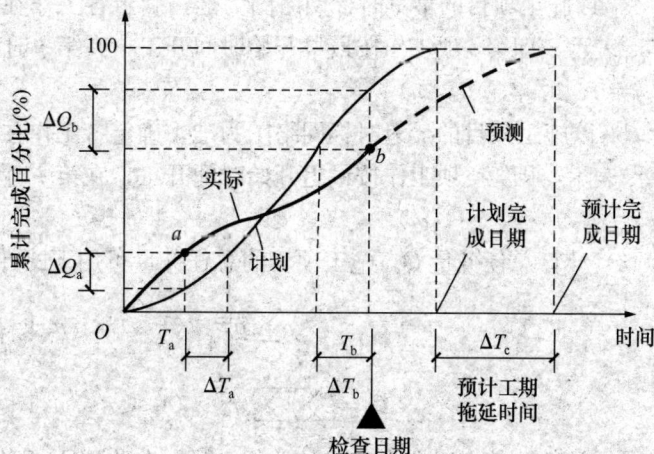

图 6 - 12　S 型曲线比较图

示，若后期工程仍按原计划速度进行，则工期拖延预测值为 ΔT_c。

2. 香蕉形曲线比较法

(1) 香蕉形曲线的形成。香蕉形曲线是两条 S 形曲线组合而成的闭合曲线。从 S 形曲线比较法中得知：任一施工项目或一项工作，其计划时间与累计完成任务量的关系都可以用一条 S 形曲线表示。对于一个施工项目的网络计划，在理论上总是分为最早和最迟两种开始与完成时间的。因此，一般情况下任何一个施工项目的网络计划，都可以绘制出两条曲线。一条是按各项工作的最早开始时间安排进度，而绘制的 S 形曲线，称为 ES 曲线。另一条是按各项工作的最迟开始时间安排进度，而绘制的 S 形曲线，称为 LS 曲线。两条 S 形曲线都是从计划的开始时刻开始、到完成时刻结束。因此两条曲线是闭合的，而其余时刻 ES 曲线上的各点均落在 LS 曲线相应点的左侧，形成一个形如"香蕉"的曲线，故此称为香蕉形曲线，如图 6-13 所示。

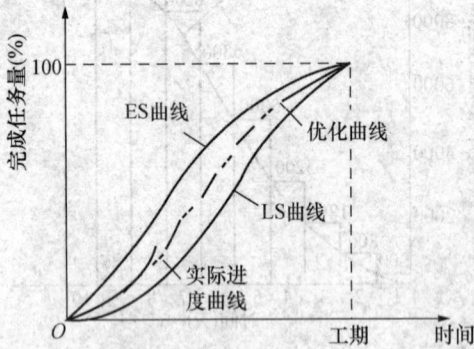

图 6-13　香蕉形曲线比较图

在项目的实施中，进度控制的理想状况是，任一时刻按实际进度描绘的点均应落在该香蕉形曲线的区域内。实际进度曲线，如图 6-13 所示。

(2) 香蕉形曲线比较法的作用。利用香蕉形曲线对施工进度进行合理安排；进行施工实际进度与计划进度比较；确定在检查状态下，后期工程的 ES 曲线和 LS 曲线的发展趋势。

(3) 香蕉形曲线的绘制步骤。香蕉形曲线的绘图方法与 S 形曲线的绘图方法基本一致，所不同之处在于它是分别以工作的最早开始时间和最迟开始时间而绘制的两条 S 形曲线的结合。其具体步骤如下：

1) 以施工项目的网络计划为基础，确定该施工项目的工作数目 n 和计划检查次数 m，并计算时间参数 T_i^{ES}、$T_i^{LS}(i=1,2,\cdots,n)$。

2) 确定各项工作在不同时间计划完成任务量。分为以下两种情况：

a. 以施工项目的最早时标网络图为准，确定各工作在各单位时间内的计划完成任务量，用 q_{ij}^{ES} 表示，即第 i 项工作按最早开始时间开工，在第 j 时间内完成的任务量（$i=1, 2, \cdots, n$；$j=0, 1, 2, \cdots, m$）。

b. 以施工项目的最迟时标网络图为准，确定各工作在各单位时间内的计划完成任务量，用 q_{ij}^{LS} 表示，即第 i 项工作按最迟开始时间开工，在第 j 时间内完成的任务量（$i=1, 2, \cdots, n$；$j=0, 1, 2, \cdots, m$）。

3) 计算总任务量 Q。施工项目的总任务量可用下式计算

$$Q = \sum_{i=1}^{n} \sum_{j=1}^{m} q_{ij}^{ES} \quad (1 \leqslant i \leqslant n, 1 \leqslant j \leqslant m) \tag{6-4}$$

或

$$Q = \sum_{i=1}^{n} \sum_{j=1}^{n} q_{ij}^{LS} \quad (1 \leqslant i \leqslant n, 1 \leqslant j \leqslant m) \tag{6-5}$$

4) 计算到第 j 时刻末完成的总任务量。分为以下两种情况：

a. 按最早时标网络计划计算完成的总任务量 Q_j^{ES} 为

$$Q_j^{ES} = \sum_{i=1}^{i} \sum_{j=0}^{j} q_{ij}^{ES} \quad (1 \leqslant i \leqslant n, 0 \leqslant j \leqslant m) \quad (6-6)$$

b. 按最迟时标网络图计算完成的总任务量 Q_j^{LS} 为

$$Q_j^{LS} = \sum_{i=1}^{i} \sum_{j=0}^{j} q_{ij}^{LS} \quad (1 \leqslant i \leqslant n, 0 \leqslant j \leqslant m) \quad (6-7)$$

5）计算到第 j 时刻末完成项目总任务量百分比。分为以下两种情况：

a. 按最早时标网络计划计算到 j 时刻末完成的总任务量百分比 μ_j^{ES} 为

$$\mu_j^{ES} = \frac{Q_j^{ES}}{Q} \times 100\% \quad (6-8)$$

b. 按最迟时标网络计划计算到 j 时刻末完成的总任务量百分比 μ_j^{LS} 为

$$\mu_j^{LS} = \frac{Q_j^{LS}}{Q} \times 100\% \quad (6-9)$$

6）绘制香蕉形曲线。按 μ_j^{ES}，j（$j=0$，1，…，m）描绘各点，并连接各点得 ES 曲线，按 μ_j^{LS}，j（$j=0$，1，…，m）描绘各点，并连接各点得 LS 曲线。由 ES 曲线和 LS 曲线即组成了香蕉形曲线。

（4）香蕉形曲线的具体应用。

【例 6 - 4】 已知某施工项目网络计划如图 6 - 14 所示，有关时间参数见表 6 - 3。完成任务量以劳动量消耗数量表示，见表 6 - 4，试绘制香蕉形曲线。

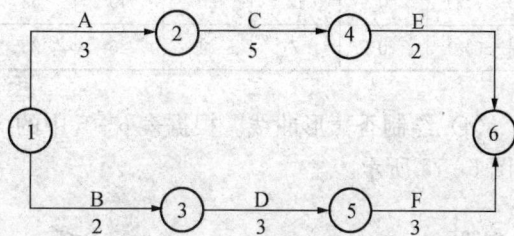

图 6 - 14 某施工项目网络计划

表 6 - 3　　　　　　　　　　各工作有关时间参数

工作序号 i	工作代号	工作名称	D_i（天）	T_i^{ES}	T_i^{LS}
1	1—2	A	3	0	0
2	1—3	B	2	0	2
3	2—4	C	5	3	3
4	3—5	D	3	2	4
5	4—6	E	2	8	8
6	5—6	F	3	5	7

表 6 - 4　　　　　　各项工作在不同时间内的计划完成任务量（劳动力消耗量）

q_{ij}（工日）	q_{ij}^{ES}										q_{ij}^{LS}									
i　j（日）	1	2	3	4	5	6	7	8	9	10	1	2	3	4	5	6	7	8	9	10
1	4	4	4								4	4	4							
2	3	3											3	3						
3			2	2	2	1	1						2	2	2	1	1			
4			5	5	5										5	5	5			
5								4	4										4	4
6						3	3	2										3	3	2

解 网络计划的工作个数 $n=6$，若计划每天末检查一次，则检查次数 $m=10$。

（1）计算施工项目的总任务量（劳动消耗量）Q，即

$$Q = \sum_{i=1}^{6} \sum_{j=1}^{10} q_{ij}^{ES} = 57$$

（2）计算到 j 时刻末的总任务量 Q_j^{ES} 和 Q_j^{LS}，见表 6-5。

（3）计算到 j 时刻末完成的总任务量百分比 μ_j^{ES} 和 μ_j^{LS}，见表 6-5。

表 6-5 　　　　　　　　计划完成总任务量及其百分比表

j（天）	0	1	2	3	4	5	6	7	8	9	10
Q_j^{ES}（工日）	0	7	14	23	30	37	42	46	49	53	57
Q_j^{LS}（工日）	0	4	8	15	20	27	34	40	44	51	57
μ_j^{ES}（%）	0	12	25	40	53	65	74	81	86	93	100
μ_j^{LS}（%）	0	7	14	26	35	47	60	70	77	89	100

（4）绘制香蕉形曲线。根据表 6-5 中的 j、μ_j^{ES} 和 j、μ_j^{LS} 绘制 ES 曲线和 LS 曲线而成，如图 6-15 所示。

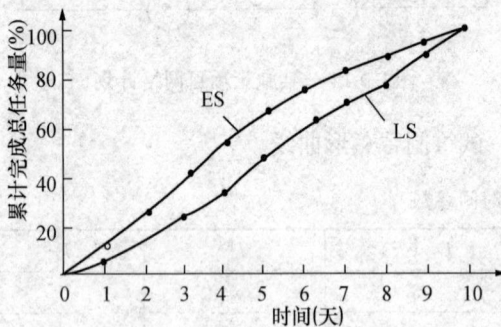

图 6-15 　香蕉形曲线图

（5）香蕉形曲线的比较。在项目实施过程中，按上述曲线绘制方法，将每次检查的各项工作实际完成的任务量，代入上述各相应公式，计算出不同时间实际完成任务量的百分比，并在香蕉形曲线的平面内绘出实际进度曲线，便可以进行实际进度与计划进度的比较。

（三）前锋线比较法

前锋线比较法是适用于时标网络计划的简单易行的进度比较方法。前锋线是指从上方的计划检查时刻的时标点出发，用点画线自上而下依次连接各项工作的实际进度点，最后至下方的计划检查时刻的时标点为止，形成的一条折线或直线段。根据前锋线与工作箭线交点的位置与检查时刻点的位置关系，可以判定实际施工进度与计划进度的偏差。简言之，前锋线法就是通过施工项目实际进度的前锋线，判定施工实际进度与计划进度偏差的方法。如［例 6-5］和图 6-16 所示。

前锋线比较法的比较步骤如下：

（1）绘制时标网络计划图。工程实际进度的前锋线需在早时标网络计划图上标出。为了反映清楚，应在网络图的上方和下方均设置时间坐标。

（2）绘制前锋线。从上方时间坐标的检查时刻画起，依次连接相邻工作箭线的实际进度点，直至下方的时间坐标的检查时刻。

（3）比较实际进度与计划进度。前锋线清楚地反映出检查时刻有关工作的实际进度与计划进度的关系。一般有以下三种情况：①工作实际进度点位置与检查时刻的时间坐标相同，则该工作实际进度与计划进度一致；②工作实际进度点位置在检查时刻时间坐标的右侧，则

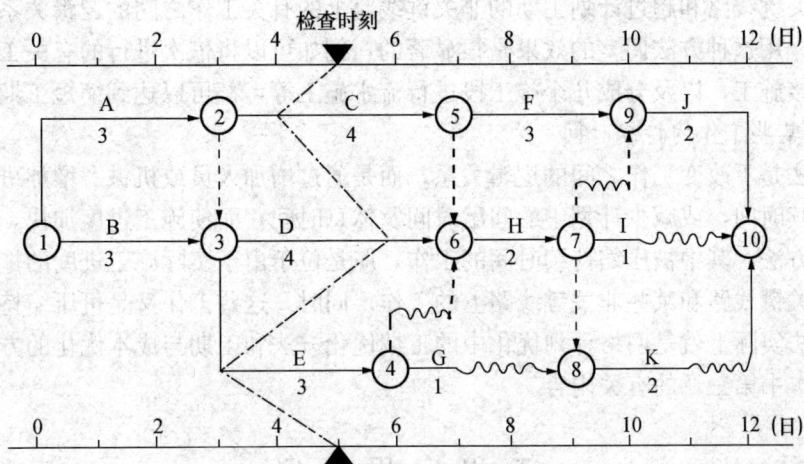

图 6-16　某网络计划及前锋线比较图

该工作实际进度超前，超前时间为二者之差；③工作实际进度点位置在检查时刻时间坐标的左侧，则该工作的实际进度拖后，拖后时间为二者之差。

以上比较均是指匀速进展的工作，对于非匀速进展的工作比较方法较为复杂。

第四节　施工项目进度计划的调整

一、分析进度偏差的影响

通过上述的进度比较存在进度偏差时，应当分析偏差对后续工作和对总工期的影响。

1. 分析进度偏差的工作是否为关键工作

若出现偏差的工作为关键工作，则无论偏差大小，都对后续工作及总工期产生影响，必须采取相应的调整措施；若出现偏差的工作不为关键工作，需要根据偏差值与总时差和自由时差的大小关系，确定对后续工作和总工期的影响程度。

2. 分析进度偏差是否大于总时差

若工作的进度偏差大于该工作的总时差，说明此偏差必将影响后续工作和总工期，必须采取相应的调整措施；若工作的进度偏差小于或等于该工作的总时差，说明此偏差对总工期无影响，但它对后续工作的影响程度，需要根据比较偏差与自由时差的情况来确定。

3. 分析进度偏差是否大于自由时差

若工作的进度偏差大于该工作的自由时差，说明此偏差对后续工作产生影响，应该如何调整，应根据后续工作允许影响的程度而定；若工作的进度偏差小于或等于该工作的自由时差，则说明此偏差对后续工作无影响，因此，原进度计划可以不作调整。

经过如此分析，进度控制人员可以确认应该调整产生进度偏差的工作和偏差调整值的大小，以便确定采取调整措施，获得新的符合实际进度情况和计划目标的新进度计划。

二、施工项目进度计划的调整方法

在对实施的进度计划分析的基础上，应确定调整原计划的方法，一般主要有以下两种：

1. 改变某些工作间的逻辑关系

若检查的实际施工进度产生的偏差影响了总工期，在工作之间的逻辑关系允许改变的条件下，改变关键线路和超过计划工期的非关键线路上的有关工作之间的逻辑关系，达到缩短工期的目的。用这种方法调整的效果是很显著的，例如可以将依次进行的有关工作改变为平行或互相搭接施工，以及分成几个施工段进行流水施工等，都可以达到缩短工期的目的。

2. 缩短某些工作的持续时间

这种方法是不改变工作之间的逻辑关系，而是通过增加人员或机械、增加班次来缩短某些工作的持续时间，或减少计划中的间歇时间及休息时间，而使施工进度加快，并保证实现计划工期的方法。其中被压缩持续时间的工作，应是位于由于实际施工进度的拖延而引起总工期增加的关键线路和某些非关键线路上的工作。同时，这些工作又是可压缩持续时间的工作。这种方法实际上就是网络计划优化中的工期优化方法和工期与成本优化的方法，其具体做法可参见本书第三章的有关内容。

工 程 应 用 案 例

案例 1

【背景材料】

某建筑工程公司中标后编制的工程网络计划，如图 6-17 所示。计划工期 12 周，其持续时间和预算费用额列入表 6-6 中。工程进行到第 9 周时进行检查，其结果为 D 工作完成了两周，E 工作完成了 1 周，F 工作已经完成。

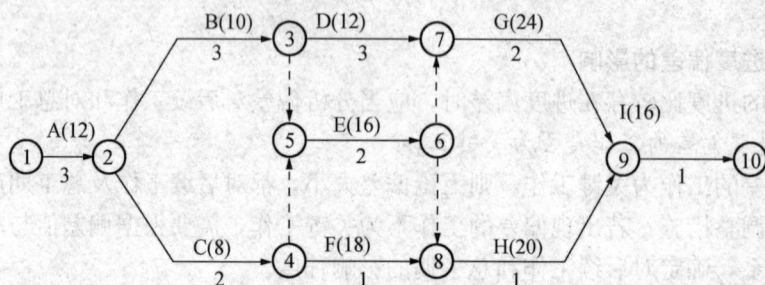

图 6-17 中标工程的网络计划

表 6-6 网络计划的工作时间和费用表

工作名称	A	B	C	D	E	F	G	H	I	合计
持续时间（周）	3	3	2	3	2	1	2	1	1	
费用（万元）	12	10	8	12	16	18	24	20	16	36

一、问题

(1) 绘制实际进度前锋线，并计算累计完成投资额。

(2) 如果后续工作按计划进行，试分析上述三项工作对计划工期产生了什么影响。

(3) 重新绘制第 9 周至完工的时标网络计划。

(4) 如果要保持工期不变，第 9 周后需压缩哪项工作？

二、分析与解答

(1) 根据第 9 周的进度情况绘制的实际进度前锋线如图 6-18 所示。为绘制实际进度前

锋线，必须将图 6-17 绘制成时标网络计划，然后再打点连线。完成的投资为

$$12+10+8+2/3 \times 12+1/2 \times 16+18+20 = 84(万元)$$

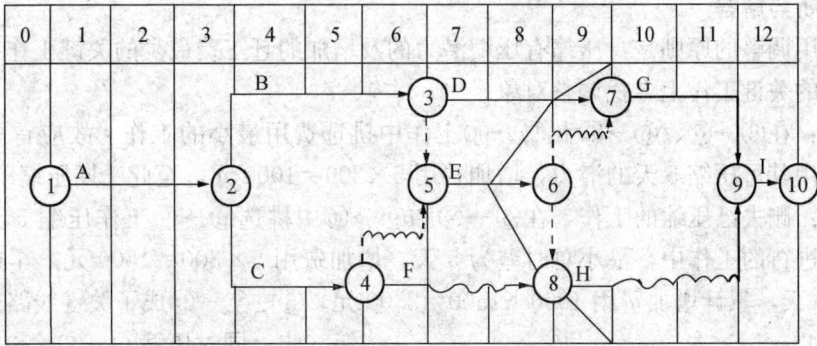

图 6-18　实际进度前锋线

（2）从图 6-18 可以看出，D、E 工作均未完成计划。D 工作延误一周，这一周是在关键线路上，故将使项目工期延长一周。E 工作虽然也延误两周，但只剩下一周工作，且由于该工作有一周总时差，故对工期不造成影响。

（3）重绘的第 9 周至完工的时标网络计划，如图 6-19 所示。

（4）要使工期保持 12 周不变，在第 9 周检查之后，应立即组织压缩 G 工作的持续时间一周，因为 G 工作既在关键线路上，它的持续时间又长，压缩一周可提高效益 12 万元，大于其他工作的压缩效益。

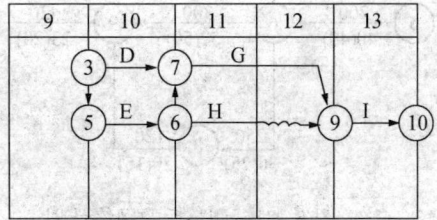

图 6-19　重绘的第 9 周至
完工的时标网络计划

案例 2

【背景材料】

某工程的网络计划如图 6-20 所示，图中箭线之下括弧外的数字为正常持续时间，括弧内的数字是最短时间，箭线之上是每天的费用。当工程进行到第 95 天时，应进行检查，节点⑤之前的工作全部完成，工程延误了 15 天。

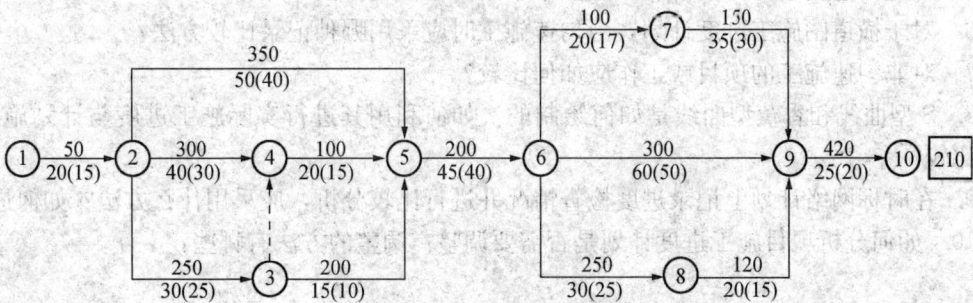

图 6-20　某工程的网络计划

一、问题

（1）试述赶工的对象。

（2）要在以后的时间进行赶工，使合同工期不拖期，问怎样赶工才能使增加的费用最少？

二、分析与解答

工期费用调整的原则是：压缩有压缩潜力的及增加的赶工费最少的关键工作。因此，要在⑤节点后的关键工作上寻找调整对象。

第一步：在⑤→⑥、⑥→⑨和⑨→⑩工作中挑选费用最小的工作，故应首先压缩工作⑤→⑥，利用其可压缩 5 天的潜力，增加费用 $5 \times 200 = 1000$ 元，至此工期压缩了 5 天。

第二步：删去已压缩的工作，在⑥→⑨和⑨→⑩中挑选⑥→⑨工作压缩 5 天，因为与⑥→⑨平行进行的工作中，最小总时差为 5 天，增加费用 $5 \times 300 = 1500$ 元。至此，工期累计压缩了 10 天，累计增加费用 $1000 + 1500 = 2500$ 元。⑥→⑦→⑨成了关键线路。

第三步：同时压缩⑥→⑦、⑥→⑨。但压缩量⑥→⑦最小，只有 3 天潜力，故只能压缩短 3 天，增加费用 $3 \times (300 + 100) = 1200$ 元，累计压缩工期 13 天，累计增加费用为 $2500 + 1200 = 3700$ 元。

第四步：压缩工作⑨→⑩，压缩 2 天，至此，拖延的时间可全部赶回来，增加的费用为 $2 \times 420 = 840$ 元，累计增加费用为 $3700 + 840 = 4540$ 元。

调整后的网络计划如图 6-21 所示。

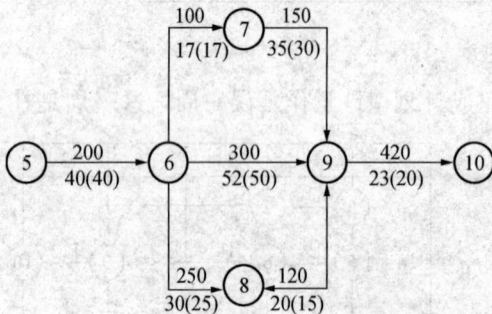

图 6-21　调整后的网络计划

复 习 思 考 题

1. 影响施工进度的因素主要有哪些？
2. 为什么施工进度计划需随施工的进展经常进行调整？
3. 对施工项目进行进度控制主要有哪些方面的措施？有哪些基本方法？
4. 贯彻和实施进度计划应着重做好哪些方面的工作？
5. 对施工进度监测的步骤有哪些？常采用哪些比较方法？
6. 对于横道图施工进度计划，当匀速施工时应采用哪种记录比较方法？
7. 对非匀速施工的项目或工作应如何比较？
8. S 型曲线和香蕉型曲线是如何绘制的？如何利用其进行实际施工进度与计划施工进度的比较？
9. 在时标网络计划上记录进度检查情况并进行比较分析，应采用什么方法？如何进行？
10. 如何分析项目施工进度计划是否需要调整？调整的方法有哪些？

第七章　施工项目现场与生产要素管理

内容提要

本章内容介绍了施工项目现场管理的概念与目的、意义、内容以及要求；施工项目的生产要素，即劳动力、材料、机械设备、技术和资金等要素的管理；施工项目材料管理；施工项目资金管理；施工项目技术管理与工法等。

学习要求

（1）了解施工项目现场管理的概念与目的、意义、内容以及要求；

（2）掌握施工项目的生产要素，即劳动力、材料、机械设备、技术和资金等的管理；

（3）掌握施工项目材料管理的目的、节约材料费用的主要途径；

（4）熟悉施工项目资金管理的主要环节有：资金收入预测、资金支出预测、资金收支对比、资金筹措、资金使用管理；

（5）掌握施工项目技术管理内容和工法的概念、特征及编写内容要求。

第一节　施工项目现场管理

一、施工项目现场管理概述

1. 施工项目现场管理的概念与目的

施工项目现场指从事工程施工活动经批准占用的施工场地。该场地既包括红线以内占用的建筑用地和施工用地，又包括红线以外现场附近经批准占用的临时施工用地。它的管理是指对这些场地科学安排、合理使用，并与各种环境保持协调关系。

规范场容、文明施工、安全有序、整洁卫生、不扰民、不损害公共利益，这就是施工项目现场管理的目的。

2. 施工项目现场管理的意义

（1）施工项目现场管理的好坏首先涉及施工活动能否正常进行。施工现场是施工的"枢纽站"，大量的物资进场后"停站"于施工现场。活动在现场的大量劳动力、机械设备和管理人员，通过施工活动将这些物资逐步地转变成项目产品。这个"枢纽站"管得好坏，涉及人流、物流和财流是否畅通，涉及施工生产活动是否顺利进行。

（2）施工项目现场是一个绳结，将各专业管理联系在一起。在施工现场，各项专业管理工作按合理分工分头进行，而又密切协作，相互影响，相互制约，很难截然分开。施工现场管理的好坏，直接关系到各项专业管理的技术经济效果。

（3）工程施工现场管理是一面镜子，能照出施工单位的面貌。通过观察工程施工现场，施工单位的精神面貌、管理面貌、施工面貌赫然显现。一个文明的施工现场有着重要的社会效益，会赢得很好的社会信誉。反之也会损害施工企业的社会信誉。

（4）工程施工现场管理是贯彻执行有关法规的焦点。施工现场与许多城市管理法规有关，诸如：地产开发、城市规划、市政管理、环境保护、市容美化、环境卫生、城市绿化、交通运输、消防安全、文物保护、居民安全、人防建设、居民生活保障、工业生产保障、文明建设等。每一个在施工现场从事施工和管理工作的人员，都应当有法制观念，执法、守法、护法。每一个与施工现场管理发生联系的单位都注重于工程施工现场管理。所以施工现场管理是一个严肃的问题，不能有半点疏忽。

二、施工项目现场管理的内容

1. 合理规划施工用地

首先要保证场内占地合理使用。当场内空间不充分时，应会同建设单位、规划部门和公安交通部门申请，经批准后才能获得并使用场外临时施工用地。

2. 在施工组织设计中，科学地进行施工总平面设计

施工组织设计是工程施工现场管理的重要内容和依据，尤其是施工总平面设计，目的就是对施工场地进行科学规划，以合理利用空间。在施工总平面图上，临时设施、大型机械、材料堆场、物资仓库、构件堆场、消防设施、道路及进出口、加工场地、水电管线、周转使用场地等，都应各得其所，关系合理合法，从而呈现出现场文明，有利于安全和环境保护，有利于节约，便于工程施工。

3. 根据施工进展的具体需要，按阶段调整施工现场的平面布置

不同的施工阶段，施工的需要不同，现场的平面布置亦应进行调整。当然，施工内容变化是主要原因，另外分包单位也随之变化，他们也对施工现场提出新的要求。因此，不应当将施工现场当成一个固定不变的空间组合，而应当对它进行动态的管理和控制，但是调整也不能太频繁，以免造成浪费。一些重大设施应基本固定，调整的对象应是耗费不大的规模、小的设施，或已经实现功能、失去作用的设施，代之以满足新需要的设施。

4. 加强对施工现场使用的检查

现场管理人员应经常检查现场布置是否按平面布置图进行，是否符合各项规定，是否满足施工需要，还有哪些薄弱环节，从而为调整施工现场布置提供有用的信息，也使施工现场保持相对稳定，不被复杂的施工过程打乱或破坏。

5. 建立文明的施工现场

文明施工现场即指按照有关法规的要求，使施工现场和临时占地范围内秩序井然，文明安全，环境得到保持，绿地树木不被破坏，交通畅达，文物得以保存，防火设施完备，居民不受干扰，场容和环境卫生均符合要求。建立文明施工现场有利于提高工程质量和工作质量，提高企业信誉。为此，应当做到主管挂帅，系统把关，普遍检查，建章建制，责任到人，落实整改，严明奖惩。

（1）主管挂帅，即公司成立主要领导挂帅，各部门主要负责人参加的施工现场管理领导小组，在企业范围内建立以项目管理班子为核心的现场管理组织体系。

（2）系统把关，即各管理业务系统对现场的管理进行分口负责，每月组织检查，发现问题及时整改。

（3）普遍检查，即对现场管理的检查内容，按达标要求逐项检查，填写检查报告，评定现场管理先进单位。

（4）建章建制，即建立施工现场管理规章制度和实施办法，按法办事，不得违背。

（5）责任到人，即管理责任不但明确到部门，而且各部门要明确到人，以便落实管理工作。

（6）落实整改，即发现各种问题，必须采取措施纠正，避免再度发生。

（7）严明奖惩。如果成绩突出，便应按奖惩办法予以奖励；如果有问题，要按规定给予必要的处罚。

6. 及时清场转移

施工结束后，项目管理班子应及时组织清场，将临时设施拆除，剩余物资退场，组织向新工程转移，以便整治规划场地，恢复临时占地，不留后患。

三、对施工现场管理的要求

1. 基本要求

（1）现场门头应设置企业标志。承包人项目经理部应负责施工现场场容、文明形象管理的总体策划和部署。各分包人应在承包人项目经理部的指导和协调下，按照分区划块原则，搞好分包人施工用地区域的场容文明形象管理规划，并严格执行。

（2）项目经理部应在现场人口的醒目位置，公示"五牌二图"，即：①工程概况牌包括工程规模、性质、用途，发包人、设计人、承包人、监理单位的名称和施工起止年月等；②安全纪律牌；③防火须知牌；④安全无重大事故计时牌；⑤安全生产、文明施工牌；⑥施工总平面图；⑦施工项目经理部组织架构及主要管理人员名单图。

（3）项目经理应将施工现场管理列入经常性的巡视检查内容，并与日常管理有机结合，认真听取近邻单位、社会公众的意见和反映，及时抓好整改。

2. 规范场容的要求

（1）施工现场场容规范化应建立在施工平面图设计的科学合理化和物料器具定位管理标准化的基础上。承包人应根据本企业的管理水平，建立和健全施工平面图管理和现场物料器具管理标准，为项目经理提供场容管理策划的依据。

（2）项目经理部必须结合施工条件，按照施工技术方案和施工进度计划的要求，认真进行施工平面图的规划、设计、布置、使用和管理，即：①施工平面图宜按指定的施工用地范围和布置的内容，分为施工总平面图和单位工程施工平面图，分别进行布置和管理；②单位工程施工平面图宜根据不同施工阶段的需要，分别设计成阶段性施工平面图，并在阶段性进度目标开始实施前，通过施工协调会议确认后实施。

（3）应严格按照已审批的施工总平面图或相关的单位工程施工平面图划定的位置，布置施工项目的主要机械设备，脚手架，模具，施工临时道路，供水、供电、供气管道或线路，施工材料制品堆场及仓库，土方及建筑垃圾，变配电间，消防栓，警卫室，现场办公、生产、生活临时设施等。

（4）施工物料器具除应按施工平面图指定位置就位布置外，尚应根据不同特点和性质，规范布置方式与要求，包括执行码放整齐、限宽限高、上架入箱、规格分类、挂牌标识等管理标准。

（5）在施工现场周边应设置临时围护设施。市区工地的周边围护设施应不低于1.8m。临街脚手架、高压电缆、起重臂杆回转半径伸至街道的，均应设置安全隔离棚。危险品库附近应有明显标志及围挡措施。

（6）施工现场应设置畅通的排水沟渠系统，场地不积水、不积泥浆，保持道路干燥坚实。工地地面宜做硬化处理。

3. 施工现场环境保护

（1）施工现场泥浆和污水未经处理不得直接排入城市排水设施及河流、湖泊、池塘。

（2）除有符合规定的装置外，不得在施工现场熔化沥青或焚烧油毡、油漆，亦不得焚烧其他可产生有毒有害烟尘和恶臭气味的废弃物，禁止将有毒有害废弃物作土方回填。

（3）建筑垃圾、渣土应在指定地点堆放，每日进行清理。高空施工的垃圾及废弃物应采用密闭式串筒或其他措施清理搬运。装载建筑材料、垃圾或渣土的车辆，应有防止尘土飞扬、洒落或流溢的有效措施。施工现场应根据需要设置机动车辆冲洗设施，冲洗污水应作处理。

（4）在居民和单位密集区域进行爆破、打桩等施工作业前，项目经理部应将作业计划、影响范围、程度及有关措施等情况，向受影响范围的居民和单位通报说明，取得协作和配合。对施工机械的噪声与振动扰民，应有相应措施予以控制。

（5）经过施工现场的地下管线，应由发包人在施工前通知承包人，标出位置，加以保护。施工时发现文物、古迹、爆炸物、电缆等，应停止施工，保护好现场，及时向有关部门报告，按照有关规定处理后方可继续施工。

（6）施工中需要停水、停电、封路而影响环境时，必须经有关部门批准，事先告示。在行人、车辆通行的地方施工，应当设置沟、井、坎、穴覆盖物和标志。

（7）温暖季节宜对施工现场进行绿化布置。

4. 施工现场的防火与保安

（1）应做好施工现场保卫工作，采取必要的防盗措施。现场应设立门卫，根据需要设置警卫。施工现场的主要管理人员，在施工现场应当佩戴证明其身份的证卡，应采用现场施工人员标识。有条件时可对进、出场人员使用磁卡管理。

（2）承包人必须严格按照《中华人民共和国消防条例》的规定，在施工现场建立和执行防火管理制度，现场必须安排消防车出入口和消防道路，设置符合要求的消防设施，保持完好的备用状态。在容易发生火灾的地区施工，或储存、使用易燃、易爆器材时，承包人应当采取特殊的消防安全措施。现场严禁吸烟，必要时可设吸烟室。

（3）施工现场的通道、消防入口、紧急疏散楼道等，均应有明显标志或指示牌。有高度限制的地点应有限高标志。

（4）施工中需要进行爆破作业的，必须经上级主管部门审查批准，并持说明爆破器材的地点、品名、数量、用途、四邻距离的文件和安全操作规程，向所在地县、市公安局申领"爆破物品使用许可证"，由具备爆破资质的专业人员按有关规定进行施工。

5. 卫生防疫及其他事项

（1）施工现场不宜设置职工宿舍，必须设置时应尽量和施工场地分开。现场应准备必要的医务设施。在办公室内显著地点张贴急救车和有关医院电话号码，根据需要制订防暑降温措施，进行消毒、防毒。施工作业区与办公区应明显划分。

（2）现场涉及的保密事项应通知有关人员执行。

（3）承包人应考虑施工过程中必要的投保，应明确施工保险及第三者责任险的投保人和投保范围。

（4）现场管理应进行考评。

（5）应进行现场节能管理。有条件的现场应下达能源使用指标。

（6）食堂、厕所要符合卫生要求，现场应设置饮水设施。

第二节 施工项目生产要素管理概述

一、施工项目生产要素管理概念

生产要素是指形成生产力的各种要素。形成生产力的第一要素是科学技术。科学技术的水平，决定和反映了生产力的水平。科学技术被劳动者所掌握，并且融汇在劳动对象和劳动手段中，便能形成相当于科学技术水平的生产力水平。生产力的要素还包括劳动力，即具有劳动能力的人。人是生产力中最活跃的因素，他掌握生产技术，运用劳动手段，作用于劳动对象，从而形成生产力。劳动手段是指机械、设备工具和仪器等不动产，它只有被人所掌握才能形成生产力。劳动对象是指掌握一定的科学技术，利用劳动手段，进行"改造"的对象。通过"改造"，使劳动对象成为产品，即输入劳动对象，产出具有价值和使用价值的产品，它包括各种材料或半成品。在商品生产条件下进行生产活动，发挥生产力的作用进行劳动对象的改造，还必须有资金。资金也是生产要素，因为它是财产和物资的货币表现，也可以说资金是一定货币和物资的价值总和，它是一种流通手段。投入生产的劳动对象、劳动手段和劳动力，只有支付一定的资金才能得到，也只有得到一定的资金，生产者才能将产品销售给用户，并以此维持再生产活动或扩大再生产活动。

施工项目的生产要素是指生产力作用于施工项目的有关要素，也可以说是投入施工项目的劳动力、材料、机械设备、技术和资金等要素。加强施工项目管理，必须对施工项目的生产要素认真研究，强化其管理。

二、施工项目生产要素管理的意义

施工项目生产要素管理的最根本意义具体说来有以下几点：

（1）进行生产要素优化配置，即适时、适量、比例适当、位置适宜地配备或投入生产要素，以满足施工需要。

（2）进行生产要素的优化组合，即投入施工项目的各种生产要素在施工过程中搭配适当，协调地在项目中发挥作用，有效地形成生产力，生产出理想的产品（工程）。

（3）在施工项目运转过程中，对生产要素进行动态管理。项目的实施过程是一个不断变化的过程，对生产要素的需求在不断变化，平衡是相对的，不平衡是绝对的。因此，生产要素的配置和组合也就需要不断调整，这就需要动态管理。动态管理的目的和前提是优化配置与组合；动态管理是优化配置和组合的手段与保证。动态管理的基本内容就是按照项目的内在规律，有效地计划、组织、协调、控制各生产要素，使之在项目中合理流动，在动态中寻求平衡。

（4）在施工项目运行中，合理地、节约地使用资源，以取得节约资源（资金、材料、设备、劳动力）的目的。

三、施工项目生产要素管理的主要环节

（1）编制生产要素计划。编制生产要素计划的目的，是对资源投入量、投入时间、投入步骤作出合理安排，以满足施工项目实施的需要。计划是优化配置和组合的手段。

（2）生产要素的供应。是按编制的计划，从资源的来源，到投入到施工项目进行实施，

使计划得以实现，施工项目的需要得以保证。

（3）节约使用资源。即根据每种资源的特性，设计出科学的措施，进行动态配置和组合，协调投入，合理使用，不断纠正偏差，以可能少的资源，满足项目的使用，达到节约的目的。

（4）进行生产要素投入、使用与产出的核算，实现节约使用的目的。

（5）进行生产要素使用效果的分析。一方面是对管理效果的总结，找出经验和问题，评价管理活动；另一方面又为管理提供储备和反馈信息，以指导以后（或下一循环）的管理工作。

四、施工项目生产要素管理的特点

（一）劳动力

随着国家和建筑业用工制度的改革，建筑业企业逐步形成了多种形式的用工制度，包括固定工、合同工和临时工，而且已经形成了弹性结构。在施工任务增大时，可以多用合同工或农村建筑队。任务减少时，可以少用合同工或农村建筑队，以避免窝工。由于可以从农村招用年轻力壮的劳动力，劳动力招工难和不稳定的问题基本得到了解决，也改变了队伍结构，提高了施工项目的用工质量，促进了劳动生产率的提高。我国建筑劳动生产率长期徘徊的状况得到了改善。农民工到企业中来，既不增加企业的负担，也不增加城市和社会的负担，因而大大节省了福利费用，减轻了国家和企业的负担，适应了建筑施工和施工项目用工弹性和流动性的要求。建筑业用工的变化，也为农村富余劳动力转移和贫困地区脱贫致富提供了机会。现在国家规定在建筑业企业中设置劳务分包企业序列，分专业设立 13 类劳务分包企业，并进行分级，确定了等级和作业分包范围，要求大部分技术工人持证上岗率100%，这就给施工总承包企业和专业承包企业的作业人员有了可靠的来源保证。按合同由劳务分包公司提供作业人员，主要依靠劳务分包公司进行劳动力管理，项目经理部协助管理，这必将大大提高劳动力管理的水平和管理效果。

施工项目中的劳动力关键在使用，使用的关键在提高效率，提高效率的关键是如何调动职工的积极性，调动积极性的最好办法是加强思想政治工作和利用行为科学，从劳动力个人的需要和行为的关系观点出发，进行恰当的激励。以上也是施工项目劳动管理的正确思路。

（二）材料

建筑材料按在生产中的作用可分为主要材料、辅助材料和其他材料。其中主要材料指在施工中被直接加工，构成工程实体的各种材料，如钢材、水泥、木材、砂、石等。辅助材料指在施工中有助于产品的形成，但不构成实体的材料，如促凝剂、脱模剂、润滑物等。其他材料指不构成工程实体，但又是施工中必须的材料，如燃料、油料、砂纸、棉纱等。另外，周转材料（如脚手架材、模板材等）、工具、预制构配件、机械零配件等，都因在施工中有独特作用而自成一类。其管理方式与材料基本相同。

建筑材料还可以按其自然属性分类，包括金属材料、硅酸盐材料、电器材料、化工材料、金属材料等。它们的保管、运输各有不同要求，需分别对待。施工项目材料管理的重点在于现场、使用、节约和核算。其中节约的潜力是最大的。

（三）机械设备

施工项目的机械设备，主要是指作为大型工具使用的大、中、小型机械，既是固定资产，又是劳动手段。施工项目机械设备管理的环节，包括机械设备的选择、使用、保养、维修、改造、更新。其关键在于使用，使用的关键是提高机械效率，提高机械效率必须提高利用率和完好率。应该通过机械设备管理，寻找提高利用率和完好率的措施。利用率的提高靠人，完好率的提高在于保养与维修。

（四）技术

技术的含义很广，指操作技能、劳动手段、劳动者素质、生产工艺、试验检验、管理程序和方法等。任何物质生产活动都是建立在一定的技术基础上的，也是在一定技术要求和技术标准的控制下进行的。随着生产力的发展，技术水平也在不断提高，技术在生产中的地位和作用也就越来越重要。对施工项目来说，由于其单件性、露天性、宽大及复杂性等特点，就决定了技术的作用更为重要。施工项目技术管理，是对各项技术工作要素和技术活动过程的管理。技术工作要素包括技术人才、技术装备、技术规程、技术资料等；技术活动过程指技术计划、技术运用、技术评价等。技术作用的发挥，除决定于技术本身的水平外，极大程度上还依赖于技术管理水平。没有完善的技术管理，先进的技术是难以发挥作用的。施工项目技术管理的任务有四项：一是正确贯彻国家和行政主管部门的技术政策，贯彻上级对技术工作的指示与决定；二是研究、认识和利用技术规律，科学地组织各项技术工作，充分发挥技术的作用；三是确立正常的生产技术秩序，进行文明施工，以技术保工程质量；四是努力提高技术工作的经济效果，使技术与经济有机地结合。

（五）资金

施工项目的资金，从流动过程来讲，首先是投入，即筹集到的资金投入到施工项目上；其次是使用，也就是支出。资金管理，也就是财务管理，它主要有以下环节：编制资金计划，筹集资金，投入资金（施工项目经理部收入），资金使用（支出），资金核算与分析。施工项目资金管理的重点是收入与支出问题，收支之差涉及核算、筹资、贷款、利息、利润、税收等问题。

第三节 施工项目人力资源管理

本节主要阐述人力资源管理中劳动力管理的内容。

一、劳动力的优化配置

劳动力优化配置的目的是保证生产计划或施工项目进度计划的实现，使人力资源得到充分利用，降低工程成本。与此相关的问题是：劳动力配置的依据与数量，劳动力的配置方法和来源。

1. 劳动力配置的依据

（1）就企业来讲，劳动力配置的依据是劳动力需要量计划。企业的劳动力需要量计划是根据企业的生产任务与劳动生产率水平计算的。

（2）就施工项目而言，劳动力的配置依据是施工进度计划。

2. 劳动力的配置方法

一个建筑施工企业，当已知劳动力需要数量以后，应根据施工项目，按其施工进度计划和工种需要数量配置劳动力。因此，劳动管理部门必须审核施工项目的施工进度计划和劳动力需要量计划。每个施工项目劳动力分配的总量，应按企业的建筑安装工人劳动生产率进行控制。

（1）应在劳动力需用量计划的基础上再具体化，防止漏配。必要时根据实际情况对劳动力计划进行调整。

（2）如果现有的劳动力能满足要求，配置时尚应贯彻节约原则。如果现有劳动力不能满足要求，项目经理都应向企业申请加配，或在企业经理授权范围内进行招募。如果在专业技术或其他素质上，现有人员或新招收人员不能满足要求，应提前进行培训，再上岗作业。培训任务主要由企业劳务部门承担，项目经理部只能进行辅助培训，即临时性的操作训练或试验性操作培训，进行劳动纪律、工艺操作及安全作业教育等。

（3）配置劳动力时应积极可靠，若工人超额完成任务则可以获得奖励，从而调动工人的劳动积极性。

（4）尽量使作业层正在使用的劳动力和劳动组织保持稳定，防止频繁调动。当在用劳动组织不适应任务要求时，应进行劳动组织调整，并应敢于打乱原建制进行优化组合。

（5）为保证作业需要，工种组合、技术工人与壮工按适当比例配搭。

（6）尽量使劳动力均衡配置，以便于管理，使劳动资源强度适当，达到节约的目的。

3. 施工项目劳动力来源

企业对管理层与作业层实行两层分离以后，除保留一些与本企业专业密切相关的高级技术工种工人以外，所有的劳动力都来自社会劳动力市场，由建筑业企业在劳务市场中招募，劳务分包企业承包劳动作业任务，按计划供应给项目经理部。

二、劳务分包企业

根据建设部 2001 年 4 月 18 日发布的第 87 号令，建筑业企业的资质分为施工总承包、专业承包和劳务分包三个序列。其劳务分包企业就是施工项目的劳动力来源。87 号令的第 5 条最后一款规定，获得劳务分包资质的企业，可以承接施工总承包企业或者专业承包企业分包的劳务作业。

劳务分包企业共有 13 类，包括木工、砌筑、抹灰、石制作、油漆、钢筋、混凝土、脚手架、模板、焊接、水暖电安装、钣金、架线等作业分包企业。

每类作业分包企业按规定分级或不分级。例如，木工作业分包企业分为一、二级。一级企业的资质标准是：注册资本金 30 万元以上；具有相关专业技术员或本专业高级工以上的技术负责人；具有初级以上木工不少于 20 人，其中，中、高级工不少于 50%，企业作业人员持证上岗率 100%；企业近 3 年最高年完成分包合同额 100 万元以上；企业具有与作业分包范围相适应的机具。一级企业可以承担各类工程的木工作业分包业务，但单项业务合同额不超过企业注册资本金的 5 倍。

二级企业的资质标准是：注册资本金 10 万元以上；具有本专业高级工以上的技术负责人；具有初级以上木工不少于 10 人，其中，中、高级工不少于 50%，企业作业人员持证上岗率 100%；企业近 3 年承担过两项以上木工作业分包，工程质量合格；企业具有与作业分包范围相适应的机具。二级企业可承担各类工程的木工作业分包业务，但单项业务合同额不超过企业注册资本的 5 倍。

三、劳动力的动态管理

劳动力的动态管理指的是根据生产任务和施工条件的变化对劳动力进行跟踪平衡、协调，以解决劳务失衡、劳务与生产要求脱节的动态过程。其目的是实现劳动力动态的优化组合。

1. 企业劳动管理部门对劳动力的动态管理起主导作用

由于企业劳动管理部门对劳动力进行集中管理，故它在动态管理中起着主导作用。它应做好以下几方面的工作：

（1）根据施工任务的需要和变化，从社会劳务市场中按合同招募和遣返（辞退）劳动力。

（2）根据项目经理部所提出的劳动力需要量计划与《项目管理目标责任书》向招募的劳务人员下达任务，派遣队伍。

（3）对劳动力进行企业范围内的平衡、调度和统一管理。施工项目中的任务完成后收回作业人员，重新进行平衡、派遣。

2. 项目经理部是项目施工范围内劳动力动态管理的直接责任者

项目经理部劳动力动态管理的责任是：

（1）按计划要求向企业劳务管理部门申请派遣劳务人员。

（2）按计划在项目中分配劳务人员，并下达施工任务书。

（3）在施工中不断进行劳动力平衡、调整，解决施工要求与劳动力数量、工种、技术能力、相互配合中存在的矛盾。在此过程中与企业劳务部门保持信息沟通、人员使用和管理的协调。

（4）按合同支付劳务报酬，任务完成后，劳务人员遣归企业。

3. 劳动力动态管理的原则

（1）动态管理以进度计划与劳务合同为依据。

（2）动态管理应始终以劳动力市场为依托，允许劳动力在市场内作充分的合理流动。

（3）动态管理应以动态平衡和日常调度为手段。

（4）动态管理应以达到劳动力优化组合和充分调动作业人员的积极性为目的。

第四节　施工项目材料管理和机械设备管理

一、施工项目的材料供应

施工项目材料管理的目的是贯彻节约原则，节约材料费用，降低工程成本。由于材料费在流动资金占用中和工程成本中所占的比重最大，故加强材料管理是提高施工企业经济效益的最主要途径。

材料供应是材料管理的首要环节，与材料供应市场关系极大。问题的焦点集中在项目施工应建立在怎样的材料供应体制上。

（一）材料供应权应主要集中在法人层次上

企业应建立统一的供料机构，对工程所需的主要材料、大宗材料实行统一计划、统一采购、统一供应、统一调度，承担"一个漏斗，两个对接"的功能，即一个企业绝大部分材料主要通过企业层次的材料机构进入企业，形成"漏斗"；企业的材料机构既要与社会建材市场"对接"，又要与本企业的项目管理层"对接"。这种做法可以克服企业多渠道供料、多层次采购的低效状态；可以将材料管理工作贯穿于施工项目管理的全过程，即投标报价、落实施工方案、组织项目班子、编制供料计划、组织项目材料核算、实施奖惩全过程；有利于建立统一的企业材料管理体系，进行材料供应的动态配置和平衡协调；有利于服务于各项目的材料需求。使企业法人的材料供应地位既不被社会材料市场所代替，又不被众多的项目管理班子肢解。

（二）项目经理部有部分的材料采购供应权

为满足施工项目材料特殊需要，调动项目管理层的积极性，企业应给项目经理部一定的材料采购权，负责采购供应特殊材料和零星材料，做到两层互补，不留缺口。对企业材料部门的采购，项目管理层也应有建议权。这样，施工项目经理部材料管理的主要任务便集中于提出需用量计划，控制材料使用，加强现场管理，制订材料节约措施，完工后组织材料结算与回收等。

二、施工项目现场材料管理

施工现场所需的各类材料，自进入施工现场至施工结束清理现场为止的全过程所进行的材料管理，均属施工现场材料管理的范围。

（一）现场材料管理责任

施工项目经理是现场材料管理的全面领导责任者；施工项目经理部主管材料人员是施工现场材料管理直接责任人；班组料具员在主管材料员的业务指导下，协助班组长组织和监督本班组合理领、用、退料。现场材料人员应建立材料管理岗位责任制。

（二）现场材料管理的内容

（1）材料计划管理。项目开工前，项目经理部向企业材料部门提出一次性计划，作为供应备料依据；在施工中，根据工程变更和调整的施工预算，以及时间企业材料部门提出调整供料月计划，作为动态供料的依据；根据施工图纸、施工进度，在加工周期允许时间内提出加工制品计划，作为供应部门组织加工和向现场送货的依据；根据施工平面图对现场设施的设计，按使用日期提出施工设施用料计划，报供应部门作为送料的依据；按月对材料计划的执行情况进行检查，不断改进材料供应。

（2）材料进场验收。为了把住质量和数量关，在材料进场时必须根据进料计划、送料凭证、质量保证书或产品合格证，进行材料的数量和质量验收；验收工作按相关质量验收规范和计量检测规定进行；验收内容包括品种、规格、型号、质量、数量、证件等；验收要做好记录、办理验收手续；对不符合计划要求或质量不合格的材料应拒绝验收。

（3）材料的储存与保管。进库的材料应验收入库，建立台账；现场的材料必须防火、防盗、防雨、防变质、防损坏；施工现场材料的放置要按施工平面布置图实施，做到位置正确、保管处置得当、符合堆放保管制度；要日清、月结、定期盘点、账实相符。

（4）材料领发。凡有定额的工程用料，凭限额领料单领发材料；施工设施用料也实行定额发料制度，以用料计划进行总控制；超限额的用料，用料前应办理手续，填制限额领料单，注明超耗原因，经签发批准后实施；建立领发料台账，记录领发状况和节超状况。

（5）材料使用监督。现场材料管理责任者应对现场材料的使用进行分工监督。监督的内容包括：是否按材料做法合理用料，是否严格执行配合比，是否认真执行领发料手续，是否做到谁用谁清、随清随收、工完料退场地清，是否按规定进行用料交底和工序交接，是否做到按施工平面图堆料，是否按要求保护材料等。检查是监督的手段，检查要做到情况有记录、原因有分析、责任有明确、处理有结果。

（6）材料回收。班组余料必须回收，及时办理退料手续，并在限额领料单中登记扣除。余料要造表上报，按供应部门的安排办理调拨和退料。设施用料、包装物及容器，在使用周期结束后组织回收。建立回收台账，处理好经济关系。

（7）周转材料的现场管理。按工程量、施工方案编报周转材料需用量计划。各种周转材料均应按规格分别码放，阳面朝上，垛位见方；露天存放的周转材料应夯实场地，垫高30cm，有排水措施，按规定限制高度，垛间留有通道；零配件要装入容器保管，按计划发放；按退库验收标准回收，做好记录；建立维修制度；按周转材料报废规定进行报废处理。

（三）大力探索节约材料的新途径

材料量的节约途径非常之多。哪些途径最有效？这就必须运用科学的管理成果进行探索。以下方法应大力研究应用：

（1）用 A、B、C 分类法，找出材料管理的重点。A 类材料是管理的重点，最具节约潜力（详见本章工程应用案例2）。

（2）学习存储理论，用以指导节约库存费用。由于长期以来，材料供应始终处在卖方市场状态下，采购人员往往不注意存储问题，使得材料使用与材料采购脱节，材料存储与资金管理脱节，按计划供应和实际供应脱节，供应量与使用时间脱节等。研究和应用存储理论对于科学采购、节约仓库面积、加速资金周转等都具有重要意义。研究存储理论的重点是如何确定经济存储量、经济采购批量、安全存储量、订购点等，这实际上就是存储优化问题。

（3）研究材料节约的技术措施，更重要的是研究材料节约的组织措施。组织措施比技术措施见效快、效果大，因此要特别重视施工规划（施工组织设计）对材料节约技术组织措施的设计，特别重视月度技术组织措施计划的编制和贯彻。

（4）重视价值分析理论在材料管理中的应用。价值分析的目的是以尽可能少的费用支出，可靠地实现必要的功能。由于材料成本降低的潜力最大，故有必要认真研究价值分析理论在材料管理中的应用。因为价值分析的基本公式是价值＝功能/成本，为了既提高价值又降低成本，可以运用以下三个途径：①功能不变，成本降低，如使用岩棉板代替聚苯板保温，就属此类情况；②在功能不受很大影响的前提下，大大降低成本，如使用滑动模板以节省模板料和模板费即属此类情况；③既降低成本，又提高功能，如使用大模板做到以钢代木、代架、代操作平台即属此类。

（5）正确选择降低成本的对象。价值分析的对象，应是价值低的、降低成本潜力大的对象。这也是降低材料成本应选择的对象，应着力"攻关"。

（6）改进设计、研究材料代用。按价值分析理论，提高价值的最有效途径是改进设计和使用代用材料，它比改进工艺的效果要大得多。因此，应大力进行科学研究，开发新技术，以改进设计，寻找代用材料，使材料成本大幅度降低。

三、对施工项目机械设备管理的要求

（一）施工项目机械设备的供应

施工项目机械设备的供应有四种渠道：企业自有机械设备；从市场上租赁设备；企业为施工项目专购机械设备；分包机械施工任务。

（二）机械设备的管理权限

企业机械设备管理部门统一管理项目经理部使用的机械设备。项目经理部应编制机械设备使用计划报企业审批。远离公司本部的项目经理部（事业部式或工作队式）可由企业法定代表人授权，项目经理部就地解决机械设备来源。项目经理部负责对进入现场的机械设备（机械施工分包人的机械设备除外）做好使用中的维护和管理。

（三）施工项目机械设备的合理使用与维修

1. 机械设备的合理使用

（1）人机固定，实行机械使用、保养责任制，将机械设备的使用效益与个人经济利益联系起来。

（2）实行操作证制度。专机的专门操作人员必须经过培训和统一考试，确认合格，发给驾驶证。这是保证机械设备得到合理使用的必要条件。

（3）操作人员必须坚持搞好机械设备的例行保养。

（4）遵守走合期使用规定。这样，可以防止机件早期磨损，延长机械使用寿命和修理周期。

（5）实行单机或机组核算，根据考核的成绩实行奖惩，这也是一项提高机械设备管理水平的重要措施。

（6）建立设备档案制度。这样就能了解设备的情况，便于使用与维修。

（7）合理组织机械设备施工。必须加强维修管理，提高机械设备的完好率和单机效率，并合理地组织机械的调配，搞好施工的计划工作。

（8）培养机务队伍。应采取办训练班、进行岗位练兵等形式，有计划、有步骤地做好培养和提高工作。

（9）搞好机械设备的综合利用。机械设备的综合利用是指现场安装的施工机械尽量做到一机多用。尤其是垂直运输机械，必须综合利用，使其效率充分发挥。它负责垂直运输各种构件材料，同时作回转范围内的水平运输、装卸车等。因此，要按小时安排好机械的工作，充分利用时间，大力提高其利用率。

（10）要努力组织好机械设备的流水施工。当施工的推进主要靠机械而不是人力的时候，划分施工段的大小必须考虑机械的服务能力，将机械作为分段的决定因素。要使机械连续作业，不停歇，必要时"歇人不歇马"，使机械三班作业。一个施工项目有多个单位工程时，应使机械在单位工程之间流水，减少进出场时间和装卸费用。

（11）机械设备安全作业。项目经理部在机械作业前应向操作人员进行安全操作交底，使操作人员对施工要求、场地环境、气候等安全生产要素有清楚的了解。项目经理部按机械设备的安全操作要求安排工作和指挥，不得要求操作人员违章作业，也不得强令机械带问题操作，更不得指挥和允许操作人员野蛮施工。

（12）为机械设备的施工创造良好条件。现场环境、施工平面图布置应适合机械作业要求，交通道路畅通无障碍，夜间施工安排好照明。协助机械部门落实现场机械标准化。

2. 机械设备的保养与维修

（1）机械设备的磨损。机械设备的磨损可分为以下三个阶段：

第一阶段：磨合磨损。这一阶段是初期磨损，包括制造或大修理中的磨合磨损及使用初期的走合磨损，这段时间较短。此时，只要执行适当的走合期使用规定就可降低初期磨损，延长机械使用寿命。

第二阶段：正常工作磨损。这一阶段零件经过走合磨损，光洁度提高了，磨损较少，在较长时间内基本处于稳定的均匀磨损状态。这个阶段后期，条件逐渐变坏，磨损逐渐加快，进入第三阶段。

第三阶段：事故性磨损。此时，由于零件配合的间隙扩展而负荷加大，磨损激增，可能很快磨损。如果磨损程度超过了极限而不及时修理，就会引起事故性损坏，造成修理困难和经济损失。

（2）机械设备的保养。机械设备保养目的是为了保持机械设备的良好技术状态，提高设备运转的可靠性和安全性，减少零件的磨损，延长使用寿命，降低消耗，提高机械施工的经济效益。保养分为例行保养和强制保养。例行保养属于正常使用管理工作，它不占用机械设备的运转时间，由操作人员在机械运转间隙进行。其主要内容是：保持机械的清洁，检查运转情况，防止机械腐蚀，按技术要求润滑等。强制保养是隔一定周期，需要占用机械设备的运转时间而停工进行的保养。强制保养是按照一定周期和内容分级进行的。保养周期根据各类机械设备的磨损规律、作业条件、操作维护水平及经济性四个主要因素确定。

（3）机械设备的修理。机械设备的修理，是对机械设备的自然损耗进行修复，排除机械运行的故障，对损坏的零部件进行更换、修复。对机械设备的预检和修理，可以保证机械的使用效率，延长使用寿命。

机械设备的修理可分为大修、中修和零星小修。

大修是对机械设备进行全面的解体检查修理，保证各零部件质量和配合要求，使其达到良好的技术状态，恢复可靠性和精度等工作性能以延长机械的使用寿命。

中修是大修间隔期间对少数部件进行大修的一次性平衡修理，对其他不进行大修的只执行检查保养。中修的目的是对不能继续使用的部分进行大修，使用整机状况达到平衡，以延长机械设备的大修间隔。

零星小修是临时安排的修理，其目的是消除操作人员无力排除的突然故障、个别零件损坏，或一般事故性损坏等问题，一般都是和保养相结合，不列入修理计划之中。而大修、中修需要列入修理计划，并按计划预检修制度执行。大修和中修由企业进行管理，小修与保养由项目经理部负责管理。

第五节　施工项目资金管理

施工项目资金管理的主要环节有：资金收入预测、资金支出预测、资金收支对比、资金筹措、资金使用管理。

一、施工项目资金收入与支出的预测及对比

（一）资金收入预测

项目资金是按合同价款收取的，在实施施工项目合同的过程中，应从收取工程预付款（预付款在施工后以冲抵工程价款方式逐步扣还给建设单位）开始，每月按进度收取工程进度款，到最终竣工结算，按时间测算出价款数额，做出项目收入预测表，绘出项目资金按月收入图及项目资金按月累加收入图。

资金收入测算工作应注意以下几个问题：

（1）由于资金预测工作是一项综合性工作，因此，要在项目经理主持下，由职能人员参加。共同分工负责完成。

（2）加强施工管理，确保按合同工期要求完成，以免延误工期而罚款造成经济损失。

（3）严格按合同规定的结算办法测算每月实际应收的工程进度款数额，同时要注意收款滞后时间因素，即按当月完成的工程量计算应收取的工程进度款不一定能按时收取，但应力

争缩短滞后时间。

按上述原则测算的收入，形成了资金的收入在时间上、数量上的总体概念，为项目筹措资金、加快资金周转、合理安排资金使用提供科学依据。

（二）资金支出预测

1．项目资金支出预测的依据

（1）成本费用控制计划；

（2）施工组织设计；

（3）材料、物资储备计划。

根据以上依据，测算出随着工程的实施，每月预计的人工费、材料费、施工机械使用费、物资储运费、临时设施费、其他直接费和施工管理费等各项支出，使整个项目的支出在时间上和数量上有一个总体概念，以满足资金管理上的需要。

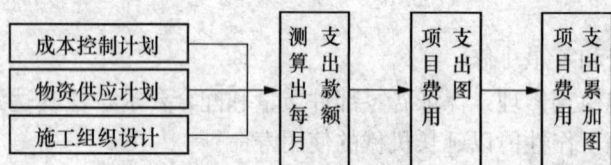

图 7-1　项目费用支出预测程序图

2．项目资金支出预测程序

项目资金支出预测程序如图 7-1 所示。

3．项目资金支出预测应注意的问题

（1）从实际出发，使资金支出预测更符合实际情况。资金支出预测在投标报价中就已开始做了，但不够具体。因此，要根据项目实际情况，将原报价中估计的不确定因素加以调整，使之符合实际。

（2）必须重视资金的支出时间价值。资金支出的测算是从筹措资金和合理安排调度资金角度考虑的，一定要反映出资金支出的时间价值，以及合同实施过程中不同阶段的资金需要。

（三）资金收入与支出对比

将施工项目资金收入预测累计结果和支出预测累计结果绘制在一个坐标图上，如图 7-2 所示。图中曲线 A 是施工计划曲线，曲线 B 是资金预计支出曲线，曲线 C 是预计资金收入曲线。B、C 曲线之间的距离是相应时间收入与支出资金数之差，即应筹措的资金数量。图 7-2 中 a、b 间的距离是本施工项目应筹措资金的最大值。

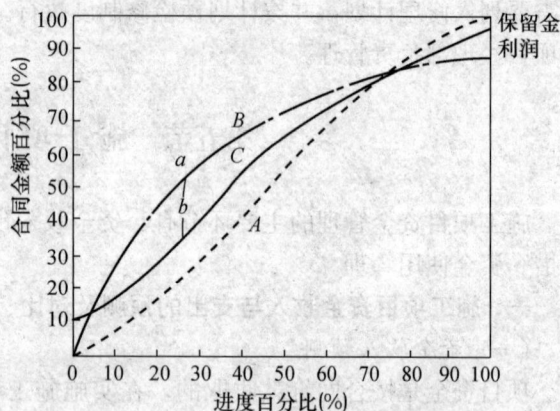

图 7-2　施工项目资金收支对比图

二、施工项目资金的筹措

（一）建设项目的资金来源

（1）财政资金。包括财政无偿拨款和拨改贷资金。

（2）银行信贷资金。包括基本建设贷款、技术改造贷款、流动资金贷款和其他贷款等。

（3）发行国家投资债券、建设债券、专项建设债券以及地方债券等。

（4）在资金暂时不足的情况下，还可以采用租赁的方式解决。

（5）企业自有资金和对外筹措资金（发行股票及企业债券，向产品用户集资）。

（6）利用外资。包括利用外国直接投资，进行合资、合作建设以及利用外国贷款。

（二）施工过程所需要的资金来源

施工过程所需要的资金来源，一般是在承发包合同条件中已规定了的，由发包方提供工程备料款和分期结算工程款。为了保证生产过程的正常进行，施工企业也可垫支部分自有资金，但在占用时间和数量方面必须严加控制，以免影响整个企业生产经营活动的正常进行。因此，施工项目资金来源的渠道有以下几方面：

（1）预收工程备料款。

（2）已完施工价款结算。

（3）银行贷款。

（4）企业自有资金。

（5）其他项目资金的调剂占用。

（三）筹措资金的原则

（1）充分利用自有资金。其好处是：调度灵活，不需支付利息，比贷款的保证性强。

（2）必须在经过收支对比后，按差额筹措资金，避免造成浪费。

（3）将利息的高低作为选择资金来源的主要标准，尽量利用低利率贷款。用自有资金时也应考虑其时间价值。

三、施工项目资金管理要点

（1）施工项目资金管理应以保证收入、节约支出、防范风险和提高经济效益为目的。

（2）承包人应在财务部门设立项目专用账号进行项目资金收支预测，统一对外收支与结算。项目经理部负责项目资金的使用管理。

（3）项目经理部应编制年、季、月度资金收支计划，上报企业主管部门审批实施。

（4）项目经理部应按企业授权，配合企业财务部门及时进行资金计收。包括：①新开工项目按工程施工合同收取预付款或开办费；②根据月度统计报表编制"工程进度款结算单"，于规定日期报送监理工程师审批结算，如发包人不能按期支付工程进度款并超过合同支付的最后限期，项目经理部应向发包人出具付款违约通知书，并按银行的同期贷款利率计息；③根据工程变更记录和证明发包人违约的材料，及时计算索赔金额，列入工程进度款结算单；④发包人委托代购的工程设备或材料，必须签订代购合同，收取设备订货预付款或代购款；⑤工程材料价差应按规定计算，及时请发包人确认，与进度款一起收取；⑥工期奖、质量奖、措施奖、不可预见费及索赔款，应根据施工合同规定与工程进度款同时收取；⑦工程尾款应根据发包人认可的工程结算金额及时回收。

（5）项目经理部按公司下达的用款计划控制资金使用，以收定支，节约开支；应按会计制度规定设立财务台账，记录资金支出情况，加强财务核算，及时盘点盈亏。

（6）项目经理部应坚持做好项目的资金分析，进行计划收支与实际收支对比，找出差异，分析原因，改进资金管理。项目竣工后，结合成本核算与分析进行资金收支情况和经济效益总分析，上报企业财务主管部门备案。企业应根据项目的资金管理效果对项目经理部进行奖惩。

（7）项目经理部应定期召开发包、分包、供应、加工各单位的代表碰头会，协调工程进度、配合关系、甲方供料及资金收付等事宜。

第六节　施工项目技术管理与工法

一、施工项目技术管理的内容

（1）技术基础工作的管理，包括：实行技术责任制，执行技术标准与技术规程，制订技术管理制度，开展科学试验，交流技术情报，管理技术文件等。

（2）施工过程中技术工作的管理，包括：施工工艺管理，技术试验，技术核定，技术检查等。

（3）技术开发管理，包括：技术培训，技术革新，技术改造，合理化建议等。

（4）技术经济分析与评价。

二、施工项目的主要技术管理制度

1. 图纸学习和会审制度

制订、执行图纸会审制度的目的是领会设计意图，明确技术要求，发现设计文件中的差错与问题，提出修改与洽商意见，避免技术事故或产生经济与质量问题。

2. 施工组织设计管理制度

按企业的施工组织设计管理制度制订施工项目的实施细则，着重于单位工程施工组织设计及分部分项工程施工方案的编制与实施。

3. 技术交底制度

施工项目技术系统一方面要接受企业技术负责人的技术交底，又要在项目内进行层层交底，故要编制制度，以保证技术责任制落实，技术管理体系正常运转，技术工作按标准和要求运行。

4. 施工项目材料、设备检验制度

材料、设备检验制度的宗旨是保证项目所用的材料、构件、零配件和设备的质量，进而保证工程质量。

5. 工程质量检查及验收制度

制订工程质量检查验收制度的目的是加强工程施工质量的控制，避免质量差错造成永久隐患，并为质量等级评定提供数据和情况，为工程积累技术资料和档案。工程质量检查验收制度包括工程预检制度、工程隐检制度、工程分阶段验收制度、单位工程竣工检查验收制度、分项工程交接检查验收制度等。

6. 技术组织措施计划制度

制订技术组织措施计划制度的目的是为了克服施工中的薄弱环节，挖掘生产潜力，加强其计划性、预测性，从而保证施工任务的完成，获得良好技术经济效果和提高技术水平。

7. 工程施工技术资料管理制度

工程施工技术资料是施工单位根据有关管理规定，在施工过程中形成的应当归档保存的各种图纸、表格、文字、音像材料等技术文件材料的总称，是工程施工及竣工交付使用的必备条件，也是对工程进行检查、维护、管理、使用、改建和扩建的依据。制订该制度的目的是为了加强对工程施工技术资料的统一管理，提高工程质量的管理水平。它必须贯彻国家和地区有关技术标准、技术规程和技术规定，以及企业的有关技术管理制度。

8. 其他技术管理制度

除以上几项主要的技术管理制度外，施工项目经理部还必须根据需要，制订其他技术管理制度，保证有关技术工作正常运行，例如，土建与水电专业施工协作技术规定、工程测量管理办法、技术革新和合理化建议管理办法、计量管理办法、环境保护工作办法、工程质量奖罚办法、技术发明奖励办法等。

三、施工项目的主要技术管理工作

根据技术标准、技术规程、建筑企业的技术管理制度、施工项目经理部制订的技术管理制度，施工项目组织应做好以下技术管理工作。

（一）设计文件的学习和图纸会审

图纸会审是施工单位熟悉、审查设计图纸，了解工程特点、设计意图和关键部位的工程质量要求，帮助设计单位减少差错的重要手段。它是项目组织在学习和审查图纸的基础上，进行质量控制的一种重要而有效的方法。会审图纸有三方代表共同参加，即建设单位或其委托的监理单位、设计单位和施工单位。可由监理单位（或建设单位）主持，先由设计单位介绍设计意图和图纸、设计特点及对施工的要求。然后，由施工单位提出图纸中存在的问题和对设计单位的要求，通过三方讨论与协商，解决存在的问题，写出会议纪要，交给设计人员，设计人员将纪要中提出的问题通过书面的形式进行解释或提交设计变更通知书。图纸审查的内容包括：

（1）是否是无证设计或越级设计，图纸是否经设计单位正式签署。

（2）地质勘探资料是否齐全。如果没有工程地质资料或无其他地基资料，应与设计单位商讨。

（3）设计图纸与说明是否齐全，有无分期供图的时间表。

（4）设计地震烈度是否符合当地要求。

（5）几个单位共同设计的，相互之间有无矛盾；专业之间平、立、剖面图之间是否有矛盾；标高是否有遗漏。

（6）总平面与施工图的几何尺寸、平面位置、标高等是否一致。

（7）防火要求是否满足。

（8）建筑结构与各专业图纸本身是否有差错及矛盾；结构图与建筑图的平面尺寸及标高是否一致，建筑图与结构图的表示方法是否清楚，是否符合制图标准；预埋件是否表示清楚；是否有钢筋明细表，如无，则钢筋混凝土中钢筋构造要求在图中是否说明清楚，如钢筋锚固长度与抗震要求是否相符等。

（9）施工图中所列各种标准图册施工单位是否具备，如无，如何取得。

（10）建筑材料来源是否有保证。图中所要求条件及企业的条件和能力是否有保证。

（11）地基处理方法是否合理。建筑与结构构造是否存在不能施工、不便于施工，容易导致质量、安全或经费等方面的问题。

（12）工艺管道、电气线路、运输道路与建筑物之间有无矛盾，管线之间的关系是否合理。

（13）施工安全是否有保证。

（14）图纸是否符合监理规划中提出的设计目标描述。

（二）施工项目技术交底

技术交底的目的是使参与施工的人员熟悉和了解所担负的工程的特点、设计意图、技术要求、施工工艺和应注意的问题。应建立技术交底责任制，并加强施工质量检验、监督和管理，从而提高质量。

1. 技术交底的要求

技术交底是一项技术性很强的工作，对保证质量至关重要，不但要领会设计意图，还要贯彻上一级技术领导的意图和要求。技术交底必须满足施工规范、规程、工艺标准、质量检验评定标准和建设单位的合理要求。所有的技术交底资料都是施工中的技术资料，要列入工程技术档案。技术交底必须以书面形式进行，经过检查与审核，有签发人、审核人、接受人的签字。整个工程施工、各分部分项工程，均须作技术交底。特殊和隐蔽工程，更应认真作技术交底。在交底时应着重强调易发生质量事故与工伤事故的工程部位，防止各种事故的发生。

2. 设计交底

由设计单位的设计人员向施工单位交底，内容包括：

（1）设计文件依据：上级批文、规划准备条件、人防要求、建设单位的具体要求及合同。

（2）建设项目所处规划位置、地形、地貌、气象、水文地质、工程地质、地震烈度。

（3）施工图设计依据，包括：初步设计文件，市政部门要求，规划部门要求，公用部门要求，其他有关部门（如绿化、环卫、环保等）的要求，主要设计规范，甲方供应及市场上供应的建筑材料情况等。

（4）设计意图，包括：设计思想，设计方案比较情况，建筑、结构和水、暖、电、通、煤气等的设计意图。

（5）施工时应注意事项，包括：建筑材料方面的特殊要求、建筑装饰施工要求，以及广播音响与声学要求、基础施工要求，以及主体结构设计采用新结构、新工艺对施工提出的要求。

3. 施工单位技术负责人向下级技术负责人交底的内容

（1）工程概况一般性交底；

（2）工程特点及设计意图；

（3）施工方案；

（4）施工准备要求；

（5）施工注意事项，包括地基处理、主体施工、装饰工程的注意事项及工期、质量、安全等。

4. 施工项目技术负责人对工长、班组长进行技术交底

应按工程分部、分项进行交底，内容包括：设计图纸具体要求；施工方案实施的具体技术措施及施工方法；土建与其他专业交叉作业的协作关系及注意事项；各工种之间协作与工序交接质量检查；设计要求；规范、规程、工艺标准；施工质量标准及检验方法；隐蔽工程记录、验收时间及标准；成品保护项目、办法与制度；施工安全技术措施。

5. 工长向班组长交底

主要利用下达施工任务书的时候进行分项工程操作交底。

（三）隐蔽工程检查与验收

隐蔽工程是指完工后将被下一道工序所掩盖的工程。隐蔽工程项目在隐蔽前应进行严密检查，做出记录，签署意见，办理验收手续，不得后补。有问题需复验的，须办理复验手续，并由复验人做出结论，填写复验日期。建筑工程隐蔽工程验收项目如下：

（1）地基验槽。包括土质情况、标高、地基处理。

（2）基础、主体结构各部位的钢筋均须办理隐检。内容包括：钢筋的品种、规格、数量、位置、锚固或接头位置长度及除锈、代用变更情况，板缝及楼板胡子筋处理情况，保护层情况等。

（3）现场结构焊接。钢筋焊接包括焊接形式及焊接种类；焊条、焊剂牌号（型号）；焊口规格；焊缝长度、厚度及外观清渣等；外墙板的键槽钢筋焊接；大楼板的连接筋焊接；阳台尾筋焊接。

钢结构焊接包括：母材及焊条品种、规格；焊条烘焙记录；焊接工艺要求和必要的试验；焊缝质量检查等级要求；焊缝不合格率统计、分析及保证质量措施、返修措施、返修复查记录等。

（4）高强螺栓施工检验记录。

（5）屋面、厕浴间防水层下的各层细部做法，地下室施工缝、变形缝、止水带、穿墙管做法等，外墙板空腔立缝、平缝、十字缝接头、阳台雨罩接头等。

（四）施工的预检

预检是该工程项目或分项工程在未施工前所进行的预先检查。预检是保证工程质量、防止可能发生差错造成质量事故的重要措施。除施工单位自身进行预检外，监理单位应对预检工作进行监督并予以审核认证。预检时要做出记录。建筑工程的预检项目如下：

（1）建筑物位置线，现场标准水准点，坐标点（包括标准轴线桩、平面示意图），重点工程应有测量记录。

（2）基槽验线，包括轴线、放坡边线、断面尺寸、标高（槽底标高、垫层标高）、坡度等。

（3）模板。包括几何尺寸、轴线、标高、预埋件和预留孔位置、模板牢固性、清扫口留置、施工缝留置、模板清理、脱膜剂涂刷、止水要求等。

（4）楼层放线，包括各层墙柱轴线、边线和皮数杆。

（5）翻样检查，包括几何尺寸、节点做法等。

（6）楼层 50cm 水平线检查。

（7）预制构件吊装，包括轴线位置、构件型号、构件支点的搭接长度、堵孔、清理、锚固、标高、垂直偏差以及构件裂缝、损伤处理等。

（8）设备基础，包括位置、标高、几何尺寸、预留孔、预埋件等。

（9）混凝土施工缝留置的方法和位置，接槎的处理（包括接槎处松动石子清理等）。

（10）各层间地面基层处理，屋面找坡，保温、找平层质量，各阴阳角处理。

（五）技术措施计划

技术措施是为了克服生产中的薄弱环节，挖掘生产潜力，保证完成生产任务，获得良好的经济效果，在提高技术水平方面采取的各种手段或办法。它不同于技术革新。技术革新强调一个"新"字，而技术措施则是综合已有的先进经验或措施，如节约原材料，保证安全，降低成本等措施。要做好技术措施工作，必须编制、执行技术措施计划。

1. 技术措施计划的主要内容

（1）加快施工进度方面的技术措施。

（2）保证和提高工程质量的技术措施。

（3）节约劳动力、原材料、动力、燃料的措施。

（4）推广新技术、新工艺、新结构、新材料的措施。

（5）提高机械化水平、改进机械设备的管理以提高完好率和利用率的措施。

（6）改进施工工艺和操作技术以提高劳动生产率的措施。

（7）保证安全施工的措施。

2. 施工技术措施计划的编制

（1）施工技术措施计划应同生产计划一样，按年、季、月分级编制，并以生产计划要求的进度与指标为依据。

（2）编制施工技术措施计划应依据施工组织设计和施工方案。

（3）编制施工技术措施计划时，应结合施工实际，公司编制年度技术措施纲要；分公司编制年度和季度技术措施计划；项目经理部编制月度技术措施。

（4）项目经理部编制的技术措施计划是作业性的，因此在编制时既要贯彻上级编制的技术措施计划，又要充分发动施工员、班组长及工人提合理化建议，使计划有群众基础。

（5）编制技术措施计划应计算其经济效果。

3. 技术措施计划的贯彻执行

（1）在下达施工计划的同时，下达到栋号长、工长及有关班组。

（2）对技术措施计划的执行情况应认真检查，发现问题及时处理，督促执行。如果无法执行，应查明原因，进行分析。

（3）每月底施工项目技术负责人应汇总当月的技术措施计划执行情况，填写报表上报、总结、公布成果。

（六）施工组织设计工作

施工组织设计是一项重要的技术管理工作，也是施工项目管理规划，它将作为一门课程进行讲授。

四、施工项目技术管理的组织体系

（1）项目经理部必须在企业总工程师和技术管理部门的指导和参与下建立技术管理体系。应根据项目规模设项目总工程师、主任工程师或工程师作技术负责人，其下设技术部门、工长和班组长。

（2）项目技术负责人应履行以下主要职责：①领导施工项目的技术管理工作；②主持制订项目的技术管理工作计划；③组织有关人员熟悉与审查图纸，主持编制施工项目管理实施规划并组织实施；④进行技术交底；⑤组织做好测量及其核定；⑥指导质量检验与试验；⑦审定技术措施计划并组织实施；⑧参加各类工程验收，处理质量事故；⑨组织各项技术资料的签证、收集、整理和归档；⑩领导技术学习，交流技术经验。

（3）项目经理部的技术工作应符合下列要求：①项目经理部在接到工程设计图纸后，按过程控制程序文件要求组织有关人员进行内部审查，对设计疑问及存在问题加以汇总。②参与设计外审。在内审的基础上，由项目技术负责人参与发包人组织的设计会审，提出设计变更意见，进行一次性设计变更洽商。③在施工过程中，如发现设计图纸中存在问题，或因施工条件变化必须补充设计，或需要材料代用，可向设计人提出工程变更洽商书面资料。工程变更洽商应由签字有效人签字。④编制优化施工方案。⑤进行技术交底必须贯彻施工验收规范、技术规程、工艺标准、质量检验评定标准等要求。书面资料应由签发人和审核人签字，用后归入技术资料档案。⑥项目经理部应将分包人的技术管理纳入技术管理体系，对其施工方案的制订、技术交底、施工试验、材料试验、预检和隐检、竣工验收等，进行系统的过程控制。⑦对后续工序质量有决定作用的测量与放线、模板、翻样、预制构件吊装、设备基础、各种基层、预留孔、预埋件、施工缝等进行施工预验并做好记录。⑧根据有关规定对各类隐蔽工程进行隐检，做好隐验记录，办理隐验手续，由参与各方责任人签认。⑨项目经理部应按施工项目管理实施规划和企业的技术措施纲要实施技术措施计划。⑩项目经理部应设技术资料管理人员，做好技术资料的收集、整理和归档工作，并建立技术资料台账。

五、工法

（一）工法的概念

工法，是建筑业经常使用的一个词，各个国家称谓不同，但其含义大致相同。日本称为"工法"，日本《建筑大字典》解释为"建造建筑物（构筑物）的施工方法或建造方法"。英美称为"方法"或"体系"。法国称为"工艺"或"技术"。我国建设部颁发的《施工企业实行工法制度的试行管理办法》对"工法"定义为："工法是指以工程为对象、工艺为核心，运用系统工程的原理，将先进技术与科学结合起来，经过工程实践形成的综合配套技术的应用方法。"从这个定义出发，工法有以下几个特征：

（1）工法的主要服务对象是工程建设，而不是其他方面的东西。工法来自工程实践，并从中总结出确有经济效益和社会效益的施工规律，又要回到施工实践中去应用，为工程建设服务。这就是工法的针对性和实践性所在。

（2）工法既不是单纯的施工技术，也不是单项技术，而是技术和管理相结合、综合配套的施工技术。工法不仅有工艺特点（原理）、工艺程序等方面的内容，而且还要有配套的机具、质量标准、劳动组织、技术经济指标等方面的内容，综合地反映了技术和管理的结合，内容上类似于施工成套技术。

（3）工法是用系统工程原理和方法总结出来的施工经验，具有较强的系统性、科学性和实用性。系统有大有小，工法也有大小之分。如针对建筑群或单位工程的，可能是大系统；针对分部或分项工程的，可能是子系统，但都必须是一个完整的整体。因此，概括地说，工法就是用系统工程原理总结出来的综合配套的施工方法。

（4）工法的核心是工艺，而不是材料、设备，也不是组织管理。如"软粘土深层搅拌加固工法"，就是利用水泥与软粘土的搅拌，水化后可获得强度的原理来加固软土地基，这种加固地基的方法是利用水泥作固化剂，通过特制的深层搅拌机械，在地基深部将软粘土与水泥强制拌和，使软粘土硬结成具有一定强度的水泥加固土，从而提高地基的强度。用深层搅拌工艺加固软土地基就是该工法的核心。至于采用什么样的机械设备，如何去组织施工，以及保证质量、安全措施等，都是为了保证工艺这个核心。

（5）工法是企业标准的重要组成部分，是施工经验的总结，是企业宝贵的无形资产，并为管理层服务。工法应具有新颖性、适用性，从而对保证工程质量、提高施工效率、降低工程成本有重大的作用。

(二) 施工工法的内容

根据工法的定义，工法是以工程为对象、工艺为核心，包括先进技术与科学管理的综合配套技术。很显然，工法的内容也是综合配套的。但是，由于工法的对象有很大的差异，工法内容的综合配套程度和形式也必然有很大的区别。例如，工法的规模，大到工程项目、单位工程，小到分项或分部工程都可以成立工法。由于规模不同，先进技术和科学管理的内容就有显著的差异。一般来说，一个工序或工程部位可能是单纯技术问题，几乎涉及不到管理内容，但随着规模的扩大，管理内容的分量越来越大，甚至连技术问题也演化为系统工程。因此，施工工法的内容要视工法的具体情况而定。根据几年来的实践和对国外工法的具体剖析，可以看到工法内容有详有略，有繁有简。因此，难以对工法的内容作出硬性的规定。但是，施工工法内容也不是无规律可循的。根据工法的含义和定义，工法的内容应该是在贯彻国家以及有关部门颁布的规范、规程等技术标准的前提下，通过本企业的科学管理和工程实践经验，提出开发应用科技成果或新技术的经验总结。也就是说，工法应在满足设计要求、符合质量标准的基础上，既有新技术发展概貌，又有具体的工艺特点、施工程序、机具设备以及综合效益等要求。从大量工法实例看出，工法的主要内容一般应包括：前言，工法特点，工艺程序（流程），操作要点，机具设备及材料、质量标准，劳动组织及安全、效益分析，工程实例等。对于一些小型工法或特殊工法，不一定每项内容都有，也可能还要增加某些内容，但这些内容是一般工法应该具有的共性内容。其共性内容如下：

(1) 前言。说明工法的形成过程，包括研究开发单位、鉴定时间、获奖情况和推广应用情况。

(2) 施工工法特点。说明工法的工艺原理及理论依据，如纯属应用方法的工法，仅说明工艺或使用功能上的特点。有些工法还要规定最佳的技术经济条件，适用的工程部位或范围，以及要求满足的具体技术条件。

(3) 工艺程序（流程）。说明工法的工艺程序与作业特点，不但要讲明基本工艺过程，还要讲清程序间的衔接及关键所在，也可以用程序图（表格、框图）来表示。对于构造、材料或机具使用上的差异而引起的流程变化也应有所交代。

(4) 操作要点。有些对专业操作技能要求较高的技艺，还应突出操作要点。

(5) 机具设备及材料。采用本工法所必需的主要机械、设备、工具、仪器等，以及它们的规格、型号、性能、数量和合理配置，主要施工用料及工程辅助物料的需要量。

(6) 质量标准。说明工法应遵循的国家、行业和企业的技术法规、标准，并列出关键部位、关键工序的质量要求，达到质量的主要措施。

(7) 劳动组织及安全。说明工种构成、人员组织以及施工中应注意的安全事项等。

(8) 效益分析。对工法消耗的物料、工时、造价及费用等进行综合分析，既要分析经济效益，也要分析社会效益。

(9) 工程应用实例。介绍工法曾经应用过的典型工程应用实例。

(三) 工法的编写

在编写工法时，应注意以下几个问题：

(1) 工法必须是经过工程应用，并证明是属于技术先进、效益显著、经济适用的项目。对于未经工程应用的新技术成果，不能称为工法。

(2) 编写工法的选题要适当。每项工法都是一个系统，系统有大有小，针对工程项目、单位工程的是大系统，针对分部分项工程的是小系统。在初编工法时宜选择小一点的分部或分项工程的工法，如，锚杆支护深基坑开挖工法、现浇混凝土楼板一次抹面工法等，并与新技术推广紧密结合起来。

（3）编写工法不同于写工程施工总结。施工总结往往是先交代工程情况，然后讲施工方法与经验，再介绍施工体会，大多是工程的写实；而工法是对施工规律性的剖析与总结，要将工艺特点（原理）放在前面，而最后可引用一些典型实例加以说明。有人形象地比喻为：工法就是施工总结的倒写。

（4）编写工法的目的是为了在工程实践中得到应用，并为企业积累财富。因此，在编写时文字既要简练，又要让人明白，看得懂。

（四）工法的管理

建设部颁发的《施工企业实行工法制度的试行管理办法》对工法的审定、考核和管理已有原则的规定。

（1）工法的等级。工法分国家级、省（部）级和企业级三个等级，分别由建设部、地方或部门、企业三个层次进行管理。工法关键技术达到国内领先水平或国际先进水平，适用性强，有显著经济效益或社会效益的为国家级工法，由建设部会同有关部门和地区组织专家进行审定、确认；其关键技术达到地区、部门先进水平的，适用性较强，有较好的经济效益或社会效益的为省（部）级工法，由地区、部门建设主管部门组织专家进行审定和确认；其关键技术达到本企业先进水平，有推广应用价值的为企业级工法，由企业自行组织审定。

（2）工法的申报、审定、确认和管理，一律采取自下而上的程序，进行层层选拔。企业的工法是整个级别工法的基础。

（3）工法是指导施工企业进行施工生产和管理的一种规范化文件，是企业管理的重要组成部分。今后企业的技术标准主要由两部分组成，工法属于企业高层次的技术标准，为项目或工程技术人员服务，用于指导工程施工和管理，而工艺标准（操作规程、工艺卡、作业要领书）主要用于工程技术人员向工人班组或分包单位作技术交底。

（4）建立工法考核制度。对企业实行工法制度，建立考核制度是必要的，以此推动企业的技术进步。

（5）工法的奖励。应本着精神奖励为主，物质奖励为辅的原则对研究开发和推广应用工法有突出贡献的企业或职工进行奖励，其个人事迹应记入档案，作为考核、晋升、职称评定的重要依据。

工 程 应 用 案 例

案例 1

【背景材料】

某公司的年计划工作量为 2160 万元，物资部门按 10t/万元进行特种水泥采购，由一个水泥厂供应。合同规定按季平均交货，水泥厂可按每次催货要求时间发货。有关部门提出三个方案：A_1 方案每月交货一次，A_2 方案每半月交货一次，A_3 方案每 10 天交货一次。求总费用最省的发货经济批量和供应间隔期。

据历史资料，催货费用 C—60 元/次，水泥运抵收货单位价格 P—80 元/吨，仓库年保

管费率 A—0.04。

一、问题

（1）项目材料采购应注意哪些问题？

（2）通过科学计算，寻求最优采购批量和供应间隔期。

二、分析与解答

（1）材料采购应注意以下几点：

1）项目经理部所需主要材料、大宗材料应编制材料需要计划，由企业物资部门订货或从市场采购。

2）材料采购必须按照企业质量管理体系和环境管理体系的要求，依据项目经理部提出的材料计划进行采购。首先选择企业发布的合格供货方或厂家。对于企业合格供货方或厂家名册以外的，在必须采购该供货方或厂家产品时，要严格按照"选择与评定工作程序"执行，即按企业规定经过对供货方或厂家审批合格后，方可签订采购合同进行采购。对于不需要进行合格供货方或厂家审批的一般材料，采购金额在 5 万元以上的（含 5 万元），必须签订订货合同。

3）材料采购要注意采购周期、批量、存量，满足使用要求，并使采购费和储存费综合最低价采购。

（2）经济采购批量计算：

1）比较 A_1、A_2、A_3 三个方案的保管费和催货费：

A_1 方案 q_1（发货批量）$=2160 \times 10/12 = 1800(t)$

设 q_1 为 A_1 方案订购批量，则保管费和催货费 F_1 为

$$F_1 = q_1/2 \times p \times A + (S/q_1) \times C = 900 \times 80 \times 0.04 + 12 \times 60 = 3600(元)$$

设 q_2 为 A_2 方案的订购批量，则

A_2 方案　$q_2 = 2160 \times 10/24 = 900(t)$

$$F_2 = 450 \times 80 \times 0.04 + 24 \times 60 = 2880(元)$$

设 q_3 为 A_3 方案的订货批量，则

A_3 方案　$q_3 = 2160 \times 10/36 = 600(t)$

$$F_3 = 300 \times 80 \times 0.04 + 36 \times 60 = 3120(元)$$

从 A_1、A_2、A_3 三个方案比较来看，A_2 方案费用最小。

2）求总费用最省的采购经济批量 q_0 和供应间隔期 T_j：

订货总量 $S = 2160 \times 10 = 21\,600(t/年)$

合同每季交货量 $(1/4) \times S = 21\,600/4 = 5400(t/季)$

最优采购经济批量为

$$q_0 = \sqrt{2SC/PA} = \sqrt{(2 \times 21\,600 \times 60)/(80 \times 0.04)} = \sqrt{810\,000} = 900(t)$$

发货次数 $n = 21\,600/900 = 24(次)$

发货间隔期 $T_j = 360/24 = 15(天)$

根据上述计算 $q_0 = 900t$ 的总费用 F 为

$F = q_0/2 \times P \times A + S/q_0 \times C + SP$

$= 450 \times 80 \times 0.04 + 24 \times 60 + 21\,600 \times 80 = 1440 + 1440 + 1\,728\,000 = 1\,730\,880(元)$

故 F 是最省的总费用。

案例 2

【背景材料】

某学校教学楼为 7 层建筑，结构形式为框架结构，建筑高度 26m，建筑面积 19 120m²，由新星建筑公司承担该教学楼基础工程的施工任务，为做好材料的质量管理工作，在基础工程施工前，根据材料清单所需材料消耗量及单价见表 7 - 1 中的（1）～（4）列。

表 7 - 1　　　　　　　　　　　　材料消耗量及单价表

材料名称	单　位	消耗量	单价（元）	合计（元）	占总价（%）
（1）	（2）	（3）	（4）	（5）	（6）
32.5 水泥	kg	1740	0.25	435	0.10
42.5 水泥	kg	18 102	0.27	4888	11.30
52.5 水泥	kg	8350	0.30	2505	5.79
净　砂	m³	71	30.00	2130	4.93
碎　石	m³	40	41.20	1640	3.79
钢　模	kg	1520	3.95	6004	13.88
木　模	m³	4	1242.62	4970	11.49
镀锌铁丝	kg	147	5.41	795	1.84
灰　土	m³	54	25.24	1363	3.15
水	m³	43	1.24	53	0.12
电焊条	kg	13	6.67	86	0.02
草袋子	m³	25	0.94	24	0.06
粘土砖	千块	109	100	10 900	25.2
隔离剂	kg	20	2.00	40	0.09
铁　钉	kg	61	5.70	348	0.80
$\phi 10$ 以内钢筋	t	1.1	2335.45	2569	5.94
$\phi 10$ 以上钢筋	t	1.8	2498.16	4497	10.40
合　　价				43 247	100

一、问题

要求计算出合价及总价，用 A、B、C 分类法分析出主要材料、次要材料和一般材料，并指出基础工程材料的管理重点。

二、分析与解答

（1）求出每种材料的合价，见表 7 - 1 第（5）列。

（2）求出总价，本例为 43 247 元。

（3）求出每种材料占总价的比重，见表 7 - 1 第（6）列。

（4）按比重多少排列并求出累计比重，见表 7 - 2。

表 7 - 2　　　　　　　　　　　　　按价格和比重排列表

序　号	材料名称	合　价	比　重（％）	累计比重（％）
1	粘土砖	10 900	25.2	25.2
2	钢　模	6004	13.88	39.08
3	木　模	4970	11.49	50.57
4	42.5 水泥	4888	11.30	61.87
5	ϕ10 以上钢筋	4497	10.40	72.27
6	ϕ10 以内钢筋	2569	5.94	78.21
7	52.5 水泥	2505	5.79	84.00
8	净　砂	2130	4.93	88.93
9	碎　石	1640	3.79	92.72
10	灰　土	1363	3.15	95.87
11	镀锌铁丝	795	1.84	97.71
12	32.5 水泥	435	1.00	98.71
13	铁　钉	348	0.80	99.51
14	电焊条	86	0.20	99.71
15	水	53	0.12	99.83
16	隔离剂	40	0.10	99.93
17	草袋子	24	0.07	100.00
18	总　计	43 247		

（5）判断：累计总比重占 80％的材料是主要材料，本例为 1～6 种。累计总比重为 80％～90％的材料是次要材料。本例为 7、8 种，其余 10 种为一般材料。

复 习 思 考 题

1. 简答施工项目现场管理的概念与目的。

2. 试述施工项目现场管理的意义及基本要求。

3. 项目经理部在现场入口处的醒目位置公示"五牌二图"，简答"五牌二图"包括的内容是哪些？

4. 简答施工项目生产要素管理的概念。生产要素管理的内容有哪些？

5. 建筑业企业的资质分为哪三个序列？劳务分包企业共分为多少类？劳务分包企业的资质标准是怎样划分的？

6. 简答项目经理部劳动力动态管理的责任。

7. 试述现场材料管理的内容。如何探索节约材料的新途径？

8. 简答施工项目资金管理的主要环节。

9. 简答施工项目资金来源的渠道。

10. 试述施工项目技术管理的内容有哪些。主要技术管理制度包括哪些？
11. 试述施工项目组织应做好哪些技术管理工作。
12. 简答项目技术负责人应履行哪些主要职责。
13. 试述项目经理部的技术工作应符合哪些要求。
14. 简答工法的概念及工法的特征。
15. 试述施工工法包括哪些内容。在编写工法时应注意哪几个问题？

第八章　施工项目后期管理

内容提要

　　施工项目竣工验收的概念，施工项目竣工验收条件和标准，施工项目的竣工验收管理程序和准备，施工项目竣工资料，竣工验收管理；施工项目产品回访与保修的意义，施工项目产品保修范围，保修期限的规定、责任与做法；施工项目管理分析、考核评价与总结；施工项目技术文件档案管理。

学习要求

　　(1) 熟悉施工项目竣工验收的概念，施工项目竣工验收条件和标准；
　　(2) 掌握施工项目的竣工验收管理程序和准备；
　　(3) 掌握施工项目竣工资料，竣工验收管理；
　　(4) 掌握施工项目产品回访与保修的意义，施工项目产品保修范围，保修期限的规定、责任与做法；
　　(5) 熟悉施工项目管理分析、考核评价与总结；
　　(6) 熟悉施工项目技术文件档案管理。

第一节　施工项目竣工验收

一、施工项目竣工验收的概念

　　施工项目竣工验收，是承包人按照建设工程施工合同的约定，完成设计文件和施工图纸规定的工程内容，经发包人组织竣工验收后办理的工程交接手续。施工项目竣工验收是发包人和承包人的交易行为。交工的主体是承包人，验收的主体是发包人。施工项目竣工验收不同于建设项目的竣工验收，绝对不能混为一谈。

　　建设项目竣工验收是指建设单位在建设项目按批准的设计文件所规定的内容全部建成后，向使用单位（国有资金建设的工程向国家）交工的过程。其验收程序是：整个建设项目按设计要求全部建成，经过第一阶段的竣工验收，符合设计要求，并具备竣工图、竣工结算、竣工决算等必要的文件资料，由建设项目主管部门或建设单位，向负责验收的单位提出竣工验收申请报告，按现行验收组织规定，接受由银行、物资、环保、劳动、统计、消防及其他有关部门组成的验收委员会或验收组验收，办理固定资产移交手续。验收委员会或验收组负责审查建设的各个环节，听取各有关单位的工作报告，审阅工程技术档案资料，并实地查验建筑工程和设备安装情况，对工程设计、施工和设备质量等方面提出全面评价。

　　施工项目竣工验收只是局部验收或部分验收。其验收过程是：建设项目的某个单项工程已按设计要求建完，能满足生产要求或具备使用条件，施工单位就可以向建设单位发出竣工通知。建设单位接到施工单位的竣工通知后，在做好验收准备的基础上，组织施工、设计及建设等单位共同进行交工验收。验收合格后，施工单位向建设单位移交档案材料。施工项目验收和建设项目验收的区别见表8-1。当建设项目规模较小、较简单时，可以将施工项目竣工验收与建设项目竣工验收合成一次进行。

表8-1　　　　　　　　　　　　两种竣工验收的区别

验收类别	验收时间	验收主体	参加验收单位	验收目的	验收对象	两种验收关系
建设项目竣工验收	建设项目建成后	使用单位（国家）	建设单位、验收委员会	移交固定资产	整体项目验收	动用验收
施工项目竣工验收	单项工程完工后	建设单位	建设、设计、施工单位	移交建筑安装工程	单项工程（部分工程）验收	初步验收

施工项目竣工验收的意义有以下几点：

（1）竣工验收是施工阶段的最后环节，也是保证合同任务完成、提高质量水平的最后一个关口。通过竣工验收，全面综合考察工程质量，保证竣工项目符合设计、标准、规范等规定的质量标准要求。《中华人民共和国建筑法》第61条规定："交付竣工验收的建筑工程，必须符合建筑工程质量标准，有完整的工程技术资料和经签署的工程保修书，并具备国家规定的其他竣工条件"。

（2）做好施工项目竣工验收，可以促进建设项目及时投产，对发挥投资效益和积累、总结投资经验具有重要作用。

（3）施工项目的竣工验收，标志着施工项目经理部的一项任务的完成，可以接受新的项目施工任务。

（4）通过施工项目竣工验收整理档案资料，既能总结建设过程和施工过程，又能对使用单位提供使用、维修和扩建的根据，具有长久的意义。

竣工验收阶段应从什么时间开始，实际上并没有一个十分严格的标准和界限。许多有经验的施工管理人员和施工管理工程师，在实际施工管理工作中，都将收尾和竣工作为单独一项工作来进行。在一些大的或复杂的建筑工程的施工中，还拟订收尾竣工工作计划，制订出各种保证这一计划顺利实现的措施，乃至详细地列出工作日程和督促检查工作的重点，并将工作落实到人。其时间上限要按工程的具体情况而定，一般是在装修工程接近结束之时。工程规模较大或施工工艺比较复杂的工程，往往从进入装修工程的后期即已开始了竣工收尾和各项竣工验收的准备工作。这个阶段工作的特点是：大量的施工任务已经完成，小的修补任务却十分零碎；在人力和物力方面，主要力量已经转移，只保留少量的力量进行工程的扫尾和清理；在业务和技术人员方面，施工技术指导工作已经不多，却有大量资料的综合、整理工作要做。因此，在这个时期，项目经理必须将各项收尾、竣工准备和善后工作抓好。

二、施工项目竣工验收条件和标准

（一）施工项目竣工验收条件

根据《建设工程质量管理条例》第16条规定，建设工程竣工验收应当具备下列条件：

（1）完成建设工程设计和合同规定的各项内容；

（2）有完整的技术档案和施工管理资料；

（3）有工程使用的主要建筑材料、建筑构配件和设备的进场试验报告；

（4）有勘察、设计、施工、工程监理等单位分别签署的质量合格文件；

（5）有施工单位签署的工程保修书。

以上所说的实质上就是施工项目的竣工验收条件，它不同于建设项目的竣工验收。

（二）建设项目竣工验收要求

国家计委发布的（计建设〔1990〕1215号）《建设项目（工程）竣工验收办法》规定，建设项目竣工验收必须符合以下要求：

（1）生产性项目和辅助性公用设施，已按设计要求建完，能满足生产使用。

（2）主要工艺设备配套设施经联动负荷试车合格，形成生产能力，能够生产出主设计文件所规定的产品。

（3）必要的生活设施，已按设计要求建成。

（4）生产准备工作能适应投产的需要。

（5）环境保护设施、劳动安全卫生设施、消防设施已按设计要求与主体工程同时建成使用。

（6）有的建设项目（工程）基本符合竣工验收标准，只是零星土建工程和少数非主要设备未按设计规定的内容全部建成，但不影响正常生产，亦应办理竣工验收手续。对剩余工程，应按设计留足投资，限期完成。有的项目投产初期一时不能达到设计能力所规定的产量，不应因此拖延办理验收和移交固定资产手续。

（7）有些建设项目和单项工程，已形成部分生产能力，或实际上生产方面已经使用，近期不能按原设计规模续建的，应从实际情况出发，可缩小规模，报主管部门（公司）批准后，对已完成的工程和设备，尽快组织验收，移交固定资产。

（8）国外引进设备项目，按合同规定完成负荷调试、设备考核合格后，进行竣工验收。其他项目在验收前是否要安排试生产阶段，按各个行业的规定执行。

（9）已具备竣工验收条件的项目（工程），三个月内不办理验收投产和移交固定资产手续的，取消企业和主管部门（或地方）的基建试车收入分成，由银行监督全部上交财政。如三个月内办理竣工验收确有困难，经验收主管部门批准，可以适当延长期限。

（三）施工项目交工验收标准

建筑施工项目的竣工标准有以下三种情况：

1. 生产性或科研性建筑工程施工项目验收标准

这个类型的建筑工程项目的竣工标准是：土建工程，水、暖、电气、卫生、通风工程（包括其室外的管线）和属于该建筑物组成部分的控制室、操作室、设备基础、生活间乃至烟囱等，均已全部完成，即只有工艺设备尚未安装，即可视为房屋承包单位的工作达到交工标准，可进行交工验收。

这种类型建筑工程竣工的基本概念是：一旦工艺设备安装完毕，即可试运转，乃至投产使用。

2. 民用建筑（即非生产科研性建筑）和居住建筑施工项目验收标准

这种类型的建筑施工项目的竣工标准是：土建工程，水、暖、电气、煤气、通风工程（包括其室外的管线），均已全部完成，电梯等设备亦已完成，达到水到灯亮，具备使用条件，即达到交工标准，可以组织交工验收。

这种类型建筑工程竣工的基本概念是：房屋建筑能够交付使用，住宅能够住人。

3. 具备下列条件的建筑施工项目，亦可按达到竣工标准处理

①房屋室外或小区内管线已经全部完成，但属于市政工程单位承担的干管干线尚未完

成，因而造成房屋尚不能使用的建筑工程，房屋承包单位仍可办理竣工验收手续。②房屋工程已经全部完成，只是电梯尚未到货或晚到货而未安装；或虽已安装但不能与房屋同时使用，房屋承包单位亦可办理竣工验收手续。③生产性或科研性房屋建筑已经全部完成，只是因为主要工艺设计变更或主要设备未到货，因而只剩下设备基础未做的，房屋承包单位亦可办理竣工验收手续。

这种情况的建筑工程之所以视之为达到竣工标准，并组织竣工验收，是因为这些客观因素完全不是施工单位所能解决的。有时，解决这些问题往往需要很长时间，没有理由因这些客观因素而拒绝竣工验收，并将施工单位长期拖在那里。

凡是具有以下情况的建筑工程，一般不能算为竣工，亦不能办理竣工验收手续：

（1）房屋建筑工程已经全部完成并完全具备使用条件，但被施工单位临时占用而未腾出，不能进行竣工验收。

（2）整个建筑工程已经全部完成，只是最后一道浆活未做，不能进行竣工验收。

（3）房屋建筑工程已经完成，但由于房屋建筑承包单位承担的室外管线并没完成，因而房屋建筑仍不能正常使用，不能进行竣工验收。

（4）房屋建筑已经完成，但与其直接配套的变电室、锅炉房等尚未完成，因而使房屋建筑仍不能正常使用，不能进行竣工验收。

（5）工业或科研性的建筑工程，有下列情况之一者，亦不能进行竣工验收：

1）因安装机器设备或工艺管道而使地面或主要装修尚未完成者；

2）主建筑的附属部分，如生活间、控制室等尚未完成者；

3）烟囱尚未完成。

以上三种情况都属于因主要配套工程未完成而使建筑物不能正常使用，应视为未达到竣工标准和要求，因而不能进行竣工验收。

三、施工项目的竣工验收管理程序和准备

（一）竣工验收管理程序

竣工验收阶段的管理应按下列程序依次进行：竣工验收准备→编制竣工验收计划→组织现场验收→进行竣工结算→移交竣工资料→办理竣工手续。

（二）竣工验收准备

（1）竣工验收准备是施工项目终结阶段的一项重要工作。竣工验收准备工作的深度，对工程能否顺利竣工有直接影响。项目经理负责该项工作，应抓好以下两项基础工作：

1）建立竣工收尾工作小组，做到因事设岗，以岗定责，实现收尾的目标。该小组由项目经理、技术负责人、施工员、质量员、计划员、安全员组成。

2）编制一个切实可行、便于检查考核的施工项目竣工收尾计划，该计划可按表8-2编制。

表8-2   施工项目竣工收尾计划表

序 号	收尾工程名称	施工简要内容	收尾完工时间	作业班组	施工负责人	完工验证人

项目经理：   技术负责人：   编制人：

（2）项目经理部要根据施工项目竣工收尾计划，检查其收尾的完成情况，要求管理人员做好验证记录，对重点内容进行重点检查，不使竣工验收留下隐患和遗憾而造成返工损失。检查重点是：收尾工程是否按计划完成；修复项目有无质量缺陷；成品保护措施是否符合要求；临时设施拆除和场地清理是否符合要求。

（3）项目经理部完成各项竣工收尾计划，应向企业报告，提请有关部门进行质量验收评定，对照标准进行检查。各种记录应齐全、真实、准确。需要监理工程师签署的质量文件，应提交其审核签认。实行总分包的项目，承包人应对工程质量全面负责，分包人应按质量验收标准的规定对承包人负责，并将分包工程验收结果及有关资料移交承包人。承包人与分包人对分包工程质量承担连带责任。

（4）承包人经过验收，确认可以竣工时，应向发包人发出竣工验收函件，报告工程交工准备情况，具体约定交付竣工验收的方式及有关事宜。

（三）建设项目竣工验收程序

按有关规定，建设项目的竣工验收程序如下：

（1）根据建设项目（工程）的规模大小和复杂程度，整个建设项目（工程）的验收可分为初步验收和竣工验收两个阶段进行。规模较大、较复杂的建设项目（工程），应先进行初验，然后进行全部建设项目（工程）的竣工验收。规模较小、较简单的项目（工程），可以一次进行全部项目（工程）的竣工验收。

（2）建设项目（工程）在竣工验收之前，由建设单位组织施工、设计及使用等有关单位进行初验。初验前由施工单位按照国家规定，整理好文件、技术资料，向建设单位提出交工报告。建设单位接到报告后，应及时组织初验。

（3）建设项目（工程）全部完成，经过各单项工程的验收，符合设计要求，并具备竣工图表、竣工决算、工程总结等必要文件资料，由项目（工程）主管部门或建设单位向负责验收的单位提出竣工验收申请报告。

（四）施工项目竣工验收的步骤

一般分两个步骤进行：一是由施工单位先行自验；二是正式验收，即由施工单位和建设单位、设计单位共同验收。

1. 竣工自验（或竣工预验）

（1）自验的标准应与正式验收一样，主要包括：工程是否符合国家（或地方政府主管部门）规定的竣工标准；工程完成情况是否符合施工图纸和设计的使用要求；工程质量是否符合国家和地方政府规定的标准和要求；工程是否达到合同规定的要求和标准等。

（2）参加自验的人员，应由项目经理组织生产、技术、质量、合同、预算人员以及有关的施工工长（或施工员、工号负责人）等共同参加。

（3）自验的方式，应分层分段、分房间，由上述人员按照自己主管的内容逐一进行检查。在检查中要做好记录。对不符合要求的部位和项目，确定修补措施和标准，并指定专人负责，定期修理完毕。

（4）复验。在基层施工单位自我检查的基础上，对查出的问题全部修补完毕以后，项目经理应提请上级（公司或总公司一级）进行复验（按一般习惯，国家重点工程、省市级重点工程，都应提请总公司及上级单位复验）。通过复验，要解决全部遗留问题，为正式验收做好充分的准备。

2. 正式验收

在自验的基础上，确认工程全部符合竣工验收标准，即可开始正式竣工验收工作。

（1）发出《工程竣工报告》。施工单位应于正式竣工验收之日的前 10 天，向建设单位发送《工程竣工报告》，见表 8-3。

表 8-3 　　　　　　　　　　　**工 程 竣 工 报 告**

工程名称		建筑面积	
工程地址		结构类型	
建设单位		开、竣工日期	
设计单位		合同工期	
施工单位		造价	
监理单位		合同编号	

	项 目 内 容	施工单位自查意见
竣工条件自检情况	工程设计和合同约定的各项内容完成情况	
	工程技术档案和施工管理资料	
	工程所用建筑材料、建筑配件、商品混凝土和设备的进场试验报告	
	涉及工程结构安全的试块、试件及有关材料的试（检）验报告	
	地基与基础、主体结构等重要分部（分项）工程质量验收报告签证情况	
	建设行政主管部门、质量监督机构或其他有关部门责令整改问题的执行情况	
	单位工程质量自检情况	
	工程质量保修书	
	工程款支付情况	

经检验，该工程已完成设计和合同约定的各项内容，工程质量符合有关法律、法规和工程建设强制性标准

　　项目经理：

　　企业技术负责人，　　　　　　　　　　　　　　　（施工单位公章）

　　法定代表人：　　　　　　　　　　　　　　　　　年　月　日

监理单位意见：

　　　　　　　　　　　　　　　　　　　　总监理工程师：　（公章）

　　　　　　　　　　　　　　　　　　　　　　　　　年　月　日

（2）组织验收工作。工程竣工验收工作自建设单位邀请设计单位及有关方面参加，同施工单位一起进行检查验收。列为国家重点工程的大型建设项目，往往由国家有关部委邀请有关方面参加，组成工程验收委员会进行验收。

（3）签发《工程竣工验收报告》并办理工程移交。在建设单位验收完毕并确认工程符合竣工标准和合同条款规定要求以后，即应向施工单位签发《工程竣工验收报告》，见表 8-4。

表 8 - 4　　　　　　　　　　　　工 程 竣 工 验 收 报 告

<table>
<tr><td rowspan="11">工程概况</td><td>工程名称</td><td></td><td>建筑面积</td><td>m²</td></tr>
<tr><td>工程地址</td><td></td><td>结构类型</td><td></td></tr>
<tr><td>层数</td><td>地上　层，地下　层</td><td>总高</td><td>m</td></tr>
<tr><td>电梯</td><td>台</td><td>自动扶梯</td><td>台</td></tr>
<tr><td>开工日期</td><td></td><td>竣工验收日期</td><td></td></tr>
<tr><td>建设单位</td><td></td><td>施工单位</td><td></td></tr>
<tr><td>勘察单位</td><td></td><td>监理单位</td><td></td></tr>
<tr><td>设计单位</td><td></td><td>质量监督单位</td><td></td></tr>
<tr><td>工程完成设计与合同所约定内容情况</td><td colspan="3"></td></tr>
<tr><td colspan="4" rowspan="2"></td></tr>
<tr></tr>
</table>

<table>
<tr><td>验收组织形式</td><td></td></tr>
<tr><td>验收组组成情况</td><td>专业
建筑工程
采暖卫生和燃气工程
建筑电气安装工程
通风与空调工程
电梯安装工程
工程竣工资料审查</td></tr>
<tr><td>竣工验收程序</td><td></td></tr>
<tr><td>工程竣工验收意见</td><td>建设单位执行基本建设程序情况：

对工程勘察、设计、监理等方面的评价：</td></tr>
</table>

<table>
<tr><td>项目负责人</td><td></td><td>建设单位</td><td>（公章）</td></tr>
<tr><td></td><td></td><td></td><td>年　　月　　日</td></tr>
<tr><td>勘察负责人</td><td></td><td>勘察单位</td><td>（公章）</td></tr>
<tr><td></td><td></td><td></td><td>年　　月　　日</td></tr>
<tr><td>设计负责人</td><td></td><td>设计单位</td><td>（公章）</td></tr>
<tr><td></td><td></td><td></td><td>年　　月　　日</td></tr>
<tr><td>项目经理</td><td></td><td rowspan="2">施工单位</td><td>（公章）</td></tr>
<tr><td>企业技术负责人</td><td></td><td>年　　月　　日</td></tr>
<tr><td>总监理工程师</td><td></td><td>监理单位</td><td>（公章）</td></tr>
<tr><td></td><td></td><td></td><td>年　　月　　日</td></tr>
</table>

工程质量综合验收附件：
　　(1) 勘察单位对工程勘察文件的质量检查报告；
　　(2) 设计单位对工程设计文件的质量检查报告；
　　(3) 施工单位对工程施工质量的检查报告，包括：单位工程、分部工程质量自检记录，工程竣工资料目录自查表，建筑材料、建筑构配件、商品混凝土、设备的出厂合格证和进场试验报告的汇总表，涉及工程结构安全的试块、试件及有关材料的试（检）验报告汇总表和强度合格评定表，工程开、竣工报告；
　　(4) 监理单位对工程质量的评估报告；
　　(5) 地基与勘察、主体结构分部工程以及单位工程质量验收记录；
　　(6) 工程有关质量检测和功能性试验资料；
　　(7) 建设行政主管部门、质量监督机构责令整改问题的整改结果；
　　(8) 验收人员签署的竣工验收原始文件；
　　(9) 竣工验收遗留问题的处理结果；
　　(10) 施工单位签署的工程质量保修书；
　　(11) 法律、规章规定必须提供的其他文件

　　(4) 进行工程质量评定。

　　(5) 办理工程档案资料移交。

　　(6) 办理工程移交手续。在对工程检查验收完毕后，施工单位要向建设单位逐项办理工程移交手续和其他固定资产移交手续，并应签订交接验收证书，还要办理工程结算手续。工程结算由施工单位提出，送建设单位审查无误后，由双方共同办理结算签认手续。工程结算手续一旦办理完毕，合同双方除施工单位承担工程保修工作以外，建设单位同施工单位双方（即甲、乙双方）的经济关系和法律责任即予解除。

四、施工项目竣工资料

　　(1) 工程竣工资料的内容，必须真实反映施工项目管理全过程的实际情况。资料的形成应符合其规律性和完整性，做到图物相符、数据准确、齐全可靠、手续完备、相互关联紧密。工程竣工资料的质量必须符合《科学技术档案案卷构成的一般要求》（GB/T 11822—1989）的规定。

　　(2) 工程竣工资料的收集和管理应建立制度，根据专业分工的原则，实行科学收集，定向移交，归口管理，并符合标识、编目、查阅、保管等程序文件的要求。要做到竣工资料不损坏、不变质和不丢失，组卷时符合规定。

　　(3) 工程竣工资料的分类及组卷方式如下：

　　1) 工程技术档案资料是施工全过程的真实记录，是交付竣工验收后工程维修、扩建、改造、更新的重要档案资料。其收集整理可按资料形成的规律性进行组卷，主要内容是：①开工报告、竣工报告；②项目经理、技术人员聘任文件；③施工组织设计；④图纸会审设计；⑤技术交底纪录；⑥设计变更通知；⑦技术核定单；⑧地质勘察报告；⑨定位测量记录；⑩基础处理记录；⑪沉降观测记录；⑫防水工程抗渗试验记录；⑬混凝土浇筑记录；⑭商品混凝土供应记录；⑮工程复核记录；⑯质量事故处理记录；⑰施工日志；⑱建设工程施工合同，补充协议；⑲工程质量保修书；⑳工程预（结）算书；㉑竣工项目一览表；㉒施工项目总结等。

　　2) 工程质量保证资料的收集和整理，应包括原材料、构配件、器具及设备等的质量证明和进场材料试验报告等。这些资料全面反映了施工全过程中质量的保证和控制情况。各专

业工程质量保证资料的主要内容如下：

土建工程主要质量保证资料：①钢材出厂合格证、试验报告；②焊接试（检）验报告、焊条（剂）合格证；③水泥出厂合格证或报告；④砖出厂合格证或试验报告；⑤防水材料合格证或试验报告；⑥构件合格证；⑦混凝土试块试验报告；⑧砂浆试块试验报告；⑨土壤试验、打（试）桩记录；⑩地基验槽记录；⑪结构吊装、结构验收记录；⑫工程隐蔽验收记录；⑬中间交接验收记录等。

建筑采暖卫生与煤气工程主要质量保证资料：①材料、设备出厂合格证；②管道、设备强度、焊口检查和严密性试验记录；③系统清洗记录；④排水管灌水、通水试验记录；⑤卫生洁具盛水试验记录；⑥锅炉烘炉、煮炉、设备试运转记录等。

建筑电气安装主要质量保证资料：①主要电气设备、材料合格证；②电气设备试验、调整记录；③绝缘、接地电阻测试记录；④隐蔽工程验收记录等。

通风与空调工程主要质量保证资料：①材料、设备出厂合格证；②空调调试报告；③制冷系统检验、试验记录；④隐蔽工程验收记录等。

电梯安装工程主要质量保证资料：①电梯及附件、材料合格证；②绝缘、接地电阻测试记录；③空、满、超载运行记录；④调整、试验报告等。

3）工程检验评定资料的收集和整理，应按现行建设工程质量标准对单位工程、分部工程、分项工程及室外工程的规定执行。进行分类组卷时，工程检验评定资料应包括以下内容：①质量管理体系检查记录；②分项工程质量验收记录；③分部工程质量验收记录；④单位工程竣工质量验收记录；⑤质量控制资料检查记录；⑥安全和功能检验资料核查及抽查记录；⑦观感质量综合检查记录等。

（4）工程竣工图应逐张加盖"竣工图"章的标志。"竣工图"章的内容应包括：发包人、承包人、监理人等的单位名称，图纸编号，编制人，审核人，负责人，编制时间等。编制时间应区别以下情况：

1）没有变更的施工图，由承包人在原施工图上加盖"竣工图"章标志作为竣工图。

2）在施工中虽有一般性设计变更，但能将原施工图加以修改补充作为竣工图的，可不重新绘制，由承包人在原竣工图上注明修改部分，附以设计变更通知单和施工说明，加盖"竣工图"章标志作为竣工图。

3）结构形式改变、工艺改变、平面布置改变、项目改变以及其他重大改变，不宜在原施工图上修改、补充的，责任单位应重新绘制改变后的竣工图，承包人负责在新图上加盖"竣工图"章标志作为竣工图。

4）涉及重大改建、扩建项目的施工图，应与技术档案资料统一整理，并在案卷中增加必要的说明。

除上述四种情况之外，竣工图必须做到以下三点：①竣工图必须与竣工工程的实际情况完全符合；②竣工图必须保证绘制质量，做到规格统一，字迹清晰，符合技术档案的各种要求；③竣工图必须经过施工单位主要技术负责人审核、签认。

（5）承包人在竣工验收时，应按国家有关竣工验收的规定，向发包人提供完整的工程竣工资料。实行总分包的工程竣工资料，由分包人提供分包工程的竣工资料，承包人负责工程竣工资料的汇总装订工作。工程竣工资料的组卷应按前述要求进行装订。移交时应与工程竣工资料目录相符，交接手续应完备。工程竣工资料目录见表8-5。

表8-5 　　　　　　　　　　　　**工程竣工资料目录**

工程名称		施工单位		
序 号	资料名称	份 数	页 数	备 注

五、竣工验收管理

（1）以单位工程为对象单独签订施工合同的工程，竣工后可单独进行竣工验收。在一个单位工程中，征得发包人同意，可将能满足规定竣工要求的专业工程进行分阶段竣工验收。

（2）单项工程竣工验收应是建设项目竣工验收的基础，凡按设计文件和施工图纸要求完成，能满足生产需要或具备使用条件，并符合其他竣工验收条件要求的，则以单项工程为对象进行竣工验收。

（3）整个建设项目已按设计要求全部建设完成。符合规定的建设项目竣工验收标准。由发包人组织设计、施工、监理等单位进行建设项目竣工验收，但对已竣工并办完移交手续的单项工程，不再重复进行竣工验收。

（4）竣工验收应依据下列文件：①批准的设计文件、施工图纸及说明书；②双方签订的施工合同；③设备技术说明书；④设计变更通知书；⑤施工验收规范及质量验收标准；⑥外资工程应依据从国外引进的技术和成套项目的合同以及国外的设计文件、图纸、规范、标准等。

（5）竣工验收应具备下列条件：①设计文件和合同约定的各项施工内容已经施工完毕；②有完整并经核定的工程竣工资料，符合验收规定；③有勘察设计、施工、监理等单位签署确认的工程质量合格文件；④有工程使用的主要建筑材料、构配件和设备进场的证明及试验报告。

（6）竣工验收的工程必须符合卜列工程质量和竣工验收标准的规定：①合同约定的工程质量标准；②单位工程质量竣工验收的合格标准；③单项工程达到使用条件或满足生产要求；④建设项目能满足建成投入使用或生产的各项要求。

（7）承包人确认工程竣工、具备交工验收各项要求，并已经监理方认定签署意见，应向发包人提交《工程竣工报告》。发包人收到《工程竣工报告》后，应在约定的时间和地点，组织有关单位进行竣工验收。

（8）发包人组织勘察、设计、施工、监理等单位，按照竣工验收程序，对工程进行核查并做出验收结论，形成《工程竣工验收报告》。参与竣工验收的各方负责人应在竣工验收报告上签字并盖单位公章。

（9）通过竣工验收程序，办完竣工结算后，承包人应在规定期限内向发包人办理工程移交手续。

第二节　施工项目竣工结算

一、施工项目结算的意义

施工项目结算是指施工项目实施过程中，项目经理部与建设单位进行的工程进度款结算与竣工验收后的最终结算。结算的主体是施工方。结算的目的是施工单位向建设单位索要工程款，实现商品"销售"。

施工项目的结算，对于施工单位及时取得流动资金、加速资金周转、保证施工正常进行、缩短工期、使施工单位取得应得利益等，都具有非常重要的意义。

施工项目结算的主要依据是施工单位与建设单位签订的工程施工合同中规定的工程造价，工程开、竣工日期，材料供应方式，工程价款结算方式，还有施工进度计划、施工图预算及国家关于工程结算的有关规定等。

二、工程价款结算方式

（1）工程价款的结算方式一般有以下几种：

1）按月结算。即实行旬末或月中预支，月终结算，竣工后清算的办法。跨年度施工的工程，在年终进行工程盘点，办理年度结算。

2）竣工后一次结算。建设项目或单项工程全部建筑安装工程建设期在 12 个月以内，或者工程承包合同价值在 100 万元以下的，可以实行工程价款每月月中预支，竣工后一次结算。

3）分段结算。即当年开工，当年不能竣工的单项工程或单位工程按照工程形象进度，划分不同阶段进行结算。分段的划分标准，由各部门或省、自治区、直辖市、计划单列市规定，分段结算可以按月预支工程款。

4）双方约定并经开户银行同意的其他结算方式。实行竣工后一次结算和分段结算的工程，当年结算的工程款应与年度完成工作量一致，年终不另清算。

（2）《建设工程施工合同（示范文本）》（GF—1999—0201）（以下简称《示范文本》）第 24 条规定了预付款的支付方式为：实行工程预付款的，双方应当在专用条款内约定发包人向承包人预付款的时间和数额，开工后按约定的时间和比例逐次扣回。预付时间应不迟于约定的开工日期前 7 天。发包人不按约定预付，承包人在约定预付时间 7 天后向发包人发出要求预付的通知，发包人收到通知后仍不能按要求预付，承包人可在发出通知后 7 天停止施工，发包人应从约定应付之日起向承包人支付应付款的贷款利息，并承担违约责任。

（3）《示范文本》第 26 条规定：在确认计量结果后 14 天内，发包人应向承包人支付工程款（进度款）。按约定时间发包人应扣回的预付款，与工程款（进度款）同期结算。发包人超过约定的支付时间不支付工程款（进度款），承包人可向发包人发出要求付款通知，发包人收到承包人通知后仍不能按要求付款，可与承包人协商签订延期付款协议，经承包人同意后可延期支付。协议应明确延期支付的时间和从计量确认后第 15 天起计算应付的贷款利息。

（4）《示范文本》第 33 条规定：工程竣工验收报告经发包人认可后 28 天内，承包人向发包人递交竣工结算报告及完整的结算资料，双方按照协议书约定的合同价款及专用条款约定的合同价款调整内容，进行工程竣工结算。发包人收到承包人递交的竣工结算报告及结算资料后 28 天内进行核实，给予确认或者提出修改意见。发包人确认竣工结算报告后通知经办银行向承包人支付工程竣工结算价款。承包人收到竣工结算价款后 14 天内将竣工工程交付发包人。发包人收到竣工结算报告及结算资料后 28 天内无正当理由不支付工程竣工结算价款，从第 29 天起按承包人同期向银行贷款利率支付拖欠工程价款的利息，并承担违约责任。发包人收到竣工结算报告后 28 天内不支付工程竣工结算价款，承包人可以催告发包人支付结算价款。发包人在收到竣工结算报告及结算资料后 56 天内仍不支付，承包人可以与发包人协议将该工程折价，也可以由承包人申请人民法院将该工程依法拍卖，承包人就该工程折价或者拍卖的价款优先受偿。工程竣工验收报告经发包人认可后 28 天内，承包人未能向发包人递交工程结算资料，造成工程竣工结算不能正常进行或工程竣工结算价款不能及时支付，发包人要求交付工程的，承包人应当交付；发包人不要求交付的，承包人承担保管责任。

三、施工项目结算依据

1. 进度款的结算依据

进度款的结算依据是经确认的工程量。《示范文本》第 25 条规定：承包人应按专用条款约定的时间，向工程师提交已完工程量的报告。工程师接到报告后 7 天内按设计图纸核实已完工程量，并在计量前 24 小时通知承包人，承包人为计量提供便利条件并派人参加。承包人收到通知后不参加计量，计量结果有效，作为工程价款支付的依据。工程师收到承包人报告后 7 天内未进行计量，从第 8 天起，承包人报告中开列的工程量即认为被确认，作为工程价款支付的依据。工程师不按约定时间通知承包人，致使承包人未能参加计量，计量结果无效。对承包人超出设计图纸范围和因承包人原因造成返工的工程量，工程师不予计量。

2. 竣工结算的依据

编制竣工结算应依据下列资料：施工合同，中标投标书的报价单，施工图设计及设计变更通知单、施工变更记录、技术经济签证，取费定额及调价规定，有关技术资料；竣工验收报告，工程保修书，其他有关资料。

四、施工项目竣工结算实务

（1）项目经理部应做好竣工结算基础工作，指定专人对竣工结算书的内容进行检查，其重点检查内容如下：

1）开工前的施工准备和"三通一平"的费用计算是否准确；

2）钢筋混凝土结构工程中含钢量是否按规定进行了调整；

3）加工订货的项目、规格、数量、单价与施工图预算及实际安装的规格、数量、单价是否相符；

4）特殊工程中使用的特殊材料的单价有无变化；

5）施工变更记录、技术经济签证与预算调整是否相符；

6）分包工程费用支出与预算收入是否相符；

7）施工图纸要求与实际施工是否相符；

8）工程量有无漏算、多算或计算失误。

（2）企业预算主管部门在编制竣工结算报告和结算资料时，应坚持以下原则：

1）以单位工程或合同约定的专业项目为基础，对原报价单的主要内容进行检查和核对；

2）发现有漏算、多算或计算误差的，应当及时进行调整；

3）若施工项目由多个单位工程构成，应将多个单位工程竣工结算书汇总，编制成单项工程竣工综合结算书；

4）由多个单项工程构成的建设项目，应将多个单项工程竣工综合结算书汇编成建设项目总结算书，并撰写编制说明。

（3）承包人办理工程价款结算时，应填制统一规定的"工程价款结算账单"，见表 8-6。经发包人审查签字后，通过开户银行办理结算。

表 8-6　　　　　工程价款结算账单

建设单位名称：　　　　　　　　　　年　月　日　　　　　　　　　　单位：元

单项工程项目名称	合同预算		本期应收工程款	应抵扣款项					本期实收款	备料款余额	本期止已收工程价款累计	说明
	价值	其中：计划利润		合计	预支工程款	备料款	建设单位供给材料价款	各种往来款				
1	2	3	4	5	6	7	8	9	10	11	12	13

施工企业：　　（签章）　　　　　　　　　　　　　　　财务负责人：　　（签章）

说明：（1）本账单由承包单位在月终和竣工结算工程价款时填列。送建设单位和经办行各一份。

　　　（2）第 4 栏"应收工程款"应根据已完工程月报数填列。

（4）建设工程价款可以使用期票结算。发包人按发包工程投资总额将资金一次或分次存入开户银行，在存款总额内开出一定期限的商业汇票，经其开户行承兑后交承包人，承包人到期持票到开户银行申请付款。

（5）承包人将承包的工程分包给其他分包人的，其工程款由承包人统一向发包人办理结算。

（6）承包人预支工程款时，应根据工程进度填列"工程价款预支账单"，见表 8-7。送发包人和银行办理付款手续，预支的款项应在月终和竣工结算时抵充应收的工程款。

表 8-7　　　　　工程价款预支账单

建设单位名称：　　　　　　　　　　年　月　日　　　　　　　　　　单位：元

单项工程项目名单	合同预算价值	本旬（或半月）完成数	本旬（或半月）预支工程款	本月预支工程款	应扣预收款项	实支款项	说明
1	2	3	4	5	6	7	8

施工企业：　　（签章）　　　　　　　　　　　　　　　财务负责人：　　（签章）

说明：（1）本账单由承包单位在预支工程款时编制。送建设单位和经办行各一份。

　　　（2）承包单位在旬末或月中预支款项时，应将预支数额填入第 4 栏内；所属按月预支、竣工后一次结算的，应将每次预支款填入第 5 栏内。

　　　（3）第 6 栏"应扣预收款"包括备料款等。

（7）实行预付款结算，每月终了，应根据当月实际完成的工程量、合同单价和取费标准，计算已完工程价值；编制"工程价款结算账单"和"已完工程月报表"，见表8-8，送建设单位和开户银行办理结算。

表8-8 已完工程月报表

建设单位名称： 年 月 单位：元

单项工程项目名称	施工图预算（或计划投资额）	建筑面积	开竣工日期		实际完成数		说 明
			开工日期	竣工日期	至上月止已完工程累计	本月份已完工程	
1	2	3	4	5	6	7	8

施工企业： （签章） 编制： 日期： 年 月 日

说明：本表作为本月份结算工程价款的依据，送建设单位和经办行各一份。

（8）施工期间，不论工期长短，其结算价款一般不得超过承包工程合同价值的95%，结算双方可以在5%的幅度内协商确认尾款比例，并在工程承包合同中说明，尾款应专户存入银行，工程竣工验收后清算。承包人已向发包人出具履约保函或其他保证的，可以不留工程尾款。

（9）承包人收取备料款和工程款时，可以按规定采用汇兑、委托收款、汇票、本票、支票等各种结算手段。

（10）工程竣工结算报告及结算资料，应按规定报送企业主管部门审定，加盖专用章。在竣工验收报告认可后规定的期限内递交发包人或其委托的咨询单位审查。承发包双方应按约定的工程款及调价内容进行竣工结算。

（11）工程竣工结算报告和结算资料递交后，项目经理应按照《项目管理目标责任书）的承诺，配合企业预算主管部门督促发包人及时办理竣工结算手续。企业预算部门应将结算资料送交财务部门，据以进行工程价款的最终结算和收款。工程竣工结算后，承包人和发包人应将工程竣工结算报告及完整的结算资料纳入工程竣工汇总，及时归档保存。

五、材料往来的结算

（1）由承包人自行采购建筑材料的，发包人可以在双方签订工程承包合同后，按年度工作量的一定比例向承包人预付备料资金，并应在一个月内付清。备料款的预付额度，建筑工程一般不得超过当年建筑（包括水、电、暖、卫等）工程工作量的30%，大量采用预制构件以及工期在6个月以内的工程，可以适当增加；安装工程一般不得超过当年安装工作量的10%，安装材料用量较大的工程，可以适当增加。

预付的备料款，从竣工前未完工程所需材料价值相当于预付备料款额度时起，在工程价款结算时，按材料所占的比重陆续抵扣。

（2）按工程承包合同规定由承包人包工包料的，发包人将主管部门分配的材料指标划交承包人，由承包人购货付款，并收取备料款。

（3）按工程承包合同规定由发包人供应材料的，其材料可按材料预算价格转给承包人。材料价款在结算工程款时陆续抵扣。这部分材料承包人不应收取备料款。

（4）凡是没有签订工程承包合同和不具备施工条件的工程，发包人不得预付备料款，不准以备料款为名转移资金。承包人收取备料款后两个月仍不开工或发包人无故不按合同规定付给备料款的，银行可以根据双方工程施工合同的约定分别从有关账户中收回或付出备料款，或按预付款担保条件处理。

第三节　施工项目产品回访与保修

一、施工项目产品回访与保修的意义

施工项目产品的回访保修制度是施工项目产品在竣工验收交付使用后，在保修期限内由施工单位主动到建设单位或用户进行回访，对工程发生的确实是由于施工单位施工责任造成的建筑物使用功能不良或无法使用的问题，由施工单位负责修理，直至达到正常使用的标准。

回访保修制度属于工程竣工后的管理范畴，体现了工程承包者对工程负责到底的精神，体现了社会主义企业"为人民服务，对用户负责"的宗旨。1983 年国家计委颁发的《施工企业为用户负责守则》中明确规定，施工企业必须做到：施工前为用户着想，施工中对用户负责，竣工后让用户满意，"积极搞好'三保'（保试运、保投产、保使用）和回访保修"。《建设工程质量管理条例》规定：建设工程实行质量保修制度。承包单位在向建设单位提交竣工验收报告时，应向建设单位出具质量保修书。质量保修书中应当明确建设工程的保修范围、保修期限和保修责任等。建筑业企业必须贯彻上述规定精神，并在建设项目交付使用后，按《工程质量保修书》的承诺，认真进行回访与保修。

进行施工项目产品回访保修的意义是：

（1）有利于施工单位重视管理，加强责任心，搞好工程质量，不留隐患，树立向人民和用户提供优质工程的良好作风。

（2）有利于及时听取用户意见，发现问题，找到工程质量的薄弱环节和工程质量通病，不断改进施工工艺，总结施工经验，提高施工、技术和质量管理水平，保证建筑工程使用功能的正常发挥。

（3）有利于加强施工单位同建设单位和用户的联系和沟通，增强建设单位和用户对施工单位的信任感，提高施工单位的社会信誉。

二、施工项目产品保修范围

保修范围应在《工程质量保修书》中具体约定。根据《房屋建筑工程质量保修书（示范文本）》的要求，工程质量保修范围是"地基基础工程、主体结构工程，屋面防水工程、有防水要求的卫生间、房间和外墙面的防渗漏，供热与供冷系统，电气管线、给排水管道、设备安装和装修工程以及双方约定的其他项目"。保修书中要具体商定保修的内容。总之，工程的各部位都应实行保修，具体内容应是由于施工单位的责任或者施工质量造成的问题。就过去已发生的情况分析，一般包括以下几方面：

（1）屋面、地下室、外墙、阳台、厕所、浴室、厨房以及厕浴间等处渗水、漏水者。

（2）各种通水管道（包括自来水、热水、污水、雨水等）漏水者，各种气体管道漏气，以及通气孔和烟道不通者。

（3）水泥地面有较大面积的空鼓、裂缝或起砂者。

（4）内墙抹灰有较大面积起泡，乃至空鼓脱落或墙面浆活起碱脱皮者，外墙粉刷自动脱落者。

（5）暖气管线安装不良，局部不热，管线接口处及卫生器具接口处不严而造成漏水者。

（6）其他由于施工不良而造成的无法使用或使用功能不能正常发挥的工程部位。

凡是由于用户使用不当而造成建筑功能不良或损坏者，不属于保修范围；凡属工业产品项目发生问题，亦不属保修范围。以上两种情况应由建设单位自行组织修理。

三、保修期

根据《建设工程质量管理条例》第 40 条规定，建设工程的最低保修期限为：

（1）基础设施工程、房屋建筑的地基基础工程和主体结构工程，为设计文件规定的该工程的合理使用年限。

（2）屋面防水工程、有防水要求的卫生间、房间和外墙面的防渗漏，为 5 年。

（3）供热与供冷系统，为两个采暖期、两个供冷期。

（4）电气管线、给排水管道、设备安装和装修工程，为两年。

其他项目的保修期限由发包方与承包方约定。建设工程的保修期，自验收合格之日起计算。

四、保修责任与做法

1. 保修责任

以房屋建筑工程为例，保修责任如下：属于保修范围、保修内容的项目，承包人应当在接到保修通知之日起 7 天内派人保修。承包人不在约定期限内派人保修的，发包人可以委托他人修理。发生紧急抢修事故的，承包人在接到事故通知后，应立即到达施工现场抢修。对于涉及结构安全的质量问题，应当立即向当地建设行政主管部门报告，采取安全防范措施；由原设计单位或者具有相应资质等级的设计单位提出保修方案，承包人实施保修。

2. 保修做法

（1）发送保修证书（或称《房屋保修卡》）。在工程竣工验收的同时（最迟不应超过 3 天到一周），由施工单位向建设单位发送《房屋建筑工程质量保修书》。保修书的主要内容包括：工程质量保修范围和内容、质量保修期、质量保修责任、保修费用以及双方约定的其他事项。此外，保修书还应附有保修单位（即施工单位）的名称、详细地址、电话、联系接待部门（如科、室）和联系人，以便与建设单位联系。

（2）要求检查和修理。在保修期内，建设单位或用户发现房屋的使用功能不良，或是由于施工质量而影响使用者，可以用口头或书面方式通知施工单位的有关保修部门，说明情况，要求派人前往检查修理。施工单位必须尽快地派人前往检查，并会同建设单位共同做出鉴定，提出修理方案，并尽快地组织人力物力进行修理。

（3）验收。在发生问题的部位或项目修理完毕以后，要在保修书的"保修记录"栏内做好记录，并经建设单位验收签认，以表示修理工作完结。涉及结构安全的，应当报当地建设行政主管部门备案。

3. 经济责任的处理

由于建筑工程情况比较复杂，不像其他商品单一性强，有些修理项目往往是由多种原因造成的。因此，在经济责任处理上必须根据修理项目的性质、内容以及结合检查修理诸种原因的实际情况，由建设单位和施工单位共同商定经济处理方法，一般有以下几种：

（1）修理项目确属由于施工单位施工责任造成的，或遗留的隐患，则由施工单位承担全部检修费用。

（2）修理项目是由于建设单位和施工单位双方的责任造成的，双方应实事求是地共同商定各自承担的修理费用。

（3）修理项目是由于建设单位的设备、材料、成品、半成品等质量不好等原因造成的，则应由建设单位承担全部修理费用。

（4）涉外工程的保修问题，除按照上述办法修理外，还应依照原合同条款的有关规定执行。

（5）在保修期限内，因房屋建筑工程的质量缺陷造成人身、财产损失的，由受损失人向建设单位提出赔偿要求。建设单位向责任方追偿。因保修不及时造成新的人身、财产损害，由造成拖延的责任方承担赔偿责任。

（6）属于发包人供应的材料、构配件或设备不合格，而明示或暗示承包人使用所造成的质量缺陷，由发包人自行承担经济责任。因发包人肢解发包或指定分包人，致使施工中接口处理不好，造成工程质量缺陷，或因竣工后自行改建造成工程质量问题的，应由发包人或使用人自行承担经济责任。

（7）凡因地震、洪水、台风等不可抗力原因造成损坏，或非施工原因造成的紧急抢修事故，施工单位不承担经济责任。

（8）不属于承包人责任，但使用人有意委托进行修理维护时，承包人应为使用人提供。

（9）工程超过合理使用年限后，使用人需要继续使用的，承包人根据有关法规和鉴定资料，采取加固、维修措施时，应按设计使用年限，约定质量保修期限。

（10）发包人与承包人协商，根据工程合理使用年限采用保修保险方式，投入并已解决保险费来源的，承包人应按约定的保修承诺，履行保修职责和义务。

回访应纳入承包人的工作计划、服务控制程序和质量体系文件中。回访工作计划包括以下内容：①主管回访保修业务的部门；②回访保修的执行单位；③回访的对象（发包人或使用人）及其工程名称；④回访时间安排和主要内容；⑤回访工程的保修期限。

每次回访结束，执行单位应填写回访记录；全部回访结束，要编写回访服务报告。主管部门应依据回访记录对回访服务的实施效果进行验证。

回访工程的方式一般有四种：一是季节性回访，大多数是雨季回访屋面、墙面的防水情况，排水工程和通风工程情况，冬期回访锅炉房及采暖系统的情况。发现问题立即采取有效措施，及时加以解决。二是技术性的回访，主要了解在工程施工过程中所采用的新材料、新技术、新工艺、新设备等的技术性能和使用后的效果以及技术状态，发现问题及时加以补救和解决。这样也便于总结经验，获取科学依据，不断改进与完善，并为进一步推广创造条件。回访既可定期进行，也可以不定期地进行。三是保修期满前的回访，这种回访一般是在保修即将届满之前进行回访，既可以解决出现的问题，又标志着保修期即将结束，使建设单位注意建筑物的维护和使用。四是对特殊工程进行专访。

应由施工单位的领导组织生产、技术、质量、水电（也可以包括合同、预算）等有关方面的人员进行回访，必要时还可以邀请科研方面的人员参加。回访时，可由建设单位组织座谈会或由施工单位召开意见听取会，并察看建筑物和设备的运转情况等。回访必须认真，必须解决问题，并应做出回访记录，必要时应写出回访纪要。不能将回访当成形式或走过场。

第四节　施工项目管理分析、考核评价与总结

一、施工项目全面分析

施工项目完工后，必须进行总结分析，从而对施工项目管理进行全面系统的技术评价和经济分析，以总结经验、吸取教训，不断提高施工单位的技术和管理水平。

施工项目的分析有全面分析和单项分析。所谓全面分析，是对施工项目实施的各个方面都作分析，从而综合评价施工项目的效益和管理效果。全面分析的评价指标如图 8-1 所示。

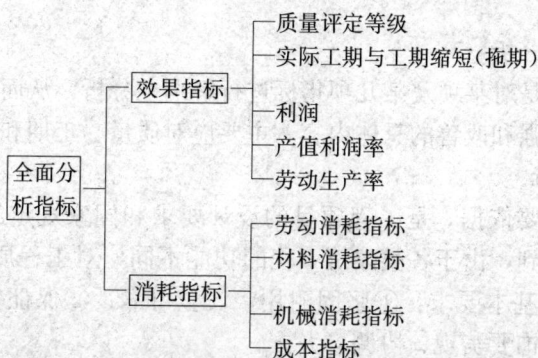

图 8-1　施工项目全面分析指标

（1）质量评定等级是指单位工程的质量等级。质量等级有合格、优良、市（省）优、部优。

（2）实际工期是指统计的实际工期，可按单位工程、单项工程和建设项目的实际工期分别计算。工期提前或拖期是指实际工期与合同工期的差异及与定额工期的差异。

（3）利润是指承包价格与实际成本的差异。

（4）产值利润率是指利润与承包价格的比值。

（5）劳动生产率可按式（8-1）计算

$$劳动生产率 = \frac{工程承包价格}{工程实际耗用工日数} \qquad (8-1)$$

（6）劳动消耗指标包括单方用工、劳动效率及节约工日，即

$$单方用工 = \frac{实际用工（工日）}{建筑面积（m^2）} \qquad (8-2)$$

$$劳动效率 = \frac{预算用工（工日）}{实际用工（工日）} \times 100\% \qquad (8-3)$$

$$节约工日 = 预算用工（工日） - 实际用工（工日） \qquad (8-4)$$

（7）材料消耗指标包括：主要材料（钢材、木材、水泥等）的节约量及材料成本降低率，即

$$主要材料节约量 = 预算用量 - 实际用量 \qquad (8-5)$$

$$材料成本降低率 = \frac{承包价中的材料成本 - 实际材料成本}{承包价中的材料成本} \times 100\% \qquad (8-6)$$

（8）机械消耗指标包括：某种主要机械利用率、机械成本降低率，即

$$某种机械利用率 = \frac{预算台班数}{实际台班数} \times 100\% \qquad (8-7)$$

$$施工项目机械成本降低率 = \frac{预算机械成本 - 实际机械成本}{预算机械成本} 100\% \qquad (8-8)$$

（9）成本指标有两个：降低成本额和降低成本率，即

$$降低成本额 = 承包成本 - 实际成本 \qquad (8-9)$$

$$降低成本率 = \frac{承包成本 - 实际成本}{承包成本} \times 100\% \qquad (8-10)$$

将以上指标值计算完成以后，便可综合分析施工项目管理的状况，做到用数据说话，进行利率评价。

二、施工项目单项分析

施工项目单项分析是对某项及某几项指标进行解剖性分析，从而找出项目管理好与差的具体原因，提出应该加强和改善的具体内容。主要应对质量、工期和成本进行分析。

（一）工程质量分析

工程质量分析的主要依据，是工程项目的设计要求和国家规定的工程质量检验评定标准。此外，还应该考虑到，由于各类建筑工程的功能不同，对工程质量的要求也有所区别。还应该考虑工程质量的基本要求：①坚固耐用，安全可靠；②保证使用功能；③建筑物造型、布置以及室内外装饰要美观、协调、大方。

工程质量分析的主要内容应该包括以下几方面：

（1）工程质量按国家标准的规定，是否达到了控制目标要求。

（2）隐蔽工程质量分析。

（3）地基、基础工程的质量分析。

（4）主体结构工程的质量分析。

（5）水、暖、电、卫和设备安装工程的质量分析。

（6）装修工程的质量分析。

（7）重大质量事故的分析。

（8）各项保证工程质量措施的实施情况及是否执行到位。

（9）工程质量责任制的执行情况。

（二）工期分析

工期分析的主要依据是工程合同和施工总（综合）进度计划。工期分析的主要内容应该包括以下几个方面：

（1）工程项目建设的总工期和单位工程工期或分部分项工程工期，以计划工期同实际工期进行对比分析；还要对比分析各主要施工阶段控制工期的实施情况。

（2）施工方案是否是最合理、最经济的，并能有效地保证工期和工程质量的方案，通过实施情况检查施工方案的优点和缺点。

（3）施工方法和各项施工技术措施是否满足施工的需要，特别是应该将重点放到分析和评价工程项目中的新结构、新技术、新工艺、高耸、大跨度、重型构件以及深基础等，施工难度大或有代表性的工程项目上。

（4）工程项目的均衡施工情况以及土建与水、暖、电、卫、设备安装等分项工程的工期和协作配合情况。

（5）劳动组织、工种结构是否合理以及劳动定额达到的水平。

（6）各种施工机械的配置是否合理以及台班台时的产量水平。

（7）各项保证安全生产措施的实施情况。

（8）各种原材料、半成品、加工订货、预制构件（包括建设单位供应部分）的计划与实际供应情况。

（9）其他与工期有关工作的分析，如开工前的准备工作、施工中各主要工种的工序搭接情况等。

（三）工程成本分析

工程项目成本分析的主要依据是工程承包合同和国家及企业有关成本核算制度和管理办法。成本分析是对成本控制的一次总检验，尤其是规模较大、工期较长或建筑群体的工程项目，一般是分栋号进行核算，往往缺乏综合的成本分析，就更有必要做这项工作，这也是对项目经理在完成工程项目以后经济效益的总考查。成本分析应包括以下内容：

（1）总收入和总支出对比。

（2）人工成本分析和劳动生产率分析。

（3）材料、物资的耗用水平和管理效果分析。

（4）施工机械的利用和费用收支分析。

（5）其他各类费用的收支情况分析。

（6）计划成本和实际成本比较。

上述工期分析、质量分析和成本分析，实质上是对项目经理在项目管理工作成果方面的基本考察，而且应该通过这种考察从中得出实际工作的经验和教训。这项工作关系到施工项目管理人员各方面的工作，因此，应该由项目经理主持，由有关业务人员分别组成分析小组，进行综合分析，并得出必要的结论。

三、施工项目管理考核与评价

（一）考核与评价的目的

考核与评价的目的是不断深化和规范项目管理行为，鉴定项目管理水平，确认项目管理成果。

（二）考核评价的主体与对象

项目经理的派出单位是考核评价的主体，该主体可能是企业法定代表人，也可能是工程部的主管。

考核评价的对象是项目经理，必要时也可对项目经理部的管理工作做出考核评价。

（三）考核评价的依据与期限

（1）考核评价的依据是施工项目经理与承包人签订的《项目管理目标责任书》，包括完成工程施工合同、经济效益、收回工程款、各项工作完成情况、执行承包人各项管理制度、各种资料归档等，以及《项目管理目标责任书》中其他要求内容的完成情况。

（2）可实行年度考核，也可按工程进度计划划分阶段考核，还可综合以上两种方式，在按工程部位划分阶段进行考核中插入按自然时间划分阶段进行考核。工程完工后，必须对项目管理进行全面的终结性考核。

（3）工程交工验收合格后，应给项目经理部预留一段时间整理资料、疏散人员、退还机械、清理场地、结清账目等，再进行终结性考核。

（4）终结性考核应确认阶段性考核的结果，确认项目管理的最终结果，确认该项目经理部是否具备"解体"的条件。经考核后，兑现《项目管理目标责任书》确定的奖励和处罚。

（四）考核评价实务

组织项目考核委员会：施工项目完成以后，企业应组织项目考核委员会。考核委员会由企业主管领导和企业有关业务部门从事项目管理工作的人员组成，必要时也可聘请社团组织或专业院校的专家、学者参加。

考核评价程序：①制订方案，经企业法定代表人审批后施行；②听取项目经理部汇报，查看项目经理部的有关资料，对施工项目的管理层和作业层进行调查；③考察已完工程；对项目管理的实际运作水平进行评分；④提出考核评价报告；⑤向被评价项目经理部公布评价意见。

项目经理部应向考核委员会提供的资料有：①《项目管理实施规划》、各种计划和方案及其完成情况；②项目上所发生的所有来往函件、签证、记录、鉴定、证明；③各项技术经济指标的完成情况及分析资料；④项目管理的总结，以及质量、合同、成本、劳动、工资、物资、机械设备、技术、思想政治工作等各项管理总结；⑤使用的各种合同，管理制度，工资发放标准。

项目考核评价资料：①考核评价方案与程序；②考核评价依据和收集的资料；③考核评价计分办法及有关说明；④考核评价指标；⑤考核评价结果。

（五）考核评价指标

考核评价的定量指标：①工程质量等级；②工程成本降低率；③工期及提前工期率；④安全考核指标。

考核评价的定性指标：①执行企业各项制度的情况；②在项目管理中的创新成果；③项目管理资料的收集、整理情况；④思想政治工作的做法与效果；⑤业主及用户的评价；⑥在项目管理中应用的新技术、新材料、新设备、新工艺；⑦在项目管理中采用新的和先进的组织管理方法和管理模式；⑧环保情况。

四、施工项目管理总结

在效益分析的基础上可以做出恰当的施工项目管理总结。施工项目管理总结的依据有：施工组织设计、施工日志、施工图、施工合同、施工预算等。

施工项目管理总结包括技术总结和经济总结两个方面。

1. 技术总结

技术总结的内容是：在施工中采用了哪些新工艺、新材料、新设备和新方法，采用了哪些技术措施。还可以通过总结制订"工法"。

2. 经济总结

经济总结主要是从横向与纵向两个方面比较经济指标的提高与下降情况。其中纵向指企业本身的历史经济数据；横向指同类企业、同类项目的经济数据。

3. 总结得出结论

通过施工项目管理总结，应当得出以下结论：

（1）合同完成情况。即是否完成了工程承包合同约定的全部内容。

（2）施工组织设计和管理目标实现情况。

（3）项目的质量状况。

（4）工期对比状况及工期缩短所产生的效益。

（5）该施工项目的节约状况。

（6）项目施工提供的经验和教训。

第五节　施工项目技术文件档案管理

一、施工项目技术文件档案管理的内容

建设工程文件是反映建设工程质量、工作质量状况和评定工程质量等级的重要依据，也是单位工程在日后维修、扩建、改造、更新的重要档案材料。建设工程文件一般分为四大部分：工程准备阶段文档资料、监理文档资料、施工阶段文档资料和工程竣工文档资料。因此，施工文档资料是城建档案的重要组成部分，是建设工程进行竣工验收的必要条件，是全面反映建设工程质量状况的重要文档资料。

（一）施工单位在建设工程档案管理中的职责

（1）实行技术负责人负责制，逐级建立、健全施工文件管理岗位责任制。配备专职档案管理员，负责施工资料的管理工作。工程项目的施工文件应设专门的部门（专人）负责收集和整理。

（2）建设工程实行施工总承包的，由施工总承包单位负责收集、汇总各分包单位形成的工程档案，各分包单位应将本单位形成的工程文件整理、立卷后及时移交总承包单位。建设工程项目由几个单位承包的，各承包单位负责收集、整理、立卷其承包项目的工程文件，并应及时向建设单位移交，各承包单位应保证归档文件的完整、准确、系统，能够全面反映工程建设活动的全过程。

（3）可以按照施工合同的约定，接受建设单位的委托进行工程档案的组织和编制工作。

（4）按要求在竣工前将施工文件整理汇总完毕，再移交建设单位进行工程竣工验收。

（5）负责编制的施工文件的套数不得少于地方城建档案管理部门要求，但应有完整的施工文件移交建设单位及自行保存，保存期可根据工程性质以及地方城建档案管理部门有关要求确定。如建设单位对施工文件的编制套数有特殊要求的，可另行约定。

（二）施工文件档案管理的主要内容

施工文件档案管理的内容主要包括工程施工技术管理资料、工程质量控制资料、工程施工质量验收资料、竣工图四大部分。

1. 工程施工技术管理资料

工程施工技术管理资料是建设工程施工全过程中的真实记录，是施工各阶段客观产生的施工技术文件。主要内容如下。

（1）图纸会审记录文件。图纸会审记录是对已正式签署的设计文件进行交底、审查和会审，对提出的问题予以记录的文件。项目经理部收到工程图纸后，应组织有关人员进行审查，将设计疑问及图纸存在的问题，按专业整理、汇总后报建设单位，由建设单位提交设计单位，进行图纸会审和设计交底准备。图纸会审由建设单位组织设计、监理、施工单位负责人及有关人员参加。设计单位对设计疑问及图纸存在的问题进行交底，施工单位负责将设计交底内容按专业汇总、整理，形成图纸会审记录。由建设、设计、监理、施工单位的项目相关负责人确认并加盖各参加单位的公章，形成正式图纸会审记录。图纸会审记录属于正式设

计文件，不得擅自在会审记录上涂改或变更其内容。

（2）工程开工报告相关资料（开工报审表、开工报告）。开工报告是建设单位与施工单位共同履行基本建设程序的证明文件，是施工单位承建单位工程施工工期的证明文件。

（3）技术、安全交底记录文件。此文件是施工单位负责人将设计要求的施工措施、安全生产贯彻到基层乃至每个工人的一项技术管理方法。交底主要项目为：图纸交底、施工组织设计交底、设计变更和洽商交底、分项工程技术交底、安全交底。技术、安全交底只有当签字齐全后方可生效，并发送到施工班组。

（4）施工组织设计（项目管理规划）文件。承包单位在开工前为工程所做的施工组织、施工工艺、施工计划等方面的设计，用来指导拟建工程全过程中各项活动的技术、经济和组织的综合性文件。参与编制的人员应在"会签表"上签字，交监理签署意见并在会签表上签字，经报审同意后执行并进行下发交底。

（5）施工日志记录文件。施工日志是项目经理部的有关人员对工程项目施工过程中的有关技术管理和质量管理活动，以及效果进行逐日连续完整的记录。要求对工程从开工到竣工的整个施工阶段进行全面记录，要求内容完整，并能完整、全面地反映工程相关情况。

（6）设计变更文件。设计变更是在施工过程中，由于设计图纸本身的差错，设计图纸与实际情况不符，施工条件变化，建设各方提出合理化建议，原材料的规格、品种、质量不符合设计要求等原因，需要对设计图纸部分内容进行修改而办理的变更设计文件。设计变更是施工图补充和修改的记载，要及时办理，内容要求明确具体，必要时附图，不得任意涂改和事后补办。按签发的日期先后顺序编号，要求责任明确，签章齐全。

（7）工程洽商记录文件。工程洽商是施工过程中一种协调业主与施工单位、施工单位和设计单位洽商行为的记录。工程洽商分为技术洽商和经济洽商两种，通常情况下由施工单位提出。在组织施工过程中，如发现设计图纸存在问题，或因施工条件发生变化，不能满足设计要求，或某种材料需要代换时，应向设计单位提出书面工程洽商。工程洽商记录应分专业及时办理，内容翔实，必要时应附图，并逐条注明所修改图纸的图号。工程洽商记录应由设计专业负责人以及建设、监理和施工单位的相关负责人签认后生效，不允许先施工后办理洽商。设计单位如委托建设（监理）单位办理签认，应办理书面委托签认手续。分包工程的工程洽商记录，应通过总包审查后办理。

（8）工程测量记录文件。工程测量记录是在施工过程中形成的确保建设工程定位、尺寸、标高、位置和沉降量等满足设计要求和规范规定的资料统称。

1）工程定位测量记录文件。在工程开工前，施工单位根据建设单位提供的测绘部门的放线成果、红线桩、标准水准点、场地控制网（或建筑物控制网）、设计总平面图，对工程进行准确的测量定位。检查意见及复验意见应分别由施工单位、监理单位相关负责人填写并签认盖章。工程定位测量完成后，应由建设单位报请规划管理部门下属具有相应资质的测绘部门进行验线。

2）施工测量放线报验表。施工单位应在完成施工测量方案、红线桩校核成果、水准点引测成果及施工过程的各种测量记录后，填写《施工测量放线报验表》报请监理单位审核。

3）基槽及各层测量放线记录文件。建设工程根据施工图纸给定的位置、轴线、标高进行的测量与复测，以保证工程的位置、轴线、标高正确。检查意见及复验意见应分别由施工单位、监理单位相关负责人填写并签认盖章。

4）沉降观测记录文件。沉降观测是检查建筑物地基变形是否满足国家规范要求，对建筑物沉降观测点进行沉降的测量工作，以保证工程的正常使用。一般建设工程项目，由施工单位进行施工过程及竣工后保修期内的沉降观测工作。观测单位按设计要求和规范规定，或监理单位批准的观测方案，设置沉降观测点，绘制沉降观测点布置图，定期进行沉降观测记录，并应附沉降观测点的沉降量与时间荷载关系曲线图和沉降观测技术报告。观测单位的测量员、质检员、技术负责人均应签字，监理工程师应审核签字，测量单位应加盖公章。

（9）施工记录文件。施工记录是在施工过程中形成的，确保工程质量和安全的各种检查、记录的统称。主要包括：工程定位测量检查记录、预检记录、施工检查记录、冬期混凝土搅拌称量及养护测温记录、交接检查记录、工程竣工测量记录等。

（10）工程质量事故记录文件。包括工程质量事故报告和工程质量事故处理记录。

1）工程质量事故报告。发生质量事故应有报告，对质量事故进行分析，按规定程序报告。

2）工程质量事故处理记录。做好事故处理鉴定记录，建立质量事故档案，主要包括质量事故报告、处理方案、实施记录和验收记录。

（11）工程竣工文件。包括竣工报告、竣工验收证明书和工程质量保修书。

1）竣工报告是指工程项目具备竣工条件后，施工单位向建设单位报告，提请建设单位组织竣工验收的文件。提交竣工报告的条件是施工单位在合同规定的承包项目内容全部完工，自行组织有关人员进行检查验收，全部符合设计要求和质量标准。由施工单位生产部门填写竣工报告，经施工单位工程管理部门组织有关人员复查，确认具备竣工条件后，法人代表签字，法人单位盖章，报请监理、建设单位审批。

2）竣工验收证明书是指工程项目按设计和施工合同规定的内容全部完工，达到验收规范及合同要求，满足生产、使用并通过竣工验收的证明文件。建设单位接到竣工报告后，由建设单位项目负责人组织设计单位，监理单位，勘察单位，施工总、分包单位及有关部门，以国家颁发的施工质量验收规范为依据，按设计和施工合同的内容对工程进行全面检查和验收，通过后办理《竣工验收证明书》。由施工单位填写，报建设、监理、设计等单位负责人签认。

3）建设工程实行质量保修制度，工程承包单位在向建设单位提交工程竣工验收报告时，应当向建设单位出具质量保修书。质量保修书应当明确建设工程的保修范围、保修期限和保修责任等。

2. 工程质量控制资料

工程质量控制资料是建设工程施工全过程全面反映工程质量控制和保证的依据性证明资料，应包括原材料、构配件、器具及设备等的质量证明、合格证明、进场材料试验报告，施工试验记录，隐蔽工程检查记录等。

（1）工程项目原材料、构配件、成品、半成品和设备的出厂合格证及进场检（试）验报告合格证，试验报告的整理按工程进度为序进行，品种规格应满足设计要求，否则为合格证、试验报告不全。材料检查报告是为了保证工程质量，对用于工程的材料进行的有关指标测试，由试验单位出具试验证明文件，报告责任人签章必须齐全，有见证取样试验要求的必须进行见证取样试验。

（2）施工试验记录和见证检测报告。施工试验记录是根据设计要求和规范规定进行试验，记录原始数据和计算结果，并得出试验结论的资料统称。按照设计要求和规范规定应做施工试验，无专项施工试验表格的，可填写《施工试验记录（通用）》。采用新技术、新工艺及特殊工艺时，对施工试验方法和试验数据进行记录，应填写《施工试验记录（通用）》。见证检测报告是指在建设单位或工程监理单位人员的见证下，由施工单位的现场试验人员对工程中涉及结构安全的试块、试件和材料，在现场取样并送至经过省级以上建设行政主管部门对其资质认可和质量技术监督部门对其计量认证的质量检测单位进行检测，并由检测单位出具的检测报告。

（3）隐蔽工程验收记录文件。隐蔽工程验收记录是指为下道工序所隐蔽的工程项目，是关系到结构性能和使用功能的重要部位或项目的隐蔽检查记录。隐蔽工程检查是保证工程质量与安全的重要过程控制检查记录，应分专业、分系统（机电工程）、分区段、分部位、分工序、分层进行。隐蔽工程未经检查或验收未通过，不允许进行下一道工序的施工。隐蔽工程验收记录为通用施工记录，适用于各专业。

隐蔽工程验收记录资料要求如下：

1）验收时，施工单位必须附有关分项工程质量验收及测试资料，包括原材料试（化）验单、质量验收记录、出厂合格证等，以备查验。

2）需要进行处理的，处理后必须进行复验，并且办理复验手续，填写复验记录，并做出复验结论。

3）工程具备隐检条件后，由施工员填写隐蔽工程验收记录，由质检员提前一天报请监理单位，验收时由专业技术负责人组织施工员、质量检查员共同参加，验收后由监理单位专业监理工程师签署验收意见及验收结论，并签字盖章。

（4）交接检查记录。不同工程或施工单位之间工程交接，当前一专业工程施工质量对后续专业工程施工质量产生直接影响时，应进行交接检查，填写《交接检查记录》。移交单位、接收单位和见证单位共同对移交工程进行验收，并对质量情况、遗留问题、工序要求、注意事项、成品保护等进行记录。《交接检查记录》中"见证单位"的规定：当在总包管理范围内的分包单位之间移交时，见证单位为"总包单位"；当在总包单位和其他专业分包单位之间移交时，见证单位应为"建设（监理）单位"。

3. 工程施工质量验收资料

工程施工质量验收资料是建设工程施工全过程中按照国家现行工程质量检验标准，对施工项目进行单位工程、分部工程、分项工程及检验批的划分，再由检验批、分项工程、分部工程、单位工程逐级对工程质量做出综合评定的工程质量验收资料。但是，由于各行业、各部门的专业特点不同，各类工程的检验评定均有相应的技术标准，工程质量验收资料的建立均应按相关的技术标准办理。具体内容如下：

（1）施工现场质量管理检查记录。为督促工程项目做好施工前的准备工作，建设工程应按一个标段或一个单位（子单位）工程检查填报施工现场质量管理记录。专业分包工程也应在正式施工前由专业施工单位填报施工现场质量管理检查记录。施工单位项目经理部应建立质量责任制度、现场管理制度及检验制度，健全质量管理体系，配备施工技术标准，审查资质证书、施工图、地质勘察资料和施工技术文件等。按规定，在开工前由施工单位现场负责人填写"施工现场质量管理检查记录"，报项目总监理工程师（或建设单位项目负责人）检查，并做出检查结论。

（2）单位（子单位）工程质量竣工验收记录。在单位工程完成后，施工单位经自行组织人员进行检查验收，质量等级达到合格标准，并经项目监理机构复查认定质量等级合格后，向建设单位提交竣工验收报告及相关资料，由建设单位组织单位工程验收记录。且单位（子单位）工程质量控制资料核查记录、单位（子单位）工程安全和功能检验资料核查及主要功能抽查记录、单位（子单位）工程观感质量检查记录相关内容应齐全并均符合规范规定的要求。

（3）分部（子分部）工程质量验收记录文件。分部（子分部）工程完成，施工单位自检合格后，应填报"分部（子分部）工程质量验收记录表"，由总监理工程师（建设单位项目负责人）组织有关设计单位及施工单位项目负责人（项目经理）和技术、质量负责人等到场共同验收并签认。分部工程按部位和专业性质确定。

（4）分项工程质量验收记录文件。分项工程完成（即分项工程所包含的检验批均已完工），施工单位自检合格后，应填报"分项工程质量验收记录表"，由监理工程师（建设单位项目专业技术负责人）组织项目专业技术负责人进行验收并签认。分项工程按主要工种、材料、施工工艺、设备类别等划分。

（5）检验批质量验收记录文件。检验批施工完成，施工单位自检合格后，应由项目专业质量检查员填报"检验批质量验收记录表"，按照建设部施工质量验收系列标准表格执行。检验批应按主控项目和一般项目检验。主控项目是指对人身健康、安全、环境保护和公众利益起决定性作用的检验项目；除主控项目以外的检验项目称为一般项目。检验批质量验收应由监理工程师（建设单位项目专业技术负责人）组织项目专业质量检验员等进行验收并签认。检验批的划分原则是：分项工程的检验批划分应便于质量控制和验收；划分的大小不能过分悬殊；能取得较完整的技术数据及检查记录；符合统一标准和配套施工质量验收规范规定。通常可根据施工及质量控制和专业验收需要，按楼层、施工段、变形缝、系统或设备等进行划分。同时项目应在施工技术资料（如施工组织设计、施工方案、方案技术交底）中预先明确工程各分项工程检验批的划分原则，使检验批质量验收更加合理化、规范化、科学化。

4. 竣工图

竣工图是指工程竣工验收后，真实反映建设工程项目施工结果的图样。它是真实、准确、完整反映和记录各种地下和地上建筑物、构筑物等详细情况的技术文件，是工程竣工验收、投产或交付使用后进行维修、扩建、改建的依据，是生产（使用）单位必须长期妥善保存和进行备案的重要工程档案资料。竣工图的编制整理、审核盖章、交接验收按国家对竣工图的要求办理。承包人应根据施工合同约定，提交合格的竣工图。竣工图编制要求如下。

（1）各项新建、扩建、改建、技术改造、技术引进项目，在项目竣工时要编制竣工图。项目竣工图应由施工单位负责编制。如行业主管部门规定设计单位编制或施工单位委托设计单位编制竣工图的，应明确规定施工单位和监理单位的审核和签认责任。

（2）竣工图应完整、准确、清晰、规范、修改到位，真实反映项目竣工验收时的实际情况。

（3）如果按施工图施工没有变动的，由竣工图编制单位在施工图上加盖并签署竣工图章。

（4）一般性图纸变更及符合杠改或划改要求的变更，可在原图上更改，加盖并签署竣工图章。

（5）涉及结构形式、工艺、平面布置、项目等重大改变及图面变更面积超过 35% 的，应重新绘制竣工图。重绘图按原图编号，末尾加注"竣"字，或在新图图标内注明"竣工阶段"并签署竣工图章。

（6）同一建筑物、构筑物重复的标准图、通用图可不编入竣工图中，但应在图纸目录中列出图号，指明该图所在位置并在编制说明中注明；不同建筑物、构筑物应分别编制。

（7）竣工图图幅应按《技术制图复制图的折叠方法》（GB/T 10609.3—1989）要求统一折叠。

（8）编制竣工图总说明及各专业的编制说明，叙述竣工图编制原则、各专业目录及编制情况。

二、施工项目技术文件的立卷

施工项目技术文件的立卷是指按照一定的原则和方法，将有保存价值的文件分门别类整理成案卷，亦称组卷。案卷是指由互相有联系的若干文件组成的档案保管单位。

（一）立卷的基本原则

施工文件档案的立卷应遵循工程文件的自然形成规律，保持卷内工程前期文件、施工技术文件和竣工图之间的有机联系，便于档案的保管和利用。

（1）一个建设工程由多个单位工程组成时，工程文件按单位工程立卷。

（2）施工文件资料应根据工程资料的分类和"专业工程分类编码参考表"进行立卷。

（3）卷内资料排列顺序要依据卷内的资料构成而定，一般顺序为封面、目录、文件部分、备考表、封底。组成的案卷力求美观、整齐。

（4）卷内资料若有多种资料时，同类资料按日期顺序排列，不同资料之间的排列顺序应按资料的编号顺序排列。

（二）立卷的具体要求

（1）施工文件可按单位工程、分部工程、专业、阶段等组卷，竣工验收文件按单位工程、专业组卷。

（2）竣工图可按单位工程、专业等进行组卷，每一专业根据图纸多少组成一卷或多卷。

（3）立卷过程中宜遵循下列要求：

1）案卷不宜过厚，一般不超过 40mm。

2）案卷内不应有重份文件，不同载体的文件一般应分别组卷。

（三）卷内文件的排列

文字材料按事项、专业顺序排列。同一事项的请示与批复、同一文件的印本与定稿、主件与附件不能分开，并按批复在前、请示在后，印本在前、定稿在后，主件在前、附件在后的顺序排列。图纸按专业排列，同专业图纸按图号顺序排列。既有文字材料又有图纸的案卷，文字材料排前，图纸排后。

（四）案卷的编目

（1）编制卷内文件页号应符合下列规定。

1）卷内文件均按有书写内容的页面编号。每卷单独编号，页号从"1"开始。

2）页号编写位置：单面书写的文件在右下角；双面书写的文件，正面在右下角，背面在左下角。折叠后的图纸一律写在右下角。

3）成套图纸或印刷成册的科技文件材料，自成一卷的，原目录可代替卷内目录，不必重新编写页号。

4）案卷封面、卷内目录、卷内备考表不编写页号。

（2）卷内目录的编制应符合下列规定。

1）卷内目录式样应符合《建设工程文件归档整理规范》附录 B 的要求。

2）序号：以一份文件为单位，用阿拉伯数字从 1 依次标注。

3）责任者：填写文件的直接形成单位和个人。有多个责任者时，选择两个主要责任者，其余用"等"代替。

4）编号：填写工程文件原有的文号或图号。

5）日期：填写文件形成的日期。

6）页次：填写文件在卷内所排的起始页号。最后一份文件填写起止页号。

7）卷内目录排列在卷内文件首页之前。

（3）卷内备考表的编制应符合下列规定。

1）卷内备考表的式样宜符合《建设工程文件归档整理规范》附录 C 的要求。

2）卷内备考表主要标明卷内文件总页数、各类文件页数（照片张数），以及立卷单位对案卷情况的说明。

3）卷内备考表排列在卷内文件的尾页之后。

（4）案卷封面的编制应符合下列规定。

1）案卷封面印刷在卷盒、卷夹的正表面，也可采用内封面形式。案卷封面的式样宜符合《建设工程文件归档整理规范》附录 D 的要求。

2）案卷封面的内容应包括：档号、档案馆代号、案卷题名、编制单位、起止日期、密级、保管期限、共几卷、第几卷。

3）档号应由分类号、项目号和案卷号组成。档号由档案保管单位填写。

4）档案馆代号应填写国家给定的本档案馆的编号。档案馆代号由档案馆填写。

5）案卷题名应简明、准确地揭示卷内文件内容。案卷题名应包括工程名称、专业名称、卷内文件的内容。

6）编制单位应填写案卷内文件的形成单位或主要责任者。

7）起止日期应填写案卷内全部文件形成的起止日期。

8）保管期限分为永久、长期、短期三种期限。各类文件的保管期限应符合 GB/T 50328—2001《建设工程文件归档整理规范》的规定，见表 8-9。

表 8-9　　　　　　　　　　建设工程文件归档范围和保管期限表

序号	归 档 文 件	保存单位和保管期限				
		建设单位	施工单位	设计单位	监理单位	城建档案馆
工程准备阶段文件						
一	**立项文件**					
1	项目建议书	永久				√
2	项目建议书审批意见及前期工作通知书	永久				√

续表

序号	归档文件	保存单位和保管期限				
		建设单位	施工单位	设计单位	监理单位	城建档案馆
3	可行性研究报告及附件	永久				√
4	可行性研究报告审批意见	永久				√
5	关于立项有关的会议纪要、领导讲话	永久				√
6	专家建议文件	永久				√
7	调查资料及项目评估研究材料	长期				√
二	**建设用地、征地、拆迁文件**					
1	选址申请及选址规划意见通知书	永久				√
2	用地申请报告及县级以上人民政府城乡建设用地批准书	永久				√
3	拆迁安置意见、协议、方案等	长期				
4	建设用地规划许可证及其附件	永久				√
5	划拨建设用地文件	永久				√
6	国有土地使用证	永久				√
三	**勘察、测绘、设计文件**					
1	工程地质勘察报告	永久		永久		√
2	水文地质勘察报告、自然条件、地震调查	永久		永久		√
3	建设用地钉桩通知单（书）	永久				
4	地形测量和拨地测量成果报告	永久		永久		√
5	申报的规划设计条件和规划设计文件通知书	永久		长期		√
6	初步设计图纸和说明	长期		长期		
7	技术设计图纸和说明	长期		长期		
8	审定设计方案通知书及审查意见	长期		长期		√
9	有关行政主管部门（人防、环保、消防、交通、园林、市政、文物、通信、保密、河湖、教育、白蚁防治、卫生等）批准文件或取得的有关协议	永久				√
10	施工图及其说明	永久		长期		
11	设计计算书	长期		长期		
12	政府有关部门对施工图设计文件的审批意见	永久		长期		√
四	**招投标文件**	**长期**				
1	勘察设计招标文件	长期				
2	勘察设计承包合同	长期		长期		
3	施工招投标文件	长期				
4	施工承包合同	长期	长期			√

序号	归档文件	保存单位和保管期限				
		建设单位	施工单位	设计单位	监理单位	城建档案馆
5	工程监理招投标文件	长期				
6	监理委托合同	长期			长期	√
五	**开工审批文件**					
1	建设项目列入年度计划的申报文件	永久				√
2	建设项目列入年度计划的批复文件或年度计划项目表	永久				√
3	规划审批申报表及报送的文件和图纸	永久				
4	建设工程规划许可证及其附件	永久				√
5	建设工程开工审查表	永久				
6	建设工程施工许可证	永久				√
7	投资许可证、审计证明、缴纳绿化建设费等证明	长期				√
8	工程质量监督手续					
六	**财务文件**					
1	工程投资估算材料	短期				
2	工程设计概算材料	短期				
3	施工图预算材料	短期				
4	施工预算	短期				
七	**建设施工、监理机构及负责人**					
1	工程项目管理机构（项目经理部）及负责人名单	长期				√
2	工程项目监理机构（项目监理部）及负责人名单	长期			长期	√
3	工程项目施工管理机构（施工项目经理部）及负责人名单	长期	长期			√
	监理文件					
一	**监理规划**					
1	监理规划	长期			短期	√
2	监理实施细则	长期			短期	√
3	监理部总控制计划等	长期			短期	√
一	**监理月报中的有关质量问题**	长期			长期	√
三	**监理会议纪要中的有关质量问题**	长期			长期	√
四	**进度控制**					
1	工程开工/复工审批表	长期			长期	√
2	工程开工/复工暂停令	长期			长期	√
五	**质量控制**					
1	不合格项目通知	长期			长期	√

序号	归 档 文 件	保存单位和保管期限				
		建设单位	施工单位	设计单位	监理单位	城建档案馆
2	质量事故报告及处理意见	长期			长期	√
六	**造价控制**					
1	预付款报审与支付	短期				
2	月付款报审与支付短期					
3	设计变更、洽商费用报审与签认	长期				
4	工程竣工决算审核意见书	长期				√
七	**分包资质**					
1	分包单位资质材料	长期				
2	供货单位资质材料	长期				
3	试验等单位资质材料	长期				
八	**监理通知**					
1	有关进度控制的监理通知	长期			长期	
2	有关质量控制的监理通知	长期			长期	
3	有关造价控制的监理通知	长期			长期	
九	**合同与其他事项管理**					
1	工程延期报告及审批	永久			长期	√
2	费用索赔报告及审批	长期			长期	
3	合同争议、违约报告及处理意见	永久			长期	√
4	合同变更材料	长期			长期	√
十	**监理工作总结**					
1	专题总结	长期			短期	
2	月报总结	长期			短期	
3	工程竣工总结	长期			长期	√
4	质量评价意见报告	长期			长期	√
施 工 文 件						
一	**土建（建筑与结构）工程**					
1	施工技术准备文件					
①	施工组织设计	长期				
②	技术交底	长期	长期			
③	图纸会审记录	长期	长期	长期		
④	施工预算的编制和审查	短期	短期			
⑤	施工日志	短期	短期			

续表

序号	归 档 文 件	保存单位和保管期限				
		建设单位	施工单位	设计单位	监理单位	城建档案馆
2	施工现场准备					
①	控制网设置资料	长期	长期			
②	工程定位测量资料	长期	长期			√
③	基槽开挖线测量资料	长期	长期			√
④	施工安全措施	短期	短期			
⑤	施工环保措施	短期	短期			
3	地基处理记录					
①	地基钎探记录和钎探平面布点图	永久	长期			√
②	验槽记录和地基处理记录	永久	长期			√
③	桩基施工记录	永久	长期			√
④	试桩记录	长期	长期			√
4	工程图纸变更记录					
①	设计会议会审记录	永久	长期	长期		√
②	设计变更记录	永久	长期	长期		√
③	工程洽商记录	永久	长期	长期		√
5	施工材料预制构件质量证明文件及复试试验报告					
①	砂、石、砖、水泥、钢筋、防水材料、隔热保温、防腐材料、轻集料试验汇总表	长期				√
②	砂、石、砖、水泥、钢筋、防水材料、隔热保温、防腐材料、轻集料出厂证明文件	长期				√
③	砂、石、砖、水泥、钢筋、防水材料、轻集料、焊条、沥青复试试验报告	长期				√
④	预制构件（钢、混凝土）出厂合格证、试验记录	长期				√
⑤	工程物质选样送审表	短期				
⑥	进场物质批次汇总表	短期				
⑦	工程物质进场报验表	短期				
6	施工试验记录					
①	土壤（素土、灰土）干密度试验报告	长期				√
②	土壤（素土、灰土）击实试验报告	长期				√
③	砂浆配合比通知单	长期				
④	砂浆（试块）抗压强度试验报告	长期				√
⑤	混凝土配合比通知单	长期				

续表

序号	归档文件	保存单位和保管期限				
		建设单位	施工单位	设计单位	监理单位	城建档案馆
⑥	混凝土（试块）抗压强度试验报告	长期				√
⑦	混凝土抗渗试验报告	长期				√
⑧	商品混凝土出厂合格证、复试报告	长期				√
⑨	钢筋接头（焊接）试验报告	长期				√
⑩	防水工程试验检查记录	长期				
⑪	楼地面、屋面坡度检查记录	长期				
⑫	土壤、砂浆、混凝土、钢筋连接、混凝土抗渗试验报告汇总表	长期				√
7	隐蔽工程检查记录					
①	基础和主体结构钢筋工程	长期	长期			√
②	钢结构工程	长期	长期			√
③	防水工程	长期		长期		√
④	高程控制	长期	长期			√
8	施工记录					
①	工程定位测量检查记录	永久	长期			√
②	预检工程检查记录	短期				
③	冬施混凝土搅拌测温记录	短期				
④	冬施混凝土养护测温记录	短期				
⑤	烟道、垃圾道检查记录	长期				
⑥	沉降观测记录	长期				√
⑦	结构吊装记录	长期				
⑧	现场施工预应力记录	长期				√
⑨	工程竣工测量	长期	长期			√
⑩	新型建筑材料	长期	长期			√
⑪	施工新技术	长期	长期			√
9	工程质量事故处理记录					
①	检验批质量验收记录	长期	长期		长期	
②	分项工程质量验收记录	长期	长期		长期	
③	基础、主体工程验收记录	长期	长期		长期	
④	幕墙、主体工程验收记录	永久	长期		长期	√
⑤	分部（子分部）工程质量验收记录	永久	长期		长期	√
二	电气、给排水、消防、采暖、通风、空调、燃气、建筑智能化、电梯工程					

序号	归档文件	保存单位和保管期限				
		建设单位	施工单位	设计单位	监理单位	城建档案馆
1	一般施工记录					
①	施工组织设计	长期	长期			
②	技术交底	短期				
③	施工日志	短期				
2	图纸变更记录					
①	图纸会审	永久	长期			√
②	设计变更	永久	长期			√
③	工程洽商	永久	长期			√
3	设备、产品质量检查、安装记录					
①	设备、产品质量合格证、质量保证书	长期				√
②	设备装箱单、商检证明和说明书、开箱报告	长期				
③	设备安装记录	长期	长期			√
④	设备试运行记录	长期				√
⑤	设备明细表	长期				√
4	预检记录	短期				
5	隐蔽工程检查记录	长期	长期			√
6	施工试验记录					
①	电气接地电阻、绝缘电阻、综合布线、有线电视末端等测试记录	长期				√
②	楼宇自控、监视、安装、视听、电话等系统调试记录	长期				√
③	变配电设备安装、检查、通电、满负荷测试记录	长期				√
④	给排水、消防、采暖、通风、空调、燃气等管道强度、严密性、灌水、通水、吹洗、漏风、试压、通球、阀门等试验记录	长期				√
⑤	电气照明、动力、给排水、消防、采暖、通风、空调、燃气等系统调试、试运行记录	长期				√
⑥	电梯接地电阻、绝缘电阻测试记录；空载、半载、满载、超载试运行记录；平衡、运速、噪声调整试验报告	长期				√
7	质量事故处理记录	永久	长期			√
8	工程质量验收记录					
①	检验批质量验收记录	长期	长期		长期	
②	分项工程质量验收记录	长期	长期		长期	
③	分部（子分部）工程质量验收记录	永久	长期		长期	√
三	**室外工程**					

续表

序号	归 档 文 件	保存单位和保管期限				
		建设单位	施工单位	设计单位	监理单位	城建档案馆
1	室外安装（给水、雨水、污水、热力、燃气、电信、电力、照明、电视、消防等）施工文件	长期				√
2	室外建筑环境（建筑小品、水景、道路园林绿化等）施工文件	长期				√
竣 工 图						
一	**综合竣工图**					
1	综合图					√
①	总平面布置图（包括建筑、建筑小品、水景、照明、道路、绿化等）	永久	长期			√
②	竖向布置图	永久	长期			√
③	室外给水、排水、热力、燃气等管网综合图	永久	长期			√
④	电气（包括电力、电信、电视系统等）综合图	永久	长期			√
⑤	设计总说明书	永久	长期			√
2	室外专业图					
①	室外给水	永久	长期			√
②	室外雨水	永久	长期			√
③	室外污水	永久	长期			√
④	室外热力	永久	长期			√
⑤	室外燃气	永久	长期			√
⑥	室外电信	永久	长期			√
⑦	室外电力	永久	长期			√
⑧	室外电视	永久	长期			√
⑨	室外建筑小品	永久	长期			√
⑩	室外消防	永久	长期			√
⑪	室外照明	永久	长期			√
⑫	室外水景	永久	长期			√
⑬	室外道路	永久	长期			√
⑭	室外绿化	永久	长期			√
二	**专业竣工图**					
1	建筑竣工图	永久	长期			√
2	结构竣工图	永久	长期			√
3	装修（装饰）工程竣工图	永久	长期			√
4	电气工程（智能化工程）竣工图	永久	长期			√

序号	归 档 文 件	保存单位和保管期限				
		建设单位	施工单位	设计单位	监理单位	城建档案馆
5	给排水工程（消防工程）竣工图	永久	长期			√
6	采暖通风空调工程竣工图	永久	长期			√
7	燃气工程竣工图	永久	长期			√
竣 工 验 收 文 件						
一	**工程竣工总结**					
1	工程概况表	永久				√
2	工程竣工总结	永久				√
二	**竣工验收记录**					
1	单位（子单位）工程质量竣工验收记录	永久	长期			√
2	竣工验收证明书	永久	长期			√
3	竣工验收报告	永久	长期			√
4	竣工验收备案表（包括各专项验收认可文件）	永久				√
5	工程质量保修书	永久	长期			√

注 1. "√"表示应向城乡档案馆移交；
  2. 永久是指工程档案需永久保存；
  3. 长期是指工程档案的保存期限等于该工程的使用寿命；
  4. 短期是指工程档案保存 20 年以下；
  5. 同一案卷内有不同保管期限的文件，该案卷保管期限应从长。

9）密级分为绝密、机密、秘密三种。同一案卷内有不同密级的文件，应以高密级为本卷密级。

（5）卷内目录、卷内备考表、案卷内封面应采用 70g 以上白色书写纸制作，幅面统一采用 A4 幅面。

（五）案卷装订与图纸折叠

（1）案卷可采用装订与不装订两种形式。文字材料必须装订，既有文字材料，又有图纸的案卷应装订。装订应采用线绳三孔左侧装订法，要整齐、牢固，便于保管和利用。装订时必须剔除金属物。

（2）不同幅面的工程图纸应按《技术制图复制图的折叠方法》（GB/T 10609.3—1989）统一折叠成 A4 幅面（297mm×210mm），图标栏外露在外面。

（六）卷盒、卷夹、案卷脊背

（1）案卷装具一般采用卷盒、卷夹两种形式。

1）卷盒的外表尺寸为 300mm×220mm，厚度分别为 20、30、40、50mm。

2）卷夹的外表尺寸为 310mm×220mm，厚度一般为 20、30mm。

3）卷盒、卷夹应采用无酸纸制作。

（2）案卷脊背的内容包括档号、案卷题名。式样宜符合《建设工程文件归档整理规范》

附录 E 的要求。

三、施工文件的归档

归档是指文件形成单位完成其工作任务后，将形成的文件整理立卷后，按规定移交相关管理机构。

（一）施工文件的归档范围

对与工程建设有关的重要活动、记载工程建设主要过程和现状、具有保存价值的各种载体文件，均应收集齐全，整理立卷后归档。具体归档范围详见《建设工程文件归档整理规范》的要求。

（二）归档文件的质量要求

（1）归档的文件应为原件。

（2）工程文件的内容及其深度必须符合国家有关工程勘察、设计、施工、监理等方面的技术规范、标准和规程。

（3）工程文件的内容必须真实、准确，与工程实际相符。

（4）工程文件应采用耐久性强的书写材料，如碳素墨水、蓝黑墨水，不得使用易褪色的书写材料，如红色墨水、纯蓝墨水、圆珠笔、复写纸、铅笔等。

（5）工程文件应字迹清楚，图样清晰，图表整洁，签字盖章手续完备。

（6）工程文件文字材料幅面尺寸规格宜为 A4 幅（297mm×210mm）。图纸宜采用国家标准图幅。

（7）工程文件的纸张应采用能够长期保存的韧力大、耐久性强的纸张。图纸一般采用蓝晒图，竣工图应是新蓝图。计算机出图必须清晰，不得使用计算机出图的复印件。

（8）所有竣工图均应加盖竣工图章。

1）竣工图章的基本内容应包括："竣工图"字样、施工单位、编制人、审核人、技术负责人、编制日期、监理单位、现场监理、总监理工程师。

2）竣工图章尺寸为：50mm×80mm。具体详见《建设工程文件归档整理规范》的竣工图章示例。

3）竣工图章应使用不易褪色的红印泥，应盖在图标栏上方空白处。

（9）利用施工图改绘竣工图，必须标明变更修改依据；凡施工图结构、工艺、平面布置等有重大改变，或变更部分超过图面 1/3 的，应当重新绘制竣工图。

（三）施工文件归档的时间和相关要求

（1）根据建设程序和工程特点，归档可以分阶段、分期进行，也可以在单位或分部工程通过竣工验收后进行。

（2）施工单位应当在工程竣工验收前，将形成的有关工程档案向建设单位归档。

（3）施工单位在收齐工程文件整理立卷后，建设单位、监理单位应根据城建档案管理机构的要求对档案文件完整、准确、系统情况和案卷质量进行审查。审查合格后向建设单位移交。

（4）工程档案一般不少于两套，一套由建设单位保管，另一套（原件）移交当地城建档案馆（室）。

（5）施工单位向建设单位移交档案时，应编制移交清单，双方签字、盖章后方可交接。

工 程 应 用 案 例

【背景材料】

某营业房工程，合同工期 4 个月，双方约定竣工后一次结算。竣工验收合格后，根据施工中的设计变更和技术核定签证，在原工程预算和计价定额基础上编制竣工结算。工程竣工验收前，发包人已支付工程进度款 20 万元（中间结算）。

1. 工程变更后直接费调整

调整后竣工结算直接费＝原工程预算直接费＋调整数额＝249 281.70（元）

其中：

（1）基价人工费 42 562.53元；

（2）基价材料费 199 706.69元；

（3）基价机构费 7012.48元。

2. 工程变更后的价差调整

调整后的人工费＝基价人工费×规定费率＝5631.02（元）

调整后的材料价差＝单调材料价差＋地区综合调差＝41 271.76（元）

其中：

（1）竣工结算单项材料价差在原工程预算基础上调整为36 199.21元；

（2）地区综合系数调整材料价差为5072.55元。

3. 营业房工程竣工结算造价计算

（1）竣工结算造价计算取费条件：本案例按四类工程，三级企业取费，不收取工程预算中的包干费。

（2）各项费率如下：

其他直接费费率	2.45％
临时设施费费率	2.05％
现场管理费费率（规定费率）	2.26％
企业管理费费率（规定费率）	5.03％
财务费用费率（按取费证核定）	0.85％
劳动保险费率（按取费证核定）	2.00％
利润率（按取费证核定）	5.00％
安全文明施工增加费率（按合同约定）	0.40％
定额管理费费率	0.17％
营业税税率	3.52％

（3）营业房工程竣工结算造价计算见表 8-10。

（4）营业房工程竣工结算最终价款收取，即

工程竣工结算最终价款收取＝竣工结算工程价款－已付工程价款

$$＝358 933.78－200 000.00＝158 933.78（元）$$

表 8 - 10　　　　　　　　　营业房工程竣工结算造价计算表

序号	费用名称	计算式	费用金额（元）
A	竣工结算直接费	（调整后）	249 281.70
A.1	人工费		42 562.53
A.2	材料费		199 706.69
A.3	机械费		7012.48
B	其他直接费	A×6.76%（费率合计）	16 851.44
B.1	其他直接费	A×2.45%	6107.40
B.2	临时设施费	A×2.05%	5110.27
B.3	现场管理费	A×2.26%	5633.77
C	价差调整	（合计）	46 902.78
C.1	人工费调整	A.1×13.23%（地区规定）	5631.02
C.2	材料价差调整		41 271.76
C.2.1	单项材料价差调整		36 199.21
C.2.2	综合系数调整材料价差		5072.55
D	工程预算包干费	（不收取）	
E	企业管理费	A×5.03%（规定费率）	12 538.87
F	企业管理费	A×0.85%	2118.89
G	劳动保险费	A×2.00%	4985.63
H	利润	A×5.00%	12 464.08
I	安全文明施工增加费	A×0.40%	997.13
J	定额管理费	(A+…+I)×0.17%	588.44
K	税金	(A+…+J)×3.52%	12 204.86
L	工程造价	A+…+K	358 933.78

复 习 思 考 题

1. 简答施工项目竣工验收的概念。试述施工项目竣工验收条件和标准。
2. 简答施工项目的竣工验收管理程序。
3. 简答施工项目竣工验收的步骤。
4. 试述竣工验收应依据的文件有哪些。竣工验收应具备哪些条件？
5. 工程价款的结算方式一般有哪几种？
6. 编制竣工结算应依据的资料有哪些？
7. 试述施工项目产品回访与保修的意义。
8. 简答施工项目产品保修范围、保修期限的规定、责任与做法。
9. 根据《建设工程质量管理条例》第 40 条规定，建设工程的最低保修期限做出了哪些规定？

10. 承包商回访工程的方式有哪几种？
11. 简答施工项目管理考核评价的程序。项目考核评价资料包括哪些？
12. 简答施工项目管理考核评价的定量指标和定性指标包括的内容。
13. 施工单位在建设工程档案管理中的职责有哪些规定？
14. 施工文件档案管理的内容主要包括哪几部分？
15. 工程质量控制资料能全面反映工程质量控制和保证的依据性证明资料应包括哪些？
16. 简答工程竣工文件主要包括哪几部分。
17. 试述施工项目技术文件立卷的基本原则和具体要求。
18. 简答施工文件的归档范围及质量要求。
19. 简答施工文件归档的时间和相关要求。

参 考 文 献

[1] 重庆大学，同济大学，哈尔滨工业大学. 土木工程施工. 北京：中国建筑工业出版社，2003.

[2] 刘宗仁. 土木工程施工. 北京：高等教育出版社，2003.

[3] 刘津明，韩明. 土木工程施工. 天津：天津大学出版社，2001.

[4] 童华炜. 土木工程施工. 北京：科学出版社，2006.

[5] 郭正兴. 土木工程施工. 南京：东南大学出版社，2007.

[6] 张国联，王凤池. 土木工程施工. 北京：中国建筑工业出版社，2004.

[7] 郑天旺，李建峰. 土木工程施工. 北京：中国电力出版社，2005.

[8] 彭圣洁. 建筑工程施工组织设计实例应用手册. 北京：中国建筑工业出版社，1999.

[9] 全国建筑业企业项目经理培训教材编写委员会. 施工组织设计与进度管理，施工项目管理概论（修订版）. 北京：中国建筑工业出版社，2001.

[10] 《建设工程项目管理规范》编写委员会. 建设工程项目管理规范实施手册. 北京：中国建筑工业出版社，2006.

[11] 中国建筑工业出版社. 新版建筑工程施工质量验收规范汇编. 北京：中国建筑工业出版社，2002.

[12] 中国建筑技术集团有限公司. GB/T 50502—2009 建筑施工组织设计规范. 北京：中国建筑工业出版社，2009.

[13] 徐伟，苏宏阳，金福安. 土木工程施工手册. 北京：中国计划出版社，2003.

[14] 建筑施工手册（第四版）编写组. 建筑施工手册. 4 版. 北京：中国建筑工业出版社，2003.

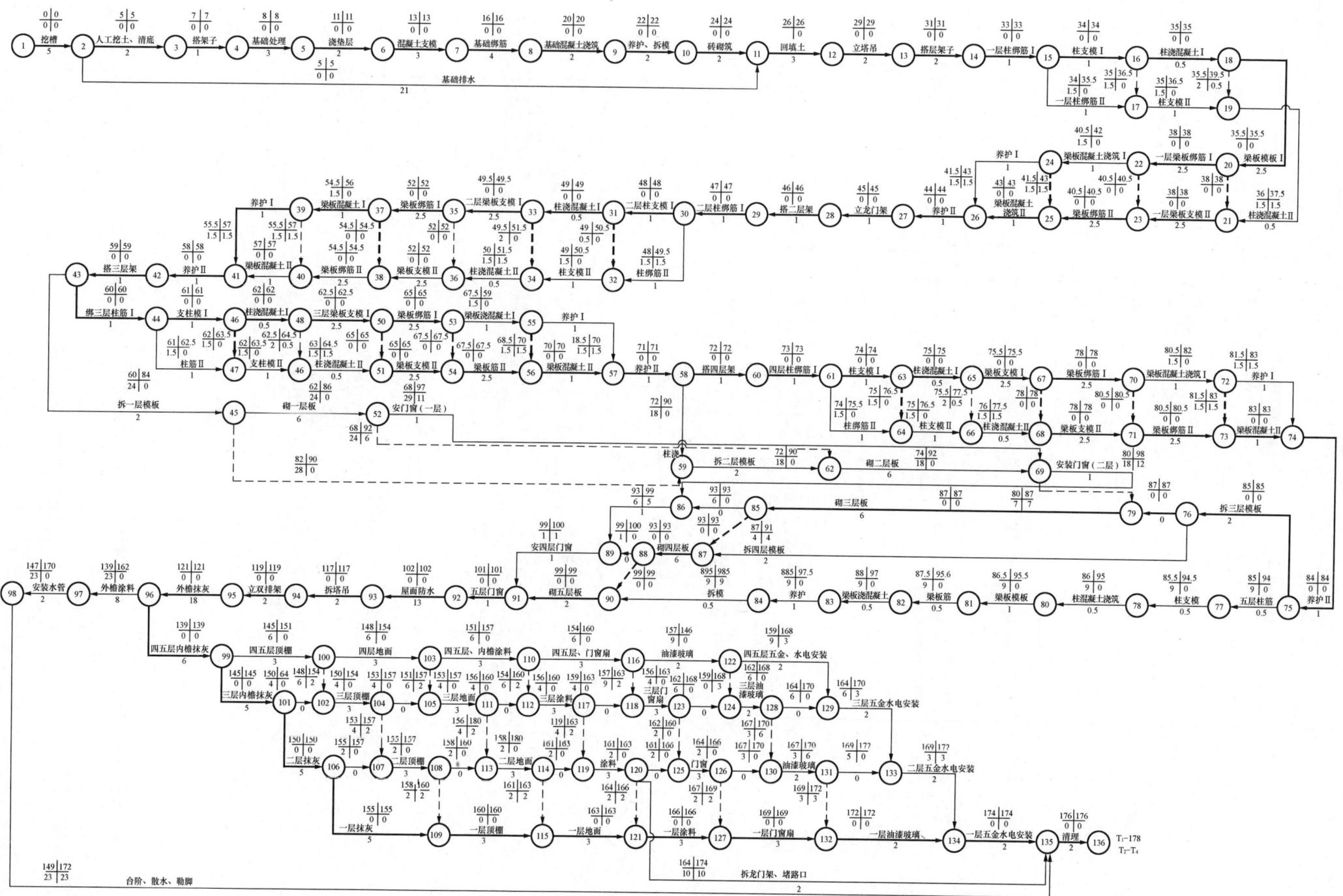

图 5-14　某生产车间施工进度网络图